龐《ほう》居《こ》士《じ》の語録

さあこい！禅問答

山田史生
YAMADA Fumio

東方書店

龐居士《ほうこじ》の語録

さあこい！禅問答

山田史生

龐蘊《ほうおん》（?〜八〇八）馬祖道一《ばそどういつ》下の居士。字は道玄。衡陽《こうよう》（湖南）のひと。代々儒をなりわいとしていたが、塵労を厭《いと》って襄陽《じょうよう》（湖北）にうつり、竹ザルを売って生計をたてた。全財産を船につんで河にしずめるといった逸話も伝えられる。石頭希遷《せきとうきせん》および馬祖道一に参じ、「震丹《しんたん》の維摩《ゆいま》居士」と称される。その独自の機鋒によって元曲の素材となったり画題となったりする。〔『祖堂集』一五『五灯会元』三〕

注記

『龐居士語録』　上中下三巻。

上巻は居士の言行録、中下巻は詩偈集。本書であつかったのは上巻のみ。明の崇禎一〇年（一六三七）泉州羅山・棲隠院の重刊本にもとづき、宋元資料も勘案して本文が策定せられた、入矢義高訳註『龐居士語録』（筑摩書房）を底本とした。語録の編者と伝えられる于頔《うてき》は、居士の入寂のくだりに見えるように、親交のあった節度使。

40年前、龐居士《ほうこじ》に打ちのめされた

大学にはいりたての春、一八の若造は「その本」とでくわした。なにげなく手にとり、パラパラめくっていたら、目が文字に釘づけになり、小一時間、鼻づらをひきずりまわされた挙げ句、ポイと突きはなされた。ほとんど辻斬りである。

入矢義高《いりやよしたか》訳注『龐居士語録』禅の語録7（筑摩書房）

わたくしは龐居士の語録を、というか入矢先生の注釈書を、夢中になって読んだ。そして打ちのめされた。打ちのめされつつも、のめりこむように読みふけった。

議論の中身はおおむねチンプンカンプン。でも、なんとなく「カッコいいなあ」と感じた。わかんないけどカッコいい。そして生意気にも「いつかわかるようになってやる」とおもってしまった。

あれから幾星霜《いくせいそう》、相変わらずチンプンカンプンではあるけれども、馬齢《ばれい》をかさねたおかげで、どうしてこうも龐居士の語録が好きなのかっていうことについて語ることができるくらいの図々しさは身についたようである。

わたくしも歳である。いつまでも龐居士および入矢先生の舌鋒《ぜっぽう》にビビってもおれない。ぼちぼち眷恋《けんれん》の書をじっくりと論ずべき機も熟しただろうということで、龐居士の語録についての一書をものすることにした。

横綱の胸をかりるようなつもりで入矢先生の注釈書をひもとき、こころに浮かぶところを腹蔵《ふくぞう》なく書きつづってみようとおもう。したがってこの本は、有り体《てい》にいえば、入矢義高という巨人の肩のうえに乗っかり、そこから龐居士の禅の世界をのぞいてみたものにすぎない。

わたくしは禅の修行なるものとは、とんと無縁に生きてきた。禅寺に参詣したことはあっても、禅堂で坐禅したことはない。そんな不信心きわまりない身のぶんざいで禅を語ろうとすると、どうしても「うしろめたさ」をおぼえざるをえない。禅僧から「坐りもせんやつに禅をうんぬんする資格はない」と叱られでもしたら（シッポがあったら）シッポを巻いて、こそこそ退散せねばならない。

「なるほど精神の悪路をさまようよりも、よろしく肉体の捷径《ちかみち》につくべきなんだろうなあ」とウジウジしているわたくしの背を、「いいんだよ好きに読んでも」と押してくれたのは、西田幾多郎《にしだきたろう》の「場所的論理と宗教的世界観」という論文である。その冒頭にはこうある（旧版『全集』第一一巻・岩波書店・三七一頁）。

人は必ずしも芸術家ではない。併《しか》し或程度までは、誰も芸術と云ふものを理解することができる。人は宗教家ではない。入信の人は稀《まれ》である。併し或程度までは、宗教を理解することができる（中略）真の体験は宗教家の事である。併し芸術家ならざる人も、少くも芸術と云ふものを理解し得る如くに、人は宗教と云ふものを理解し得るであらう。

禅の語録もすでに言葉によって書かれているからには「宗教家ではない」ものであっても「或程度ま

で」は理解することができるだろうという健全な常識をわたくしは採用したい。もっとも、禅僧とわたくしとでは背負っているものがちがう。だから禅僧のように禅の語録がわかるとはおもっていない。「或程度まで」わかるので精一杯である。とはいえ、こういうものを記録するひとがいたということ、そしてそれを読むひとがありつづけ、それが伝承されて古典になりえたということに、わたくしはよろこびをおぼえる。

わたくしにとって龐居士の語録は、あまたある禅籍のうちにあって格別の一書である。下世話《げせわ》に申せば、いちばん好きである。

われらが龐居士は、ほしいままに禅林をぶらつき、活眼の修行者の胸ぐらをつかむや、犬も食わないような問いをふっかける。市井無頼《しせいぶらい》の徒の狼藉《ろうぜき》とえらぶところがない。おとなしく坐禅にいそしんでいる修行者にしてみれば、とんだ災難である。おまけに居士の気勢に押されてか、いっぱしの坊主がへっぴり腰でとりみだしたりするのはご愛嬌である。

居士はプロはだしのアマであって、その境地は容易にうかがい知れない。とはいえ居士のふるまいには、どこかトボケた趣きがあって、遠目にも「これが禅というものではあるまいか」とおもわせてくれる。いくらわたくしの石頭の血のめぐりがわるかろうとも、こんなおもしろい語録を読んでなんにも感じないようなら、豆腐の角《かど》にでもぶつけて死ぬよりあるまい。

わたくしのような凡夫にとっては、禅林にあって修行にはげむプロの禅僧の口から降りそそがれる言葉よりも、龐居士のようなアマの禅者が地べたをのたうって吐きちらす叫びのほうが、こころに刺さってくる。わたくしの主観でいわせてもらえば、禅林の奥深くにひきこもり、悟りをもとめて血まなこになっている善知識よりも、堕落すれすれのところで七転八倒している俗人のほうが、よほど生きとし生けるものに功徳《くどく》をほどこしている。

さて、これから龐居士の語録をじっくり読んでゆくわけだが、あらかじめ申しあげておきたいことがある。この本を書くにあたり、わたくしはつぎのような姿勢でのぞむことにする。

1　まずは一八歳のとき、はじめて龐居士の語録を読んだときの印象を、記憶をたどりながら、正直につづる。

2　つづけて還暦ちかくなったいま、あらためて読みなおしてみた感想を、そのまま包み隠さずにのべる。

この本におけるわたくしの解釈は、一八歳のときの青臭い読みと還暦ちかくなってからのジジむさい読みという四〇年の時をへだてたふたつの読みが、いっしょくたに呈示される。

おおむねの傾向としては、むかしの意外と「まっとう」な読みから、いまの無理に「おもしろがる」ような読みへというふうに、わたくしの読み方は変化している。ただし、まっとうに読んでいたつもりで、じつは若くしてすでに妄想まみれであったという可能性はある。そうであるならば、妄想をたくましゅうした老いらくの読みは、存外「まとも」な解釈になってしまっているかもしれない。

もう一言だけ。

龐居士の語録をひもといていると、わたくしの脳裏には別の禅問答がしょっちゅう浮かんでくる。それは居士の問答を理解するのに資《し》するものばかりとはかぎらない（しばしばジャマだったりする）けれども、せっかく浮かんできたものを黙殺するのも忍びない。「関係ないかなあ」とおもいながらも、ガマンできず、ちょくちょく紹介している。読者諸賢におかれては、わたくしの気まぐれな道草とおぼしめして、あわせて味わっていただきたい。

前口上はこれくらいにして、さっそく読みはじめよう――あ、そうそう、このことも忘れずにいっておかなきゃ。

むかしもいまも「それは楽しいか」「それで遊べるか」ということが、わたくしにとっては一大事である。研究と遊びとのちがいをわきまえるといった分別にとぼしい。この本を書くにあたっても、なにはさておき楽しく遊ぼうとした。なにやらシリアスな議論をしていても、そこには「なんちゃって」とベロをだしているわたくしがいる。

もっとも、全力で遊んでこれである。泣いても笑っても、これ以上のものは、わたくしには書けそうもない。

泣いても笑っても、
これ以上のものは、わたくしには書けそうもない
――（「40年前、龐居士に打ちのめされた」より）

龐居士《ほうこじ》の語録——さあこい！禅問答❖目次❖

イラスト❖柳家一九（落語協会）

石頭《せきとう》との問答

石頭希遷《せきとうきせん》（七〇〇〜七九〇）端州《たんしゅう》（広東）の出身。曹渓《そうけい》の慧能《えのう》について得度し、その示寂ののち青原《せいげん》行思《ぎょうし》に参じて法をつぐ。青原派の第二世。衡山《こうざん》（湖南）は南寺の石上に庵をむすんだため石頭和尚とよばれる。著に『参同契』他。〔『祖堂集』四『五灯会元』五〕

1　あらゆるものと関わらない

石頭《せきとう》禅師にたずねる「あらゆる存在するものと関わらないものとは、どういう人間でしょうか」。
石頭は手でかれの口をふさぐ。
居士はカラリと悟る。

石頭禅師《せきとうぜんじ》に謁し、乃《すなわ》ち問う、万法《ばんぽう》と侶《とも》たらざる者、是《こ》れ甚麼人《なんぴと》ぞや。頭《とう》、手を以て其の口を掩《おお》う。豁然《かつねん》として省《さと》る有り。

謁石頭禅師、乃問、不与万法為侶者、是甚麼人。頭以手掩其口。豁然有省。

ブッダに「自灯明・法灯明」という言葉がある。みずからを灯明とするというのは、自分を拠《よ》りどころとして、他人を拠りどころとしないということ。教え（法）を灯明とするというのは、教えを拠りどころとして、ほかのものを拠りどころとしないということ。要するに、教えを大事にする自分を大事にするということである。自灯明でもって仏道をおさめてゆくことが、とりもなおさず法灯明なのである。

教え（法）を拠りどころにして仏道をおさめるだけでは、いったいなにが足りないのだろうか。ブッダは「自分の頭で考えよ」といいたいのだとおもう。

教え（法）というマニュアルにしたがうといった姿勢では、とうてい仏道はおさめられない。教えのなんたるかは、けっして自明ではない。それについて自分の頭で考えることをブッダはもとめる。教えはみずから考えることを免除するものではない。それは自分の頭で考えるための手がかりである。教えはもちろん尊重されねばならないが、それについて考えることがゆるされないわけではない。教えとそれについて考える自分とをふくんだすべてのものが仏道修行の当事者なのである。

ちなみに「灯明」は梵語では「島」なのを漢訳のさいに誤訳したらしい。『大パリニッバーナ経』巻二ではこうなっている（中村元訳『ブッダ最後の旅』岩波文庫・六六頁）。

アーナンダよ。このようにして、修行僧は自らを島とし、自らをたよりとして、他人をたよりとせず、法を島とし、法をよりどころとして、他のものをよりどころとしないでいるのである。

海をわたるとき「島」が頼りになるように、自己および真理は、此岸《このよ》から彼岸《あのよ》へとわたるさいの拠りどころになる。誤訳とはいえ「灯明」も、それは暗がりを照らしてくれる明かりだろうから、悟りへの道を照らす拠りどころという意味合いになるだろう。

「自灯明・法灯明」は、すなわち「自帰依《きえ》・法帰依」のすすめと受けとってよさそうである。この島があの島になるのではない。この島はこの島で生滅《しょうめつ》し、あの島はあの島で生滅する。それぞれの生滅がおのおのの不生不滅《ふしょうふめつ》を示している。生滅する自己こそが自己であり、その生滅が示すところの不生不滅に帰依する、といったイメージだとおもう。

新しいことに挑戦するためには、たしかに拠りどころが必要である。なにかしら確実なものがあると、そのうえに不確実なものを積み足すことができる。たとえば子どもにとって、はじめのうちは親のささえが拠りどころになる。親に愛情をもって見まもってもらうことによって、子どもは安心して新しいことにチャレンジできる。

やがて成長するにつれ、自分の個性というものが拠りどころになる。自分が「この」自分であるということは、とりあえず偶然ではあるが、なってしまえば必然でもある。自分の個性を受けいれ、それを拠りどころとしてチャレンジすることによって、人生を力強く歩んでゆくことができる。

ただし自分の個性を知るためには、他人という鏡が必要である。他人という鏡に映るさまざまな自分のすがたをメタ認知し、その個性を拠りどころとすることによって、ひとは新たにチャレンジすることができる。かたくなに「あらゆる存在するものと関わらない」ようでは、なんにもチャレンジできない。「あらゆる存在するものと関わらない」というあり方は、「自灯明・法灯明」というブッダの教えに反する。自己を拠りどころとし、真理を拠りどころとするからには、むしろ一切の存在するものと関わらざるをえないはずである。

いったい「あらゆる存在するものと関わらないもの」であるからには、一切の存在するものと同じ次元にはない「もの」だということになる。存在するのか、しないのか、それすらわからないような超越者である。そんなまるっきり別次元のものについて、「どういう人間でしょうか」と居士は問うわけだが、それってどういうふうに答えたら答えたことになるのかすらわからないような問いである。

石頭はあわてて居士の口をふさぐ。居士の口をふさぐことによって、あらゆる存在から遮断されているということを身をもって示したのだろうか？　そうだとしたら、石頭のふるまいそのものが居士の問いへもう。

の端的《たんてき》な答えだということになる――と、そんなふうに読めればカッコいいけれども、そうじゃないとお

石頭は居士の口を手でふさぐ。他人の口を手でふさぐというふるまいは尋常でない。まわりの目を気にした、とっさの反応である。ひどく切迫感がある。石頭が居士の口を手でふさいだのは、「こらこら、ヤバいことを問うもんじゃない」とあわてて拒絶したんじゃないだろうか。

問わずもがなの問いに対して、「いかなる答えをも、わしは発しはせんぞ」といいたいのであれば、石頭はおのれの口をふさぐべきである。答えるべき立場にあるのは石頭だから。ところが石頭は居士の口をふさいだ。居士の問いが口にすることもはばかられるタブーだっていうことだろう。

石頭は居士の問いそのものを拒否する。おいおい、めったなことを問うもんじゃない。わかっておらんからノンキにそんな問いがだせるんだ、と。しかしながら、あぶない問いはすでに発せられてしまった。いまさら居士の口をふさいでみても手遅れである。

「あらゆる存在するものと関わらないもの」を実体化するならば、それは神としかいいようがない。そんな絶対者について、「それ」はなんだと問うならば、そのように問うこと自体が問題にならざるをえない。およそ問うべからざる問いであるということを、石頭は居士に突きつけたのだろう。

しかも居士は、どういう「人」でしょうかと問うている。かれが問うているのは神ではなくて人間だということである。現に生きて呼吸しているもの、おそらくは「自己」のことを問うているにちがいない。居士ともあろうものが、自己をなおざりにした閑《かん》問答をふっかけるはずもない。

自己は他者に対してはじめて自己でありうる。自己と他者とは「二にして一」である。他者に対しては

じめて自己でありうるという意味において、もとより自己は「あらゆる存在するものと関わらないもの」ではありえない。

もし「あらゆる存在するものと関わらないもの」がいるとすれば、それは他者をもたない独善的なものである。他者をもたないのだから、すでにして自己ではない。だとすると居士は、自己ではない自己とはどのようなものでありうるかと問うていることになる。他者と「二にして一」のものがあるとして、それは自己なのか、自己でないのか、と。いかにも剣呑《けんのん》な問いである。

「二にして一」とは耳慣れない用語だろう。耳慣れないのも道理、わたくしが勝手にいっているだけの言葉づかいである。

含意するところは、こんな感じだろうか――生は生であって死ではない。死も死であって生ではない。が、生は生死の生だし、死は生死の死である。わたくしは死ぬべきものとして生きているが、わたくしの生死そのものは、とりあえず生でもなければ死でもない。「生・死」の二と「生死」の一とは、わたくしにおいて矛盾をはらみつつ一体化している。こういった生死の事実は「二にして一」としてイメージするしかないんじゃないだろうか。

ちなみに居士《こじ》とは、出家せず在家のままで仏道をこころざすアマチュアの仏教信者のことであるが、入矢先生によれば「純粋な意味で野人として、つまりプロフェッショナルな禅者の世界とは別個の立地にあって、自由人としての己《おの》れを貫」（一三頁）くものである。しょせんアマチュアとはいえ、プロフェッショナルの禅僧さえもビビるほどのつわものが、ごく稀《まれ》に存在することがある。

天才アマの龐居士は、おもいついた問いを脳天気に口にした。このような鋭い問いを発しうるところに居士の才気がうかがわれる。が、惜しいかな、そういう鋭い問いを発することのあやうさが骨身にしみていない。問いの発せられた場面はおそろしくシビアな状況なんだけど、そのことを居士は自覚できていない。

居士の口をふさいだときの石頭の顔つきは、けっしてニコニコと笑ってはいなかったはずである。こわい顔をして口をふさいだんじゃないだろうか。それを問うたらダメだ、と。いきなり口をふさがれた居士、はじめて自分がギリギリの瀬戸際に立っていることを知る。

危機一髪、すんでのところで居士は命拾い。このような問いを発することができる居士も天才的だが、この問答はむしろ師としての石頭の機転に敬服すべきものだとおもう。

ダジャレをいうつもりはないけれども、居士の口を手でふさいだのが石頭だったというのが妙である。奇《く》しくも「頭が口を制している」のがおもしろい。頭で考えたことばかり口にしているのはダメだ、と石頭はいう。頭で考えず、現実を見よ、と。

2　なんとも答えようがないよ

石頭がたずねる「そなたは拙僧のところにきてから、毎日なにをやっておる」。

「なにをやっているのかと問われても、なんとも答えようがありませんな」。

「そんなことだろうとおもえばこそ、あえて問うておるのだ」。

居士は歌をうたう。

さして用事があるじゃなし　のんびり流れに身をまかせ
あれこれ文句をいいもせず　ギクシャクせずにやっている
おえらい肩書きもったとて　お山じゃ宝のもち腐れ
不思議なはたらきあるとすりゃ　水をくんだり薪《まき》はこび

石頭はうなづくと「ところで、そなたは墨染めの衣をまとうのか、それとも俗にあって白い素服のままでゆくのか」。「好きなようにやらせてもらいます」と、とうとう剃髪しなかった。

一日、石頭問うて曰く、子《なんじ》は老僧に見《あ》いて以来、日用の事は作麼生《いかん》。士曰く、若《も》し日用の事を問わるれば、即ち口を開くの処無し。頭《とう》曰く、子の恁麼《か》くなるを知って、方始《まさ》に子に問うなり。士乃ち偈《げ》を呈して曰く、

日用の事は別無し　唯《た》だ吾れ自ら偶《たま》たま諧《かな》うのみ
頭頭　取捨に非ず　処処　張乖《ちょうかいな》没し
朱紫　誰か号を為す　丘山　点埃《てんあい》を絶す

一日、石頭問曰、子見老僧以来、日用事作麼生。士曰、若問日用事、即無開口処。頭曰、知子恁麼、方始問子。士乃呈偈曰、

日用事無別　唯吾自偶諧
頭頭非取捨　処処没張乖
朱紫誰為号　丘山絶点埃

神通《じんづう》并びに妙用《みょうゆう》　水を運び也《ま》た柴を搬《はこ》ぶ
頭、之《これ》を然《しか》りとして曰く、子は緇《し》を以てするや素を以てするや。士曰く、願わくは慕う所に従わん。遂に剃染《ていぜん》せず。

神通并妙用　運水也搬柴
頭然之曰、子以緇耶素耶。士曰、願従所慕。遂不剃染。

ありふれた日常を淡々と生きてゆくのみ、と居士はうたう。それってどういう生き方なのだろう。按ずるに「このようにあるべきだ」ときめつけるような観念的な生き方をしないっていうことじゃないだろうか。

努力しないわけではない。しかし無理はしない。できるかぎりでの最小限の努力で生きてゆく。そういう「あるがままにある」ような生き方には、龐居士ならではの信条があるにちがいない。はたから口をはさむことではない。

皮肉なことに、現代人にとって水をくみ薪をはこぶといった不便な暮らしは、かえって贅沢のようにさえおもえる。蛇口をひねればお湯がでる。スイッチを押せば火がつく。文句をいうとバチがあたるが、便利だけれども地に足が着いていない。

ふだんの暮らしぶりを問われ、とりたてて答えるべきことはない、と居士はぶっきらぼうに応ずる。愛想のないことおびただしい。入矢先生は「そういうことを尋ねられるということ自体が、おのずからな諧和の生活に自適していた彼にとっては、ことさらなことと感ぜられたのである」（一六頁）と注しておられる。そういうふうに読むと、居士の応じ方にはなんだかトゲがあるみたいだけれども、じつはたんに答えることが浮かばなかっただけじゃないだろうか。「そんなことを問われたって答えようがないよ」と憮然《ぶぜん》としたというよりも、むしろ「そんなこと、てんで考えたこともなかったわい」と呆気《あっけ》にとられたっていう感じだったんじゃないかなあ。

水をくんだり、薪をはこんだり、やるべきことを当たり前にやっているだけであって、そこに格別の仔《し》細《さい》はない。なにをどうやっているのかなんて、ついぞ意に介したこともない。つまらんことを詮索《せんさく》されて、そんなことを気にするひとがいるんだっていうことを知り、かえってビックリしちゃいましたよ、と居士。

そんなことはわかっておるが、なにか答えてみよ、と石頭はしつこい。で、居士は歌をうたう。その第二句「頭頭　取捨に非ず　処処　張乖没し」が個人的には好きである。無理せずにやれることを自然にやってるだけですけどね、といった感じだろうか。

第四句「神通并びに妙用　水を運び也た柴を搬ぶ」はよく知られた詩句である。水をくみ薪をはこぶという日常のありふれた営みこそが、ただちに玄妙なる神通力にほかならないというのである。

出家して墨染めの僧衣をまとうのか、在家のまま素服でゆくのか、と石頭はたずねる。アマチュアにしておくのはもったいない器量だというのだろう。大きなお世話である。この石頭の問いは、わたくしの俗眼にも笑止の沙汰と映る。案の定、居士に「ほっといて」とやられてしまった。わざわざ出家しなくたって、あるがままの日々の暮らしがただちに修行にほかならない。わが師、馬祖《ばそ》も「平常心是れ道《びょうじょうしんこれどう》」といっておられましたよ。

わたくしならよけいなことを口走っちゃいそうである。しかし居士は「おかまいなく」と一言だけ。能辯の居士にしては策のない返事である。けだし真情だということだろう。

石頭の「出家するのか、在家でゆくのか」が愚問であることは衆目の見るところだとして、だとすると石頭はわざと愚問を呈しているとしかおもえない。石頭が愚問によって居士からみちびきだした出家観とは、つぎの問答に見えるようなものじゃないだろうか（『趙州録』三一一頁）。

問、出家底人、還作俗否。師云、出家即是座主。出与不出、老僧不管。云、為什麼不管。師云、与麼即出家也。

問う、出家底《てい》の人、還《は》た俗と作《な》るや。師云く、出家は即ち是れ座主《こざす》。出と不出と、老僧は管せず。云く、什麼《なん》の為にか管せざる。師云く、与麼《よも》ならば即ち出家なり。

「出家もまた俗となりますか」。

「出家は座主、あんただ。家をでるか、でないかなど、わしの知ったこっちゃない」と趙州《じょうしゅう》。

「どうして知ったこっちゃないのですか」。

「それが出家じゃ」。

趙州はもちろん出家である。ところが座主にむかって「あんたが出家だ」といい、さらに「わしは出家もヘッタクレもない」という。まことにケゲンに堪《た》えない。

出家とは「在家の生活を出離して沙門《しゃもん》の浄行を修するなり」（織田得能『仏教大辞典』）というものである。座主のいう出家とは、「在家の生活を出離して」という文字どおりの意味である。趙州における出家とは、「沙門の浄行を修するなり」という生き方であって、家をでるか、家にあるか、ということではない。家をでる、でないにとらわれないこと、それこそが出家である。

家をでようが、でまいが、真理の探究においてはどうでもよい。出家ということ自体、じつは俗な概念である。座主は、俗に対して「俗でない」ものが出家だとおもっている。趙州は、そういう区別を超えたところにいる。

とはいえ、なまじ俗な概念であるだけに、俗にいるものとしては、出家は出家らしくあってほしかったりする。たとえばローマ・カトリックの司祭が妻帯しないみたいに。

趙州のいうところは正しい。しかし、いささか高飛車のような気もする。そういう禅風とはいえ、いかにも取りつく島がない。そこへゆくとアマチュアの龐居士はうんと率直である。

なぜ在家にとどまるのかというと、心情的には「出家という身分に興味がないから」であり、生活的には「水をくみ薪をはこぶといったことよりも重要なことなんてないから」である。わたくしのような俗人にとっては、超俗の境地を端的に示されるよりも、あるがままの生活を見せられるほうが、よほど説得力がある。

あらゆる存在するものと関わらないものとは、どういう人間でしょうか

――石頭は手でかれの口をふさぐ

（「石頭との問答」より）

ありふれた日常を淡々と生きてゆくのみ

（「石頭との問答」より）

ありふれた日常を
淡々と生きて
ゆくのみ
もう
やって
ます
一九

馬祖《ばそ》との問答

馬《ば》祖《そ》道一《どういつ》（七〇九～七八八）南岳慧譲《なんがくえじょう》の法嗣。俗姓馬氏。漢州（四川）什邡《じゅうほう》のひと。南岳（湖南）に慧能の法嗣である慧譲のもとで心印を得る。鍾陵《しょうりょう》（江西）の開元寺にて弘法し、「江西の馬祖、湖南の石頭」と併称される。〔『祖堂集』一四『五灯会元』三〕

1　さあ一口で飲みほしてみよ

居士はのちに江西にゆき、馬祖《ばそ》に参見してたずねる「あらゆる存在と関わりをもたないものとは、どういう人間でしょうか」。

「そなたが西江の水を一口で飲みきったら、そいつを教えてやろう」。

居士はたちどころに玄妙な道理を悟り、詩を呈したが、そこには「心空じて及第せり」という句がある。

馬祖のもとにとどまって教えを受けること二年。歌をうたう。

息子はいても嫁はなく
娘ときたら嫁《とつ》ぎもせん
一家は団欒むつまじく
みなで教えを語りあう

居士、後に江西《こうせい》に之《ゆ》き、馬祖《ばそ》大師に参ず。問うて曰く、万法と侶《とも》たらざる者、是れ甚麼人《なんぴと》ぞや。祖曰く、汝が一口に西江《せいこう》の水を吸い尽くすを待って、即ち汝に道《い》わん。士、言下に頓《とみ》に玄旨を領《りょう》す。遂に偈《げ》を呈し、心

居士後之江西、参馬祖大師。問曰、不与万法為侶者、是什麼人。祖曰、待汝一口吸尽西江水、即向汝道。士於言下頓領玄旨。遂呈

空及第の句有り。乃ち留駐《とど》まりて参承せること二載。偈有りて曰く、

男有り婚せず
女有り嫁せず
大家《みな》団欒《だんらん》頭
共に無生の話《わ》を説く

偈、有心空及第之句。乃留駐参承二載。有偈曰、

有男不婚、
有女不嫁。
大家団欒頭、
共説無生話。

馬祖が「西江の水を一口で飲みほしてみろ」と無茶なことをいうのは、できないことをやってのけたら答えてやろう、とイジワルをいっているわけじゃない。ひとつのものが一切合財を飲みこむなんてことはありえないよ、と教えているのである。存在するものは他者に対することによって、はじめて自己として存在しうるのであって、けっして孤立した絶対者なんかじゃないんだよ、と。

自己は他者に対して、はじめて自己である。ひとり自己のみであるならば、すでに飲みつくすべき一切はないかのようである。ただし自己は、不生不滅の無の場所において、じつは見るものなくして見ている。一切はかかる無の場所において生滅する。このことを見よ、と馬祖はいう。

不生不滅の無の場所において「見るものなくして見る」というのも、わたくしが勝手にもちいている言葉づかいである。ちょっとだけ説明しておきたい。

自己は、生まれてきて、死んでゆく。そういう生滅する自己はつねに「ここ」という立ち位置をもって

いる。その立ち位置そのものは生滅しない。だから立ち位置そのものの自己同一性にこだわろうにも、なにをすればよいのかもわからない。自己がそこにいる立ち位置としての場所は、ここで生起し、ここに存在する「ここ」であって「それ」という対象ではない。なにかが生起したり存在したりする場面において、その出来事をささえている下地《したぢ》であって、それ自体は対象化できるような「もの」ではない。

現実の世界にあって生滅しているもののぶんざいで、自己のあり方をささえている不生不滅の根拠そのものを見ることはできない。自己はそのように根拠づけられながら存在しているしかない。自己がそのように存在しているという事実から、自己がそこに位置づけられている場所それ自体を抽出することはできない。

もっとも、自己が位置づけられている場所は、それを目で見ることはできないというだけで、自己が存在しているということにおいて、それがはたらいていることは示されている。そういう不生不滅の場所のはたらきとは、煎《せん》じつめれば、存在するものが「われ」として「ここ」にあるということだろう。この自己がおのれの立ち位置においてあるという言葉になりにくいはたらきを、あえて言葉にしようとすれば、おもうに「見るものなくして見る」とでもいうしかないんじゃないだろうか。

それはさておき、自己はもとより他者とともにあるわけだが、一切の存在するものと関わらないということは、そのものには他者がないということである。他者がないということは、すべてを自分のなかに飲みこんでいるということである。だが、すべてを飲みこんでいる「者・人」などありえない。あらゆる他者を飲みつくして自分だけになるなんていうことは、金輪際、できっこない。飲みきれないものがかならずある。たとえば西江の水を飲みほせたりするかい、と馬祖。

居士が世界を飲みこむ。飲みこまれてしまったら、世界はどこから手に入れたらよいのだろうか。心配ご無用。その居士を飲みこんでしまえばよい。世界を飲みこんだ居士を飲みこめば、世界を手に入れることができる。

居士が西江の水を、さらに全世界を飲みこむさまを想像してみよう。居士はまわりのものを飲みこんでゆき、そして最後に居士自身だけがのこる。居士はそこで飲みこむことを中止するのだろうか。そうかもしれない。しかしそれでは世界全体を飲みこんだことにはならない。ということは居士は自分自身をも飲みこむのだろう。でもどうやって？

足のほうから飲みこむとして、だんだん上のほうへと飲みこんでゆき（居士以外の世界が飲みこまれている居士の腹も飲みこみながら）ついには飲みこむ口だけがのこり、そして口が口を飲みこむと、もうなんにものこっていない。世界は消えた。そして居士も消えた。そういうありさまを想像すると、なんだかパラドックスのような気がする。

居士は世界内に存在する一存在者としての居士ではなく、世界を超越した居士だということになる。居士が世界全体を飲みこんでしまえば、世界とは別の存在である居士だけがのこる。この「居士だけがのこる」というものいいは、居士の視点から見ている。世界の視点から見ると、この事態はどうなっているのだろうか。

世界のなかには我もいれば汝もいる。世界が居士に飲みこまれてゆき、我や汝もいっしょに飲みこまれてゆく。そして飲みこまれた世界（我や汝）の視点からこの事態を見てみると、あら不思議、我や汝のまわりのものは一切合財「もとのまま」に存在するではないか！

ただ世界全体が居士の腹のなかにはいったという点だけが、もとの世界とはちがっている。居士がいないということもちがうかもしれないが、山河大地はそっくりそのまま我や汝のまわりに存在しつづけている。なにかをとりもどす必要なんて、なにひとつない。

馬祖が「西江の水を一口で飲みきったら教えてやろう」というのは、「我や汝はどこに存在している？ そのことを忘れるな」といっているのである。居士が世界を飲みこむというと、どうしても居士の視点からものごとを見てしまう。世界を超越した視点に立って考えてしまう。それは架空の視点であって、じっさいの自己の視点ではない。あくまでも自己の視点でものごとを見よ、と馬祖はいう。あるがままに見よ、と。

世界が居士に飲みこまれても、我や汝が世界のなかに存在していることに変わりはない。そのことに気づくべし。自己が世界のなかにあって他者とともに存在しているという根源的な事実さえ見うしなわなければ、この世界を見うしなうこともない。

じゃあ居士の問いは問わずもがなの愚問なのかっていうと、そんなことはない。人間は一切をつつみこむような「無の場所」とでもいうべき一面をもっているということを、その問いは示唆《しさ》している。ただ、その魅力的な問いを受けて馬祖はいう。そうだとしても、それは「者・人」ではなかろう、と。

パスカルは、人間は「考える葦《あし》」だという。風にそよぐ葦は、はかない存在である。身体的にいえば、人間は風にそよぐ葦のように弱々しい。だがこの葦は考える葦であり、思考において、意識において、存在するすべてのものを飲みこんでいる。人間の偉大と悲惨とをおもうべし。

カントは客観的な対象はみな意識の対象だという。主観そのものは客観的な存在のすべてを飲みこんでいるが、それ自身は客観的な存在ではない。主観と客観とは客観的な関係性にはない。そうだとしても、いったい意識とはなにか。それは存在する「者・人」だろうか。

あらゆる存在と関わりをもたない「者・人」など、この世には存在しえない。この世に存在する以上、なにかしら他者と関わらねばならない。馬祖が「ありえないことが起こったら教えてやろう」というのは、すこぶるマジメに答えてやっているのである。かりに一切の存在を超えたものがいるとして、そういうのが理想だとでもおもっているのかい、と。

一切の存在と関わりをもたないものとは、一切を飲みつくしたものである。そういった他者をもたないものを「者・人」として問うことは、おのれ自身の存在をあやうくしかねない。にもかかわらず居士は、おもいついたシビアな問いを脳天気に口にした。こういう問いをおもいつけるような見どころのある男が、右にゆくか、左にゆくか、生死の分かれ目に立っている。そのくせ本人は、そのあやうさを自覚していない。「西江の水を一口で飲みきってみろ」という馬祖のきびしい顔つきを見て、居士は自分があぶない瀬戸際にあることを知る。

居士は石頭および馬祖に「あらゆる存在するものと関わらないものとは、どういう人間でしょうか」とたずねた。石頭はこわい顔をして手で居士の口をふさいだ。馬祖はきびしい顔で西江の水を飲みきってみよといった。石頭も、馬祖も、おまえはギリギリの崖っぷちに立っているのだ、と居士をいましめている。

2　目のつけどころを高くせよ

居士が馬祖にいう「生き生きとした主体としてお願いしますが、視線を高く上におむけください」。

馬祖はまっすぐ下を見る。

「ひとり師のみは絃のない琴を見事にお弾きになられますな」。

馬祖はまっすぐ上を見る。

居士は礼拝する。

馬祖は居間にもどってゆく。

居士はあとにつづきながら「さっきはうまくやろうとして、かえってヘマをやらかしました」。


士、一日、又た祖に問うて云く、不昧《ふまい》本来人、請う師、高く眼《まなこ》を著《つ》けんことを。祖、直下《じきげ》に覰《み》る。士曰く、一種の没絃琴《もつげんきん》、惟《た》だ師のみ弾じ得て妙なり。師、直上《じきじょう》に覰る。士、礼拝す。祖、方丈に帰る。士、随後《ずいご》に曰く、適来《せきらい》は巧を弄《ろう》して拙を成せり。

士一日又問祖曰、不昧本来人、請師高著眼。祖直下覰。士曰、一等没絃琴、惟師弾得妙。祖直上覰。士礼拝。祖帰方丈。士随後曰、適来弄巧成拙。

居士が馬祖にむかって「ご存じのとおり、それがしは生き生きとした主体でありますが、見た目そのままに見るのではなく、どうか目のつけどころを高くしてご覧ください」という。現にあるとおりに見るのではなく、将来性の豊かさを買ってください、と。

おのれの可能性を高く評価してくれという厚かましい要求をこうむり、馬祖はすぐさま目を下にむけ、その虫のよい要求を却下する。なに寝言をほざいておる、と。

さすがに図々しかったと反省したのか、居士は神妙な口調でいう。「この琴には弦が張られておりませんが、それにもかかわらず見事に弾きこなしてしまうとは、こんな藝当ができるのは師だけですな」と、なにやらお世辞めいた口ぶりである。「それがしは弦が張られていない琴のように肝腎のものが欠《か》けておりますが、素質はあるとおもうんですよ。こんなそれがしを教えみちびくことができるのは、ひとり師だけなんですから」と居士は遠まわしに甘えてみせる。

かさねがさねの図々しいものいいに、馬祖はあきれて天をあおぐ。が、そういう居士の屈託《くったく》のないところが、馬祖はじつは気に入ってもいる。その気配をすかさず感じとって、居士はうやうやしく礼拝する。

馬祖は居間にもどる。そのうしろをノコノコついてゆきながら、居士は「さっきはうまくやろうとして、かえってドジをふんじゃいましたよ。でも、そんな落ちこぼれを見捨てることなく、ちゃんと教えてくださるんですものね」と無邪気につぶやく。

と、こんなふうに読むと、この問答は居士の愛すべきキャラを味わうものだっていうことになりそうである。そう読んでおいてよいような気もするのだが、もうちょっと深刻な雰囲気で読めないものだろうか。

居士には活眼の「本来人」としての自負がある。しかし同時に本来人にもホンモノとニセモノとがあるはずだろうと気に病んでもいたもんで、「ホンモノの本来人ぶりをご披露ください」と馬祖におねだり。上から目線で先生づらをするんじゃなくて、さらに高みをめざして向上しようとする姿勢を見せてくださいよ、と。

馬祖はわざと下を見る。本来人にホンモノもニセモノもない、と。向上も堕落もないわい、と。それもそうだ、と居士も納得する。そして無絃琴をイメージする。このうえなく完成しているというのは、ちょうど絃のない琴を弾きこなすようなものでしょうか、と。

馬祖はひょいと上を見る。上には上があるけどね、と。弾くことなくして弾いてこそ無絃琴だろ、と。居士がおのれを無絃琴になぞられたというよりも、むしろホンモノもニセモノもないあるがままのあり方を無絃琴としてとらえたというほうが、わかりやすそうである。ふむ。この方向でもうちょい丁寧に味わってみよう。

居士は「生き生きとした主体としておたずねします」と大見得を切っている。わざわざ生き生きとした主体として問うというのは、「わたくしは本来人であるが、あなたはどうか」と迫っているのだろう。威勢はよいけれども、ひどく気負《きお》っている。そして「上を見よ」と詰め寄る。馬祖がじっさい本来人であるなら、その証拠を示してみよ、と。とことん挑戦的なのである。

たとえ本来人であろうとも、目のつけどころに高いも低いもない。馬祖は、上を見てくれというリクエストに逆らって、まっすぐ下を見る。ひょいと下をむいて、居士の気合いをくじく。まあ、そうムキになりなさんな、と。

居士は「無絃琴を弾きこなすとは、さすが和尚ならではですな」とホメそやす。そのお世辞めいた口ぶりには、まだ自負心のカケラが見え隠れしている。馬祖をホメているようによそおいながら、じつは自分も同じく無絃琴を弾きこなせるのですよ、と匂わせている。

すばらしい腕前ですなとホメられ、馬祖はその言葉をはぐらかすように上を見る。居士のウヌボレに冷や水をぶっかけるように、まっすぐズバリと上を見る。まだゴチャゴチャいうておるのか、と。

馬祖は居士を茶化しているわけじゃない。下をむいたり、上をむいたり、すこぶる真剣にやっているのである。居士は「カッコよくやろうとして、かえってドジをふんじゃいました」とシャッポをぬぐ。挑発する相手をまちがえました、と。

いやいや、待てよ。いまごろ気づくというのもウカツだけれども、居士が「不昧本来人」というのは、自分のことをいってるのだろうか。ひょっとして馬祖によびかけているっていうことはないだろうか。なんとなくそんな気がしてきた。

理想を高くかかげてブレないっていうのは具体的にどのようであることなのか、ひとつお手本をお示しください、と居士はいう。どういうのが本来人らしい生き方なのでしょうか、と。

「よしきた」と馬祖は下を見る。上を見るばかりが能じゃない。下を見るのも大事だよ、と。理想におぼれるだけじゃなく、足もとの現実をふまえることも忘れちゃいけない。

馬祖に下をむかれても、居士はひるまない。どこまでも馬祖を本来人に祭りあげようとする。そして「無絃琴を見事に弾きこなせるのは、ひとり和尚だけですなあ」とホメ殺しをこころみる。

すると馬祖は上を見る。和尚だけっていうけど、きっと上には上がいる。いたずらに自己を高みに置いちゃいけないよ、と。
さすがは馬祖、力量の差はおおうべくもない。居士にしてみれば、すすんでキツネに化かされにでたような按配になってしまった。とはいえ龐居士という男、知らぬがホトケなのかもしれないが、どんなに崖っぷちに立たされようとも、身も世もあらずジタバタしたりはしない。馬祖にじゃれつきながら「いやあ、カッコつけて、しくじっちゃいましたよ」と、ちとの恥ずる色もない。この愛嬌あふれたふるまいこそ、生き生きとした主体としての居士の面目だったりして。

3 いったいなんの話なのかな

居士が馬祖にたずねる「水には筋も骨もないのに重たい船を浮かべることができますが、これはどういう理屈でしょうか」。
「ここには水もなければ船もない。筋だの骨だの、いったいなんの話かな」。

士、一日又た祖に問うて曰く、水の筋骨無くして能《よ》く萬斛《ばんこく》の舟に勝《た》うるが如き、此の理は如何《いかん》。祖曰く、這《しゃ》裏《り》に水無く、亦《ま》た舟無し、什麼《なん》の筋骨をか説かん。

士一日又問祖曰、如水無筋骨、能勝萬斛舟、此理如何。祖曰、這裏無水亦無舟、説什麼筋骨。

居士に「どういう理屈でしょうか」と問われ、馬祖は「なんの話かな」と問い返している。問いに対して問いで答えるというのは、はたして答えたことになるのだろうか。

「あんたどのチームのファンなの」と問われて「オレがどこの出身やとおもってんの」と問い返すという場合、ふたりに「大阪出身のひとは阪神タイガースのファンである」という共通の認識があるならば、たしかに問答は成り立っている。

ふたりのあいだで対話が成立するための条件として、なるほど話題の背景にある知識をたがいに共有していることは必須かもしれない。しかしながら禅問答とは、むしろそういう背景への認識（というか宗教的なあり方）がかならずしも十全には共有されてないものどうしのあいだでギリギリの応酬がつづけられてゆくうちに、ある一瞬、なにがしかの認識が共有され、一方の認識（すなわち悟りともいうべき宗教的なあり方）が他方へと伝わる、というような活鱍鱍《かつぱつぱつ》たる言語活動なんじゃないだろうか。

居士に「水には筋も骨もないのに船を浮かべることができますが、どうしてでしょう」とたずねられ、馬祖は「水もないし、船もない。どうして筋だの骨だのと説くのか」という。居士にとって、船が水に浮くというのは、力もちの水が船をもちあげるといったイメージなのだろう。現に水が船を浮かべているのを見れば、そこに力がはたらいていることは如実《にょじつ》に見てとれる。水には筋も骨もないのに、そこにはなにかしら力がはたらいているにちがいない、と居士はおもった。浮力ということを知らない居士は、当然の問いを馬祖にぶつける。その問いに対する馬祖の答えはひどく素っ気ない――ように見えるが、ひょっとすると仏教の「唯識《ゆいしき》」の立場にもとづいた理屈をのべているのかもしれない。

われわれが客観的なものと考えている水や船などは、心がつくりだしたものであって、じつは幻である（色即是空）。そのような実体のない幻のものどうしのあいだに、なんらかの力の関係を想定すること、それもまた心のはたらきにすぎない。どうしてそこに筋や骨（といった水と船とのあいだにはたらいている力の関係）などを説く必要があろう。

そんなふうに物「理」にかかずらっているヒマがあったら、もっと心の修「行」をせよ、と馬祖はいいたいのだろうか。もしそうだとすれば、これは仏教が唯識をとりいれたことの残念な結果っていうことになるんじゃないかなあ。

西洋におけるキリスト教と科学との関係とちがって、東洋にあって仏教が科学の発展をうながすことはすくなかったような気がする。これは耳学問でいうのだが、キリスト教と科学とは、信仰と理性との対立・緊張・融和の歴史をかたちづくってきた。宗教は科学と対立することもあったが（ガリレイ裁判など）、ときには科学的な精神をはぐくみ、科学の発展をうながすこともあった。だが仏教と科学との関係はそうではなかったんじゃないだろうか。

「唯識」という仏教の教えは、私見によれば、バークレーやヒュームにちかい観念論である。ヒュームの哲学はすぐれたものだが歴史的には「科学の客観性を保証できなかった」とカントに批判される（カント自身はヒュームによって形而上学の独断のまどろみから覚醒させられたらしいけど）。唯識が「マインドフルネス」として脚光をあびている昨今、これを仏教のなかにどう位置づけるかということは現代のわれわれにとって重要な課題である。

白隠《はくいん》に「隻手音声《せきしゅのおんじょう》」という公案《こうあん》がある。両手を打てば音がする。では片手の音をどう聴くか。「手のひらどうしがぶつかることによって空気の振動がうまれ、それが空気中を伝わるものが音である」といった物理学的な認識がないから、この公案は難問なのだろうか。そうではあるまい。白隠は「音のない音を聴け」といっているのである。

船が水の上に浮かぶ。水が船を下からささえる。船と水とは相対的な関係にある。浮かんでいる船は、ささえている水に対する船であり、ささえている水は、浮かんでいる船に対する水である。そういう相対にとらわれた見方から脱却せよ、と馬祖は（たぶん白隠も）いう。相対にとらわれると、「水には筋も骨もないのに船を浮かべることができるのはなぜか」といった、いらざる理屈にふりまわされる。船がこうで、水はこうだ、といった「こだわり」を捨てればよい。やれ水だの船だの、筋だの骨だの、いったいなんの話かな、と。

馬祖は「ここには水もなければ船もない。筋だの骨だの、なにをいうとるのか」と問い返す。おまえが問題にしておるのは水と船との関係ではなかろう。おまえが問題にしておる無とは、「これもない、あれもない」という相対的な無なのかい？

筋も骨もない水がどうして重たい船を浮かべることができるのかということは、科学の問題としては有意味である。けれども居士が問うているのはそういうことではない。では、どういうことなのか。たぶん「不生不滅の絶対無が生滅する存在者をささえるということは、どのようにして可能なのか」という問いだとおもわれる。

ふむ。いらざる理屈にかかずらって、いらざるところに迷いこんでしまったような気配である。頭を冷やして、龐居士の問答を読みなおしてみよう。

水よりも重たい船が水に浮かぶ。きっと然《しか》るべき力学の法則にしたがっているのだろうが、その理論はよくわからない。「そんなもんだ」と割りきってしまえば、なんの問題もない。「どうして浮かぶのかなあ」と気にしはじめると、なんだかモヤモヤしてくる。

水も船も「そういう」あり方をしている。「そういう」の中身を知りたければ物理学を勉強すればよい。勉強する気もないくせに答えばかりを知りたがるのは横着である。

存在するものは、それぞれ自己として他者とともに存在している。水は水としてあり、船も船としてある。水と船とは然るべき関係をもっている。そういう自己と他者との関係を、居士はなんとか明らかにしたいとおもっている。で、水のうえに船がプカプカ浮かんでいるという事例をもちだしてみたのだが、馬祖はそれを受けつけない。そいつは問わずにおれない問いなのか、と馬祖はいう。ホントに切実な問いなら、それをイメージでとらえてよいのか。半端なイメージをもちこむのは百害あって一利なしだぞ、と。

筋も骨もない水がどうやって船を浮かべられるのかについては、それなりに深い理屈がありそうである。居士としても含蓄のある答えを期待したにちがいない。ところが馬祖はその期待をはぐらかす。なんの話かいな、と。せっかく意味ありげな問いを発したのに見事にはぐらかされて、居士はブクブクと沈んでしまった。

天下莫柔弱於水。而攻堅強者莫之能勝、以其無以易之。弱之勝強、柔之勝剛、天下莫不知、莫能行。

天下に水より柔弱《じゅうじゃく》なるは莫《な》し。而《しか》も堅強を攻むる者、之《これ》に能《よ》く勝《まさ》る莫きは、其《そ》の之を易《か》うる無きを以てなり。弱の強に勝ち、柔の剛に勝つは、天下、知らざる莫くして、能く行なう莫し。

世の中に水より柔らかで弱いものはない。とはいえ堅くて強いものを攻めるさい、これにまさるものがないのは、水がみずからのあり方を変えないからである。弱が強に勝ち、柔が剛に勝つということは、世の中のだれもが知っているが、それを実践できるものはいない。

ご存じ『老子』の第七八章。居士の問いが老子を意識したものなのかどうかは知らないが、とりあえず居士の頭のなかにはこの手の理屈が渦巻いていたにちがいない。ところが馬祖の答えときたら、こざかしい理屈を腰くだけにしてしまうようなものであった。

意地のわるい見方かもしれないが、ひょっとして居士にはご自慢の正解が用意してあったっていうことはないだろうか。まずカマをかけてみて、相手が答えられなかったら、「それはね」と答えてみせるつもりだったんじゃないかなあ。

お得意の問いをぶつけて、相手の出方をうかがう。自分の知っていることを他人が知っているかどうかをためすというのは、よい趣味ではない。ところが馬祖は、そういう居士の魂胆《こんたん》を知ってか知らずか、あっさりスルーする。わしの知ったことか、と。

あるいは馬祖には問いをスルーするなんていう意識は毛頭なくて、ボケ老人よろしく「ここには水も船もないのに、なに理屈をこねてんの」と首をかしげただけかもしれない。無邪気に首をかしげられて居士が拍子ぬけしちゃったんだとしたら、それもまた可笑《おか》しい。

禅の語録をひもといていると、しばしば水の話にでくわす。諸方を行脚《あんぎゃ》する僧にとって水は命綱だからだろう。日常にありふれた水については、こんな問答もある（『祖堂集《そどうしゅう》』二九四頁）。

師与洞山到村院、向火次、洞山問師、水従何出。師云、無処来。洞山云、三十年同行、作任摩語話。師云、理長則就。老兄作摩生。洞山云、只見漏漏、不知従何出。

師、洞山《とうざん》と村院に到り、火に向かう次《つ》いで、洞山、師に問う、水は何《い》れ従《よ》り出《い》づる。師云く、処の来たる無し。洞山云く、三十年同行して、任摩《にんも》の語話を作《な》す。師云く、理長ずれば則ち就《つ》く。老兄、作摩生《いかん》。洞山云く、只《た》だ漏漏《こつこつ》を見るのみにして、何れ従り出づるかを知らず。

神山《しんざん》と洞山とが小屋のなかで囲炉裏の火にむかっていたとき、洞山がたずねる「水はどこからわいてくるのかな」。

「どこというところはない」。

「三十年もいっしょに行脚してるっていうのに、その言い草はないだろ」。

「そのほうが筋がとおっているとおもえば、それにしたがうまでさ。あんたはどうおもってんの」。

「ただわいてくるっていうだけで、どこからわいてくるのかはわからんな」。

神山と洞山と、火にあたりながら水について問答している。洞山の「水はどこからわいてくるのか」という問いを、あえて「水はどうしてわいてくるのか」と水のわきでてくる原理を問うたものであるとして読んでみよう。

水のわいてくるところは、どこでもよいわけではない。地形的にわきでるところは限られている。ほかのところからはわきでないのに、どうしてここからはわきでるのか。自然にわいてくるかのような水も、どこかに水源をもっていて、それが地下の水脈をたどってわきでてくるにちがいない。

洞山の問いに対して神山は「どこというところはない」と答える。これもあえて「なにかによってわきでてくるのではない」と読んでみよう。水がわきでてくる原理などというものはなく、ただわきでてくるという事実があるだけだ、と。

洞山は「これまで三十年もいっしょに旅をしてきたっていうのに、そんなふうにはぐらかすなんて、あんたらしくもないな」となじる。洞山になじられ、神山は「じゃあ水がわいてくる原理について語ってごらんよ。もしそれが理のとおったものなら、わしもそれにしたがおう。さあ、いってみてくれ」とうながす。

ところが洞山は「ただこんこんとわきいづるさまを見るのみで、いったいなににによっていることやら」と知らんぷり。「なにによっているのかは知らん」ということは、そこに知るべきなにかがあるということは知っており、そのことをまだ知らないということも知っている、といっているようにおもわれる。

ものごとの探究は「無知の知」によってはじまる。ものごとの探究とは、それが「そこにそのようにある」ということとの原理の探究である。それがそこにそのようにあるということを、たんに受けとっているばかりでありつづけると、やがてなんの不思議もおぼえなくなってくる。洞山は「無知の知」を自覚しており、神山もそういう洞山の姿勢に対してそれなりに敬意をはらっているのかもしれない。

もうちょっと禅僧のやりとりらしく読んでみよう。

「水はどこからわいてくるのかな」という洞山の問いは、水というものの存在の根源を問うている。ところが神山は「どこからという場所はない」と、水そのものの由来《ゆらい》ではなく、水がわいてくる場所のことに問題をそらしてしまう。洞山は「三十年もいっしょにやってきたっていうのに、そんな情けないことというなよ」と文句をいう。文句をいわれた神山は「そのほうが筋がとおっているとおもったんだよ」と言い訳したうえで、「じゃあ、あんたはどうおもうのさ」と問い返す。すると洞山は「ただわいてくるってだけで、どこからわいてくるのかはわからんな」と平然とうそぶく。

神山と洞山と、どっちが勝ちっていうわけじゃないとおもう。けっきょく「水がどこからわいてくるのか、おたがいわからんよな」と笑いあっているんじゃないだろうか。どこからわいてくるのかは知らんが、せっかくわいてきておるんだから、ありがたく飲ませてもらおうじゃないか、と。

馬祖が「ここには水もなければ船もない。筋だの骨だの、いったいなんの話かな」というのも、じつは似たような気分なのかもしれない。手ですくえば指のあいだからこぼれる水がどうして重たい船を浮かべられるのか、そいつはわからんが、どういうわけか浮かべられるんだから、ありがたく浮かべておけばいいんじゃないの、と。

高校生のころ、仲のよかった友だちがつねづね「自分が歩けるということが不思議なんだ」といっていた。理屈もわからないのに毎日歩いているっていうことが、なんだかありえないことにおもえて苦痛なんだ。理屈がわかってはじめてできることと、理屈がわからなくてもできることと、そのちがいはどこにあるのかなあ、と。

わたくしが「どうしたら女の子にモテるか」と健全に悩んでいたとき、その友だちは愚にもつかない

（としかおもえない）ことを真剣に考えていた。「つまらんこと考えてないで、ちゃんと勉強しろよ」と自分はちっとも勉強していないことを棚《たな》にあげて注意したおぼえがある。ちなみにその友だちは、わたくしとちがって一流の哲学者になった。

平常心《びょうじょうしん》是れ道《どう》

（「石頭との問答」より）

薬山《やくさん》との問答

薬山惟儼《やくさんいげん》（七四五〜八二八）石頭の法嗣。青原派の第三世。絳州《こうしゅう》（山西）のひと。石頭を南嶽（湖南）にたずね、その命により洪州（江西）の馬祖に参じ、やがて石頭のもとにもどって法をつぐ。石頭の没後に南嶽を去り、洞庭湖の西の澧州《れいしゅう》にある薬山に庵をむすんで衆生をみちびいた。〔『祖堂集』四『五灯会元』五〕

1　それでは腕ききとはいえん

居士が薬山《やくさん》禅師のもとにやってくる。

薬山がたずねる「一乗のなかに、この一事を置くことができるかな」。

「その日その日を食いつなぐので精一杯で、一事を置けるかどうかなんてことにかかずらっておるヒマなどござらん」。

「石頭《せきとう》にあわなかったということでよろしいか」。

「ひとつ取って、ひとつ捨てる、それでは腕ききとは申せませんな」。

「わしは寺の仕事が忙しいから、これにて失礼」。

居士も挨拶して去ろうとする。

「ひとつ取って、ひとつ捨てるとは、まさに腕ききだな」。

「せっかくの一乗の問答が台無しになりましたな」。

「いかにも、いかにも」。

居士、薬山《やくさん》禅師に到る。山問うて曰く、一乗中、還《は》た這箇《しゃこ》の事《じ》を著《つ》け得るや。士曰く、某甲《それがし》、祇管《ひたす》ら日に升合《わずか》を求むるも、還た著け得るやを知らず。山曰く、居士は石頭を見ずと道《い》うこと得てんや。士曰く、一を拈《と》って一

居士到薬山禅師。山問曰、一乗中還著得這箇事麼。士曰、某甲祇管日求升合、不知還著得麼。山曰、道居士不見石頭、得麼。士曰、拈

を放つは、未《いま》だ好手と為さず。山曰く、老僧は住持すること事繁《じはん》なり。士、珍重して便ち出づ。山曰く、一を拈って一を放つ、的《まさ》に是れ好手。士曰く、好箇《こうこ》の一乗の問宗、今日失却せり。山曰く、是《ぜ》、是。

一放一、未為好手。山曰、老僧住持事繁。士珍重便出。山曰、拈一放一、的是好手。士曰、好箇一乗問宗、今日失却也。山曰、是、是。

一乗を「この」事のなかに置くことができるかと問うのは、入矢先生によれば「大変いじの悪い難問」であって、一乗という「唯一真実の心法――おのれの根源的心性そのものでもある」もの、すなわち「居士の〈本来人〉をその場でじかに検証しようと試みたのである」（二八頁）という仔細らしい。どうやら「一乗（心法）即自己（心性）」であるかと問うことによって「一乗即一事、原理即応用」でありえておるかなと薬山はたずねているというふうに理解しておられるようである。いやあ、こんなふうに理詰めに説かれてしまうと、わたくしのでる幕はなさそうである。しかしながら、もうちょっとシンプルに読めないものだろうか。

唯一無二の現実にあって、おまえ自身のオリジナルな「この」一事を立てることができるかな、と薬山はたずねる。現在のあり方において本来のあり方をあらわしてみよ、と。薬山がいっている一乗のなかに「この」一事を置くというのは、おそらく「絶対無においてあること」と「自己であること」との関係を問題にしているのだとおもう。

「自己であること」とは、自分のことは自分で決定すること、自己限定すること、すなわち自由であるとである。ところが「絶対無においてあること」とは、絶対無に支配され、限定されることである。この矛盾するあり方は両立しうるかということを薬山は問題にしているんじゃないだろうか。

居士は「食ってゆくだけで精一杯だ」という。その日に食うだけの米を手に入れて、ほそぼそと暮らすことで満ち足りておる。それがわしの一事だ、と。

その日暮らしの身にとって、一乗のなかに「この」一事を置けるかどうかなんていうことは、つまり「絶対無においてあること」と「自己であること」との矛盾的な関係が両立しうるかと「考える」なんていう酔狂なことは、そもそも切実なことじゃない。そんなのは閑人《ひまじん》のやることである。

薬山は「ふうん。だったら石頭《せきとう》にはあわなかったっていうことでよいかい」と追求する。このイヤ味なとがめだてが、いまひとつピンとこない。

「おまえさんは石頭のところで修行したっていうけど、そんなテイタラクでは、けっきょく石頭にはあわなかったということだな」と否定しているのだろうか。石頭の石頭たる所以《ゆえん》がわかっておらんようだな、と。それとも「おまえさんは石頭のところで修行したっていうけど、どうやらいまでは石頭とはもはや別の次元の、おまえさん独自のあり方をしておるようだな」と肯定しているのだろうか。石頭の影響から脱してようやく一皮むけたようだな、と。

ふつうに考えれば前者だろう。「絶対無においてあること」と「自己であること」との矛盾的な関係についで問うてみたが、どうやら問題がわかっとらんようだな、と薬山はとがめる。

居士は「こっちを取ったら、あっちは捨てるというふうに、外のあり方にふりまわされるようでは、やり手とは申せませんな」と反撃する。一乗を一事に置けるとか、置けないとか、石頭にあったとか、あわなかったかとか、そういった二者択一はまずいんじゃないですか、と。頭でっかちに考えたりしないで、矛盾的に両立していることを端的に見たらどうなんだ。考えるな、見よ、と。

この「こっちを取ったら、あっちは捨てる」という発言について、入矢先生は丁寧にコメントしておられる。「一を拈って一を放つ」とは「猿が自分の囲りにあるものを手当り次第につかんでは捨て、つかんでは捨てること」であり、居士は「自分の答えをまともには受け止めかねた薬山が、石頭を持ち出すことで鋒先《ほこさき》をそらそうとしたものと見て取って、こうからかったのである。石頭が私にとってどうだというのか、作家の禅者なら、そんな猿のような気移りはしないで、まともに最初からテーマに対応するはずだと言いたいのである」（三〇頁）と断じているのだ、と入矢先生はおっしゃる。わたくしもそういうふうに読みたい。

居士の揶揄《やゆ》めいた言い草をこうむり、薬山は「わしゃ忙しいから」とおとなしく帰りかける。じゃあと居士も挨拶して去ろうとすると、薬山はふいと「こっちを取ったら、あっちは捨てるとは、いかにも名人藝じゃな」とつぶやく。この薬山のセリフについて、入矢先生はさらに「こんどは逆に居士を猿に——しかも見事な猿に——してしまったわけである」（三〇頁）とおっしゃるのだが、これがよくわからない。薬山が「寺の仕事が忙しいから」と去ろうとしてみせ、それにつられて居士もまた挨拶して去ろうとしたことに対して、それこそ「猿のような気移り」じゃないかと難じているというふうにでも解釈しておられるのだろうか。

入矢先生の解説を読むかぎり、薬山があざやかに巻き返しに成功したのか、いさぎよく負けをみとめたのか、いまひとつ腑に落ちない。しかし居士を「見事な猿にしてしまった」という筆づかいから推《お》すに、どうやら薬山が居士の軽率をとっちめたと読んでおられるようである。

わたくしの俗耳には、薬山が「わしゃ寺の仕事が忙しいので、これにてゴメン」といっているのは、形勢不利とみての逃げ口上のようにしか聞こえない。薬山がつづけて「なるほど名人藝じゃ」といっているのも、居士のまえにシャッポをぬいだというふうに受けとりたくなる。その証拠に、居士が「格調高くはじまった問答が、どうやら竜頭蛇尾におわってしまったわい」ときめつけると、薬山も「うん、うん」とうなづいている。

わたくしのように読んでよいなら、むしろ居士のほうに軍配をあげることになるけれども、じつはそうではないような気もしている。居士と薬山とは痛み分けといったところなんじゃないだろうか。わたくしの直観的な呑みこみをいうと、こんな感じになろうか。


「そうか、そういうことなら、わしも寺の仕事で忙しい」

「さよなら」

「見ることを取って、考えることを捨てる。すばらしい」

「せっかくの問題が消え去りましたな」

「それでよい、それでよいのだ」


なにぶん直観的な呑みこみなもんで、うまく説明できない。あえて説明しようとすると、せっかくの直観を台無しにするような理屈しか浮かんでこない。情けないが、ひとつ台無しにしてみよう。

「こっちを取って、あっちは捨てる」とは、「これもあれも」というのか、「これではなくてあれ」というのか、どっちだろう？　どっちでもよい、ということだろう。原理とその応用とは「二にして一」である。原理をはなれて応用はないし、応用をはなれて原理はない。譬《たと》えてみれば、馬とそれを乗りこなす騎手の綱さばきとのようなものである。馬と騎手とが「二にして一」であって、すなわち人馬一体であって、はじめて乗馬はうまくゆく。

一乗と一事との関係は、原理とその応用との関係というよりも、一般者と個物との関係としてイメージするほうが、あるいは理解しやすいかもしれない。

薬山は「一乗のなかに、この一事を置くことができるか」と問う。一般者に個物を還元できるか、と。居士は「わからん」と答える。そんな問題に悩んでいるヒマはない、と。薬山に「なんだ、まだ石頭にあっておらなんだのか」となじられ、居士が「ひとつ取って、ひとつ捨てるというんじゃ、いただけませんな」というのは、「両方だよ」といっているのである。個物であり、一般者でもある、と。一般者と個物とは「二にして一」である、と。それを受けて薬山が「わしゃ忙しい」というのは、「そうか、もうよい」と肯定したのだろう。

居士が帰ろうとすると、薬山は「ひとつ取って、ひとつ捨てるとは、まことに結構だな」と、くどく念を押す。一般者じゃなくて個物なのか、ご立派なことだ、と。いかにも蛇足《だそく》である。居士は「せっかくの問答がおじゃんだ」と吐き捨てる。モトの木阿弥《もくあみ》だ、と。

ところが薬山ときたら「いかにも、いかにも」と満足げである。存分にやりあえた、と。居士はそうでもないだろうが、すくなくとも薬山はたがいの腕前をたたえあいたがっているような気配である。

問答のラスト、読めば読むほど妄想がわいてくる。

薬山が「わしは寺を維持するのに忙しい」と弁解めいたことをいうのは、明らかに居士の「日々の暮しで精一杯だ」という発言を意識している。おぬしがそうであるように、わしもまた寺の仕事で忙しいんじゃ、と。ひどく忙しいにもかかわらず、こうして宗教について論じることができるんじゃよ、というのが薬山の胸のうちだろう。薬山なりに突っぱっているのである。

ところが居士は「忙しいのなら帰りましょう」と宗教問答をアッサリとやめてしまう。「ほお、見事な二者択一じゃな」と薬山。「やれやれ、せっかくの宗教問答がおじゃんになってしまった」「そのようじゃな」。どちらが宗教問答をおじゃんにしたのだろう?

薬山は「一乗のなかに一事を置くことができるか」と「あれかこれか」的な質問をして、居士に拒否された。そこで「宗教問答もよいが、わしゃ寺の仕事も忙しい」と「あれもこれも」的な対応をしてみせる。すると居士に「あっちだの、こっちだの、およそ腕ききとは申せませんな」とやられてしまった。宗教的な問題と日々の実践とをいちいち区別しないぶん、わたくしには居士のほうが一枚上手のように見える。

2　落ちるべきところに落ちる

居士が帰るというので、薬山は十人の雲水に命じて門のところまで見送らせる。

居士は宙に舞う雪片を指さして「見事な雪だ。ひとひらひとひら落ちるべきところに落ちてゆく」。

全《ぜん》という雲水が「どこに落ちるのです」。

居士はピシャリと平手打ちを食らわす。

「いい加減なことをなされてはなりません」。

「そんなことで雲水づらをするとは、閻魔大王はゆるしてくれんぞ」。

「居士はどうなのです」。

居士はまたピシャリと平手打ちを食らわして「目をキョロキョロさせても見えぬも同然、口をパクパクさせても語れぬも同然じゃな」。

居士、薬山を辞するに因《よ》りて、山、十禅客に命じて相送りて門首に至らしむ。士乃ち空中の雪を指さして曰く、好雪、片片別処に落ちず。全《ぜん》禅客有りて曰く、甚処《いずく》にか落在す。士遂に一掌を与う。全曰く、也《ま》た草草なることを得ざれ。士曰く、恁麽《いんも》にして禅客と称するは、閻《えん》羅《ら》老子も未だ你《なんじ》を放《ゆる》さず。全曰く、居士は作麽《いかん》生。士又た掌して曰く、眼には見れども盲の如く、口には説けども瘂《あ》の如し。

居士因辞薬山、山命十禅客相送至門首。士乃指空中雪曰、好雪片片不落別処。有全禅客曰、落在甚処。士遂与一掌。全曰、也不得草草。士曰、恁麽称禅客、閻羅老子未放你在。全曰、居士作麽生。士又掌曰、眼見如盲、口説如瘂。

居士が薬山のもとを辞去するにさいして、薬山は十人の禅客にいいつけて門のところまで見送らせる。薬山は客をして客を見送らしめたわけだが、その意図するところは那辺《なへん》にあるのだろうか。

薬山の意図を察してかどうか、ゾロゾロついてくる禅客たちにむかって、居士は空から降ってくる雪片を指さしながら「見事な雪だ。ひとひらひとひら落ちるべきところに落ちてゆくわい」という。おまえら雁首《がんくび》そろえてやってきたが、おのおの客を見送る主という気概をもっておるのか？　雪片の落ちぶりを見よ。それぞれ主として全身全霊で落ちるべきところに落ちてゆくではないか。

雪の一片一片はおのれの落ちるべきところにピタリピタリと落ちてゆく。そこにはなんらの渋滞もない。ジタバタしてもしょうがないというよりも、ジタバタすることがありえない。「どこに落ちるのでしょうか」といったマヌケな問いなど、もとより発せられようがない。

全という禅客、とぼけた顔をして「どこに落ちるのです」とマヌケな質問をする。居士はピシャリと打つ。「いきなり打つなんて、そんな大雑把なやり方はないでしょう」と文句をいわれ、「禅僧たる資格もないくせに禅僧づらをしおって」と居士は叱りつける。「そういう居士はどうなんです」とさらにマヌケな問いを連発。居士はふたたびピシャリと打って「ダメだこりゃ」。

居士の「好雪、片片別処に落ちず」というセリフは、ひろく人口に膾炙《かいしゃ》する名句である。入矢先生は見事に説いておられる。「大きな雪片ほど、それが地面に接するときは、あたかも地面によって受けとめられるかのように、ピタリと吸着的に着地するさまは、まさしくわれわれが目にするところである。居士はこの時、雪のすべての一片一片が、まさに落着すべきところへ無心に落着してゆく、あたかも意あってそうしているかと見えるほどの見事さに心打たれた」（三二頁）。

雪の一片一片がおのれの落ちるべきところにピタリピタリと落ちてゆくさまを見て、居士は「見事な雪だ！」と感嘆する。雪片はひたすら無心に舞うのみであるが、あたかも待ち受けていた地面にむかえられるかのように、然るべき位置に吸いついてゆく。

雪片は、スッと落ちるのではなく、ヒラヒラと舞いながら落ちる。雪国に生まれ育ったわたくしには親しい光景のはずだが、凡愚の悲しさ、居士のように雪を見たことはない。そういえば三好達治に「雪」という詩があったっけ。「太郎を眠らせ、太郎の屋根に雪ふりつむ。次郎を眠らせ、次郎の屋根に雪ふりつむ」（「測量船」）。雪がどこに落ち着くのかをおもいやるのは詩人の感性だろう。そして、そのありさまを「片片別処に落ちず」といいとめるのは禅者の感性なのかもしれない。

「片片別処に落ちず」とは、なるようになる、といっているのではない。なるべきようになる、といっているのである。落ちるべきところに落ちるのだ。従容《しょうよう》として受けとめよ、と。雪の一片一片にはそれぞれ落ちるべき場所がある。落ちたところが落ちるべき場所なのであって、およそジタバタすることはありえない。

雪のひとひらひとひらはそれぞれ落ちるべきところに落ちてゆくというが、雪にはどこかに落ちるべき義務はない。雪がどこかに落ちることはわかっていても、どこに落ちるかはわからない。地面に落ちるとだけいっておけばよい。どこに落ちるかは落ちたときに明らかになる。そうか、ここに落ちたか、と。それだけのことである。

雪がひとひらひとひら落ちるべきところに落ちてゆくさまは、ひとが死ぬありさまに似ている。だれでも、いつかは、どこかで、死んでゆく。いつ、どこで、どうやって死ぬかはわからない。

ひとはおのれの死の必然性を知っているにもかかわらず、そのどうしようもない自然の法則になかなか雪片のように従容《しょうよう》として身をまかせきることができない。自然に身をまかせる雪のあり方と見苦しくジタバタする人間のあり方との対比をおもって、居士はうたた感慨にふけっているのかもしれない。

そうしたときに「雪はどこに落ちるのか」と問うことは、「ひとはいつ死ぬのか」と問うようなしわざである。そのように問うようでは、とうてい死を静かに受けいれているとはいえない。禅僧としてはマヌケといわざるをえない。そういうマヌケには、ドスンと雪玉をぶつけ、「ほら、そこに落ちた。わかった？」とでもいうよりなかろう。

居士は自分自身をも飲みこむのだろう

（「馬祖との問答」より）

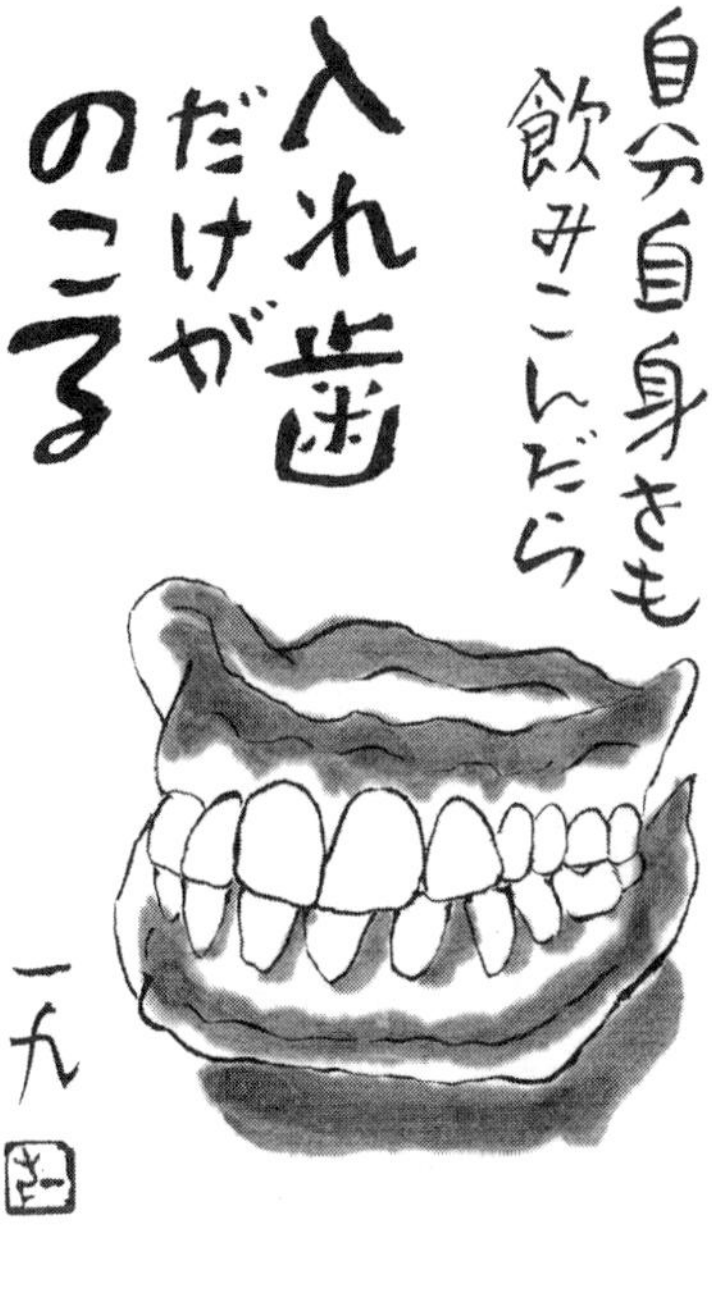
自分自身をも
飲みこんだら
入れ歯
だけが
のこる
一九

斉峰《さいほう》との問答

斉峰《さいほう》　馬祖の法嗣。龐居士とのかかわりのほか、なにひとつ履歴は伝わっていない。〔『五灯会元』三〕

1　正面きっていうておるのか

居士が斉峰《さいほう》のもとをおとずれる。

居士が禅院にあらわれるや否や斉峰はいう「この俗人はしょっちゅう寺でウロチョロしておるようじゃが、いったいなにが目当てかな」。

居士は左右をキョロキョロして「どこのどいつだ、そんな口をきくのは」。

斉峰はすかさず大声でどなる。

「ここにいるぞ」と居士。

「それは正面きっていうておるのか」。

「うしろは？」。

斉峰はふりむいて「であえ、であえ」。

「盗人《ぬすっと》はボロ負けだ、盗人はボロ負けだ」。

居士、斉峰《さいほう》に到る。纔《わず》かに院に入るや、峰曰く、箇《こ》の俗人、頻頻《ひんぴん》として院に入り、箇の什麼《なに》をか討《もと》むる。士乃ち両辺を回顧して曰く、誰か恁麼《か》く道うや。誰か恁麼く道うや。峰便ち喝す。士曰く、這裏《しゃり》に在り。峰曰く、是れ当陽《とうよう》に道えること莫《な》きや。士曰く、背後底聻《ていに》。峰首《こうべ》

居士到斉峰。纔入院、峰曰、箇俗人頻頻入院、討箇什麼。士乃回顧両辺曰、誰恁麼道。誰恁麼道。峰便喝。士曰、在這裏。峰曰、莫是当陽道麼。士曰、背後底聻。峰回

を回《めぐ》らして曰く、看よ、看よ。士曰く、草賊大敗、草賊大敗。——首曰、看看。士曰、草賊大敗、草賊大敗。

斉峰は居士を見ると「どこのどいつだ、ウロチョロしおって」と毒づく。すると居士は、目のまえの斉峰が自分にむかっていっていることは百も承知のうえで、まるで斉峰のすがたが目にはいらないかのようにキョロキョロとあたりを見まわし、「どこのどいつだ、えらそうなことをほざくのは」とわめく。

じっさいは真正面からむきあっているにもかかわらず、居士にあからさまに無視され、斉峰は大声でどなりつける。すると居士はそれに応じて「わしはここにいるぞ。おまえはどこにいるのだ」と、すぐまえの斉峰が派手に一喝したっていうのに、まだ見えないふり。

斉峰は「ちゃんと正面を見ておるのか」と居士の態度をなじる。居士はその斉峰の正面（当陽）という言葉尻をとらえ、「いや、正面ではなく、うしろにむかっていうておるのさ」とはぐらかす。これに斉峰はむざむざとひっかかり、ふりむいて「見よ、見よ。うしろにはだれもおらん」といってしまう。これを見て居士は「盗もうとしたが、とんだ失敗だった」と吐き捨てる。

ポイントは「盗人はボロ負けだ」という居士の言葉である。盗人といわれているのは、いったいだれか。ふつうに考えれば、斉峰だろう。だが、あえて「盗人とは、居士が自分で自分のことをいっている」と考えてみよう。居士は斉峰のもつ禅の奥義を盗もうとした、と。

居士は、斉峰が有しているもの、すなわち禅の奥義を盗もうとした。ところが盗むことはできなかった。なぜなら斉峰はそれを有していなかったから。こいつカラッポじゃんか、と居士はふてぶてしく断ずる。

と、こんなふうに読むと、居士が「盗人はボロ負けだ」というのは、「せっかく盗もうとしたのに、ろくなお宝をもっておらなんだ」と斉峰のダメさを見くだしているというふうに理解することになる。ややもすれば「盗もうとしたんだけど、やっこさんカラッケツなもんで、手も足もでんかったわい」と斉峰のカラッポを見抜けなかった自分のダメさをみとめて逆に降参しているみたいになりかねない。おもしろい読みではあるけれども、居士の独り相撲になってしまいそうである。

盗人は居士ではなくて斉峰である、とふつうに読んでみよう。「斉峰さん、わしに逆らおうとしたようだが、てんでダメだったな」と居士はきめつけている、と。

居士がやってくるのを見つけ、斉峰は「ウロチョロしおって、なんのつもりだ」とわめく。そこにいるのはおまえの本来の自己か。ホンモノの自分をだしてこい、と。居士はわざと左右をキョロキョロして、目のまえにいる斉峰を無視したうえで、「どこのどいつだ」といぶかしむ。どこの本来の自己がいっているんだ。そんなふうにわめくやつこそホンモノじゃないだろう、と。

斉峰は「こいつめ、わしを無視しおって。おまえにいうておる。わしはホンモノだ。であえ、であえ」といった感じで大声でどなる。俗人めウロチョロしおってというたのはわしじゃが、文句あるか、と。この一喝がどうだったのだろう。「なんのつもりでやってきおった」と第一撃を食らわせたまではよかったんだけど、無視されたもんで第二撃を食らわそうとしたのが、どうもカラぶりになってしまった気配である。「どこのどいつだ」とキョロキョロされ、それにつられるかのように大声でどなったもんだから、居士の誘いにまんまと乗せられたような格好になってしまった。

しょっぱなに「なんのつもりだ」とわめいたとき、主導権はたしかに斉峰の手のうちにあった。居士の主体性を盗みとって客の立場におとしめてやろう、と。居士は「だれだ」と主導権をうばおうとする。それにつられて大声でどなったとき、主導権は斉峰の手からスルリとこぼれてしまった。居士は「ここにいるぞ」と主導権を誇示する。そうどならんでも、わしはここにおる。逃げも隠れもせん。勝負するか、と。

居士に「ここにいるぞ」とふんぞりかえられて、斉峰はあらためて「本来の自己が面とむかっていうておるのか」と反撃をこころみる。「ここにいるぞ」といったのは、わしの目のまえにおるおまえか、と。正面にいるのがホンモノのおまえなのか、と。この斉峰のセリフ、「おまえさん、この斉峰院の主人だとでもいうつもりなのかい」と文句をつけているのかもしれない。だとすると、本人は気づいていないようだが、すでにヘッピリ腰になっている。

いずれにせよ斉峰は、正面のおまえはホンモノか、わしはホンモノのおまえと対決したい、と自分が主導権をにぎっているつもりになってみせる。すると居士はいきなり「うしろのはどうだ」と注意をうながす。正面はわかったから、背後はどうなんだ、と。「ここにおる。勝負するか」といったのは、わしじゃない。あんたの「うしろ」にいる「だれか」だろう。わしはあんたなんかと張りあったりしない、と居士。

あるいは居士、ひょっとすると「なになに、本来の自己とな。それだったら、うしろにおる」といっているのかもしれない。おまえのうしろにおるのがホンモノのわしだ、と。うん。これもおもしろい。

斉峰と対峙《たいじ》して「ここにいるぞ」といったのも居士の本来の自己なら、斉峰のうしろに「ほら、うしろに」と指さされたのも居士の本来の自己である。まさに「しょっちゅう寺でウロチョロしておる」という具合に、居士の本来の自己はいたるところに遍在しているのであって、一箇所に固定的にアグラをかいていたりはしない。

「ホンモノのわし？　あんたのうしろさ」と指さされて、斉峰はウッカリふりむく。この「首を回らして」の解釈がむつかしい。斉峰だって目のまえにいる居士がそれをいっていることはわかっているんだけど、ふりかえってみせなければならなかった。なぜなら相手になってほしかったから、と読んでみたい気がする。どうでもいいけど相手になってくれよ、お願いだからさ、と。それとも斉峰さん、うかうかと無意識にふりむいてしまったのかなあ。

斉峰にとって、あやしい雲ゆきになってきた。バツがわるそうに「そこにおったのか」とつぶやく。そして気をとりなおして「であえ、であえ」とわめく。たしかに本来の自己がおるわい、と。もしそういう感じだったとしたら、操《あやつ》り人形よろしく居士のいうがままに操られてしまったことになる。本来の自己らしさなんて影も形もない。

かといって、うしろにいるはずのホンモノの居士によびかけてみせたのだとしたら、精一杯の抵抗のようでこれまた情けない。とはいえ話のなりゆきからして、斉峰はホンモノの自己どうしの対決をもとめているわけで、そういう立場をとっている以上、ホンモノのわしはうしろにいるといわれれば、うしろにむかって「でてきて、わしと対決しろ」といわざるをえない。

居士は「この盗人め、おまえさんの負けだ」ときめつける。わしの気合いを盗みそこないおって。この勝負、わしの勝ちじゃな、と。否応《いやおう》なくうしろをふりむかされ、おまけに「であえ、であえ」とわめかされてしまった斉峰、たしかに完敗だろう。

要するに盗人とは、ひとの主体性をうばうもののことじゃないだろうか。斉峰は、居士を怒らせて、その自己をうばおうと目論《もくろ》んだ。さしあたり斉峰が盗人である。居士はそれを無視して軽く流す。無視されたことにムキになって、斉峰は不覚にも逆に自己をうしなうハメにおちいってしまった。俗にいう「ミイラとりがミイラになる」といった感じであろうか。

禅者どうしの気合いのぶつけあいは、俗界のいざこざとちがって片時も気がゆるせない。無視することが相手を操ることだったりする。親しむことがときに嚙みつくことだったりもする。

この居士と斉峰とのやりとり、禅問答を味わうためのコツを教えてくれる。ふたりの応酬を断片的に意味づけようとすると、かならずしくじる。無用の理をもって筋をとおそうとせず、愉快な芝居でも観るように、ひとつながりの流れにおいてとらえたほうがよい。

「俗人がウロチョロしておるようだが、ネライはなんだ」と斉峰は軽口をたたく。ずいぶん失礼な挨拶である。それに対する居士の応対が絶妙。あたりを見まわして「どこのどいつがそんな無礼なことをほざいておるのか。まさか目のまえにいる斉峰さんじゃないよな。あんたがそんなことをいうはずがないし」とキョロキョロしてみせる。居士は目のまえの斉峰をないがしろにして、この軽口の発言者を別のところにさがしてみせる。「どこのどいつだ」といってわしを無視するやつは「どこのどいつだ」と軽口を軽口として流してみせる。この時点で斉峰のちょっかいは見事にはぐらかされてしまった。

はぐらかされた斉峰、逆上して大声でどなる。どっちが無礼なことをほざいておるのかと一喝してみる。が、紙つぶてほどの効き目もない。ただ芝居の流れをぶちこわしただけ。順風だったはずの吹きまわしが、いつのまにか逆風に変わってしまった。

わしはここじゃよ、と居士。満を持して、正面をむく。おお、正面にいる居士がそれをいうておるのか、と斉峰はすんなり受けいれてしまう。ひょっとして目のまえにおるおぬしが、これまで拙僧を無視しておったのか、と。無視合戦、斉峰の負け。

勝負はついた。が、安心するのはまだ早い。身ぐるみはいでやろうとばかり、居士はさらに意表をついた応援をくりだす。うしろにだれかいる、と。対面しているわしがいうておるのではなく、わしはあんたのうしろにおるぞ、と。

斉峰、つられてクルリとふりむく。あっちむいてホイ、と。禅僧にもあるまじき沙汰である。この斉峰のふりむき、かりに居士が「どこのどいつだ、そんな口をきくのは」とキョロキョロしたことに対応しているのだとしても、やはり気合い負けだろう。

ここにいたって斉峰は「参った。もういいから、わしを無視しないでくれ」と敗北をみとめる。よしよし、と居士。ケンカを売ったのは斉峰だが、その斉峰を徹底的に無視しきった居士の勝ち。

この手のじゃれあい、禅の問題としてどういう意味があるのだろうか。たぶん現実の自己とその背後にいる本来の自己との「二にして一」なる関係というテーマがあるのだろうが、それを茶化すかのように問答化してみせるのがおもしろい。

背後にいるものが本来的だというのはどういう仔細なのだろうか。参考になるかどうかビミョーだけど、こんな問答もある（『祖堂集』六七九頁）。

師問南泉、近離什摩処。対曰、近離江西。師云、還将得馬大師真来不。対云、将得来。師云、将来則呈似老僧看。対云、只這个是。師云、背後底。南泉登時休。

師、南泉《なんせん》に問う、近ごろ什摩《いずれ》の処をか離る。対《こた》えて曰く、近ごろ江西を離る。師云く、還《は》た馬大師の真を将《も》ち得来たるや。対えて云く、将ち得来たる。師云く、将ち来たらば則ち老僧に呈似し看《み》よ。対えて云く、只だ這个《こ》れ是《そ》れのみ。師云く、背後底。南泉、登時《とうじ》に休す。


東寺《とうじ》が南泉にたずねる「どこからきた」。

「江西からです」。

「だったら馬祖《ばそ》の真実をもってきたか」。

「もってきました」。

「もってきたなら、わしに見せてみよ」。

「これがそうです」。

「うしろは?」。

南泉はグッと詰まる。


江西の馬祖のところからきたというので、馬祖の「真」をもってきたかとたずねる。真とは、文字どおりには肖像のことだが、要するに馬祖の真の面目《めんもく》のことだろう。馬祖の真実をわがものとして体得してきたなら、そいつを見せてもらおうか、というのである。

南泉は「これこのとおり」と自信タップリ。「どうぞごらんください。それがしが馬祖の真実です」とうそぶく。それがしが現にそれがしであるという事実、これこそが馬祖の真実にほかなりません、という気合いである。

気合いはよいが、ちょっとカラまわり気味じゃないかなあ。馬祖の真実は「これ」だと南泉が示している「これ」は、南泉みずからの馬祖理解を示している。馬祖と南泉とは「ひとつ」だということだろうが、馬祖と南泉とは「ひとつであってひとつでない」んじゃないだろうか。南泉は南泉、馬祖は馬祖。しかし禅の真実はひとつである。禅の真実は「二にして一」のものとしてのみ伝わるだろう。

恐れ入るかとおもったら、東寺は「うしろはどうなっておる」と不意をつく。「これこのとおり」なのはわかったから、ただそれだけなのか？「これこのとおり」を超えたものは示せんのか？

東寺のいう「うしろ」だが、あえて意地のわるい読み方をすれば、「それがしが馬祖の真実である」という南泉に対して、「まえからだとそうは見えないぞ。うしろから見るのかい？」とからかっているってことはないだろうか。ちょっと軽すぎるかもしれないが、そんなふうに読んでみたい気もする。

あるいはこうかもしれない。馬祖と南泉との関係は「二にして一」すなわち表裏一体である。そうだとして、表じゃなくて裏のほうは？　と東寺はたずねたのかもしれない。なに「これだ」とな？　それはおまえだろう。馬祖はどうなんだ、と。

「これこのとおり」と大口をたたいた南泉、「うしろは」といなされ、ギャフンとなってしまう。「うしろは」の効果はてきめん。このあたりの呼吸はおもしろい。

いったい真実に裏と表という両面があったりするのかなあ。表が明らかなら、裏も明らかだろう。表裏一体だっていうのに、南泉はどうして詰まっちゃったのかしらん。

これは勘《かん》でいうのだが、馬祖の真面目には「うしろ」がないんじゃないだろうか。馬祖はおのれの足で自立している。そこへゆくと南泉、まだまだ青臭い。授業参観のママよろしく、うしろに馬祖がいる。そんなガキっぽいことで、どうして馬祖の真実を体現しているといえようか。馬祖から独立して、はじめて馬祖の真実を体現できるんじゃないのか。「オレはすでに馬祖ではない」と読むか「オレはまだ馬祖であって南泉自身ではない」と読むかという問題である。

この「うしろ」という問題は、一言半句をもってしては論じがたい。それかあらぬか、つぎの問答にもひきつづき「うしろ」がからんでくる。

2　まんまと遅れをとりおった

斉峰と居士とがならんで歩いていたとき、居士がひょいと一歩まえにでて「わしは和尚より一歩すぐれておる」。

「うしろもまえもない。ご老体がさきを争いたがっておるだけだ」。

「苦しみに徹すれば、そんなセリフは吐けぬはず」。

「ご老体が満足されぬとおもったまでのこと」。

「この老いぼれすら満足させられんようでは、斉峰はなんの役に立つというのかな」。

「この手に棒があれば、とことん打ってやるものを」。

居士はゲンコツを食らわして「いまひとつじゃな」。

斉峰が棒を手にとろうとすると、居士はひっつかんで「この盗人、まんまと遅れをとりおった」。

斉峰は笑って「わしがドジをふんだのか、居士がうまくやったのか」。

居士は手をうって「あいこ、あいこ」。


峰、一日、居士と並び行く次《つ》いで、士乃ち一歩を前《さき》んじて行きて曰く、我れ師如《よ》りも強《まさ》ること一歩なり。峰曰く、背向《はいきょう》無し。老翁が先を争わんと要《ほっ》するのみ。士曰く、苦中の苦、未だ是れ此の一句ならず。峰曰く、翁の甘んぜざることを怕《おそ》る。士曰く、老翁若《も》し甘んぜざれば、斉峰は箇《こ》の什麼《なに》をか作《な》すに堪えん。峰曰く、若し棒の手に在る有らば、打ちて倦《う》むこと解《あた》わざらん。士便ち一摑《いっかく》を行《ぎょう》じて曰く、多《はなは》だしくは好《よ》からず。峰、始めて棒を拈《と》るや、居士に把住《はじゅう》せられ、曰く、這《こ》の賊、今日一場の敗闕《はいけつ》。峰笑いて曰く、是れ我れの拙なるか、是れ公の巧みなるか。士乃ち掌を撫《う》って曰く、平交《へいこう》、平交。

峰一日与居士並行次、士乃前行一歩曰、我強如師一歩。峰曰、無背向。老翁要争先在。士曰、苦中苦未是此一句。峰曰、怕翁不甘。士曰、老翁若不甘、斉峰堪作箇什麼。峰曰、若有棒在手、打不解倦。士便行一摑曰、不多好。峰始拈棒、被居士把住曰、這賊今日一場敗闕。峰笑曰、是我拙、是公巧。士乃撫掌曰、平交、平交。

「わしのほうがまえだ」と居士。「うしろもまえもない」と斉峰。「負け惜しみだな」「あんたに合わせたまでさ」「ちっとも合っておらんよ」「棒があれば打ってやるのに」。居士はポカリとやって「遅いよ」。斉峰が棒をとろうとすると、居士は襟首をつかんで「この盗人、まんまと遅れをとりおった」ときめつける。

居士は、さっきの問答で「盗人はボロ負けだ」といっていたが、ここでも「盗人め、遅れをとったぞ」といっている。盗人といわれているのはだれか、ということが解釈の分かれ目になりそうである。

さしあたり斉峰はなんにも盗もうとしていないから、べつに盗人といわれるべき筋合いはない。さっきは撤回することになったが、懲《こ》りずにまた「盗人とは、居士が自分で自分のことをいっている」というふうに読んでみよう。居士は斉峰のもっている禅の奥義を盗もうとしたが、しくじってしまった、と。

斉峰がやっとその気になって、棒をとりあげて居士を打とうとしたとき、打たれまいとしてか、居士はおもわずその棒をうばってしまう。ひょっとして居士は、斉峰から棒で打たれる機会をみずからうしなってしまったということはないだろうか。せっかくの斉峰から教えを受けるチャンスをみすみす逸してしまったわい、と居士は悔やむ。しまった、斉峰の禅を盗みそこなった、と。

居士のことをご老体（老翁）とよんでいるように、斉峰にとって居士はうやまうべき年長者である。いまさら教えることなどないとおもっている。しかし居士のほうは、わしはまだまだ学ばねばならんとおもっている。ふむ。龐居士はたしかに向上心にあふれてはいるけれども、おのれを盗人になぞらえるといった歯が浮くようなセリフは似合わない。ここはやっぱり居士らしく、斉峰のことを棒でひっぱたくように小気味よくやっつけているというふうに読みたい。

ふたりで歩いている。ひとりが一歩まえにでて「勝った」という。じつにオトナげない。でも、なんとなく口惜しかったりする。で、抜き返す。すると相手もまた抜き返してくる。いつしか意地の張りあいみたいに抜きつ抜かれつの速足になる。

「うしろもまえもない。まえにでて勝ったというのは、あんたの価値観でしかない」と斉峰。この「うしろもまえもない」について、入矢先生は「相対性や差別相がないこと。一相平等の法界は、あらゆる相対を超えた真実の世界であること」（三七頁）と注しておられる。う〜ん、そんな高尚なことをいっているのかなあ。

居士が「わしのほうが一歩まえじゃ」と子どものノリで突っかかる。さきんずればひとを制すだ、と。するど斉峰は「あんたが先手をとりたいだけで、それを受けて立つっていうのもあるんじゃないの」と口惜しさを噛み殺してオトナの対応。あんたがさきを争いたがっているだけで、わしはそんなガキっぽい競争には乗らないもんね、と。

居士は「真剣に勝負しているなら、そんな口はきけないはずだ」となじる。「それでは答えになってない」と冷静に分析しているわけじゃなくて、「フンだ。負け惜しみいってんじゃないよ。本心をいったらどうだい」と挑発しているのだろう。もっというと「や〜い、おまえの負けだ」とはやしたてている感じだろうか。

つづく斉峰の「そういってやんないと、あんたが満足しないとおもったから、そういったまでさ」は、今度こそはホントに負け惜しみだろう。「ボクが本気でやったら、のっぴきならないケンカになっちゃうから、わざと負けてやってるだけだもん」と涙目でいい子ぶっているような感じである。

ところが入矢先生は「斉峰はその苦中の苦にあえて自からを沈め、その底部のところから、おとなしやかに居士へ突き上げているわけである」（三七頁）と注しておられる。大先輩をいじめるのは本意《ほい》でありませんから、それがしはあえて負けておきましょう、と相変わらず上から目線であしらっていると見ておられる。

居士は「こんな老いぼれの相手もつとまらんようじゃ、およそ役立たずじゃな」となじる。負けてみせる以外にやることはないのかね。口惜しかったら勝ってみよ、と。

ここは肝腎なところである。斉峰の上から目線をかぎつけたか、居士は「オレさまのご機嫌をとろうなんざ、百年早いよ」といった感じで憎まれ口をたたいてみせる。見て見ぬふりをして事がすむなら、禅はいらない。斉峰のために手本を示してやったものと見える。

すると斉峰、年寄りだとおもって手加減してやっているつもりだったけど、「もし棒があったらブン殴ってやるものを」とボロをだす。やれやれ、つい地金《ぢがね》がでてしまった。やっぱり口惜しいのをガマンしていたんだねえ。

ブン殴るぞといわれ、居士は先手をとって斉峰をブン殴り、すぐさま「さきんずればひとを制すだ。遅れをとりおったな」ときめつける。つとめて教えてやろうというのではなく、「ゴチャゴチャうるさい、もっと率直にやれよ」とやる。きわめて自然に、しなやかな身ぶりでもって。

遅ればせながら斉峰も棒をとろうとするが、居士に首根っこをつかまれ「遅いんだよ、このボンクラ」とねじふせられる。おまえさんの負けだ。主体性はオレのほうにある。斉峰は「わしがヘマだったのか、それとも居士が一枚上手だったのか」と苦笑い。わしが遅れをとったのか、あんたが先手をとったのか、と。

てっきり斉峰の敗北宣言かとおもったら、ここでも入矢先生は「強引な押しの一手のために、一方的に斉峰の敗北を宣言せざるをえなくなった居士の、その足もとを見て取った斉峰が、やんわりと笑ったのである」（三八頁）と斉峰のほうに軍配をあげておられる。年寄りの冷や水を余裕綽々で受けとめて、わざと神妙にふるまってやっているのだ、と。

さらに居士が「あいこ、あいこ」といったのも、入矢先生は「居士が斉峰を最後まで圧倒しきれなかったことを自から認めたことは明らかである」とみなし、斉峰のふるまいについては「負けず嫌いの利かん坊の子のお相手をした慈父が、ほどほどに負けてやって自分でも楽しんでいるような情景であろう」（三八頁）と、あくまでもその肩をもったコメントをしておられる。

龐居士も見くだされたもんである。わたくしは居士をつい買いかぶって評価しがちではあるけれども、それにしてもここはやっぱり斉峰は一敗地にまみれたんじゃないかなあ。わたくしにはそうとしか読めない。

「あんたの負けだ」と居士にいわれ、斉峰はいさぎよく負けをみとめ、「わしが手加減しようとしたのがまずかったのか、あんたが甘え上手だったのか」とキレイに降参した。それを見て、むしろ居士のほうが「あいこ、あいこ」となぐさめてやっているんじゃないだろうか。ほお、遅れをとってみせた？　そういうことなら、あいこだね、と。

いやはや、わたくしの読みと入矢先生のそれとはまるっきり食いちがっている。このままでは枕を高くして眠れそうもない。頭を冷やして読みなおしてみよう。

藪から棒に「わしが一歩まえだ」と突っかかられて、斉峰は「うしろもまえもない」とさとす。五十歩百歩だよ、と。これはこれでアッパレな見識である。プロの禅者としての矜持《きょうじ》がうかがわれる。

畏《おそ》れを知らぬアマの居士、あとさき見ずにぶつかってゆく。「もうちょっとマシなこといえないの」「甘えるんじゃない」「甘えられてはじめてお師匠さんでしょうが」「棒があったらブンなぐってやるんだけど」。この好機、逸すべからず。居士は手加減せずにゲンコツを食らわして「そんなんじゃダメだ」。ここで立場が逆転したんじゃないだろうか。

斉峰は棒にこだわっている。棒がなければゲンコツでも五十歩百歩のはずなのに、ついつい得意の棒にこだわってしまう。で、棒をとろうとするが、とらせてもらえない。五十歩百歩という見識はどこへやら。

五十歩百歩という問題、なんとなく気になる。

斉峰にいわせれば、五十歩と百歩とのちがいは無限をまえにすれば無視してもよい。一歩さきんじたからといって、そんなのは永遠・無限・超越の目から見れば、どうでもよいちがいである。それはわかるが、無限をふまえて現にある差異を無視するというのは、日常の生活ではどうなのだろう。現実にはそうもゆかないんじゃないの、と有限の立場の居士はいう。

相対的なことにこだわるのは、まだ甘えがある。それはそうだとしても、ちゃんと甘えさせてやるというのが無限をふまえた禅匠の仕事でしょうが、と居士はいう。この甘えん坊め、と斉峰は棒で打とうとするが、あいにく棒がないと口惜しがる。棒がなければゲンコツで打てばどうなの、と居士。あれれ？　棒があれば、と有限のものにこだわっているのは、むしろ斉峰のほうじゃないか。

モトをただせば「わしのほうが一歩まえだ」と居士がふっかけた問答ではあるが、アマの居士としては首をあらって、いや、首をながくして斉峰の教えをもとめているのである。もちろん肚《はら》に一物《いちもつ》はあるわけだが、そこはプロの禅匠たるもの、斉峰としては首尾よくあしらうべきであった。

まあ、ふたりして路上で遊んでいるとしかおもえないわけだけれども、こういう問題で遊べるというのが見事だとおもう。この雰囲気は禅問答でしか味わえないんじゃないだろうか。

こういった有限と超越との問題をまともに論理化しようとすると、えらい騒ぎになる。そういう大問題にこだわって数学や哲学の学派をこしらえるのが西洋のすばらしさだとすれば、こだわらないで遊んでしまえるのが中国の禅のおもしろさだとおもう。問題の所在の自覚という意味では、むしろ東洋のほうが早かったんじゃないかなあ（ヒイキの引き倒しかしらん）。

3　ここから頂上まで何里ある

居士が斉峰にたずねる「ここから斉峰の頂上までは何里あるのかな」。

「そういうおまえさんは、どこをほっつき歩いとったんじゃ」。

「おそろしく険《けわ》しいのう、問うこともできんとは」。

「どれくらいかな」。

「一、二、三」。

「四、五、六」。

「なぜ七といわぬ」。

「七といおうもんなら、とたんに八がでてくる」。

「そこまで」。

「いくらでも足したり引いたりするがよい」。

居士は大声でどなってでてゆく。

斉峰もすぐさま大声でどなる。


居士、一日又た峰に問うて曰く、此《ここ》より峰頂に去《ゆ》くに幾里有りや。峰曰く、是れ什麽《いずれ》の処にか去き来たる。士曰く、畏るべし峻硬なること、問著《もんぢゃく》するを得ず。峰曰く、是れ多少ぞ。士曰く、一二三。峰曰く、四五六。士曰く、何ぞ七と道わざる。峰曰く、纔《わず》かに七と道わば、便ち八有り。士曰く、住《や》め得たり。峰曰く、一《いっ》に添取するに任《まか》す。士、喝して便ち出づ。峰、随後《ただち》に亦た喝す。

居士一日又問峰曰、此去峰頂有幾里。峰曰、是什麽処去来。士曰、可畏峻硬、不得問著。峰曰、是多少。士曰、一二三。峰曰、四五六。士曰、何不道七。峰曰、纔道七、便有八。士曰、住得也。峰曰、一任添取。士喝便出。峰随後亦喝。

ここから斉峰の頂上までは何里あるのかと居士がたずねるのは、入矢先生によれば「斉峰その人の悟境がどれほどの高みに達しているかを問うた」のであり、そういうあんたはと斉峰が問い返すのは、「そう問うている君自身は、今までどこに行っていたのか。相手の問いの出だしの「此」へ、問いそのものを差し戻して、問者自身の来歴ないし立脚点をまず明示せよと命じた」（三九頁）という仔細があるらしい。

斉峰との問答にかんして入矢先生は一貫して斉峰のほうが居士よりも一枚上手だとおもっておられるようである。そのことに共感できないせいか、入矢先生の解説はしばしば語録本文そのものよりもむつかしく、正直にいって理解にくるしむ。しかし、あえてその意を推《お》しはかって読んでみよう。

居士が斉峰にむかって「斉峰の境地にたどり着くにはどれくらいかかるか」とたずねる。斉峰は「居士の達している境地は、はるか下のほうで、どこにいるのかもわからん」と突きはなす。この木で鼻をくくったような対応をこうむり、居士は「こう取りつく島もないほどの嶮峻さでは、それの高さを問うすべもない」（三九頁）としょげた、と入矢先生は読まれる。ほお、そんなにはなれておるのか、とガックリ。

斉峰は居士にむかって「自分ではどれくらいはなれているとおもっているんだ」とたずねる。「一、二、三里くらいかな」「そんなもんじゃない。四、五、六里は、はなれておるぞ」。やれやれ六でとまるのか、よかった、と居士はひと安心。念のために「七里までは、はなれておらんのか？」とたずねる。斉峰は「むろん七里といってもよいが、七里というと、すぐ八里といいたくなるわい」といって居士をビビらせる。「もうやめてくれ」と居士。斉峰は「七里に加えてもよし、引いてもよし、どちらでも好きにするがよい」と突きはなす。居士と斉峰とはたがいに喝しあって去る。

入矢先生にみちびかれて読んでいると、なんだか斉峰が一方的に押しまくっているように見えてしまう。わたくしは居士が斉峰にボロ負けしたというふうには読みたくない。おたがい互角の勝負をやっているんだとおもいたい。あえて丁丁発止という感じをくみとりつつ読みなおしてみよう。

居士が頂上までの道のりを問うのは、言葉どおりには「斉峰のてっぺんまで、あとどれくらいガンバればいいのかな」とたずねているようだが、おそらく居士は目のまえの斉峰に対して「ここが斉峰の頂上なのかい」とたしかめている。斉峰さん、あんたは斉峰の頂上にいるのかい、と。ずいぶんとひとを食った問いかけである。

その失礼な問いかけに対する斉峰の答えは、やんわりと受け流すような諧謔《ユーモア》をおびている。ほお、やっと登ってくる気になったのか。いままでどこをウロついていたんだい。これから山に登ろうっていうからには、ちゃんと覚悟ができているんだろうな、と。斉峰は「わしのことはいいから、おまえさんはどうなんだ」と眉間《みけん》にシワをよせているわけじゃない。「どこにいるとおもってんの、ここが頂上なのに」とおだやかに居士をあしらっている。

居士が「おやおや、道のりすら教えてくれんのか」というのは、入矢先生によれば「斉峰の反問の鋭さに愕然として発せられた言葉」（三九頁）とのことだが、居士ともあろうものが、これしきの逆襲でタジタジとなってしまったりするものだろうか。「どこをほっつき歩いておった」といわれたくらいで、居士が「いやはや、問うこともできんのか」と畏れ入ったりするはずはない。居士のキャラから推しても、取りつく島もない態度を見せられれば、かえってファイトを燃やすんじゃないかなあ。

目路《めじ》のかぎり険しい道がつづいておるじゃないか、と居士は山頂への道のりの話にひきもどそうとする。登ろうという気にはなったんだけど、あとどれだけガンバればよいのか知りたいもんだねえ。頂上はもっとさきだとしても、それは距離を問うこともできないほど遠いのかい。あとどれだけの道のりがあるのか、まさかおまえさん自身も見当がついていないんじゃなかろうね、と。

わるく勘ぐってみるならば、居士は山登りの話にかこつけて頂上までの道のおそるべき険しさを問うふりをしながら、問いにまともに答えてくれない斉峰の対応のほうがおそるべきなんじゃないのと皮肉っているんじゃないだろうか。のほほんとした応酬のようで、のっぴきならない火花が散っている。

　居士はじっさいに頂上を目《ま》の当たりにしながら、頂上までの距離を問うている。そこを斉峰に「おまえさん、どこにいるつもりなんだ」と突っこまれた。だとすると居士が「問うちゃいけないのか」というのは、「むこうに見える、あれはなんだろうね。ここまでも険しかったけど、これからも険しかったりして」と、わざと溜息をついてみせているのだろう。

　それを受けて斉峰が「どれくらいかな」ということについて、入矢先生はその「『問著』できぬところをあえて言ってみよ、と誘いをかけたのである」（三九頁）と解釈しておられるけれども、誘われたのはむしろ斉峰のほうっていうことはないだろうか。「問うこともできんとは」とシャッポをぬいだふりをされて、うかうかと乗っかってしまったということはないだろうか。

　居士に「しかし頂上がまださきにあるじゃないか」とうながされ、斉峰は「頂上はまださきにあるというのなら、頂上までの距離、おまえさんはどれくらいだとおもっておるのかな」と問い返してしまった。こういう問い返しは、ひどく軽薄である。「何歳ですか?」「何歳だとおもう?」といった、禅僧にもあるまじき主体性を欠《か》いたノリである。

　ここは頂上ではない。さきのほうに頂上がある。そこまでの距離は無限である。修行にはげんでいる最中にあって、悟りへの道のりは無限である。さきのほうに悟り（頂上）があるとしても、そこまでの距離なんて答えようがない。

　問答はここから急展開する。

斉峰は「どれくらいって、クリアすべき難所はいくつもある。いくつあるとおもう?」と問いかける。居士が「いくつって、一つか、二つか、三つか」と指を折る。斉峰が「いや、四つ、五つ、六つ」とつづけて指を折る。居士に「六つでおしまいなの? 七つ目はないの?」と催促され、斉峰はつい「七つ目もあるけど、それをいえば八つ目もある」といってしまう。あわれむべし、つまらん皮算用をさせられてしまった。

いわんこっちゃない。居士にすかさず「ストップ!」と制せられてしまう。キリがない、と。

制せられたにもかかわらず、斉峰はしたり顔で「足すなり引くなり、ご随意に」といっている。入矢先生はこれを「斉峰の天衣無縫ぶり。そのような彼の境涯においては、数のカテゴリーを弄することさえ、かえって別種の遊戯三昧に転化して、色どりを添えることになろう」(四〇頁)と評しておられる。どうしても斉峰の肩をおもちになりたいようである。

居士が「そこまで」とストップをかけるのは、「キリがないっていうんだね。うん。数えあげるのは、ほどほどにしておいたほうがよさそうだ」という感じだろう。それを受けて斉峰は「お好きにどうぞ。数えあげたければ数えあげたらいい」という。そして、たがいに喝しあう。この喝しあい、居士は「わかってるわい。おちょくっとるのか」といっており、斉峰は「さきの困難を数えあげればキリがない。そんなものに悩むより足もとを見たらどうなんだといっているだけなんだがなあ」とおもっている。

こんなふうに読んでみると、べつに斉峰の一方的な勝ちのようは見えない。とはいえ居士が勝ったともおもえない。

「峰頂」を「斉峰の境地」というふうに読む必要があるのかどうか、よくわからない。問答としては、頂上をきわめることについてのやりとりとして理解しておいてよいような気はする。究極の目標を未来に設定すれば、それは無際限に遠のいてゆき、ついに達成できない。むしろ目標は足もとに置いて、「そのつど」すでに達成されていることを見たらどうなんだ、という認識をおたがいに確認しあっているような感じがしないでもない。

わかりにくいのは問答の後半である。もう一度ゆっくり読みなおしてみよう。

居士が「一、二、三」と数えはじめたのは、頂上までどれくらいかとたずねたのに斉峰がさっぱり要領を得ないもんだから、業《ごう》を煮やして「一里、二里、三里」と指折り数えはじめたのかもしれない。斉峰じゃ頼りにならん。しょうがない数えるか、と。

斉峰もつられて「四、五、六」と数えはじめる。ほお、やっと教える気になったか、と居士は身がまえる。ところは斉峰はただ居士につられただけなもんで、すぐに数えるのをやめてしまう。居士は「ほら、七はどうした」とうながす。じっさいに距離を数えているわけじゃなくて、ただつられて数字を羅列してみせただけの斉峰は、「七というと、八からまたずっと数えるハメになるわい」と尻込みする。「あほらし。やめた」と居士。おたがい好きなようにやろう。もっと数えたければ、好きなだけ数えてろ、と。愁眉《しゅうび》をひらいた斉峰は「あとは勝手に数えなさいよ」と居士に丸投げする。居士は「カーッ」。斉峰もおっかぶせるように「カーッ」。

「一、二、三」「四、五、六」「なぜ七をいわぬ」「七をいえば、八もいわざるをえなくなる」「ストップ！」。ふむ。どうやら話が読めてきた。居士のストップがミソのようである。

問うことは際限なくできる。ただし、いつまでも宙ぶらりんではいけない。いつでも「やめることができる」ということが大事である。未練がましく数えたりせず、やめることができた居士のほうが一本取った。だとすると、そのあとの斉峰のセリフは蛇足だろう。で、居士は大声でどなりつけたんだけど、斉峰がすぐまたどなり返したのは、いったいどういう料簡なのだろうか。

理念としての頂上は、はるか彼方にある。そこまでの距離は限定できない。居士に「斉峰の頂上までは何里あるのか」と問われ、斉峰は「そういうおまえは、どこからきて、どこへゆくのかな」と問い返す。斉峰は居士の「去来」を問うている。修行はすでに過去にあり、悟りはとりあえず未来にある。だが過去も未来も「いま・ここ」という現在における過去・未来である。自己のあり方はそのつど完結している。「いま・ここ」が頂上である。そのことをふまえて斉峰は居士の去来を問うている。

この斉峰の指摘に対して、居士が「きびしいなあ、問うこともできん」というのは、さしあたり斉峰の対応のきびしさのことをいっているかのようだが、おそらく斉峰が指摘する「いま・ここ」にあって要求される完結への意志のきびしさを自覚してのボヤきなんじゃないだろうか。おお、なるほど問うてみても答えはないわけじゃ、と。

こういう愉快な問答を読んでいると、とめどなく妄想がわいてくる。

「頂上までの距離、どれくらいあるとおもう?」「一里、二里、三里、かなあ」「四里、五里、六里」「六里でおしまい? 七里はないの?」「七里をいったら八里といわざるをえなくなる。要するに、数ではあらわせない。無際限だよ」「そうか。無際限なら、途中でやめてもいいのかな」「好きにしろ。つづけたかったら、つづければよい」「無際限に数えるなんて、それって絶望的だな」「究極の目標は、未来にあるのではなく、足もとにあるのさ。脚下《きゃっか》を照顧《しょうこ》せよ、だ」。

ふたりは無限（無際限）の概念で遊んでいる。「一、二、三」「四、五、六」「なぜ七といわぬ」「七といったら八がでてくる」。たしかに自然数は際限なく数えられる。キリがない——はずだけど、ホントにそうだろうか。

妻が娘を風呂にいれている。「もう一〇まで数えられるよ」という娘の声がきこえてくる。一〇まで数えられる？　一〇まで数えられるなら、いくらでも数えられるのだろうか。要求されたら、どこまでも数えられる。その意味では、数えられない数はないということになる。だからといって、すべての数を数えつくすことができるのかなあ。

一億まで数えろといわれれば数えられる。それはそうだけど、一億まで数えたのでは、そこ（一億）までしか数えていない。いくら「そこまで」の「そこ」を大きくしても、「そこまで」しか数えていないのでは、「いくらでも」数えられるっていうことにはならないんじゃないだろうか。

たしかに一〇のような「じっさいに数えた経験のあるもの」と一億のような「じっさいに数えたことはないけど、数えるという手続きをその回数くりかえせばたどり着くという確信のあるもの」と、さらに「その手続きをくりかえすことによって得られる「すべて（の可能性）」を浮かべたとき、その「どこか」にあると感じられるもの」とを全部ひっくるめて、ひとつの概念だとおもっていることになる。

ブラウワーの直感主義というのは「有限の手続きから得られるものしかみとめない」という立場から数学を再構成しようとするものだったが、そうすると有名な「背理法は使えない」みたいに、ふつうの感覚とかけはなれた、よけいに複雑なものになってしまったりする。「いくらでも」をひっくるめて、わけのわからない集まりを考えたほうが自然に見えてしまうっていうのは、なんともはや不思議である。

4　主人公をわしに返してくれ

居士がたずねる「堂堂と口にすることはできんよな」。

斉峰がいう「そんなふうにいう居士の主人公をわしに返してくれ」。

「腑抜けになってどうする」。

「せっかくの問いがしっくりこんな」。

「さあこい、さあこい」。


居士、一日又た問う、堂堂と道《い》うを得ず。峰曰く、我に恁麼《かか》る時の龐公の主人翁を還《かえ》し来たれ。士曰く、神《しん》を少《か》いて作麼《そも》。峰曰く、好箇《こうこ》の問訊《もんじん》、問い人に著《ちゃく》せず。士曰く、好来《こうらい》、好来。

居士一日又問、不得堂堂道。峰曰、還我恁麼時龐公主人翁来。士曰、少神作麼。峰曰、好箇問訊、問不著人。士曰、好来、好来。

居士の「堂堂と道うを得ず」について、入矢先生は「究極ないし絶対の理法は一切の言説を超えたものである、という前提がここにはある。それを「堂々と」言葉で言いあらわすことはしてはならぬ（不得）と問いかけたのは、「あなたならそれはできるかもしれぬが、私は今それを許容しない。さてあなたはそれをどう私に示すか」という切り込みである」（四一頁）と注しておられる。禅の真理というのは言葉を超えたものなんだから、それを言葉で語ってはならない、という理解のようである。

原文の「不得」には、「〜してはいけない」という不許可の意味と「〜することはできない」という不可能の意味とがある。入矢先生のように前者で理解すると、「語るつもりなら語れるんだけど、なにか理由があって口にしてはならない」という感じになりかねない。ここはやっぱり「語ることができない」じゃないだろうか。禅の真理はもとより言葉にならない。そのことを承知したうえで、ひとつ語ってみてくれ、と居士は迫る。言葉で語ることができないもの、そいつはなんだ、と。

斉峰が「そういうときの居士の主人公をわしに返してくれ」ということについて、入矢先生は「居士の問いかけの言葉そのものを居士自身に押しもどして、「堂々と言ってはならぬとは、なんと気の小さい奴隷根性か。いったい君の主人公はどこかに消えてなくなったのか。でなければ、それをここに出してみせよ」という反問である」（四三頁）と注しておられる。そうかなあ。言葉にできないものを言葉にせよと迫ってくる居士の主人公も、それを受けているわしの主人公も、どっちも似たり寄ったりだろ、と斉峰はいいたいんじゃないだろうか。どう語るかなんて、そんなふうに問うおまえさんの自己はどこかにいっちまって、とうに腑抜けになっておるようだが、ひとつ本来の自己をわしに突きつけてくれんか。語ることができないものは語ることができないんだから、つまらん自己なんか捨てちまって、あるがままの自己を示したらどうなんだ、と。

居士は、意気消沈してどうする、とやり返す。入矢先生は「主人翁を帰せと要求するとは、あなた自身が主人翁を欠いて、主体性を失っている証拠ではないか」（四三頁）と注しておられる。うん。ここはそういう方向だろう。「おいおい、自分を見うしなってどうする。元気をだしなさいよ」とハッパをかけているのだとおもう。

それを受けて斉峰が「せっかくの問いが、ピタリとこないな」というのは、「堂堂と口にすることはできん」という堂堂たる問いが、いつのまにか主人公がらみの応酬に堕してしまい、どうも嚙みあわなくなってしまったという感じだろう。主人公といいだしたのは斉峰だから、おそらく反省の弁じゃないだろうか。話をズラしてしまったかな、すまん、と。

入矢先生は「斉峰としては〈主人公〉論争にキリをつけて主題に立ち帰ろうと望んだのかもしれぬ」（四四頁）と注しておられる。そう読むべきなのかもしれないが、ひょっとすると「語ることができないものは語ることができない。せっかくの問いだが、語ることができないものを語れというのは矛盾している」と強気でやり返しているのかもしれない。だとすると斉峰はまだまだヤル気満々だっていうことになる。

居士は「好来」と斉峰のヤル気を受けて立つ。ところが入矢先生は「両者は問題自体の本質的な面で交叉することなしに駆け違い、ただ居士の体を張った押しの一手が、ここではいささか空転気味に終わったかのような印象を免れない」（四四頁）と注しておられる。例によって気負った居士が斉峰に軽くいなされてしまった、とお読みになりたいようである。そんなふうに読んだりすると、せっかくの問答が水の泡じゃないかなあ。斉峰のヤル気を受けて、居士も「なにブツブツいってんの。堂々とかかってこいよ。語ることができないものはなんだ。さあ語れ。さあ、さあ」と迫っているんじゃないだろうか。

この「好来、好来」には、居士の茶目っ気が横溢《おういつ》している。居士が「つまらぬ自己を捨てるとどうなるんだ」と問い返したのに対して、斉峰は「よい質問ではあるが、質問する本人とピッタリきておらん」と渋い顔をした。斉峰にケチをつけられ、相撲取りが仕切りなおしをするような感じで、居士は「よっしゃ、かかってこい」と腕まくりをする。この呼吸がおもしろい。

居士のハツラツとした掛け声を読んだら、趙州《じょうしゅう》の問答をおもいだした（『趙州録』一〇九頁）。

問、大難到来、如何迴避。師云、恰好。

問う、大難到来せば、如何《いかん》が迴避せん。師云く、恰《あたか》も好《よ》し。

「大難に見舞われたら、どうやって逃げますか」。

「待ってました」。

「恰も好し」は、ちょうどよい、もってこいだ、という意味である。「なに、大難となＩ。望むところだ。ドンとこい」といった気合いである。ピンチはチャンスだ、これを乗り越えたら一皮むける、といった感じかな。

趙州の「恰好」と居士の「好来」と、好一対じゃないだろうか。

ところで斉峰との問答における居士の「神《しん》を少《か》いて作麼《そも》」の「神を少く」は、元気がないこと、腑抜けになっていることだが、趙州にはこんな問答もある（『趙州録』五一頁）。

問、如何是少神底人。師云、老僧不如你。学云、不占勝。師云、你因什麼少神。

問う、如何なるか是れ神を少く底《てい》の人。師云く、老僧、你《なんじ》に如《し》かず。学云く、勝ちを占めず。師云く、你、什麼《なん》に因《よ》ってか神を少く。

「元気のない人間ってどんなものでしょうか」。
「おまえには勝てん」。
「それがしこそ勝てません」。
「なんでまた元気がないんじゃ」。

「元気のない人間ってのは」とたずねられ、趙州は「おまえさんには勝てんよ」とションボリ。ズバリ、元気のない人間になってみせた。一杯食ったとおもったか、あわてて「わたしこそ勝てませんよ」とショボクレてみせる。すると趙州は「おや、なんで元気がないの？」と真顔でたずねる。ずいぶん元気そうに見えるのに、どうしちゃったの？ わしは元気だけど。

禅問答にはときどき漫才みたいなのがある。ここでの趙州も、いったんボケてみせたとおもったら、いきなり裏切ってツッコミになるという、まさに漫才のノリである。

漫才におけるボケは、ツッコミを期待してボケているのであって、リアルにボケているわけではない。特別なボケである。で、期待したツッコミが得られないと、すべってしまう。趙州が相方だったら、さぞかし漫才もやりにくかろう。

「神を少く底の人」について、意気消沈しちゃっていることと解したが、秋月氏は「痴呆になった人」と訳し、「少神は、精神を欠いたの意で、白痴のこと」と注しておられる。そっちの方向で訳してみよう。


「あらまあカワイソウになんでそこまでボケちゃったの」

「いやいや、おたくにはかないませんよ」

「オレにきくなって、あんたこそご存じのはず」

「人間、ボケるってどんな感じかなあ」


うん。こっちのほうが漫才らしくてよい。年寄りどうし、じゃれあっている感じがする。

現代人はひどく傷つきやすい。ちょっとした一言でヘコまれてしまうので、うっかりしたことがいえない。いきおい摩擦をおたがいに避けあって、おのれの世界に閉じこもりがちになる。

禅とは、すくなくとも建前としては、「なにがあっても絶対安心」という世界だとおもう。そういう（じつはシビアな）楽天主義があるからこそ、たがいに傷つけあうことが日常的に受けいれられる。これってて大切なことじゃないかなあ。

儒者にとっては無礼であるようなことが、禅者においては積極的に受けいれられる。こういう漫才的なじゃれあいも、なにがあっても平気であるべき禅林の界隈《かいわい》にあっては、たぶん日常的な修練みたいなものだったんじゃないだろうか。

右にゆくか、左にゆくか、生死の分かれ目に立っている

（「馬祖との問答」より）

丹霞《たんか》との問答

丹霞天然《たんかてんねん》（七三八～八二三）　石頭の法嗣。出自は不詳。南陽（河南）丹霞山に庵をむすび、馬祖と石頭との宗風を一味としたような超脱の家風をもって鳴る。〔『祖堂集』四『五灯会元』五〕

1　赤土に牛乳をぬりおったな

丹霞《たんか》天然が居士のもとをおとずれる。玄関までやってくると、野菜籠《かご》をもった娘の霊照《りんしょう》にでくわす。

「居士はご在宅かな」。

霊照は野菜籠をおろし、手をそろえて立つ。

「居士はご在宅かな」。

霊照は野菜籠をとりあげ、去ってゆく。

丹霞も立ち去る。

まもなく居士が帰ってくる。

霊照がことの次第を告げる。

「丹霞はおるのか」。

「帰られました」。

「赤土に牛乳をぬりおって」。

丹霞《たんか》天然禅師、一日来たって居士を訪《おとな》う。纔《わず》かに門首に到るに、女子霊照《むすめりんしょう》の一菜籃《さいらん》を携うるを見る。霞問うて曰く、居士在りや。照、菜籃を放下《ほうげ》し、手を歛《おさ》めて

丹霞天然禅師、一日来訪居士。纔到門首、見女子霊照携一菜籃。霞問曰、居士在否。照放下菜籃、歛

立つ。霞又た問う、居士在りや。照、籃を提《と》りて便ち行く。霞遂に去る。須臾《しゅゆ》にして居士帰る。照乃ち前話を挙《こ》す。士曰く、丹霞在りや。照曰く、去れり。士曰く、赤土《じゃくど》に牛嬭《ごねい》を塗る。

手而立。霞又問、居士在否。照提籃便行。霞遂去。須臾居士帰。照乃挙前話。士曰、丹霞在麼。照曰、去也。士曰、赤土塗牛嬭。

霊照が野菜籠をおろし、きちんと手をそろえて立ったのは、不在の父になりかわって龐家の主人となり、客をむかえる作法をおこなったのだろう。「なにかご用でしょうか、ご用があるなら、わたくしがうけたまわります」というふうに手をそろえて立つ。「居士さん、おらんのか」「おりません」と野菜籠をおろす。「居士さん、おらんのか」と丹霞はくりかえす。「わたくしではダメなようですね。では失礼します」と野菜籠をもって去ってゆく。「あら、いっちゃった。仕方がない、帰ろう」と丹霞もひっこむ。

なにが起こったのだろう。丹霞が「居士はおるか」と問う。霊照は野菜籠をおろし、黙って立つ。丹霞は「居士はおるか」とくりかえす。霊照は野菜籠をとりあげ、黙って去る。丹霞もまた去る。問題は、丹霞に「居士はおるか」と問われて、霊照がただ黙って籠をあげさげしただけだったことにあるのか、それとも丹霞が「居士はおるか」とくりかえし問うたことにあるのか、どっちだろう?

霊照のダンマリを受けて、丹霞が「居士はご在宅か」とかさねて問うたことについて、入矢先生は「彼女が父になり代わって応対していることが、とっさには見抜けなかったのであろう」(四六頁)と注しておられる。まさか。いくら「天然」でも、それじゃあんまりアホすぎる。おまえさんじゃ話にならん、ということだろう。

霊照が野菜籠をとりあげ、さっさと立ち去るのを見て、丹霞もまた帰ってゆく。入矢先生は「彼女の自からな日常性のままでしかも一分の隙もない振舞いの見事さに、すでに完全にイニシアティヴを取られっぱなしであった」（四六頁）と丹霞をこきおろしておられる。これもどうだろうか。丹霞に冷たくあしらわれ、霊照さん、ヘソを曲げちゃったんじゃないのかなあ。若い娘はいったんご機嫌を損じると、もう取りつく島はない。で、丹霞さん、おとなしく退散。

帰宅した居士が「それで丹霞はどうした」とたずねる。霊照が「お帰りになりました」というと、居士は「このバカ娘、わしの顔に泥をぬりおって」と叱る。赤土に牛乳をぬるとは、よせばよいのによけいなことをすることである。よけいなことをしたのはだれだろう。丹霞だろうか？　霊照だろうか？

ふつうに考えれば目のまえの霊照を叱ったのだろう。「なんでしょうか」と用向きをたずねたりしたのがよけいなことだった。「おるか」とたずねられて、いなければ「おりません」とだけ答えておけばよかった。世間的には用向きをきいておくことも留守番の仕事だろうが、相手は禅僧である。用向きをきくなど、よけいなことである。

あるいは丹霞がよけいなことをしたのかもしれない。霊照が「ご用があるならうけたまわります」という姿勢を示したのに、「居士はおるか」としつこく念を押したのがよけいだった。たしかに霊照が「おりません」とだけ答えておけば、なんの問題も起きなかったのかもしれないが、そうだとしても二度も「おるか」とたずねる必要はない。

霊照が用向きをうけたまわる姿勢を示したことは、よけいなことかもしれない。しかし、それにつられて丹霞が二度も「おるか」とたずねたのは、それに輪をかけてよけいなことだろう。そうだとしたら、赤士に牛乳をぬったのは、霊照か？　丹霞か？

入矢先生は「これは明らかに霊照をたしなめた言葉であって、そのことは、居士が彼女の話を聞くなり、すぐに「丹霞はいるか」と問い返したことでもわかる」（四七頁）と注しておられるけれども、丹霞はいるかと問い返すことがどうして霊照をたしなめることになるのだろうか。入矢先生に楯突くようだが、丹霞のほうがよけいなことをしたと居士はおもっているんじゃないだろうか。

霊照は、居士は不在であること、自分でよければ用件をとりつぐこと、これを態度で示した。そうやって居士が不在であることを示しているにもかかわらず、丹霞が「居士は在宅か」とかさねてたずねるのは、あからさまによけいである。丹霞は、もちろん霊照がオヤジになりかわって応対していることを「とっさには見抜けなかった」わけではないけれども、さしあたり「おまえじゃ話にならん」と霊照を無視した。霊照も、わたくしではダメなら、どうぞご随意に、と無視し返す。

あんたではダメだ、どうしても居士にあいたい、と丹霞はいうわけだが、だったら居士があらわれるまで待っておればよい。ところが丹霞は、霊照に無視されただけで、さっさと帰ってしまった。丹霞のほうに非があると居士は考えたんじゃないだろうか。

わたくしも丹霞のほうに非があるとおもう。だが、そうだとしても居士の「赤土に牛乳をぬりおって」というセリフは、現に目のまえにいる霊照にむけられたものとして読みたくなる。困ったなあ。この居士のセリフ、どう考えればよいのだろう。

丹霞による二度目の「おるか」はよけいである。霊照は、対応を打ちきるという態度によって、それが禅僧にもあるまじきよけいな質問であることをキッパリと示した。そのことに非はない。ところが、あとになって居士は「で、丹霞はおるのか」と未練たっぷりにたずねている。居士にもあるまじきよけいな問いである。よほど丹霞にあいたかったにちがいない。その居士の切ない気持ちをおもんぱかれば、霊照の丹霞に対する仕打ちは（すくなくとも居士にとっては）よけいなことをしたっていうことになるのかもしれない。

ふと浮かんだのだが、ひょっとすると霊照は、居士から「だれがやってきても返事をするな」と指示を受けていたっていうことはないだろうか。妄想に類するだろうが、居士ならやりかねない。

丹霞がノコノコやってきて「居士は在宅か」とたずねる。ダンマリを指示されている霊照は、ただ野菜籠をおろし、黙って会釈するのみ。丹霞は「居士は在宅か」とくりかえす。霊照は野菜籠をとりあげ、黙って去ってゆく。丹霞はトボトボと引き返す。

よけいな指示をした居士は、あとで霊照からその経緯を教えられ、「で、丹霞はおるのか」とたずねる。いきさつを知ったのだから、丹霞が帰ったことも知っているはずなのにねえ。それどころか居士は「赤土に牛乳をぬりおって」すなわち「いらんことをしおって」と叱りつける。霊照は居士に命ぜられたとおりにしただけなのに、どうしていらんことをしたと叱られなきゃならないのだろう。

赤と白という色の対比があざやかである。赤土にぬるべきものが白い牛乳でないとしたら、白い漆喰《しっくい》なのかもしれない。白い漆喰をぬるべきところを、まちがって白い牛乳をぬりおったわい。

霊照は居士のいいつけどおりにやったわけだが、居士のこころをおもいやれば、丹霞にまでもそうすることはなかった。居士と丹霞との間柄をわかっていながら、霊照は丹霞を遇する仕方をわきまえなかった。まったく融通《ゆうづう》のきかんやつだ、と居士はなじる。そこは臨機応変にやれよ、と。ひどく身勝手だが、そこがまた居士の無邪気なところである。

まともに読もうとすると雲をつかむような話になってしまう。とはいえ読むからにはダンマリはゆるされない。どうしても自分なりの所見をしゃべらねばなるまい。

「ナニ、丹霞がきたって？　どこにおる？」「帰っちゃいました」「なんで愛想をいうてひきとめておかなんだ。丹霞はおまえではなくて、わしと話したかったのだ。おまえはわしではない」。

「赤土に牛乳をぬりおって」を叱責ととれば、こういう理解になる。しかし案外、逆かもしれない。「よしよし、うまく追い返してくれた」と居士は胸をなでおろした。

赤土に牛乳をぬるというのは、じつは「なじまない」ということかもしれない。「あいつは面倒くさくて苦手だよ。いまはあいたくない気分だなあ」と居士はおもっていて、霊照が丹霞をうまく追い払ってくれたんで内心ホッとしていたりして。

赤土に牛乳をぬるというのをどうしても叱責ととるならば、霊照の「わたくしでよかったらうけたまわります」という姿勢そのものが、そもそも禅の人間関係にはなじまないということになりかねない。なにげない仕草も用心するにこしたことはない。

この問答、まだ幕はおりていない。ほとぼりが冷める間もなく、丹霞がふたたび居士をたずねてくる。

2　口だけじゃなく耳までもか

丹霞が居士にあいにくる。居士はそれを見ても、起《た》ちあがるでもなく、口をきくでもない。

丹霞は払子《ほっす》をまっすぐに立てる。

居士も槌子《ついす》をまっすぐに立てる。

「ただそれだけなのか、ほかにもあるのか」と丹霞。

「このたびの面会はさっきとちがうな」。

「えらく口がわるいじゃないか」。

「さっきは一本取りましたぞ」。

「あのときは口もきけなんだわい」。

「あんたが口をきけんのは生まれつきだが、わしまで口がきけなくされてはかなわん」。

丹霞は払子をほうりだして去ろうとする。

居士はよびかける「天然さん、天然さん」。

丹霞はふりむきもしない。

「口がきけんだけかとおもったら、耳まできこえなくなりおった」。


霞、随後《すぐあと》に入りて居士に見《あ》わんとす。士、来たるを見て、起《た》たず亦《ま》た言わず。霞乃ち払子《ほっす》を竪起《じゅき》す。士、槌子《ついす》——霞随後入見居士。士見来、不起亦不言。霞乃竪起払子。士竪起槌を竪起す。霞曰く、只《た》だ恁麽《いんも》なるのみか、更に別に有るか。士曰く、這《こ》の回《たび》師に見うこと前に似ず。霞曰く、人の声価を減ずることを妨げず。士曰く、比来《さきほど》你を拆《くじ》くこと一下《いちげ》。霞曰く、恁麽なれば則ち天然の口を瘂却《あきゃく》せり。士曰く、你の瘂は本分に繇《よ》るに、我れを累《るい》して亦た瘂ならしむ。霞便ち払子を擲下《てきげ》して去る。士召《よ》んで曰く、然闍黎《ねんじゃり》、然闍黎。霞顧みず。士曰く、惟《た》だ瘂を患うのみならず、更兼《さら》に聾《ろう》をも患う。

子。霞曰、只恁麽、更別有。士曰、這回見師不似於前。霞曰、不妨減人声価。士曰、比来拆你一下。霞曰、恁麽則瘂却天然口也。士曰、你瘂繇本分、累我亦瘂。霞便擲下払子而去。士召曰、然闍黎、然闍黎。霞不顧。士曰、不惟患瘂、更兼患聾。

さきほどの霊照とのやりとりのすぐあとに丹霞がやってくる。居士は起ちもせず、口もきかず、はなはだ無愛想である。

丹霞は手にもった払子を立てる。居士も手にもった槌子を立てる。おたがいモヤモヤをかかえている。「それだけか、それとも別になにかあるのか」と丹霞。居士が示したひとつの態度をそのままは容認せず、それのもう一歩さきのところをもとめる。そんなんじゃダメだよ、と。

ダメといわれた居士は「娘とやりあったときとは、ずいぶん調子がちがうじゃないか」とあてこする。えらそうに払子なんか立てちゃって、さっきは小娘を相手に後手にまわったそうじゃないか、と。

丹霞は「いや、たしかに口もきけなんだ」とボヤく。してやられましたわい。わしの面目は丸つぶれだな、と。このあたりの阿吽《あうん》の呼吸はおもしろい。丹霞のほうが居士のあてこすりを誘ったような按配である。

居士は「あんたの口がきけんのは生来《うまれつき》のものだが、それをわしにまで伝染させるのは迷惑だ」という。この居士の言葉について、入矢先生は「実は「あなたの見事な唖のおかげで、私もそれにあやかる機縁を得た」というニュアンスを持つ」（五〇頁）と、めずらしく肯定的にコメントしておられるが、さすがに考えすぎだろう。居士が「わしまで巻き添えにせんでくれ」というのは、丹霞と霊照とのいきさつが尾をひいているにちがいない。おまえさんは娘っこ風情に相手にしてもらえず、すごすご退散したみたいだが、いっしょにせんでくれ、という感じじゃないだろうか。

さて、この第二ラウンド、居士と丹霞と、どっちが勝ったのだろう。

霊照に無視された丹霞、懲りもせず、またぞろやってきた。今度は親父が無視する番である。相手をしてよ、と丹霞は払子を立てる。やれやれ、と居士は槌子を立てる。ひどく機械的な対応である。「それじゃあんまり愛想がない。なにかもうちょっとあるだろう」と丹霞。「えらく弱腰じゃないか。さっきとは態度がちがうねえ」と居士は皮肉る。「つれないなあ」と丹霞はしょげる。

泣き言をいわせた時点で居士が一本取ったかのように見える。ところが、霊照があんたを無視したのはあんたの器量の問題だけど、おかげでわしまであんたを無視せざるをえなくなった、と居士はさらに追い討ちをかける。なにしに舞いもどってきたんだい、と。これはよけいな憎まれ口じゃないだろうか。

丹霞は黙って去ろうとする。居士はすっかり勝った気になっている。丹霞のダンマリがじつは一筋縄ではゆかないっていうことに、どうやら気がついていない。さっき生意気な小娘にやりこめられて丹霞がすごすご立ち去ったのも、じつはけっこうオトナの態度だったっていうことがわかっていない。丹霞がいままた払子をポイとほうって去ってゆくのは、居士の気負った対応を見て、ふたたび撤退することにしたのだろう。こいつは埒《らち》があかん、と。

居士は「天然さん、天然さん」とよびかける。丹霞はふりむかない。一件落着したからには、いまさらよびかけられてもふりむかないのは当然である。それなのに居士は「口がきけんだけじゃなくて耳もきこえんのか」と毒づく。この一言もまたカラぶりだった。ふりむきもしない相手に声をかけるのは未練である。無視しようとしたはずなのに、いつのまにか自分のほうが無視されてしまっているということに、居士は気づいていない。ひょっとすると父娘そろって丹霞にしてやられちゃったんじゃないだろうか。

たぶん両者ともわだかまりを感じている。そして両者とも関係を改善したいとおもっている。居士の「天然さん、天然さん」というよびかけは、未練というよりも関係改善の手をさしのべたのかもしれない。が、丹霞はこれに応じてくれない。で、居士はおもわず悪態をつく。

わたくしの本音をいうと、居士と丹霞とはおたがい「仲よくしたがっている」くせに「意地を張りあっている」というストーリーで読んでみたい。そう読んでみても基本的にはなんにも変わらないんだけど、その場の空気がちがってくる。

「やっぱり居士にあいたいな」と丹霞はノコノコやってくる。「さっきはなんで帰っちゃったのさ」と根にもって、居士はこれを無視する。気をひくべく丹霞は払子を立てる。遊んでよ、と。居士は槌子を立てる。やなこった、と。「いいたいことがあるんだろ?」と丹霞。「今度はちゃんとあえたな」と居士。「さきほどのことは水に流そうや」「いいけど、わしの勝ちだよ」「そんなふうだから、ものもいえなくなる」「もののいい方を知らんのは、あんたの性分だ。わしはあんたにつきあっているだけだ」「あほらし。どうしようもない」と丹霞は帰りかける。「待って、待って」と居士はよびかけるが、丹霞はこれを無視。「まったくもう、口のきき方を知らんだけじゃなくて、耳もきこえんのだから」と居士。居士と丹霞とのやりとり、率直な感想をいえば「仲がおよろしいことで」といったところかなあ。

いったん帰っていった丹霞さん、やっぱり遊びたくなったとみえ、ふたたび居士をたずねてくる。第三ラウンドのはじまりである。

3　見境なく食いつきよるわい

丹霞が居士をたずねてくると、玄関のところでバッタリ。

「居士はご在宅か」。

「腹ペコは食いものと見れば見境なく食らいつきよる」。

「龐《ほう》さんはご在宅かな」。

「やれやれ」というと、さっさと家にはいる。

丹霞も「やれやれ」といい、そそくさと帰ってゆく。

丹霞、一日又た居士を訪《おとな》い、門首に至って相見《しょうけん》す。霞乃ち問う、居士在りや。士曰く、饑《う》えては食を択《えら》ばず。霞曰く、龐老在りや。士曰く、蒼天《そうてん》、蒼天。便ち宅に入

丹霞一日又訪居士、至門首相見。霞乃問、居士在否。士曰、饑不択食。霞曰、龐老在否。士曰、蒼

り去る。霞曰く、蒼天、蒼天。便ち回《かえ》る。

——天、蒼天。便入宅去。霞曰、蒼天、蒼天。便回。

居士とのであいがしら、丹霞は「居士はご在宅か」とたずねる。目のまえに本人がいるっていうのに「おるか」とたずねる。じつに愉快である。愉快ではあるが、目のまえの本人を無視して「ホンモノのおまえさんはいるかね」とたずねるっていうのはおだやかじゃない。生身《なまみ》の居士を超えたホンモノの居士をたずねているんだとしても、いったい「だれ」にたずねているというのだろうか。

食いものをガツガツと口に押しこむようなマネだな、と居士はさげすみの口調でいう。「現実の自己」と「本来の自己」という両者をならべて見るような第三の自己なんてどこにもおらんわい、と。

目のまえの居士を無視して「居士はおるか」と問うのは、現実の居士に対して、それと区別された本来の居士の存在を問うていることになるが、目のまえの居士が本来の居士でないとすれば、いったいだれなのか。現実の自己と、本来の自己と、区別はあるけど同一である。「二にして一」だよ、と居士はたしなめているんじゃないだろうか。二にして一のものに対しては二にして一のまま相手をしてくれればよいのに、その片割れをもとめてどうする、と。

丹霞は「龐さんはおられるか」と問いなおす。「居士」という一般名詞ではなく「龐」という固有名詞をもちいて問いなおす。「いま・ここ」という目のまえにいるおまえさんは、いったい「だれ」なんだと問いなおしてみせる。本来ならナンセンスな問いではあるが、丹霞はあえて「二にして一」の「二」にこだわってみせる。そこにいるのが現実のおまえなら、本来のおまえは、いるのか、いないのか、と。

この自己が現実の自己なら、本来の自己はうしなわれている。この自己が本来の自己なら、現実の自己はうしなわれている。「あれもこれも」ではありえない、というのが丹霞の立場である。それに対して「現実の自己は自己であり、また自己ではない。それが本来の自己である」というのが居士の立場である。丹霞もそれはわかっている。わかっていて、わざと問うている。ふたりのアクロバティックなやりとりの妙を味わうべきである。

気のおけない友人には、生きているのに「生きてるか」と挨拶したりする。相手も「なんとか生きてるよ」とか「ほとんど死んでる」とか「生きてるか死んでるか忙しくて考えるヒマがない」とか、それなりに応じてくれる。

それにしても丹霞は、前々回の問答と合わせると「ご在宅かな」を四回もやらかしている。居士が在宅しているかどうかに、やたらとこだわってみせる。素人目にもわざとやっているようにしか見えない。

一回目はごく自然な「ご在宅かな」である。二回目が事件の発端。霊照が「ご用のむきを伝えましょうか」という姿勢を見せたのに「ご在宅かな」とくりかえしたもんだから、霊照の申し出を無視したような格好になり、いきおい霊照も丹霞を無視することになってしまった。

のこのこ再訪してきた丹霞、三回目の「ご在宅かな」をやらかす。居士の気をひこうとするが、もちろん逆効果なわけで、居士は「なにガツガツしてるんだよ」とたしなめる。丹霞はなにに飢えていると居士は見たのか。相手に飢えているということだろう。そんな腹をすかせておるやつの相手をするのはゴメンだ、と居士は拒否する。

耳学問ながら、後期の西田哲学では「個物は個物に対して個物である。我は汝に対して我である。だが、ふたつの個物の相互限定は一般者の自己限定である。個物の自己限定は無限の個物の相互限定である。無限の個物の相互限定がただちに一般者の自己限定であらねばならない」といっている。その場合の個物とは自己限定する「本来の自己」のことだろう――これ以上書くとボロがでるから知ったかぶりはこれくらいにしておくが、いずれにせよ丹霞は本来の自己の相手に飢えている。居士はそんな腹ペコの相手になることを拒否する。他者とのであいなくして本来の自己はありえないが、他者に飢えているようなやつは本来の自己の相手ではないっていうことだろう。

腹ペコの相手はできんといわれ、かくてはならじと丹霞さん、めげずに四回目の「ご在宅かな」をやらかし、「やれやれ」とあきれられてしまう。丹霞の「ご在宅かな」ときたら、百発百中、それはもう見事なカラぶりっぷりである。

念のためにいっておけば、丹霞がいけないとは、わたくしは微塵もおもっていない。一連の問答はむしろ丹霞のおそるべき「天然」ぶりを味わうべきものだとおもっている。

無視されようが、興ざめされようが、丹霞は「ご在宅かな」をくりかえす。じつに見あげたもんである。そのベタな自己演出をおもしろがるべきだとおもう。

居士と玄関でバッタリでくわしながら、丹霞は「居士はおるかい」とたずねる。居士に「うるさいなあ」とあしらわれ、丹霞はふたたび「龐さんはおるかい」とくりかえす。丹霞が「おるか」とたずねるのは、じっさいに居士が在宅するかどうかということとは別のことをたずねているっていうことだろう。じゃあ、なにをたずねているのか。

丹霞は「居士在りや」と問い、「龐老在りや」とかさねて問う。丹霞にとっての汝を、丹霞はいい換えている。丹霞にとって汝の存在とはなんなのか。いかなるものとして汝の存在を問題にしているのか。按ずるに、本来の我と本来の汝との関係が問題なのだろう。あくまでも汝の存在を問題にしている。居士の丹霞批判のポイントは、「ガツガツするな」ということである。もとめるということは、所有したいということである。我の汝はどこにいるか、と。本来の汝の存在をうばいたい、と。禅における他者とは、はたして何者なのだろうか。

あまり参考にならないかもしれないが、こんな問答をおもいだした（『祖堂集』四一六頁）。

問、如何是沙門行。師云、逢仏驀頭坐。僧曰、忽遇和尚時如何。師曰、闍梨来時、老僧不在。

問う、如何なるか是れ沙門《しゃもん》の行。師云く、仏に逢えば驀頭《まくとう》に坐す。僧曰く、忽《たちま》ち和尚に遇う時は如何。師曰く、闍梨の来たる時、老僧は不在なり。

「沙門のふるまいとはどういうものでしょうか」。

落浦《らくほ》がいう「仏にあったら、たちどころに坐る」。

「たちどころに和尚にあっちまったらどうしましょう」。

「おまえのくるとき、わしゃ留守じゃ」。

坊主の心得をたずねられ、落浦は「仏にあったら、脇目もふらずに坐れ」という。「へえ、じゃあ仏じゃなくて和尚さんにあっちゃったらどうしましょう」と茶化され、落浦は「心配すんな。おまえがくるとき、わしゃおらんから」。

落浦の「おまえがくるとき、わしゃ不在じゃ」は、皮肉に皮肉で返しているわけではない。皮肉でも嫌味でもなく、ありのままの事実を指摘している。一心不乱に修行をしておれば、わしなんか眼中にないはずじゃがのう、と。

丹霞と居士とのやりとりにおいて、居士を目《ま》の当たりにしながら丹霞が「おるか」とたずねるのも、似たような機微があるっていうことはないだろうか。丹霞が「おるか」というのは、居士がじっさい在宅するかどうかをたずねているわけじゃなくて、ひょっとすると「ボンヤリしておるなら、それは不在といっしょだ」と指摘しているのかもしれない。

この気分はつぎの問答にもひきずられてゆく。

4　身の置きどころはなかろう

丹霞が居士にたずねる「昨日の面会は今日の面会とくらべてどうだ」。

「昨日のことを仏法にかなったかたちで提起して、それを宗旨《しゅうし》の眼目にしてくれ」。

「その宗旨の眼目のなかに、はたしてあんたの居場所はあるかな」。

「わしはおまえさんの目のなかにおる」。

「それがしの目は狭いから、とても身の置きどころはなかろう」。

「いったい目がどうして狭かろう。また身がどうして置かれよう」。

丹霞はひと休み。

「もう一言あれば今日の対話も丸くおさまるのに」。

丹霞は黙ったまま。

「この一言ばかりはだれにも吐けまい」。

> 霞、一日居士に問う、昨日の相見《しょうけん》、今日に何似《いずれ》ぞ。士曰く、如法《にょほう》に昨日の事を挙げ来たって、箇《こ》の宗眼《しゅうげん》と作《な》せ。霞曰く、祇如《たと》えば宗眼は、還《かえ》って龐公を著《お》き得るや。士曰く、我は你《なんじ》の眼裏に在り。霞曰く、某甲《それがし》は眼窄《せま》し、何処《いずく》にか身を安《お》かん。士曰く、是の眼何ぞ窄からん。是の身何ぞ安かん。霞休し去る。士曰く、更に一句を道取《どうしゅ》せば、便ち此の話の円《まど》かなるを得ん。霞亦た対《こた》えず。士曰く、就中《なかんづく》這の一句、人の道い得るもの無し。

> 霞一日問居士、昨日相見、何似今日。士曰、如法挙昨日事来、作箇宗眼。霞曰、祇如宗眼、還著得龐公麼。士曰、我在你眼裏。霞曰、某甲眼窄、何処安身。士曰、是眼何窄、是身何安。霞休去。士曰、更道取一句、便得此話円。霞亦不対。士曰、就中這一句、無人道得。

「昨日もおまえさんとあったが、それとくらべて今日はどうなるのかな」と丹霞。今日のであいがどうなるかはわからんが、昨日のであいがどうであったか、まず確認しておこう、と提案する。すると居士は

「昨日のであいを仏法にかなったかたちで提起して、それを宗旨の眼目にしてくれ」とリクエスト。昨日のであいにずいぶん自信があるようである。ところが丹霞は昨日のであいをさほど評価してないらしく、「ほお、自信タップリだな。その宗旨の眼目のなかに、はたしてあんたの居場所はあるかな」と居士を突きはなす。わしの教えのなかに居士のすがたはない、と。

「いや、わしはおまえさんの教えのなかにおるよ」と居士。丹霞さん、あんたの目のまえにいるわしを、あんたは見ているわけで、だから「わしはおまえさんの目のなかにおる」ということになるのさ、と。この自信はどこからくるのだろう。

この居士の発言には論理のすりかえがあるような気がする。居士の言い分は「あんたはわしを見ている。わしの悟ったすがたを見ている。だからこの悟ったすがたを、あんたの宗旨の眼目にすることができるだろう」ということでしかない。たしかに丹霞の目に居士のすがたが映っているとしても、だからといって丹霞の宗旨の眼目のなかに居士の居場所があるということにはなるまい。

居士による「丹霞の目」＝「丹霞の宗旨の眼目」という論理のすりかえを、丹霞はみとめない。丹霞は「それがしの目は狭いから、とても身の置きどころはなかろう」と話をあえて即物的な「目」のほうにもってゆこうとする。そうはさせじと居士は、それを「目のなかにいる」＝「見えている」という理屈にもどそうとする。現に見えているんだから、どうして目が狭かろう。ことがらは身の置きどころにはない、と。

丹霞は黙る。「もう一言ないのか」と居士。丹霞は黙ったまま。「もう一言はだれにも吐けまい」と居士。この「一言」とはなんだろうか。居士にとっては、むろん丹霞が口にすべき一言ということだろう。

では、丹霞はどんな一言を吐くべきであったのか。

丹霞の一度目の沈黙は、居士に対する積極的な警告であったとおもわれる。居士さん、あんたはまだ悟っておらんから、これ以上なにをいってもムダじゃ、と。ところが居士は、その批判を受けつけない。それどころか丹霞のほうに返すべき一言を想定しているようである。「もう一言あれば今日の対話も丸くおさまるのに」と居士はいう。どのような一言があれば対話が丸くおさまると考えているのだろうか。おそらく丹霞が居士をみとめる一言だろう。居士は自分が悟っていることを丹霞にみとめさせたがっている。しかし丹霞のほうは、居士がみずから悟っていることをみとめさせたがっているということ自体がいまだ悟っていないことを示している、と考えているような気配である。

と、まあ、こんなふうに読むと、なにやら居士ばかりが一方的に愚かしいようだが、丹霞にもまた落度はある。

一度目の沈黙はよしとしよう。だが、それでも反省しない居士に対する二度目の沈黙はどうだったのだろう。なにか一言あって然るべきだったんじゃないかなあ。とはいえ、どういう一言を呈すればよかったのかはむつかしいけれども。

こういう場合、たいてい大声でどなったりするのだが、居士には通じないかもしれない。自分が悟っていると錯覚している手合いに対して、沈黙も一喝も通じないとき、どんな一手を打てばよいのだろうか。たとえ万事休したとしても、ただ黙っていてもはじまらない。たとえば「おまえは自己を頼りにしているが、仏法を頼りにすることを知らんな」といった一言をぶつけてみてはどうだろう。

居士の「この一言ばかりはだれにも吐けまい」で問答はおわっている。このあとに丹霞の三度目の沈黙があったのかもしれないが、このままではいかにも不完全燃焼である。もうひとつ問答があって、最後に居士が丹霞を礼拝しておわるなら、つまり居士がみずからの非をみとめておわるなら、とりあえず話はわかりやすいのだが――と読みたくなるが、たしかに居士は自信過剰であるとしても、その本意《ほい》を読みそこなっているような気がしてならない。居士のこころを推しはかりながら読みなおしてみよう。

「昨日であったこと、今日であっていること、これを比較したい」と丹霞。野暮ではあろうが、念のためにいっておけば、丹霞はわざと突っこまれること必至の問いを発しているのである。

リクエストに応えて、居士は「まえにあったことを示して、それを仏法にかなうものにしてみよ」と突っぱねる。比較するためには、かつてあったことを「いま・ここ」において再現する必要があるけど、あるがままに再現できたりするかな、と。

丹霞は「わしの宗眼をあるがままに示したりしたら、そこにあんたの居場所はあるだろうか」という。宗眼を示せというなら示しもするが、それを見事に受けとめられるかな。昨日の相見と今日の相見とを比較するためには、昨日のことをあるがままに想起して、それを今日のものと比較するしかないんだけど、そうやって比較している「いま」の目のなかに昨日のおまえはいない、と丹霞はいうわけである。昨日おまえとであっていたときには、昨日のおまえがわしの目のなかにおったのになあ、と。

丹霞は、昨日の相見を「いま・ここ」において再現することに難色を示している。ところが居士は、「どうやら気づいておらんようだが、「いま」のわしは「ここ」において、とっくにおまえさんの宗眼のなかに居場所を確保しておるんだけどね」と澄まし顔。おまえさんの宗眼なんてチョロいもんさ、と。

丹霞は「ほお、わしの目のなかに居場所を見つけたって？　狭くて見つけられるはずはないんだけどなあ」と弱々しい声でつぶやく。昨日の「いま」のわしの意識にはいってきた昨日のおまえが、いまの「いま」の意識にはおらんのじゃよ。わしの目のなかにあるのは、いまの像だけだよ、と。

相手がひるんだと見て、居士は「そもそも宗眼に狭いも広いもなかろう」と畳みかける。わしが目のなかにおらんというのは、あんたの視野が狭いからではなくて、ただ映像だけをながめて、ちゃんと行為的に見ようとしないもんだから、視野のなかに身体の置きどころがなくなっちまうんだよ、と。

丹霞は、もうオシマイにしよう、と一息つこうとする。だから、どうだっていうのさ、と。居士は「もう一言がほしいんじゃが」と追及し、丹霞を休ませようとしない。が、丹霞はダンマリ。もうすんだことだ、と。

攻めつづけてきた居士だが、最後の「その一言はだれの手にも負えん」というセリフは、どう考えてもグチっぽい。丹霞の「昨日の面会は今日のこれとくらべてどうだ」という物騒な問いに対して、けっこう威勢よく応じてきた居士だが、いつのまにか自縄自縛におちいってしまった気味がある。この仕儀をなんと見るか。

かつての「いま」を、いまの「いま」再現できるか。それができなければ、かつて相見したこと、いま相見していること、これを比較することは意味をなさない。それはそうなんだけど、それを行為的に表現できるものはめったにおらんからなあ、と居士もまた溜息をついてるのかもしれない。

丹霞がさっさと幕をひいてしまったもんだから、居士さん、ひとりだけ舞台からおりそこなって、どうにもひっこみがつかなくなってしまったような感じである。ところが入矢先生は「居士はおそらくこのときひそかにニヤリと会心の笑みを禁じ得なかったにちがいない」（五六頁）と注しておられる。入矢先生によれば、けっして形勢は逆転していない。どうしてそんなふうに読めるのだろうか。

昨日の相見と今日の相見とをくらべるという問いにひきずられて、つい丹霞と居士とのあいだの勝ち負けを考えてしまいがちである。はなからそういう問題じゃないのかもしれない。

目のなかに見るものの居場所はあるか、ということが問題になっている。見えているなら、見るものは「いる」はずである。ただし、その見るものは「見るものなくして見ている」のである。この見るものなくして見るというあり方については馬祖との問答のところで論じておいたので、ちょっと読み返していただきたい（一七頁）。

存在するものがそこにおいて存在している場所とは、なにかが見えているという出来事をささえている下地としての「そこ」であって、それ自体は対象化できるような「それ」ではない。それは「ある・ない」を超えているから、その自己同一性にこだわろうにも、なににどうこだわればよいのかわからない。もっとも、目で見ることはできないというだけで、存在するものが「そこ」において見えているということにおいてそれが機能していることはちゃんと示されている。

机のうえの花を見ているとき、わたくしは自分が机のうえの花を見ているという自他の関係が成り立っていることを自覚している。そんなことが可能なのも、わたくしに花や机が見えているという出来事を成り立たせている場所のはたらきが、わたくしの自他関係の意識を「見るものなくして見る」というかたちで根拠づけてくれているからである。ただ、そういう場所のはたらきは見えるものとしては存在しないから、わたくしがそれを見ることはないっていうだけのことである。

丹霞は「わしの宗旨の眼目のなかに、あんたの居場所はあるかな」という。居士は「わしはおまえさんの目のなかにおる」という。ただし居士は、自他の関係が成り立っていることを自覚しているが、自己の外に自己を置いて、自己が立ち位置をもっているさまを対象的に見ているわけじゃない。

入矢先生は「居士はその〈宗眼〉を再び相手に押し返して「あなたの眼」とすると同時に、その中へスルリと押し入ってしまった。そのことによって居士は丹霞の眼を奪って己れの宗眼として転置しようとしたわけである」（五五頁）と注しておられる。入矢先生のおっしゃる「その中へスルリと押し入ってしまった」という相手のなかに居場所をもつといったあり方については、雲門《うんもん》にこんな問答がある（『祖堂集』五一六頁）。

問、一口呑尽時如何。師云、老僧在你肚裏。僧曰、和尚為什摩在学人肚裏。師云、還 我話頭来。

問う、一口に呑み尽くす時は如何。師云く、老僧は你《なんじ》が肚裏《はら》に在り。僧曰く、和尚、什《なん》摩の為にか学人が肚裏に在る。師云く、我に話頭を還《かえ》し来たれ。

「一口で丸呑みにするときはどうでしょう」。
「わしはおまえの腹のなかじゃ」と雲門。
「和尚はどうしてわたしの腹のなかにおられるのですか」。
「さっきの話をどうしてくれるんじゃ」。

「呑みこまれちまったら、わしはおまえの腹のなかだ」と雲門。相手の言い分にすんなり乗ってみせる。妙にすんなり乗られて、笑止千万にも「どうしてわたしの腹のなかにおられるのですか」と僧はとまどってしまう。「おいおい、わしを呑みこんだんじゃないのか」と雲門は苦笑い。一口で丸呑みにするというから、その話に乗ってやったのに、わしの気づかいをどうしてくれるんじゃ。「なんでいるの」とは心外じゃのう、ちゃんと責任をとってくれよ。

「一口で丸呑みにする」と僧は精一杯に大風呂敷をひろげてみせた。雲門は「わしはあんたの腹のなか」と大風呂敷につつまれてやる。すると僧はアタフタしてしまう。たいていの落とし穴は、ひとが掘るんじゃなくて、おのれが掘るのである。雲門は「さっきの話を返せ」という。丸呑みにすると大口たたいておったが、あれはハッタリか。

そもそも僧は「自己が他者をいれる器になる」という意味で「呑む」といっているのだろうか。自分が世界になる。存在するすべてのものの居場所になる。そう見得《みえ》を切ったのだとすれば気宇壮大だが、ホントのところはどうなんだろう。

たぶん雲門はこうおもっている――わしだって一切を呑みこんでおる。したがって、おまえはわしの腹のなかにいる。だが、おまえさん、なんだってわしの腹のなかにおるんじゃ。

一方が他方を「呑みつくす」というのでは話が半分である。肝腎なことは、「わしが」「おまえが」というところにはない。おたがいがそれぞれ世界であって、おのおの他者の居場所になりあっているのである。そういうことが問題なんじゃないのかね、と雲門はいいたいんじゃないだろうか。

ちょっと気をゆるすと、すぐに道草を食いたくなってしまう。ときおり別の禅問答をのぞいてみるというのはわるくない趣向ではあるが、長居は無用である。雲門に呑みこまれないうちに龐居士のほうにもどろう。

丹霞は「宗旨の眼目のなかに、あんたの居場所はあるかな」という。我と汝とがであうとき、汝を見ている我の世界のなかに我を見ている汝はいるのか。いられないいんじゃないの、と丹霞はいう。それに対して居士は「わしはおまえさんの目のなかにおるよ」という。汝が我を見るものなくして見ているなら、汝の世界に汝を見ている我がいるはずなんだがなあ、と。

丹霞は「それがしの目は狭いから、身の置きどころはなかろう」という。たとえ我が汝を見るものなくして見ている我の世界にあっても、そのなかに我を見るものなくして見ている汝はいない。我の世界にあって我と汝とはどこまでも非対称的である。我の世界は我の世界であり、汝の世界は汝の世界である、と。

居士は「目がどうして狭かろう。身がどうして置かれよう」という。見るものなくして見るものの世界がどうして非対照的であろうか。見るものなくして見ている我の世界と、見るものなくして見ている汝の世界と、それは「ひとつ」なんじゃないの？　そのなかには汝を見るものなくして見ている我もいれば、我を見るものなくして見ている汝もいる。問題は見るものなくして見ているものを虚心に見るところにあるんだよ。

丹霞は黙ってしまう。「最後の一言をいってくれればそれで丸くおさまるんだが、いう気はないかね」と居士。丹霞はひきつづき沈黙。「そのとおり。黙っているのが正解だ。それでなんの問題もない」と居士。

ところで、丹霞は「昨日の面会は今日の面会とくらべてどうだ」と自爆的な問いを発しているが、昨日と今日との比較といえば、臨済《りんざい》と普化《ふけ》との問答がたいへん有名である（『臨済録』一五四頁）。これは必要な道草だろう。消化によいという保証はないが、ひとつ食ってみよう。

師、一日同普化赴施主家齋次、師問、毛呑巨海、芥納須弥。為是神通妙用、本体如然。普化踏倒飯床。師云、太麤生。普化云、這裡是什麼所在、説麤説細。師来日、又同普化 赴齋。問、今日供養、何似昨日。普化依前踏倒飯床。師云、得即得、太麤生。普化云、瞎漢、仏法説什麼麤細。師乃吐舌。

師、一日、普化と同《とも》に施主家《せしゅけ》の齋《さい》に赴《つ》く次いで、師問う、毛《もう》は巨海《こかい》を呑み、芥《け》は須弥《しゅみ》を納《い》る、と。為是《は》た神通妙用《じんづうみょうゆう》なりや、本体如然《ほんたいにょねん》なりや。普化、飯床《はんじょう》を踏倒す。師云く、太麤生《たいそせい》、と。普化云く、這裡《しゃり》は是れ什麼《なん》の所在にしてか麤《そ》と説き細《さい》と説く。師、来日、又普化と同に齋に赴く。問う、今日の供養、昨日に何似《いかん》。普化依前として飯床を踏倒す。師云く、得《よ》きは即ち得きも、太麤生。普化云く、瞎漢《かつかん》、仏法什麼の麤細をか説かん。師乃ち舌を吐く。

普化とつれだって信者の家に食事にまねかれたとき、臨済がたずねる「一本の髪の毛が大海を呑みこみ、一粒の芥子が須弥山《しゅみせん》をおさめる、という言葉がある。これは神通妙用なのか、それとも本体如然なのか」。

普化はお膳を蹴っ飛ばす。

「ひどく荒っぽいな」。

「ここをどこだとおもって荒っぽいだの穏やかだのというのか」。

普化といっしょに食事にまねかれたとき、臨済がまたたずねる「今日のご馳走は昨日のとくらべてどうだ」。

普化はやっぱりお膳を蹴っ飛ばす。

「よいのはよいが、えらく荒っぽいな」。

「目の見えぬやつめ、仏法に荒っぽいも穏やかもあるもんか」。

臨済は恐れ入る。


在家信者によって食事を施されたとき、臨済は「微細な毛が巨大な海をおさめきり、微々たるゴミが峨々《がが》たる須弥山をきずきあげる、というよね。そういう消息って、いわゆる「神通妙用」「本体如然」ということなのかな」と普化にたずねる。こういう信者のささやかな法事が、でっかい仏教界の全体をささえている、とあたかも施主のふるまいを評価しているかのような口ぶりである。

この臨済の問いに対して、普化は激しく反発し、やにわに膳をひっくりかえす。臨済はこれをたしなめる。ずいぶん荒っぽいな、と。普化はこのたしなめにも反発する。ここをどこだとおもって荒っぽいだの行儀がよいだのとほざくのか、と。

臨済と普化との対立は、さしあたり信仰のあり方についての見解の相違とおもわれる。在家信者における信仰のあり方と、禅僧としての信仰のあり方と、その差異に起因する見解の相違である。

普化にとっては、禅者として悟りをもとめて精進することが然るべき信仰のあり方であって、それ以上のことも以下のこともなく、まして以外のことなどない。したがって在家信者に対しても、あくまでも悟りへとみちびくことが禅僧のなすべきことだと考えている。

とはいえ在家信者はなかなかそのような境地に達することはできない。在家の信者は、悟りもとめて修行している禅僧をうやまい、禅僧が修行にいそしめるように施しをすることに、その信仰のあり方をもとめる。臨済はそうした在家信者の信仰のあり方をうべなう。

禅僧をうやまうことは、そのような境地にちかづきたいと願うことであり、禅僧に施すことは、そのぶんの自分の欲を捨てることである。そういう在家信者の信仰のあり方はそれなりに悟りをもとめるものであり、そういった在家信者の信仰こそが仏教界全体をささえているのだと臨済はみなす。

昨日のご馳走と今日のそれとの比較ということは、したがって臨済にとっては在家信者の信仰のあり方を象徴するものでありうる。だが普化にしてみれば、どうでもよいことである。供養にまねかれるたびに臨済と普化とはかならず対立するだろう。今日起こったことが明日も起こるだろう。普化はそのつど膳をひっくりかえす。荒っぽいな、と臨済はたしなめる。仏法の営みに荒っぽいもなにもあるもんか、と普化はソッポをむく。

臨済は「舌を吐く」。これは「感じ入った時、恐れ入った時の面持ち」(『禅語辞典』)らしい。言葉もない、という仕草なのだろう。臨済は普化の禅者としての純粋さをみとめている。そう解釈すべきことは重々承知のうえでいうのだが、これを「あっかんべえ」とベロをだしたと読んでみたい気もする。「普化よ、いくらいってもわからんようじゃな。わしも信者への接し方を変えるつもりはない。あっかんべえ」

と。

それはさておき臨済の「すばらしい神通のはたらき（神通妙用）なのか、ありのままの真実としてある（本体如然）のか」という問いに対して、普化が「つまらん理屈をこねるな。神通妙用か本体如然かは知らんが、これが禅僧のはたらきだ」と膳をガシャンとひっくりかえしたのは、ドカンと全宇宙をひっくりかえしたという気合いだろう。まことに小気味よい。

「わかったけど、あんまり乱暴だぜ」と臨済。普化は「乱暴だろうがなんだろうが、これがオレだ」と涼しい顔。翌日、ふたたび食事にまねかれると、臨済は「今日のご馳走は昨日のとくらべてどうだ」とわざわざ墓穴を掘るような問いをぶつけ、案の定、普化は膳をひっくりかえす。「いいんだけど、とにかく無茶だな」と臨済。普化は「バカタレ。無茶もヘチマもあるかい」とうそぶく。臨済は「やれやれ」と苦笑い。

臨済をして顔色《がんしょく》なからしめる普化のアッパレな風狂ぶりを味わうべきものとして読んでおけばよいのだろうが、あえて世俗的な興味で読みなおしてみたい。

臨済は、「神通妙用か、本体如然か」と神学論争をしてみせたり、「昨日も今日もご馳走じゃな」と如《じょ》才《さい》なくお世辞をいってみせたり、まねいてくれた施主に対するサービスにつとめる。臨済なりに気をつかっている。

臨済院の住職という責任ある立場の臨済とちがって、普化は生粋《きっすい》の自由人である。住まいもなければ身寄りもなく、着の身着のままの乞食行三昧《こつじきぎょうざんまい》。そういう普化に施主への気づかいなど薬にしたくも無い。普化は「禅者のはたらきをなんだとおもってるんだ」とお膳をガシャン。神学論争をやってみせたり、供養の品評をしてみたり、まるで藝人じゃないか。

臨済は百も承知でやっているんだし、普化も二百も合点《がってん》でやっているのである。ひょっとするとこのコンビの定番のパフォーマンスだったりして。

すぐれた宗教者であるだけでは宗門の領袖はつとまらない。家族を捨てたはずの僧たちが教団というかたちで擬似家族をつくるのである。宗教者のあつまりにはとかく腐敗・俗化という問題がつきまといがちであるという自覚が、臨済にはある。教団をしっかり経営すること、宗教的な真理をもとめること、ふたつを両立させるのは至難のわざである。だからこそ臨済には普化という禅の天才のサポートが必要であった。

「この一言ばかりはだれにも吐けまい」と溜息をついた龐居士は、ついに普化にはなれなかったということだろう。昨日の「いま」を、いまの「いま」再現するということを、あっさり行為的に表現してみせる普化のような逸物は、ザラには転がっていない。

5　あんたは出て、わしは入る

居士は丹霞のまえで挨拶するように腕組みして立っていたかとおもうと、しばらくして去ってゆく。

丹霞は気にもとめない。

居士がもどってきて坐る。

今度は丹霞が居士のまえで挨拶するように腕組みして立っていたかとおもうと、しばらくして居間にもどってゆく。

居士が声をかける「おまえさんはでてゆくし、わしははいってきた。ただそれだけのことだ」。

「この老いぼれ、でるだの、はいるだの、てんでキリがない」。

「これっぽっちの慈悲心もないいな」。

「こんな男をこんなところまでひっぱりこんじまうとは」。

「なにをひっぱりこんだってのさ」。

丹霞は居士の頭巾《ずきん》をつまみあげ「いっぱしの禅僧きどりときた」。

居士は頭巾を丹霞の頭にのっけて「近所の悪ガキそっくりだ」。

丹霞は「ハイ、ハイ、ハイ」と三つ返事。

「まだむかしの元気はあるな」。

丹霞は頭巾をほうり投げて「よそゆきの帽子みたいだ」。

居士は「ハイ、ハイ、ハイ」と三つ返事。

「むかしの元気ってやつは、忘れようにも忘れられん」。

居士は三つ指パッチンをして「そうこなくっちゃ」。

居士、一日丹霞の前に向《お》いて叉手《さしゅ》して立ち、少時《しばら》くし――居士一日向丹霞前叉手立、少時却て却って出で去《い》る。霞、顧みず。士却って来たり坐す。霞却って士の前に向いて叉手して立ち、少時くして便ち方丈に入る。士曰く、汝は出で、我は入る。未だ事有らず。霞曰く、這《こ》の老翁、出出入入して、甚《なん》の了《おわ》る期《とき》か有らん。士曰く、却って些子《いささか》の慈悲心も無し。霞曰く、這の漢《おとこ》を引き得て、這の田地《ところ》に到る。士曰く、什麼《なに》を引きたる。霞乃ち士の幞頭《ぼくとう》を拈《と》り起《あ》げて曰く、却って一箇の老師僧に似たり。士却って幞頭を霞の頭上に安《お》いて曰く、一《ひとえ》に少年の俗人に似たり。霞、応喏《おうだく》すること三声す。士曰く、猶《な》お昔時の気息の在る有り。霞乃ち幞頭を抛下《ほうげ》して曰く、大いに一箇の烏紗巾《うしゃきん》に似たり。士乃ち応喏すること三声す。霞曰く、昔時の気息、争《いか》でか忘れ得ん。士、弾指すること三下《みたび》して曰く、天を動かし、地を動かす。

出去。霞不顧。士却来坐。霞却士前叉手立、少時便入方丈。士曰、汝出我入。未有事在。霞曰、這老翁出出入入、有甚了期。士曰、却無些子慈悲心。霞曰、引得這漢、到這田地。士曰、把什麼引。霞乃拈起士幞頭曰、却似一箇老師僧。士却将幞頭安霞頭上曰、一似少年俗人。霞応喏三声。士曰、猶有昔時気息在。霞乃抛下幞頭曰、大似一箇烏紗巾。士乃応喏三声。霞曰、昔時気息争忘得。士弾指三下曰、動天動地。

居士と丹霞との意地の張りあい、あいかわらず継続中のようである。こころでは相手をリスペクトしているのに、ふたりとも素直にそれをみとめられない。

居士は丹霞に挨拶するような仕草をし、いったんその姿勢にはいりながら、すぐにやめて「出で去る」。

自分のほうから挨拶するのはシャクだったのだろうか。つぎに丹霞も同じように挨拶しようとするが、これも途中でやめて「方丈に入る」。

居士は「出で去る」。丹霞は「方丈に入る」。すると居士は「汝は出で、我は入る」という。これは居士と丹霞とがじっさいにやったことの逆である。ということは、いましがた居士と丹霞とがやった行為についていっているわけではなく、はいったらでる、でたらはいる、というふたつの動作の相互依存の関係をのべているのだろう。でるためには、はいらねばならない。はいるためには、でなければならない。

居士は「なんのヘンテツもないな」という。丹霞は「でたりはいったり、キリがない」という。居士は丹霞を「慈悲心のカケラもない」と責める。丹霞はすこし反省したのか、「この男をひっぱりこんだのはわしだが、この境地にまではみちびいてやった」とみずからをなぐさめる。居士は「だれをひっぱりこんだって？　わしをか？」と色めく。丹霞はついに自分をみちびいたことをみとめたのか、いっぱしの禅者であるとみとめてくれたのか？

丹霞は居士の帽子をとりあげて「帽子をとってみると、おまえさんの頭はハゲとるなあ。いっぱしの坊主みたいだ」。坊主みたいといわれ、居士はうれしくなって、その帽子を丹霞の頭にのせて「丹霞もやっと素直な子どもになったようだ」という。丹霞は「ハイ、ハイ、ハイ」とみとめる。

かえりみれば、居士と丹霞とのつきあいは長い。はじめてであったころの丹霞を、居士はおもいだす。「そういえば、むかしはもっときびしかったっけ。わしをみとめようとはしなかった」と、ちょっとノスタルジックになりかけたが、気をとりなおして「むかしの元気はまだのこっているよね。まだ老けこむには早いよ」とはげます。

丹霞は居士がかぶせてくれた帽子をとると、しげしげと見入る。なかなか立派な帽子じゃないか。居士も「ハイ、ハイ、ハイ」とうなづく。丹霞は「心配すんな。かつての意気ごみはまだ枯れとらんよ」とほほえむ。居士も指を鳴らして「そうとも、まだまだ元気いっぱいさ」とニッコリ。

出家と在家という区別を超えたところで、ふたりは仲よくしたい。だが、おそらくは居士のあるときの在家的な言動がネックになって、この関係がギクシャクした。ふたりとも関係を修復したいんだけど、おたがい素直になれない。「これをとがめるのは無慈悲だ」とか「どうしてこんな男とつきあいだしたのだろう」とか、グダグダやりあっている。その意地の張りあいがようやく修復された。めでたし、めでたし。

「出入」という動作の相互依存は、あるいは居士と丹霞との間柄を暗示しているのかもしれない。居士がいたから、いまの丹霞がある。丹霞がいたから、いまの居士がある。

最後はハッピー・エンディングで読みたい。居士はずっと丹霞にみとめられたいとおもってきた。こころの底では、たがいにみとめあっている。そうであるにもかかわらず、一連のやりとりを読むかぎり、ただ意地の張りあいに終始しているように見える。ホントにちゃんと仲なおりできたのかどうか、ふたりの間柄をくみとりつつ読みなおしてみよう。

居士が丹霞のまえに腕組みして立つ。「遊んでよ」。丹霞は無視。「遊んでくれないの？　じゃ、また」と居士は去る。居士がもどってくる。「やっぱり遊んでよ。遊んでくれないと居坐るよ」といってデンと坐る。

今度は丹霞が居士のまえに腕組みして立つ。「なにがしたいのさ。わしは用事があるんだけど」。居士も無視するかとおもったら、「あんたはでてゆく。わしがここに坐っているのに。これじゃなんにもはじまらん」とつぶやく。

居士が「なんにもはじまらん」というのは、つれなくする丹霞にむかって「なんとかしてくれ」とせがんでいるような感じだろうか。居士にせがまれて、丹霞は「でたりはいったりキリがない」と応ずる。居士は「なんて薄情なやつだ」となじる。なんだか応じ方に人情味が足りないんじゃないの、と。

それに対する丹霞の反応は、「わしが冷たいって？　とんでもないやつをひきずりこんじまったかな」といよいよ素っ気ない。わしとしたことが、こんな男をこんなところまでひっぱりこんだせいで、いちいち相手をせにゃならんとは、やりきれんなあ。

冷たくあしらわれ、居士も堪忍袋の緒がきれた。「ひきずりこんだとは聞き捨てならん」と気色《けしき》ばむ。返答次第ではただではおかん、と凄んでみせる。

その気合いをはぐらかすように、丹霞は居士の頭巾をつまみあげて「頭巾なんかかぶっちゃって、まるで禅僧きどりだな」とからかう。わしにかわって、ひとつ法を説いてみてはどうか、と悠然とあしらっているようである。

居士はかぶっていた頭巾を丹霞の頭にのっけて、「じゃあ、あんたなら似合うってのかい？　やあ、坊主のくせに俗人のガキみたいだ」とやり返す。あんたこそご立派なお師家《しけ》さまかとおもったら、そうやって頭巾をかぶっているさまは、まるで洟《はな》たれ小僧そっくりじゃないか。

丹霞は「ハイ、ハイ、ハイ」。三つも返事をするのは、畏れ入ってみせたのだろう。ところが居士は「まだ攻めてくる元気がのこっているようだな」とからむ。まだわしを冷たくあしらうつもりだろ、と。

丹霞が頭巾をほうりだして「えらく窮屈な頭巾だ」というのは、安物の頭巾かとおもったら由緒正しいシルクハットだったのか、と居士を見なおしたということだろう。俗人が遊び半分で禅に興味をもっているだけかとおもったら、ホントに仏道をもとめていたんだね。

居士は「ハイ、ハイ、ハイ」。三つも返事をするのは、やっとわかってくれたか、うれしいよ、という感じだろう。すると丹霞は「ずいぶん抹香《まっこう》くさくなったようだが、そんなに枯れてもおらんようだな」。居士は指を三つ鳴らして「そうとも。まだまだ元気いっぱいだよ」。

一連の丹霞との対話、霊照との件にはじまる「わだかまり」がくすぶりつづけているような気がしてならないのだが、いつまでもひきずっていてもしょうがない。居士と丹霞とのわだかまり、ここにおいてようやく解消されたものとおもいたい。くどいことを承知で、もう一度だけ情景を浮かべてみよう。

居士さん、丹霞をたずねて挨拶する。丹霞は知らん顔。居士、いったん去ってゆくが、もどってきて勝手に坐りこむ。今度は丹霞が挨拶をし、勝手に居間にこもってしまう。エールの交換をすませ、はじまり、はじまり。

「主客が入れ替わっただけで、ちっとも変わり映《ば》えせんな」と居士。
「まったくでたりはいったりキリがないわい」。
「こころない仕打ちだなあ、もっと迎えようがあるだろうに」。
「こんな男につけこまれて、うかうかとひっぱりこんじまった」。
「ひっぱりこむって、だれをひっぱりこんだっていうのさ」。

ここからが可笑《おか》しい。

丹霞、居士の帽子をつまみあげて「えらい坊さんみたいだ。態度がでかい」。

居士、帽子を丹霞の頭にのっけて「洟たれのガキみたいだ。常識を知らん」。

「ほほお、恐れ入った」。

「まだむかしの元気はあるようだな」。

「いっぱしの修行者の帽子みたいだ」と丹霞は帽子をポイ。

「こりゃあ参った。世間の常識にこだわってすまなんだ」。

丹霞、居士の帽子をつまみあげ「俗人のくせに、帽子をとると、いっぱしの禅僧に見えるぞ」とからかう。居士は丹霞の頭に帽子をのっけ「坊主のくせに、帽子をかぶると、なんだか俗人のガキに見えるね」とやり返す。ケンカしているわけじゃない。聖俗を超越し、権威を否定する仲間であることを、たがいに確認しあっている。これにてようやく仲なおり。めでたし、めでたし。

何度読んでみても、やっぱりハッピー・エンディングとして読みたくなってしまう。

6　七と書き、さらに一と書く

丹霞は居士がやってくるのを見て、とたんに走りだそうとする。

「そいつは襲いかかろうとするポーズだね。うなるのはどんなポーズかな」。

丹霞はさっさと坐る。

居士は杖で空中に七という字を書き、その下に一という字を書いて「七によって一を見、一を見て七を忘れる」。

丹霞はすぐさま起ちあがる。

「もうちょっと坐ってなさいよ、つぎの句があるんだから」。

「ここで一語をはさんでもよいかな」。

居士は「オイ、オイ、オイ」と三つ泣いて去ってゆく。


丹霞、一日居士の来たるを見るや、便《すなわ》ち走る勢を作《な》す。士曰く、猶《な》お是れ抛身《ほうしん》の勢なり。作麼生《いかん》なるか是れ嚬呻《ひんしん》の勢。霞便ち坐す。士、向前《こうぜん》して、拄杖《しゅじょう》を以て箇の七字を劃《かく》し、下に於いて箇の一字を劃して曰く、七に因って一を見、一を見て七を忘る。霞便ち起《た》つ。士曰く、更に坐すること少時《しばらく》せよ、猶お第二句の在る有り。

丹霞一日見居士来、便作走勢。士曰、猶是抛身勢。作麼生是嚬呻勢。霞便坐。士向前、以拄杖劃箇七字、於下劃箇一字曰、因七見一、見一忘七。霞便起。士曰、更坐少時、猶有第二句在。霞曰、向

霞曰く、這裏《しゃり》に向《お》いて語を著《つ》くること得《よ》きや。士遂に哭することと三声して出で去る。——這裏著語得麼。士遂哭三声出去。

居士がやってくるのを見て、丹霞はやにわに逃げだそうとする。居士がそれを見て「逃げようっていうのかい？　うなるのはどんな姿勢だっけ」と声をかける。すると丹霞は逃げるのをあきらめたか、どっかと坐りこむ。

居士は、丹霞が話を聴いてくれそうな態度をとったので、「七によって一を見、一を見て七を忘れる」と、とっておきの一句をぶつける。

七によって一を見、一を見て七を忘れる？　北斗「七」星によって唯「一」不動の北極星を見るとか、いろいろ妄想はわいてくるけれども、いまひとつ決め手に欠《か》ける。入矢先生は「居士ひとりの七と一を弄んでの独演と見たい」（六三頁）とおっしゃる。そういうふうにスルーしておきたいところではあるが、あえて妄想をたくましゅうして、瑜伽《ゆが》行《ぎょう》派《は》の説く「八識」とのからみで解釈をこころみたい。

八識とは「眼識・耳識・鼻識・舌識・身識・意識・末那《まな》識・阿頼耶《あらや》識」である。「眼・耳・鼻・舌・身」の五識は、いずれも感覚的な識で、「意・末那」の二識は、今日の意識概念をふたつに分けたものである。阿頼耶識とは「有情根本の心識にて、其人の受用すべき一切の事物を執持して没失せざる識」（織田得能『仏教大辞典』）である。自己の心身、さらには自然界を生むところの根源的な識である。

阿頼耶識のほかの七識は、ふつうの人間がもっている識である。たんに七識のもたらす現実に翻弄されていたものが、修行によって、ついには阿頼耶識によって真相を洞察するようになる。これが「七によって一を見」るということである。

感覚的な五識は、それによって快楽や苦痛がもたらされるものである。意識と末那識とは、そこから我《が》執《しゅう》が生じるところのものである。したがって阿頼耶識にめざめたものは、ほかの七識を忘れねばならない。七識はむなしいとわかることができて、はじめて阿頼耶識にめざめることができる。これが「一を見て七を忘れる」ということである。

居士は、瑜伽行派の説く「八識」をふまえ、迷える衆生のふつうの認識のあり方から悟ったものの認識のあり方への移行という仔細を説いてみせる。丹霞はこのひどくペダンティックな一句をこうむり、「こりゃかなわん」とおもったか、その場をとっとと去ろうとする。居士は「おいおい、もうちょい坐っててよ。つづく第二句があるんだからさ」というが、その第二句はこの問答にはでてこない。

「七によって一を見、一を見て七を忘れる」という第一句が、迷いの識から悟りの識への移行を意味するものであるとするならば、これは色即是空である。七識によってもたらされるものを、われわれは現実だとおもっているが、それはじつは空なのである。そういう空の認識こそが阿頼耶識によって得られるものにほかならないと居士は考える。してみると居士の第二句はおそらく空即是色に相当するものになるはずである。

ところが丹霞は居士にその第二句をいわせず、「ここで一語をはさんでもよいか」と口をはさむ。「ここ」とはどこか。居士の第一句であろう。丹霞は居士の第一句が色即是空をあらわしたものであることを察知し、すぐさま「じゃあ、わしがつづけて空即是色をあらわす一句をいってもよいか」とたずねる。この丹霞の申し出を受け、居士は自分の一句が丹霞によって完全に理解されたこと、また丹霞と対等に問答できたことを知り、「オイ、オイ、オイ」と感涙にむせぶ。

居士がつけくわえようとした第二句、丹霞がさしはさもうとした（おそらくは居士がいおうとしたものと同じ）一句、いずれもこの問答にはあらわれない。しかし居士の第一句「七によって一を見、一を見て七を忘れる」を正しく理解できるものにとって、それを書くことは蛇足以外のなにものでもなかろう。

七・一という数字を手がかりに、瑜伽行派の説く「八識」をふまえて解釈してみた。窮余の一策とはいえ、かなり眉ツバの読みではある。ふむ。ヘタに辻褄を合わせようとせず、ひたすら虚心に読みこみ、あとは野となれ山となれ、でたとこ勝負で論じなおしてみよう。

居士、得意満面の顔でやってくる。丹霞、ご高説をうけたまわるのはゴメンこうむる、と逃げようとする。「おいおい、そりゃないだろ。わしの話を聴いたら、きっと感心してうなるはずだ。その顔を見たい」と居士。「仕方がない、聴こう」と丹霞は坐る。

空中に七と書き、その下に一という字を書いて、「七によって一を見、一を見て七を忘れる」といい、「どうだね」と居士。「つまらん。帰る」と丹霞は起つ。「待て。まだつづきがある」「つづき？　わしがかわりにいってやろうか」「そんな殺生な。情けのひとカケラもない」。

こんなふうにストーリーをなぞってきても、肝腎の「七によって一を見、一を見て七を忘れる」が、やっぱりわからない。「多即一、一即多」の片割れのような気もするが、「色即是空、空即是色」の片割れかもしれない。いずれにせよ、理屈をこじつけて解釈しようとしても、いまひとつスッキリしない。ここはひとつ大胆に観点を変えて読みなおさねばなるまい。

居士と丹霞とのやりとり、たがいに相手の気勢をくじいて遊んでいるというふうに読めないだろうか。

ひとつやってみよう。

居士がやってくる。丹霞は身を起こす。「ほお、起ちあがるのか。襲いかかろうっていうんだね。じゃあ、はずみをつけるべく、うなってごらん。うなりはまだか」と居士。気勢をそがれ、丹霞はヘタヘタと坐りこむ。

「よしよし。いいから坐ったままで、わしの講義でも味わったらどうだ」と居士はおもむろに空中に七と一とを書いて、「多は一だが、一にとどまって多を忘れる」と説きはじめると、「なんだって？　多を忘れて一にとどまるだって？　それはちがうだろう。一即多、多即一だろ」とおもった丹霞、あわてて起ちあがる。「あわてなさんな。まだつづきがある」「わかってる。わしがいってやろう」「ああもう、話の腰を折られちゃった」と居士は泣きべそをかく。

居士と丹霞と、相手の気勢をくじきあって遊んでいるというふうに読んでみた。現場の雰囲気は意外とこんな感じだったような気もする。この方向で、もうちょっと禅問答らしく読めないもんだろうか。ダメかもしれないが、やってみよう。

居士がやってくるのを見て、丹霞は走りだすような素振りをする。入矢先生によれば「駆け出すというよりも、むしろ逃げ出すこと」（六二頁）らしい。なるほど、そういう雰囲気はわからんでもない。やかまし屋の居士があらわれおったと逃げ腰になったのだろう。

勘弁してよと丹霞がトンズラしようとするのを見て、居士は「そんなふうに逃げるようなふりをするのは、じつは襲いかかろうとしてるんだろ」と牽制《けんせい》する。丹霞が逃げようとする一瞬の間合いをとらえて、「そういう姿勢をとるっていうのは、けっきょく相手になってくれるってことだよね」と声をかける。逃げだすマネなんかしちゃって、ヤル気満々のくせに、と。

居士がつづけて「うなるポーズはどんなのかな」というのは、襲いかかるような格好をしたからには、今度はうなってみせてもらいましょうか、と畳みかけているのだろう。さあさあ、つぎは質問攻めに苦しんでもらいましょうか、と腕まくり。

丹霞は坐る。「走る勢」から「坐」へと姿勢をうつす。やれやれ、なんだよ、と。居士はちかづく。どうやら呻吟《しんぎん》する覚悟がついたようだね。そうこなくっちゃ。

ここまでの一連の流れ、もうちょっと具体的にイメージしなおしてみよう——居士、のっしのっしと近寄る。丹霞、逃げる体勢にはいる。ライオンのふりをしておるわい、と居士。そうか、と丹霞は飛びかかるべく身がまえる。ほお、ヤル気だね。でもライオンって、飛びかかるまえにガォーッてほえるんじゃないの、と居士。それもそうだ、と丹霞は坐りなおしてガォーッとほえようとする。どうやら居士はサーカスのライオン使いで、丹霞がライオンのようである。

居士は杖でもって空中に七と一という数字を書いて、「七によって一を見、一を見て七を忘れる」と調教をはじめる。七を書くことによって、どうして一を見ることになるのだろう。一を見ることによって、どうして七を忘れることになるのだろう。

「七」は特定の数値を意味するのではなく、有限数ならなんでもよかったのかもしれない。要するに、存在するものの「多」を意味している。存在するものの「多」から、その根底にある「一」を見る。存在するものの「多」の相互限定は、それぞれ根底にある「一」の自己限定にすぎないと見る。実体の一元論である。

「多」のひとつひとつは「一」の傀儡《かいらい》でしかない。自発的に自己限定する個物ではありえない。だから、こう論じたからにはつぎがある。「一によって七を見、七を見て一を忘れる」とか。いわゆる多元論である。

そこからさきはわからない。個物は個物に対してはじめて個物である。自己限定する個物の相互限定というものが考えられねばならない。だが、一元論でも、多元論でも、そういうものは考えられない。わたくしに考えられるのは、「七によって一を見、一を見て七を忘れる」といったからには、そのあとには「一も忘る」あるいは「一即多」がつづくだろうっていうことくらいである。

いずれにせよ居士が「七によって一を見、一を見て七を忘れる」というのは、「わしとあんたとは多によって一を見る。ライオンのあんたは、わしを食って一になる。一になってみて、わしといっしょだったことを忘れる」といった感じじゃないだろうか。

そうか、と丹霞は起ちあがる。「坐」から「起」へと転換する。よっこらしょと起ちあがり、やおら居士を食う体勢にはいる。あとはわしがケリをつけてやろう、と。

いきなり起ちあがられて、居士は「ちょ、ちょっと待ってよ。まあ坐って、つぎの句があるんだからさ」とあわてる。丹霞の「動から静へ」「静から動へ」という転換の素早さに翻弄され、うろたえてしまった。

居士があたふたするのを見て、丹霞は「あんたが第二句をいうまえに、わしがズバリと一句を突きつけてやろう」という。そして、この期《ご》におよんでまだ寝言をいうのか、と襲いかかる。丹霞「ガォー」。居士「ギャー」。いきなり襲いかかられ、ライオン使いだったはずの居士、ベソをかいてしまう。あんまりだ、わしにもしゃべらせてくれよ。

7　マグレ当たりはどちらかな

居士が丹霞といっしょに歩いていると、深い水たまりがある。

居士は指さして「これじゃあ見分けがつかんな」。

「いかにも見分けがつかぬこと明々白々だ」。

居士は水をすくって丹霞にパッパッと二度ひっかける。

「こらこら」。

「ほらほら」。

丹霞は水をすくって居士にパッパッパッと三度ひっかけて「こんなとき、なにができるかな」。

「なんにもない」。

「いつもマグレ当たりというわけにはゆかん」。

「マグレ当たりはだれかな」。


居士、一日丹霞と与《とも》に行く次《つ》いで、一泓水《おうすい》を見る。士、手を以て指して曰く、便ち与麼《か》くのごときは、也《ま》た——居士一日与丹霞行次、見一泓水。士以手指曰、便与麼、也還辨不還《かえ》って辨じ出ださず。霞曰く、灼然《しゃくねん》として是れ辨じ出だささず。士乃ち水を戽《すく》って霞に潑《はっ》すること二掬《きく》す。霞曰く、与麽《か》くする莫《なか》れ、与麽くする莫れ。士曰く、須《すべか》らく与麽くすべし、須らく与麽くすべし。霞却って水を戽って士に潑すること三掬して曰く、正《まさ》に与麽くなる時、什麽《なに》を作《な》すにか堪えん。士曰く、外物無し。霞曰く、便宜を得る者は少し。士曰く、誰か是れ便宜に落つる者ぞ。

出。霞曰、灼然是辨不出。士乃戽水、潑霞二掬。霞曰、莫与麽、莫与麽。曰、須与麽、須与麽。霞却戽水、潑士三掬曰、正与麽時、堪作什麽。士曰、無外物。霞曰、得便宜者少。士曰、誰是落便宜者。

居士が丹霞といっしょに歩いている。でっかい水たまりがある。居士は指さして「見分けがつかん」。丹霞も「たしかに見分けがつかん」。

この水たまり、どれほど深いのか見分けがつかない。ジャブジャブと歩いてゆけるのか、背も立たないほど深いのか。水たまりの深さは、ただちに居士と丹霞とのそれぞれの悟りの深さに転化される。あんたの悟りの深さはわしには見当もつかん、と。

深く悟っているものは、悟りの浅いもののあり方を見抜ける。しかし悟りの浅いものは、悟りの深いものの悟りのほどを推しはかれない。居士は丹霞に「あんたの悟りの深さはわしには見分けがつかん」という。居士は丹霞のほうが自分よりも悟りが深いとおもっている。しかし、どれくらい深いかということは、遺憾ながら居士にはわからない。

「いかにも見分けはつくまい」と丹霞は余裕をかます。居士は「わしの悟りの深さはこれくらいだ」と水をパッパッと二度ひっかける。すると丹霞は「こうだとしたら、どうする」と水をパッパッパッと三度ひっかける。おまえの悟りの深さが二であるのに対して、わしの悟りの深さが三であるとしたら、さあどうする。

居士は「外物無し」という。修行あるのみ、と。丹霞さん、あんたの域に達するには、わしはまだまだ修行が足りん。ひたすら精進あるのみじゃ。

丹霞は「便宜を得る者は少し」とアドバイス。ただ修行をしていればよいというもんじゃなくて、うまくチャンスをつかまねばならんのだが、ちゃんとチャンスをつかむものはすくないんだよ。

この丹霞の言葉について、入矢先生は「まぐれ当りのチャンスに恵まれ、あるいは抜け目なく立ち廻って、うまく味を占めることをいう。つまり丹霞は居士に対して、うまく私から一本取ってやったなどと悦に入るなと言っているわけである」（六六頁）と解釈しておられる。わたくしも「便宜」とは、悟るのに好適な機会というふうに理解しておきたい。ただし「便宜を得る」とは「抜け目なく立ち廻って、うまく味を占める」といったネガティヴな意味ではなく、むしろ前向きにとらえたい。ただマジメに修行にいそしんでいるだけじゃダメで、心身のセンサーをとぎすませ、悟るキッカケをものにして、はじめて悟ることができる。悟るためのチャンスをのがさないことが肝腎だぞ、と丹霞。

これを受けての居士の「誰か是れ便宜に落つる者ぞ」を、入矢先生は「味を占めそこなったのはどなたですかな」と訳し、「居士が丹霞の批判を切り返してこう反問した」（六七頁）と読んでおられる。せっかくのアドバイスをこうむったのに、そんなケンカ腰のものいいで返しているわけじゃないとおもう。居士は「チャンスをのがさずに悟るものは、いったいだれでしょうか？　わしはあなたの示してくれたチャンスをしっかり受けとめましたぞ」といっているんじゃないだろうか。

はじめて読んだときの印象はこんな感じであった。だが、きかん気の居士が、こんな殊勝なことをいったりするだろうか。くりかえし読むうちに、もうちょっとちがう雰囲気のやりとりに見えてきた。雰囲気だけをとらえて訳しなおしてみれば、こんな感じになるだろうか。

「おや、水たまりがあるよ」

「水たまりって、ウッカリしてると、水が濁っていて気づかないね」

「まったくだ。ウッカリしてると気づかない」

「だが、たしかに水たまりだ」と水をすくってパッパッ。

「こらこら。よしなさい」

「当然のなりゆきさ。水たまりであることの確認だもの」

「じゃあ、わしにもやらせろ」とパッパッパッとやって「どうする？」

「どうもしない」

「なあんだ。ふざけるにせよ、悟るにせよ、チャンスをつかまえて、これを自分のものにできるひとってすくないんだよね」

「チャンスをつかまえそこねているのは、あんたもいっしょだ。あんたのやり方はつまらん。二番煎じだもの」

もっぱら雰囲気だけで訳してみた。悟りのチャンスをつかまえるというと大袈裟だけど、竹の枝から雪が落ちる音を聴いただけで悟ったものもあるらしいし、存外こんなノリのやりとりだったのかもしれない。とはいえ、雰囲気だけでとらえていると居士に叱られちゃいそうだから、もうちょっと居士らしいハツラツとした感じをくみとってみよう。

おや、こんなところに水たまりがある。「古池や」というような仰々しいもんじゃなくて、ちょっとした水たまりにすぎない。その存在にいままで気づかなかった。「気づかなかったねえ」「うん。気づかずに通りすぎるところだった。こんな水たまり、あってもなくても、世はすべて事もなしだなあ」。

居士、水をすくって丹霞にピチャピチャとひっかけ、「事もなしだって？　水たまりだと気づいたからよいようなものの、運がわるかったらビショビショになっておるはずだ」「こら、なにをする。よしなさい」「事件とは起こるもんだ。もし気づかなかったら、こんなふうになっているはずだ」「そうか。だったら、わしにもやらせろ」と丹霞もピチャピチャピチャピチャとやり、「さあ、どうする？」「どうもしない。世はすべて事もなしだ」となりゆきを引き受ける。

さまざまの出合いが、そのひとの人生をかたちづくっている。生き方を左右するような出合いもあれば、すぐに忘れてしまうくらいの出合いもある。が、どれもみなかけがえのない豊かさをもっている。

芭蕉に「よく見れば薺《なずな》花さく垣根かな」という句がある。ナズナ（ぺんぺん草）のちいさな白い花は、およそ人目をひくことはない。気づかずに通りすぎてしまえばそれまでである。しかし「よく見れば」その目立たない生きものは、かわいい花をつけている。それに気づいた瞬間、得《え》もいわれぬ安らぎをおぼえる。ささやかな出合いのよろこびである。

ひとは見えるものを見えるように見る。そのようにしか見ることができない絶対の真理なんていうものはめったにない。あるとすれば「ひとはかならず死ぬ」ということくらいだろうか。

そもそも限定できないものを、わざわざ限定しようとすることはない。自然にあるものをことさらに限定しようとすると、てきめんに無理が生ずる。なんということもない水たまり、気づかずに通りすぎるなら、それもよし。水たまりだねと、そういうふうに見えるなら、そういうふうに見ればよい。そんなふうに見えるという、かけがえのない出合いを味わえばよい。

あるものをあるがままに見ておればよいんだけど、「運のよさを生かせるものって、すくないんだよねえ」と丹霞。せっかく真理にふれる機縁を与えてやっても、これを生かせるものはめったにおらん、と。「運のよさに甘えたがっているものがおるなあ」と居士。せっかく真理にふれる機縁を与えても、滑ってしまってこれを活かせなかったのは、いったいどなたさんで？

うん。こんなふうに読むほうが、「なにが起ころうとも平気だよ」という居士のキャラが活きてくる。お遊びめいた軽さに堕しかねないけれども、この方向でさらに読みを深めてみよう。

居士は水たまりを指さして「水たまりが見えるだけで、そこには弁別できるような異物は見つけられないね」。ただ水があるばかりで、なんにも波乱がない。丹霞は「いかにもそのとおりだな」と澄ましている。それがどうしたっていうのさ、と。

居士は水をすくってパッパッと二度ひっかけ、おだやかな水面に波を立てる。涼しい顔をしてるんじゃないよ、と。丹霞は「そんなんじゃダメだ」と文句をいう。居士は「こうでなきゃダメだ」と逆らう。

丹霞は水をすくってパッパッパッと三度ひっかけ、そっちがその気ならこっちだって、と挑戦を受けて立つ。おやおや。おだやかな水面をながめて「いかにもそのとおりだね」と涼しい顔をしていたはずなのに、居士の挑発に乗ってしまい、みずから水面に波を立ててしまったわけで、ひょっとして一杯食わされたってことはないかなあ。

いつもながら子どもがじゃれているようなノリである。二回ひっかけられたら、三回ひっかけ返す。だんだんエスカレートして、そのうちケンカになる――かとおもったら、さすがにオトナのふたり、ひとまず自重。いずれにせよ、こんなことができる人間関係って、この歳になってみれば夢のまた夢である。

それはさておき、この問答、いまひとつリアルにとらえきれない。居士が水たまりを指さして「弁別できるような異物が見られない」と文句をいうのからして、いまひとつイメージがわかない。なんだか病院の待合室で薬の匂いをかいでいるような気分である（それでも鼻風邪くらいはなおるかもしれないが）。

丹霞は水をすくってパッパッパッとひっかけ、水面に波紋をたてて「ほら、どうだ。お望みどおり弁別できるような異物が見えるようにしてやったが、これでいいのかい」。それに対して居士は「余分な異物などない」と一言。それを受けて丹霞は「うまくやったつもりかもしれんが、ラッキーはそうはつづかんぞ」と釘を刺す。「異物などない」と味な答えをいったからといって、それでケリがついたとおもうなよ、と。

どんな用事だったのかは忘れたが、同僚の化学の教員の研究室をたずねたことがある。不思議なカップでコーヒーを供してくれたんだけど、一瞬「ほんとうにコーヒーかな」とビビッたのをおぼえている。

水がある。しかし水かどうかはわからない。ひょっとしたら毒かもしれない。「毒かもしれませんな」と居士。そういったかとおもうと、突然、これを丹霞にひっかける。「やめてくれ」「やめるもんか」。丹霞、今度は逆にこの水を居士にひっかける。「どうだ」「ただの水だな」「たまたま水でよかったな」「水でよかったのは、どこのだれだっけ」。

日常生活にあって、目のまえに水らしきものがあれば、水だとおもって暮らしている。ホントに水かどうか、いちいちたしかめたりはしない。水道の水も、飲めるものとおもっているけど、じつは毒がはいっているかもしれない。バスで隣りあわせた男だって、ひょっとして狂人じゃないだろうかなどと疑わないで乗っている。たいていは大丈夫である。でも、マグレだといえばマグレである。われわれはそういう暮らし方をしている。

問答のラスト、丹霞が「便宜を得る者は少し」というと、居士は「誰か是れ便宜に落つる者ぞ」と返している。「便宜」といえば、こんな問答がある(『祖堂集』六三二頁)。

三平和尚参師。師架起弓箭叫云、看箭。三平擗開胸受。師便抛下弓箭云、三十年在者裏、今日射得半个聖人。三平住持後云、登時将謂得便宜、如今看却輸便宜。

三平和尚、師に参ず。師、弓箭《ゆみや》を架起《かき》して叫びて云く、箭《や》を看よ、と。三平、胸を擗開《へきかい》して受く。師便ち弓箭を抛下《ほうげ》して云く、三十年者裏《しゃり》に在りて、今日半个《はんこ》の聖人を射得たり。三平、住持せる後に云く、登時《とうじ》は将《まさ》に便宜を得たりと謂《おも》うも、如今《いま》看るに却って便宜を輸《しゅ》せり、と。

三平和尚が石鞏《せききょう》をおとずれる。

石鞏は弓に矢をつがえて叫ぶ「それ矢が飛ぶぞ」。

三平は胸をはだけて受けようとする。

石鞏は弓矢を捨てて「三十年ここにいて、ようやく半人前の聖人を射ることができた」。

三平は寺に落ち着いてのち「あのときはうまくやったとおもったが、いまにしておもえば、してやられていたわい」。


「半个の聖人」とは、文字どおりには半人前の聖人のことで、そう訳しておいたが、稀有《けう》な力量をもったものという含意もあるだろう。また「登時」には「そのとき」と「ただちに」という二義があり、「一般的には後者の意に用いることが多い」(『禅語辞典』)らしいが、ひとまず「あのとき」と訳しておく。

じっさいに石鞏が矢を射るはずはないとわかっているから、三平は「どうぞ」と胸をひらいてみせたのだろうか？　それとも本気であると感じていて、にもかかわらず三平は「どうぞ」と胸をひらいてみせたのだろうか？

石鞏は、三平の「どうぞ」によって、はじめて「射ることができた」と三平をたたえている。どうやら矢を射る意図は、石鞏にはなかったようである。じっさいに矢を射る気はないという石鞏の意をくんで、三平は胸をはだけたわけだが、そうだとすると石鞏が「半个の聖人を射得」ることに、三平は手をかしていることになる。三平は石鞏にまんまと「してやられた」。

指でピストルを撃つマネをする。その意をくんで「やられた」と倒れてみせる。そのことによって意図されたゲームが完成する。そんな感じがする。

便宜とは、たまたま好都合であったというだけのことである。うかうか乗っかったりすると足をすくわれる。そこに安住しちゃいけない。

射れるもんなら射ってみよ、と胸をはだける。まさかホントに射るとはおもわないから胸をひろげられた。で、じっさい石鞏は射なかったわけだが、たまたまそうだったにすぎない。無茶なやつだったらヤバかった。勝ったつもりでいたけど、じつは負けていたんだ、と三平は述懐する。石鞏がたまたま勝たせてくれただけだったんだ、と。

居士の場合もいっしょだろう。丹霞が居士に水をひっかける。ただの水だな、と居士。たまたま水でよかったな、と丹霞。まさか水でないとはおもわないから、ふざけられたのである。じっさい水だったようだが、たまたまそうだったにすぎない。

どっちみち人生は綱わたりである。うまくいってもマグレにすぎない。もっとも、もし人生においてマグレでないものがあったりすれば、そのことのほうがよほど深刻な問題かもしれない。

8　手ぶらではどうにもならん

丹霞が手に数珠《じゅず》をぶらさげている。

居士はちかづくと、それをひったくって「両人とも手ぶらではどうにもならん」。

「欲しがりの年寄りは、なんともはや見境がないわい」。

「和尚の公案、いまひとつピンとこないが、つぎは大丈夫じゃろう」。

「モーモー」。

「怖いおひとじゃ」。

「まだ棒がないのにか」。

「なにぶん老いぼれゆえ、棒はご勘弁を」。

「痛くも痒くもないやつを打ってみてもムダじゃな」。

「それにしても教えみちびくための手立てがござらん」。

丹霞は数珠をポイとほうり、去ってゆく。

「悪党め、ケジメもつけよらん」。

丹霞はふりむき、ガハハと大笑い。

「悪党め、しくじりおった」。

丹霞はちかづき、襟首をひっつかんで「もう逃げ隠れできんぞ」。

居士は平手打ちを食らわす。


丹霞、一日、手に念珠を提《たずさ》う。居士、近前《ちかよ》りて奪却して曰く、二彼《にひ》空手即ち休《や》む。霞云く、妬忌《とき》の老翁、好悪を識《し》らず。士云く、師の公案を捉え未だ著せざるも、後回《つぎ》は終《つい》に恁麼《か》くならず。霞云く、吽吽《こうこう》。士云く、吾が師は人の怕《おそ》るるを得。霞云く、猶お棒を少《か》く。士云く、

丹霞一日手提念珠。居士近前奪却曰、二彼空手即休。霞云、妬忌老翁、不識好悪。士云、捉師公案未著、後回終不恁麼。霞云、吽吽。士云、吾師得人怕。霞云、猶少棒

年老いて棒を喫し得ず。霞云く、痛痒を識らざる漢《おとこ》、打ち得るも也《ま》た益無し。士云く、也た接引の機関無し。霞、念珠を抛下して去る。士云く、賊人物、終に敢えて収拾せず。霞、首《こうべ》を回《めぐ》らして呵呵大笑す。士云く、這の賊敗れたり。霞、近前りて把住して云く更に諱《い》み得ず。士、一掌を与う。

在。士云、年老喫棒不得。霞云、不識痛痒漢、打得也無益。士云、也無接引機関在。霞抛下念珠而去。士云、賊人物、終不敢収拾。霞回首呵呵大笑。士云、這賊敗也。霞近前把住云、更諱不得。士与一掌。

佚文《いつぶん》として伝わる問答である。話がこみいっており、すんなりとは理解しづらい。まずは現場をイメージしながら読みほぐしてみよう。

丹霞が数珠を手にしている。居士がやってきて、数珠をうばいとって「ふたりとも手ぶらではなにもできん」「このボケ老人、よいこととわるいこととの区別がつかんようだ」と丹霞。数珠がないとなんにもできないとおもうのが浅はかなところだ、と。「和尚のいうことは、さっぱり腑に落ちん。ちゃんと納得できるよう、もう一言いうてくれ」と居士。数珠をもつことの意味はなにか、そこを考えよという公案をくれたようだが、いまひとつピンとこない。もっとズバリと教えてくれ、と。居士の鈍《にぶ》さにあきれはて、丹霞は「モーモー」と牛の鳴きマネをする。馬の耳に念仏じゃないが、牛に説法してもはじまらんわい。「これはこれは、おそろしいおひとじゃ」と居士。「おそろしい？　棒があれば、もっとおそろしく、グウの音もでんほど打ちすえてやるものを」と丹霞。「老いの身で棒を食らうのはたまらん」と居士は泣きべそをかいてみせる。「いやはや、その鈍さじゃ、棒で打ったところで、どうせなんにも感じんだろう」と丹霞は冷たい。なんで棒で打たれるのかわからんだろうから、そんなポンコツは打ちすえる値打ちもないわい。

「ほお。数珠もなし。棒もなし。和尚はどういう手立てをもちいてわしをみちびいてくれるおつもりか」と居士。わしは和尚に見はなされてしまったのか、と。すると丹霞は、数珠をとりもどすことを抛棄して、さっさと去ろうとする。ホントに居士を見はなしたのか？ もちろんそうではなかろう。

居士は「数珠をポイして、そのままトンズラするつもりか」と悪態をつく。丹霞はふりむいてカラカラと大笑い。居士は「この悪党は、わしをみちびくのに失敗したぞ」とさらに悪態をかさねる。丹霞は居士にちかづくと襟首をつかんで「しょうがないやつだ。こうやって首根っこをつかまえられなければ、わしについてこれんのか」。

丹霞が居士の首根っこを押さえつけて「もう逃げ隠れできんぞ」というのは、居士を禅者としてみとめ、おまえをみちびいてやるという覚悟をあらわしている。あまつさえ数珠までも居士に与えている。居士は丹霞をひっぱたく。かさねがさねの悪態にもかかわらず、わしを見捨てないとは、なんたる法恩のありがたさよ。

やれやれ。いつもそうなんだけど、はじめて読むときには、どうしても堅苦しくマジメにとらえてしまい、居士の破天荒なキャラを髣髴《ほうふつ》させるような読み方ができない。坐りなおして、もうちょい大胆に味わいなおしてみよう。

入矢先生も指摘されるように、数珠の所在にかんして、いささか錯乱している。丹霞が手にさげていた数珠を居士がひったくって「ふたりとも手ぶらじゃどうしようもない」というのは解《げ》せない。さらに数珠をうばわれたはずの丹霞が「数珠をポイとほうり、去ってゆく」のも解せない。わざと辻褄の合わないことをいっているのだろうか。それとも入矢先生のおっしゃるように「原文自体に乱れがある」(二〇一頁)のだろうか。

数珠の所在には目をつむって、とりあえずストーリーを追ってみよう。

居士は数珠をひったくって「両人とも手ぶらではどうにもならん」という。ふたつ数珠がないのであれば、どっちがその数珠をもつに値するか。当然、あんたではなくて、わしではないか、というのが居士の主張だろう。あんたが数珠をもっているというのも頭にくるから、この数珠はもらっておくよ。

居士に数珠をひったくられた丹霞、「いきなり横取りとは、欲ボケの年寄りときたら、まったく常識がないんだから」とボヤく。善悪の区別はどこへいった、と。居士は「なにが常識かは知らんが、つぎからは注意するよ」と殊勝な顔をしてみせるが、こころのなかは「ほお、善悪の区別なんていうものが禅の問題でありうるとは知らなんだ。今度から気をつけるね」といった感じだろう。

すると丹霞は「モーモー」と牛の鳴きマネをする。入矢先生によれば「居士の一癖ありげな発言に対して放たれたドスの利いたうなり声である」(二〇二頁)ということのようである。そんなふうに読むべきなのかもしれないが、牛のモーモーって「ドスの利いたうなり声」かなあ。けっこう茶目っ気のある丹霞は「わしは牛だから数珠なんかいらんわい」とトボケてみせているような気がする。

肚に一物ありつつの牛の鳴きマネに、居士は「こわいなあ」とビビッてみせる。おやおや、和尚、けっこう迫力あるね、と。丹霞は「まだ棒がある。棒をもってたら、もっとこわいぞ」と凄む。「勘弁してよ。年寄りをおどかすもんじゃないよ」と居士はいきなり老いぼれぶる。「あつかましいやつだ。棒にも値せん。ふむ。老人は感覚がにぶくなっておるから、なるほど打ったところでムダか」「なんじゃ打ってもくれんのか、不親切なやつだな。打つ手なしってことかい」。

丹霞は数珠をポイとほうりだし、とっとと去ろうとする。この前後に脱落した文があるみたいで、いつのまにか数珠は丹霞の手にうつっている。たぶん居士が「こわいなあ」と返したのだろう。

丹霞は数珠のことは断念したのか、それをポイと捨てて帰ろうとする。くれるというなら、いらないよ、と。ちょっと意地になっているのかもしれない。帰ろうとする丹霞に、「おいおい、もうオシマイかい」と居士は声をかける。逃げるのか、と。丹霞はふりむき、ガハハと笑い飛ばす。いささかカラ元気のような気配もある。

それに対して「わあい、ひっかかった」と居士。数珠を捨てちゃったら、あんたの負けだ、と。入矢先生は「居士らしくもない怨《うら》み言《ごと》だと私は感ずる」（二〇三頁）と注しておられるが、たんなる「怨み言」ではないだろう。その証拠に、丹霞はちかづくと襟首をひっつかんで「すべてハッキリしておる。ひっかかってなぞおらんわい」と過激に反応している。わしは逃げも隠れもせん。おとなしくしてれば、いいたい放題にいいおって、もう辛抱できん、と。

「もうガマンならん」と迫ってくる丹霞を、「そうこなくっちゃ」と居士は平手打ち。こんなふうに読むと、居士は逃げようとする丹霞を挑発して、あえて対決へともってゆこうとしていると読むことになる。そう読んでおいてよいとはおもうんだけど、ちょっと気になることもある。

居士はピシャリと丹霞をひっぱたいた。このピシャリ、どれくらい効き目があったのかなあ。苦しまぎれのピシャリのような雰囲気がないでもない。

居士と丹霞と、どっちの言い分に理があるかっていうよりも、ほとんどオモチャの取りあいっこをする幼稚園児のノリなんじゃないだろうか。オモチャの取りあいというイメージで読みなおしてみよう。


丹霞がオモチャをもっている。

居士がそれをとりあげて「だれかひとりがオモチャをもつのであれば、それをもつのはボクだ」。

「もうガキなんだから」。

「なにがガキかさっぱりピンとこないけど、イヤなら今度はキミだ」。

丹霞はうなり声で居士をおどす。

「こわいよう」。

「お好みなら棒もあるよ」。

「棒は勘弁してよ、年長さんにはこたえる」。

「棒にも値しないやつだ」。

「どうしようもないね」。

この前後で居士はうばったオモチャを丹霞に返している。丹霞は返されたオモチャを捨て、いまさら返されてもいらんわい、と駄々をこねる。ここがポイント。

「それではおさまりがつかん。なぜ素直に受けとらないのさ」。

丹霞はふりかえって「アハハ、素直に受けとれといわれたって、そいつは無理だよ」。

「素直に受けとれないキミの負けだ」。

「もうガマンならん」と丹霞はつかみかかる。

居士はピシャリとひっぱたく。


たかが数珠ひとつの取りあいから、のっぴきならないケンカになる。取られて口惜しいのを痩せガマンするのがオトナっていうもんだが、この連中はガキっぽいのが売りだから、ひとの数珠をひったくったり、牛の鳴きマネをしたり、数珠をポイとほうったり、ガハハと大笑いしたり、ピシャリと平手打ちを食らわしたり、やりたい放題。

居士と丹霞との関係は、すくなくともこの問答の時点ではまだモヤモヤがくすぶっていたんじゃないだろうか。どうもそんな気がする。問題はむしろ丹霞のほうにあったようで、丹霞が居士をリスペクトし、上から目線でこれを見くだすことを憚《はばか》れば憚るほど、かえって居士はそこに上から目線を感じてしまう。そういう機微があるとおもって読むと、この問答のオチが、俄然《がぜん》、おもしろくなる。

丹霞は頭にきて「もう遠慮はせん。憚ることはせん」と居士にちかづいて襟首をつかむ。「そうこなくっちゃ」と居士は丹霞をひっぱたいて「これでスッキリと対等の関係だ。師弟の関係ではなく、対等の関係でもない、妙に遠慮のある関係なんてゴメンだ」。居士としては、忌憚《きたん》のない、こういうギリギリの関係がほしかった。それなのに丹霞が妙に遠慮するもんだから、そのことが居士を逆にイラつかせる。年寄りあつかいするな。そんなんじゃ対等の関係ではないじゃないか。で、居士はあの手この手で丹霞を挑発している。

ところで居士と丹霞とのあいだを往ったり来たりしている数珠（オモチャ）は、なにを象徴しているのだろうか。象徴といえば、丹霞にはこんなエピソードがある（『祖堂集』二一一頁）。

於恵林寺遇天寒、焚木仏以禦次、主人或譏。師曰、吾荼毘覓舎利。主人曰、木頭有何也。師曰、若然者、何責我乎。主人亦向前、眉毛一時堕落。有人問真覚大師、丹霞焼木仏。上座只有何過。大師云、上座只見仏。進曰、丹霞又如何。大師云、丹霞焼木頭。

恵林寺《えりんじ》に於いて天の寒きに遇《あ》い、木仏を焚《や》きて以て禦《しの》ぐ次いで、主人或《あや》しみ譏《そし》る。師曰く、吾れ荼毘《だび》して舎利《しゃり》を覓《もと》む。主人曰く、木頭《もくとう》に何か有らん。師曰く、若《も》し然らば、何ぞ我を責めん。主人亦た向前するに、眉毛一時に堕落す。人有り真覚《しんかく》大師に問う、丹霞、木仏を焼く。上座に只だ何の過《とが》有るのみや。大師云く、上座は只だ仏を見るのみ。進んで曰く、丹霞は又如何。大師云く、丹霞は木頭を焼くのみ。

恵林寺にいたとき、ひどく寒かったもんで、木の仏像を燃やして暖をとっていると、寺の長老がえらい剣幕で叱る。

丹霞はいう「わしは仏像を荼毘に附して仏の遺骨をもとめておるのだ」。

「どうして木に仏の遺骨があったりするもんか」。

「だったら、なんで叱るのさ」。

長老がちかづくと、眉毛がいっぺんに焼け落ちる。

あるひとが真覚大師にたずねる「丹霞は不埒《ふらち》にも木の仏像を焼きました。それを叱った長老にどんな落ち度があるというのでしょうか」。

「長老はただ仏を見ただけだ」。

「じゃあ丹霞はどうなのです」。

「丹霞は木を燃やしただけだ」。


畏れ多くも仏像を燃やしながら、丹霞は「わしは仏像を荼毘に附して仏の遺骨をもとめておる」と平気の平左。長老は「どうして木に仏の遺骨があったりするもんか」と当たり前のことをいう。ここには意外とむつかしい問題がひそんでいる。それは「象徴とはなにか」という問題である。

象徴の問題とは、一言でいえば、それが「象徴するもの」を大事にするかわりに「象徴」を大事にするということである。

目に見えないものを大事にするのに、なにをもって代行するか。たとえば仏を大事にするさい、具体的にどうすることが仏を大事にすることになるのか。木の仏像を大事にすることでしか仏を大事にすることを「あらわす」すべはないのか。

長老だって木の仏像に仏の遺骨があるなんておもっちゃいない。そのくせ木の仏像を大事にしろという。長老は、たんなる木の仏像「として」見るのではなく、木の仏像に仏「を」見ている。木の仏像に仏を見てしまっているもんだから、木の仏像をありのままに見ることができない。

アヒル・ウサギの反転図形を見る。アヒル「として」見ているのではなく、アヒル「を」見ている。解釈しているわけじゃない。解釈しているのであれば、アヒル「として」解釈し、同時にウサギ「として」解釈することも可能である。しかしアヒルを見るものは、同時にウサギを見ることができない。その逆もまた真。「として」見ることならできるが、「を」見ることはできない。

長老は、たんなる木の仏像「として」見ることもできるのに、木の仏像に仏「を」見ている。だから木の仏像を見ることができない。ところが丹霞の場合、木の仏像に仏を見てはいない。

それにしてもなぜ長老の眉毛が焼け落ちたのかなあ。ウサギを見ているものがアヒルを見るものを否定することに問題があるのだろうか。それともアヒルを見ることもできるはずなのに、それを見ることができないアスペクト盲であることが批判されているのだろうか。

真覚大師は「長老はただ仏を見ただけだ」「丹霞は木を燃やしただけだ」と的確にコメントする。丹霞は木の仏像に仏を見てはいない。丹霞は木を燃やしただけである。批判される筋合いはない。ところが長老は仏を見ている。だから燃やすのはけしからんという。

木の仏像は燃える。それに真の仏を見ると、燃やすのはけしからんということになる。木を燃やすことはべつに批判されるにはあたらない。もし真の仏であれば燃やそうとおもっても燃やせないはずである。燃やしてはいけないなどというまでもない。そもそも仏は燃やそうとおもっても燃やせっこない。こういう仔細をふまえての真覚大師のコメントだろう。

象徴である木の仏像は燃やせるが、それが象徴する真の仏は燃やせない。しかし象徴である木の仏像を燃やしてしまえば、それが象徴する真の仏はどうなってしまうのだろう。燃えはしないとしても、とりあえず雲散霧消してしまうのだろうか。「象徴」を大事にしないと、それが「象徴するもの」もどこかにいってしまうのだろうか。

象徴がなければ、大事にしろといわれても、どうしてよいかわからない。さしあたり象徴がなければ手も足もでない。とはいえ象徴にこだわると本末転倒になってしまう。「いま・ここ」という刹那にあって、与えられたものを象徴として受けとり、大事にするよりほかにすべはないのかもしれない。

仏法それ自体にかたちはない。だから仏法そのものをおがむわけにはゆかない。仏法をおがめといわれたって、どちらをむいておがんだらよいかわからない。だから仏像をつくって、これをおがむ。しかし仏像は木片でしかない。じゃあ仏像ではなくて仏をおがめといわれたらどうする? 悟りもそれ自体のかたちはない。だから坐禅といった型になぞらえて実践するしかない。かたちがないものを身につけるにはどうすればよいのか。

象徴の問題について、もうひとつだけ読んでみよう（『祖堂集』六八二頁）。

因南泉示衆曰、銅瓶是境、瓶中有水。我要水。不得動境、将水来。師便将瓶到南泉前、寫出水。

因《ちな》みに南泉《なんせん》、衆に示して曰く、銅瓶は是れ境、瓶中に水有り。我、水を要《ほっ》す。境を動かすを得ずして、水を将《も》ち来たれ。師便ち瓶を将って南泉の前に到り、水を寫出す。

南泉が聴衆にいう「容器は認識の対象で、その容器のなかに水がある。わしは水がほしい。認識の対象である容器をうごかすことなく、水をもってきてくれ」。

鄧隠峯《とういんぽう》はすぐさま容器をもって南泉のまえにゆき、水をそそぐ。

容器をうごかさずに水をもってこいって、まるで一休さんのトンチ噺《ばなし》である。将軍足利義政に「屛風に描かれたトラを退治してくれ」といわれ、「かしこまりました。さ、退治いたしますから、まずトラを屛風から追いだしてください」と一休さん。無理難題を見事にクリア。

この問答をトンチをはたらかせずに読んでみれば、「水といっしょに容器もうごいているから、水をいれた容器は水に対してうごいていない」といった感じになるだろう。電車がうごくと、乗客もうごく。乗客に対して電車はうごいていない。その証拠に、つるされた広告が目のまえにありつづける。

さすがは隠峯、禅僧らしくトンチをはたらかせる。「容器はいらない。水だけもってこい」といわれ、「合点承知」と容器をもってゆき、水を無造作にドボドボとそそぐ。隠峯のこころを推しはかれば、「もってゆくのはいいけど、どこへそそぎましょうか。茶碗なしで受けてくれるんでしょうね」といったところだろう。

水それ自体にかたちはない。だから水だけをはこぶわけにはゆかない。容器にいれてはこぶしかない。

じゃあ水だけをはこべといわれたらどうするか。

仏をおがめといわれたって、どちらをむいておがんだらよいのかわからない。だから仏像をつくって、これをおがむ。しかし仏像は木片でしかない。じゃあ仏像ではなくて仏をおがめといわれたらどうするか。

悟りもそれ自体のかたちはない。だから坐禅といったかたちになぞらえて実践するしかない。かたちがないものを身につけるには、いったいどうすればよいのだろうか。

下をむいたり、上をむいたり、すこぶる真剣に

（「馬祖との問答」より）

百《ひゃく》霊《れい》との問答

百《ひゃく》霊《れい》　馬祖の法嗣。龐居士とのかかわりのほか、なにひとつ履歴は伝わっていない。〔『五灯会元』三〕

1　この自分に語ってきたのだ

百霊《ひゃくれい》和尚が居士と道でバッタリでくわす。

百霊がいう「かつて南嶽《なんがく》で石頭《せきとう》に教えてもらった言葉をだれかに語ったことがあるかな」。

「ずっと語ってきたよ」。

「だれに語ったのかな」。

居士は自分を指さして「この龐さんに」。

「たとえ文殊師利《もんじゅしり》や須菩提《しゅぼだい》であろうとも、とても賛嘆しきれまい」。

「和尚が石頭から教えてもらった言葉はだれが知っておりますか」。

百霊は笠をかぶって歩きだす。

「道中お気をつけて」。

百霊はふりむきもしない。

百霊《ひゃくれい》和尚、一日居士と路次に相逢う。霊問うて曰く、昔日居士南嶽《なんがく》にて力を得し句、還《は》た曾《かつ》て人に挙向《ここう》せるや。士曰く、曾て挙《こ》し来たれり。霊曰く、什麼人《なんぴと》に挙向せる。士手を以て自ら指して曰く、龐公。霊曰く、直是《たと》い妙徳空生《みょうとくくうしょう》なるも、也《ま》た讃嘆し及ばず。士却って

百霊和尚、一日与居士路次相逢。霊問曰、昔日居士南嶽得力句、還曾挙向人也無。士曰、曾挙来。霊曰、挙向什麼人。士以手自指曰、龐公。霊曰、直是妙徳空生、也讃

問う、阿師が力を得し句、是れ誰か知るを得るや。師、笠子《かさ》を戴いて便ち行く。士曰く、善く道路を為せ。霊更に首《こうべ》を回《めぐ》らさず。

嘆不及。士却問、阿師得力句、是誰得知。師戴笠子便行。士曰、善為道路。霊更不回首。

「得力」とは「人のおかげを蒙《こうむ》る意」（『禅語辞典』）らしい。してみると「力を得し句」とは、居士が石頭から与えられ、こころの拠りどころにしてきた言葉だろう。石頭が居士に与えた教えといってもよい。

そういう言葉をだれかに語るということは、石頭から与えられた教えをだれかに伝えるということになる。それは説法という利他的なふるまいである。ところが居士は、それを他人には語らず、自分に対してだけ語ってきたという。石頭から与えられた言葉は、居士のこころの拠りどころにはなるけれども、それは個人的なものであって説法には適さないものだったということだろうか。そういうことではないような気もするが、ひとまずそう考えておこう。

百霊は、居士が石頭から与えられた言葉はひどく個人的なものであって、およそ説法には適さないものであることを察知し、「おまえが石頭から与えられた言葉は、そういうものだったのか。だとしたら、たとえ文殊師利や須菩提であろうとも、おまえの境地はとても賞賛しきれまい」と絶賛する。皮肉とはいわないまでも、ほとんどホメ殺しである。

文殊師利や須菩提がブッダから与えられた言葉は、ただちに仏法を語る言葉であり、ただ文殊師利や須菩提にむけてだけ語られたものではない。その意味ではブッダの言葉はもとより説法に適している。石頭が居士に与えた言葉はそうではなかった。居士は与えられた言葉以上のなにかを石頭から受けとったとおぼしい。

仏法の真実のところは言葉によってのみ伝わるものではないという仔細を察した百霊は、居士に「和尚が石頭から教えてもらった言葉はだれが知っておりますか」と問い返されても、なんにも答えない。無言で去ることによって、居士にそのことを伝える。おまえさんは石頭からすばらしい教えを与えられたんだねえ、と。

せいぜい理詰めに読んでみたつもりだが、どうも読めたという感じがしない。だいたい「力を得し句」とかいっているけど、禅では「不立文字《ふりゅうもんじ》」というんじゃなかったっけ？　真理は本来は「語りえない」のだとすると、百霊が「教えてもらった言葉をだれかに語ったことがあるか」とたずねているのは、およそ愚問だっていうことになる。

とはいえ禅坊主というのは概しておしゃべりであって、語りえないことをせっせと語る。首尾はそれを聴くものの力量次第ということだろう。聴くものに期待している。だから、それ（その言葉の意味するもの自体）は第一義的には本人にむけてしか語れない。居士が「龐公」とみずからを指さす所以《ゆえん》である。

居士は「和尚が石頭から教えられた言葉はだれが知ってますか」と、あえて愚問を反復してみせる。百霊は無視して去る。「そうか、そうか」と居士。「もう話はすんだ」と百霊。居士が「お気をつけて」といっても、百霊はふりむきもしない。すんでしまったことの「あとくされ」にはかかずらわない。

石頭から教えてもらった言葉があるとして、その意味はだれが知っているのか。我と汝とが「ひとつ」である知、すなわち主客未分《しゅきゃくみぶん》であるような知は、自分が知っているとは語りえない。強いていえば、知るものなくして知っているとしかいえない。で、百霊はなにも答えないで笠をかぶって歩きだす。意味をなさない問いは無視するしかない。

おたがいカマをかけあい、見事に切りぬけあっている、という図に見える。こういう問答は、根ほり葉ほりいじくるのではなく、その趣きの妙をおもしろがっておけばよいのだろうが、その妙味のよってきたるところをあえてほじくってみよう。

百霊が「石頭の教えをだれかに語ったかい」と問うのは、石頭のもとで修行したらしいけど、どれくらいの腕前になったのかな、とチェックしようとしているのかもしれない。語ったよ、と居士。じゃあ「だれに」と問われ、居士は「このオレに」と自分を指さす。入矢先生は「他者の検証を待つまでもなく彼の悟境は完結し充足しえていた」のであって「人に向って説き得るほど客体化し得ているかどうか」（七〇頁）ということが問題になっていると読んでおられるが、わたくしの読みはちがう。

教える・教えられるという出来事のあり方は、およそ客体化なんてできっこない。「語ったかい」「語ったよ」「だれに」「オレに」でしかありえない。居士が「この自分に」というのは、教える・教えられるという出来事はついに自得するよりない、つまり自分自身にしか教えられないっていうことじゃないだろうか。

他者から学んだことを「理解する」というのは、その理解を「表現する」ことである。みずから表現するように、それを理解しているのである。理解すべきものが、当人による表現をはなれ、それ自体において客観的に存在していて、それがだれかに伝達されるということはありえない。理解を表現することをはなれて理解することはありえないという意味において、教えられたことは自分自身に語るしかすべはない。

百霊は「文殊や須菩提もシャッポをぬぐよ」と絶賛する。あからさまなホメ殺しである。居士は「じゃあ和尚が教えられた言葉はだれが知っておりますかな」と問い返す。そういう和尚さんは、どれくらいの腕前でしょうや、と。百霊は笠をかぶってスタスタと歩きだす。この百霊の対応は見事である。教えられたものがなにかということを、一顧をもくれずにスタスタと歩き去ることで表現してみせた。

居士は「道中ご無事で」と声をかける。「居士のこの挨拶は、すでに一手おくれている」（七一頁）と入矢先生は評される。居士は後手にまわった、と。だとすると百霊がふりむかないのも当然だということになるが、これもどうだろう。

教えられたものがなにかということを、百霊はスタスタと歩き去ることで表現した。その表現をどう理解するかは、居士の問題であって、百霊の問題ではない。だから「さようなら。あとはわしの問題だ」となるのは当然である。百霊も居士も、わざわざ応対しあう必要はない。「百霊さん、あんたはどうなんだ」「そんなこと、わしゃ知らん」「道中お気をつけて」「そりゃそうでしょうね」といった感じだろう。

じつは居士の「お大事に」という発言、去ってゆく百霊にむけてというよりも、むしろ「いま・ここ」にいる自分自身にむけた独り言なんじゃないだろうか。「語ったかい」「語ったよ」「だれに」「オレに」という一連の流れに沿って、居士は独り言にひたっている。

百霊のふりかえりもしないスタスタによって、居士の挨拶は独り言にされてしまった。百霊、なるほどやり手である。が、じつは居士のこの挨拶がすでに百霊にむけていったものではないとすれば、この戦いは互角だろう（もし居士が独り言をいっていると理解できずにふりかえったりしたら百霊の負け）。ふたりのあいだには暗黙の了解があるような気がする。おたがい満足だったんじゃないだろうか。

この問答は、禅の伝灯のあり方を語って間然するところがない。

教師は文科省が教えるべきだと考える知識やモラルを生徒に教える。そういうことが可能であるのは、客観的な知識やモラルがつとに存在しているということが前提されているからである。なるほど科学的な知識はそういうものだろう（そういう知識がありうることを実現してみせたのが科学なのかもしれない）。しかし科学的な知識といえども、それを教えるっていうことは、じつは一筋縄ではゆかないんじゃないだろうか。

教えるということは我と汝との双方の問題であるという論点をこの問答は示している。客観的なひとつの真理があって、それが一方的に伝達されているわけではない。

師の教えるところを弟子が理解するというのはどういう事態か。「そうか、そういう理解の仕方もあったのか」と教えた師のほうがビックリするような理解のあり方だってありうる。そういう方向にもってゆく創造的な理解もあったのか、と。弟子による理解の表現は弟子のものであるとしても、それが師の教えの理解だとされるためには、師がその弟子の理解を新鮮に受けいれるという事情があるはずである。

我は我であり、汝は汝である。おたがいに独立するものどうしでありつつ、たがいに創造的に理解しあっている。そういう双方向的な伝達の仕方を先鋭化すると、この百霊と居士との問答のようになるんじゃないだろうか。

問答のラストシーン、居士は「道中お気をつけて」と声をかけるが、百霊はふりむきもしない。この「道中お気をつけて」は独り言であるとわたくしは読みたいのだが、笠をかぶって歩きだした百霊の背にあびせかけたダメ押しの言葉であるという読みも、じつは捨てがたくおもっている。

もしダメ押しの言葉であるとすれば、けっきょく百霊にふりむいてもらえなかったわけで、その一言はカラぶりしてしまったかのように見えるけれども、この居士の一言、ほんとうにムダだったのだろうか。趙州《じょうしゅう》にこんな問答がある（『趙州録』三〇頁）。

師問南泉。異即不問。如何是類。泉以両手托地。師便踏倒。却帰涅槃堂内叫、悔悔。泉聞乃令人去問、悔箇什麽。師云、悔不更与両踏。

師、南泉《なんせん》に問う、異は即ち問わず。如何なるか是れ類。泉両手を以て地を托《お》す。師便ち踏倒す。却って涅槃堂内に帰って叫ぶ、悔ゆ、悔ゆ。泉聞き、乃ち人をして去《い》って問わしむ、箇の什麽《なに》をか悔ゆる。師云く、更に両踏を与えざるを悔ゆ。


趙州が南泉にたずねる「異については問いますまい。類とはどういうものでしょうか」。

南泉は両手を地べたに着ける。

趙州はふんづける。

それから涅槃堂にもどって叫ぶ「残念、残念」。

南泉はそれを聞くと、ひとをやって問わせる「なにが残念なのか」。

「もう二度ほどふんづけてやらなんだのが心残りじゃ」。

「たがいに異なることはさておき、たがいに同じであるというのはどういうことか」と趙州は問う。南泉はよつんばいになる。四つ足の獣のすがたになる。つまり異類になってみせた。たがいに異なっている「自己」をあるがままに表現してみせた。趙州はこれをふんづける。なんじゃそれは、と。

趙州はあとで「ひとつふんづけただけではダメだった」と悔やむ。もうひとつふんづけて、南泉の自己を起ちあがらせなくちゃいけなかった。よつんばいになってみせた南泉のすがたは、あくまでも「抽象的な一般者」でしかない。そこからさらに「具体的な一般者」へと百尺《ひゃくしゃく》竿頭《かんとう》に一歩をふみださせるべきであった。

異を問わないにしても、異を殺してはダメである。異を生かさないといけない。南泉は異を生かす一般者のなんたるかがわかっていない。もっとふんづけてやりゃよかった、と趙州は残念がる。カラぶりをおそれてダメ押しを惜しむと、あとで後悔することになる。

居士は百霊の背に「道中お気をつけて」と声をかけ、あっさり無視された。「居士のこの挨拶は、すでに一手おくれている」と入矢先生は評されるけれども、あれは必要なダメ押しだったんじゃないだろうか。

この南泉と趙州との問答、龐居士と百霊との問答とのからみでいえば、「うん。あれは必要なダメ押しだった」と納得することができれば十分なのだが、どういう風の吹きまわしか、じっくり吟味してみたくなった。暫時《しばし》おつきあいいただきたい。

この南泉と趙州との問答には、いくつかの考えるべき論点がある。箇条書きしてみよう。

1 異は問わないが、類とはなにかを問う、という趙州の問いをどう理解するか。
2 趙州の問いに対して、南泉が両手を地に着けたのはどういう意味か。
3 南泉のふるまい（両手を地べたに着ける）に対して、趙州がそれをふんづけたのはどういう意味か。
4 趙州のふるまい（ふんづける）に対して、南泉がなんにも応じなかったのはなぜか。
5 趙州が堂にもどってからしきりに悔やんだのはなぜか。
6 南泉が趙州の悔やんだ理由をさぐらせたのはなぜか。
7 趙州の「もう二度ほどふんづければよかった」とはどういう意味か。

1の論点。趙州の問いはえらく哲学的である。「異」はさておき「類」とはなにかという問いは、人間について、それを「ひとりひとり差「異」があるにもかかわらず、それを同「類」とみなしてひとくくりにする」という把握の仕方のことをたずねている。ひとりひとり異なるのに、どうして同じく「人間」とよぶことができるのか。

本質主義者はこう答えるだろう。ひとりひとり異なるが、みな同じ本質をもっているから、これを人間とよぶことができる。本質を同じくするものは同類である、と。趙州の問いはこういう本質主義に疑義を呈するものであると理解してみよう。

2の論点。南泉は両手を地べたに着ける。両手、すなわち右手と左手とは、明らかに異なる。その証拠に、右手と左手とは三次元空間において重なりあわない。左手用の手袋は右手にはまらない。右手用の手袋は左手にはまらない。左手と右手とはこんなに異なるのに、同じく「手」である。手として同類である。

南泉のふるまいは「同類であるのは、ちょうどこの左手と右手とのようなものだ」ということをあらわす。なぜ左手も右手も「手」とよんでよいのかという哲学的な問いに対して、ただ「こういうものだ」と端的に実例を示してみせた。

3の論点。趙州はどうして南泉（の手）をふんづけたのか。ふんづけるという行為は、そのふるまいに対する否定の姿勢をうかがわせる。では趙州は南泉のふるまいのどういう点が気に入らなかったのか。

異なる人間をなぜ人間という同じ類でよびうるのかといった哲学的な問いは、「それぞれ異なるけど、こういう点では同じだから」という答え方をもとめている。「こういう点」とはなにかを説明するような、たとえば本質主義者が「本質が同じだから」というような答え方を、趙州はもとめていた。

ところが南泉は、そもそも本質主義の立場にたっていないので、はなから「同じもの」の存在をみとめない。「同じものがあるから同じ類とされるのではない。似たものどうしをひとくくりにして同類とすることが先行している。それは生活の必要から生まれた習慣である。そういう同類のもののあいだに「同じもの」をさがしてもムダである。そこにはただ類似性があるだけである」と考えている。非本質主義者である南泉には、したがって端的に「実例を示す」という方法しかない。「こういうものが同類だ」と実例をあげることによって、「なるほど同類とはそういうものか」と納得させることしかできない。

本質主義的者の「本質が同じだから」というような理詰めの答え方をもとめたのに、南泉はただひとつの実例を示すのみであった。それゆえ趙州はそれを否定した、というふうに趙州が南泉（の手）をふんづけたことの意味をとらえる可能性はあるだろう。

だが別の可能性もある。趙州もまたじつは南泉と同じく非本質主義の立場であったという可能性である。この可能性をさぐるべく、ほしいままに妄想をふくらませてみよう。

趙州の「更に両踏を与えざるを悔ゆ」は、文字どおりには「もう二度ほどふんづけてやらなんだのが心残りじゃ」と訳すべきだとはおもうが、これを「両方ともふんづけてやらなんだのが残念じゃ」というふうに読めないだろうか。片手だけをふんづけたが、両手ともふんづけてやればよかった、と。

その場合の趙州の胸中はこうなる――南泉さん、両手を地に着けるとは、なかなかやるわい。しかし、どうじゃ、片手だけをふんづけてやったぞ。これで一方の手は「ふんづけられた手」、もう片方の手は「ふんづけられていない手」になった。左手と右手とは、重なりあわないにせよ、かたちは似ている。しかし「ふんづけられた手」と「ふんづけられていない手」とは、あつかわれ方が異なる。これでもまだ同類といえるか？

非本質主義には難点がある。同類とみなされるものの境界がハッキリしない。どこまでを同じ類とし、どこからを異なる類とするのか、そのあたりが曖昧である。同じ人間でありながら、あるひとはドレイのようにふんづけられている。あるひとは苦労もせず、たらふく旨いものを食っている。これでも同じ人間とよべるのか。趙州は、同じく非本質主義の立場をとる南泉に対して、同類であることの境界の曖昧さについてどう考えるのかを問いただした。

後者の可能性のほうがおもしろそうである。以下、こっちの方向で考えてゆこう。

4の論点。南泉は趙州のふるまい（片手をふんづける）を予想していなかった。両手を地に着けることによって異類になってみせるだけで十分だとおもっていたのに、おもわぬ反撃にあってしまった。南泉は答えに窮する。南泉はなにもしなかったのではなく、なにもできなかったのである。

5の論点。かんばしい反応を得られず、趙州はとぼとぼ引き返す。そして「ただ片手をふんづけただけでは、うまく意が伝わらなかったようじゃ。さらに両手をふんづけてやればよかった」と悔やむ。まずは片手をふんづけ、「ふんづけられた手」と「ふんづけられていない手」とが異なることを示し、さらにもう片方の手をふんづければ、「ふんづけられていない手」は「ふんづけられた手」に変化する。「ふんづけられた手」と「ふんづけられていない手」とは入れ替わることが可能であるということを示してやればよかった。そうすれば南泉もわしの意をくみとってくれたろうに、残念なことをしたわい。

6の論点。南泉も趙州にふんづけられたことの意味が気になっていた。あのときは、とっさのことで、うまく応ずることができなかった。趙州が「さらに両手をふんづけてやればよかった」といったというのを聞いて、ようやく謎が解けた。

7の論点。左手と右手とを同類とすることの境界は、ふんづけられているか否かというところにはない。労役にしいたげられ、世間にふんづけられているひとと、そのうえにアグラをかいて、ふんぞりかえって楽をしているひとと、その異なりによって人間であることに差がつくわけではない。しかも、その異なりは入れ替わることもまた可能である。

してみると、修行にいそしんで悟ったひとと、欲にまみれて悟れないひとと、両者のあいだにも不変の差異などないのではないか。同じく人間であることに変わりはない。趙州は、師である南泉の悟りすましたような「おもいあがり」をいさめようとしたのかもしれない。

2　買いかぶってくれちゃ困る

百霊が居士にたずねる「語れても語れなくてもまぬがれられない。なにをまぬがれられないのか、ひとつ語ってみてくれ」。

居士は目をパチパチする。

「すばらしい」。

「買いかぶってくれちゃ困る」。

「だれだってそうだろう、だれだってそうだろう」。

居士は挨拶して去る。

霊、一日居士に問う、道《い》い得るも道い得ざるも倶《とも》に未《いま》だ免れず。汝且《しば》らく道え、未だ箇《こ》の什麼《なに》をか免れざる。士、目を以て之を瞬《また》く。霊曰く、奇特《きとく》更に此れ無し。士曰く、師は錯《あやま》って人を許す。霊曰く、誰か恁麼《か》くならざる、誰か恁麼くならざる。士、珍重して去る。

霊一日問居士、道得道不得倶未免。汝且道未免箇什麼。士以目瞬之。霊曰、奇特更無此也。士曰、師錯許人。霊曰、誰不恁麼、誰不恁麼。士珍重而去。

百霊は「語れても語れなくてもまぬがれない。なにをまぬがれないのか語ってくれ」と頼んでいるが、なにをまぬがれることができないのかを語るまえに、すでに語れても語れなくてもダメだといっているわけで、だとするといったい「なに」について頼んでいるのかわからない。

入矢先生は「定言（道得）することも、また定言できぬと断ずることも（これも裏返しの定言にすぎぬ）コミにして、身動きも利かせぬような呪縛の縄を投げかけたのである」（七三頁）と注しておられる。コミにしてといわれても、なにをどうコミにすればよいのかわからない。

だれしも、なにかしら語りたくなるときはある。そして語ることができても、できなくても、それを語れたということ、あるいは語れなかったということは、とり返しのつかない事実としてのこる。

語りたいことがあるとき、たとえば「好きだ」と告白するとき、その告白を語ることができた場合も、できなかった場合も、その語れたということ、あるいは語れなかったということが、とり返しのつかない事実としてのこり、そのひとの人生を変えてしまう。そのことをまぬがれることはできない。そういう実存的な「とり返しのつかなさ」を、ひとは引き受けつつ生きてゆかざるをえない。居士ならずとも、そういう一瞬の分かれ目は、目をパチパチまたたいて受けとめるしかなかろう。

百霊は、居士が人生にはそういう一瞬があるということをわきまえていると知り、「すばらしい」とホメる。居士は「買いかぶってもらっちゃ困る」という。そういう一瞬があることをわかっていても、そのつど正しく受けとめられるかどうかは、また別のことである。そういう実存的な一瞬に、そのつど生き生きと身を処してゆくことは、身がちぢむくらい困難なことである。百霊は神妙なおももちでいう。「だれだってそうさ。だれだってそうなのだよ」と。居士も神妙に会釈し、両者は別れてゆく。

ごく「まっとう」に読もうとすると、こんな感じになる。さほど的はずれでもあるまいとはおもうものの、いまひとつ禅問答らしいユーモアに欠《か》ける。あえて「まっとう」でない読みを工夫してみよう。

語りえないものについては、語ったら誤解されるし、語らなくても誤解される。「語ったら誤解されると語っても誤解されるし、語らなくても誤解される。にもかかわらず百霊は「語りえないものについて語ってみろ」とうながす。語っても誤解されるし、語らなくても誤解されるっていうのに、それを語れっていうの？　と居士は目をパチクリ。

「目をパチクリとは、お見事、わかってるね」と百霊。「うん。おたがい買いかぶられちゃったりしてね」と居士はウインク。「いや、まったく、そうなんだよ」と百霊はうなづく。すると不意に居士は「それって買いかぶりだよ」と口をとがらせる。あんた、なにか誤解してない？　やれやれ、語らなくても誤解されるんだ。「どんな発言にも誤解の可能性はあるからね。それをまぬがれることはできないのさ」と百霊。「いやあ、ありがとう。よいほうに誤解してくれるひとがいるのは、ありがたいなあ。それじゃあ」といって居士は去る。

ちょっと軽すぎるだろうか。でも、こんな感じで読んだほうが、禅者らしく飄々としていてよろしい。百霊は、語れても語れなくてもまぬがれられないんだけど「ひとつ語ってみてくれ」と無茶なことをいう。この手のジレンマといえば、徳山《とくさん》の棒が有名である（『臨済録』一六三頁）。

師聞第二代徳山垂示云、道得也三十棒、道不得也三十棒。師令楽普去問、道得為什麼　也三十棒、待伊打汝、接住棒送一送、看他作麼生。普到彼、如教而問。徳山便打。普接住送一送。徳山便帰方丈。普回挙似師。師云、我従来疑著這漢。雖然如是、汝還見徳山　麼。普擬議。師便打。

師、第二代徳山の垂示《すいじ》に、道《い》い得るも也《ま》た三十棒、道い得ざるも也た三十棒、と云うを聞き、師、楽普《らくふ》をして去《ゆ》いて、道い得るに什麼《なん》の為にか也た三十棒なる、と問い、伊《かれ》の汝を打つを待って、棒を接住《せつじゅう》し、送一送《そういっそう》して、他《かれ》の作麼《いか》生なるかを看しむ。普、彼《かしこ》に到り、教えの如くに問う。徳山便ち打つ。普、接住し、送一送す。徳山便ち方丈に帰る。普回《かえ》って師に挙似《こじ》す。師云く、我れ従来這の漢を疑著《ぎじゃく》す。是《かく》の如くなりと雖然《いえど》も、汝還《は》た徳山を見るや。普擬議《ぎぎ》す。師便ち打つ。

臨済は、徳山が「過不足なくいえても三十棒を食らわすし、過不足なくいえなくても三十棒を食らわす」と教えているというのを耳にし、楽普をつかわして「過不足なくいえたのにどうして三十棒を食らわすのですか」とたずねさせ、徳山が打とうとしたら、その棒を受けとめ、グイと押しもどし、徳山がどうするか見てこいと命ずる。

楽普は徳山のもとにゆき、命ぜられたとおりにする。

はたして徳山は打ってくる。

楽普は棒を受けとめ、グイと押しもどす。

徳山はさっさと居間にもどる。

楽普は帰って臨済に報告する。

「やっこさんは只者《ただもの》じゃないと、まえからおもっておった。それはそうと、おまえは徳山をどうおもう」。

楽普はもたつく。

臨済はすかさず打つ。

「臨済の喝、徳山の棒」とならび称せられる徳山の棒だが、過不足なくいえなければ三十棒を食らわすのはわかるとしても、過不足なくいえても三十棒を食らわすというのは理屈に合わない。で、楽普をつかわして「過不足なくいえたのに、どうして三十棒を食らわすのですか」とたずねさせると、案の定、徳山は打ってくる。その棒を受けとめ、グイと押しもどすと、徳山はさっさと奥にひっこんでしまう。

いえても三十棒を食らわすし、いえなくても三十棒を食らわすというのは、どうやってもダメだときめつけているわけじゃない。師の意を体《たい》して「これでどうでしょう」というような受け身の対応をするのではなく、師に逆らうくらいの主体的・創造的な気概でかかってこいといっているのである。どこかに客観的な正解があるわけじゃないんだから、とにかく裸でぶつかってこい、と。

徳山が棒で打ってきたとき、臨済にいわれたとおり楽普は棒を受けとめ、グイと押しもどす。受けとめ、それを押しもどすというのがミソ。打たれるままにしないで、押しもどす主体性があることを示してみせねばならない。楽普が棒を受けとめ、それを押しもどすと、徳山はスタコラと居間に帰る。それが正解だとはいわないで、「そうか」と居間に帰ってしまうあたり、じつに水際立っている。

ことの次第を報告すると、臨済は「ところで、おまえは徳山をどう見る」とたずねる。楽普は口ごもる。たんに命ぜられたお使いをこなしただけで、自分の考えはなんにもないってことがバレてしまった。で、臨済から三十棒を食らうハメになった。

臨済の操り人形でしかないところに、楽普の問題はある。棒を受けとめ、それを押しもどすというのは、相手に対する自己のあり方を行為的に表現することである。教えられたことは、ちゃんとやれた。ところが、いざ自分の番となったら、ちっともやれなかった。

いったい自己というものは語りうるものだが、ほったらかしたままでは語らないものである。「見ろ、これがオレだ」とみずから打ってでるしかない。臨済は楽普にそれをやらせた。徳山はなにがしかを受けとって居間にもどる。おまえさんの自己を見たよ、と。臨済は「徳山はおまえを見た。で、おまえは徳山を見たか」と楽普にたずねる。楽普はヘドモドする。なんだ、ちっとも見てないじゃん、とポカリ。

ところで龐居士と百霊との問答だが、さっきは軽い感じで読んでみたけれども、もうちょっと重たくも読めそうな気がしてきた。

百霊の「言葉にするのはダメだし、言葉にしないのもダメなんだけど、いったいなにがダメなのか言葉にしてくれ」という問いかけは、たんにジレンマをぶつけているだけじゃなくて、おまえの自己のあり方を行為的に表現してみろといっているのかもしれない。

ところが入矢先生は「これは陥穽《かんせい》である。何となれば、「免れられぬ」と規定されたその当体を表詮《ことあげ》することは、まさに表詮者自身がそれから免れ得ないことを自己規定していることになるからである」（七四頁）と注しておられる。はたして百霊はそんなイジワルな落とし穴を仕掛けているのだろうか。

「語らないと理解できないが、語ったらウソになる。いずれにせよアクセス不能なんだけど、どうしたらいいとおもう」と百霊がたずねるのは、落とし穴を仕掛けたというよりも、どうすりゃいいんだろうねえ、と身をもってオロオロしてみせたんじゃないだろうか。どうしようもないっていうことを、みずから行為的に表現してみせたっていうことはないだろうか。

オロオロされちゃったからには、居士としてもその語りえないものとはなにかを語らなければカッコがつかない。目をパチパチさせるのは、とりあえず語りえないものを身をもって示してみせたのだろう。とはいえ、その目のパチパチが語りえないものを語ろうとしたという批判をまぬがれているのかどうか、おそらく居士にもわかっていない。要するに、語る・語らないを「はなれる」しかないわけだが、それを目をパチパチというウインクで表現するっていうのは、とりあえず愉快ではある。

目をパチパチすることは、ただちに行為的な直観なわけじゃない。そもそも行為的な直観ということ自体が矛盾をはらんでいる。直観といえば「直接にわかる」ことだが、行為を媒介にすれば、すでに直観ではないといいたくなる。けれども居士は、目をパチパチさせて、端的《たんてき》に「こうなんだ」とあらわす。表現しなければ直観もない、と。

百霊は「見事じゃ」と猛烈にホメそやす。ホメられて、居士は「目のパチパチが正解だっていうわけじゃないでしょう。あなたならもっと別のやり方があったんじゃないですか」という。「いや、だれだってホメざるをえんだろう。それがおまえさんのやり方であって、それ以上のものはないのだよ」と百霊。

だれもが目をパチパチさせるべきだっていうわけじゃない。だれであれ、みずからの理解をみずからの仕方で表現すればよいのであって、それ以外の方法はない。わたくし？　わたくしなら、そうだなあ、肩をすくめてみせるかなあ（棒で打たれたりして）。

3　ためしに平手打ちしてみよ

百霊が居間で坐っている。

居士がやってくる。

百霊は居士をひっつかまえて「いまのひとも語るし、むかしのひとも語った。居士はどのように語るのかな」。

居士は百霊に平手打ちを食らわす。

「語らずにはすまされん」と百霊。

「語ればまちがう」。

「わしに平手打ちを返してくれ」。

居士はちかづいて「ためしにやってごらん」。

「さよなら」。


霊、一日方丈の内に在《お》いて坐す。士入り来たる。霊、把住《はじゅう》して曰く、今人道《い》い、古人道う。居士は作麽《いか》生に道う。士、霊を打つこと一掌す。霊曰く、道わざるを得ず。士曰く、道えば即ち過ち有り。霊曰く、我に一掌を還《かえ》し来たれ。士近前《きんぜん》して曰く、試みに手を下し看よ。霊便ち珍重す。

霊一日在方丈内坐。士入来。霊把住曰、今人道、古人道。居士作麽生道。士打霊一掌。霊曰、不得不道。士曰、道即有過。霊曰、還我一掌来。士近前曰、試下手看。霊便珍重。

禅のなんたるかについて、いまどきの禅者はそれなりに語るし、いにしえの禅者もさんざん語ってきたが、居士さん、あんたはどう語る？　なにか語ってみないか。うまく語れたら、おまえさんを一丁前の禅者としてみとめてやろうじゃないか、と百霊は居士をけしかける。

居士はピシャリと平手打ち。禅のなんたるかは言葉では語りえない。なんらかの動作で示すくらいが関の山である。で、居士は平手打ちをしてみせた。

ところが百霊は、平手打ちを食らってもメゲず、「語らずにはすませられんぞ」とうながす。居士は「語ればまちがう」という。禅のなんたるかは語ることができないのであって、語ったりするとまちがうのだ、と。

すると百霊は「わしに平手打ちを返してくれ」という。平手打ちという居士のやり方、そいつを拙僧にもやらせてくれ、と。居士はノコノコちかづくと、「やってごらん」と頬をさしだす。ところがどっこい、せっかく「どうぞ」と素直に平手打ちをやらせようとしたというのに、どういうわけか百霊は「さよなら」とあっさり立ち去る。

居士は平手打ちをした。百霊は平手打ちをしない。百霊のふるまいを、居士はどう受けとめたのだろう。

てっきり平手打ちされるとおもったのに、なんにもしないで去ってゆく。拍子ぬけした居士、おのれの所行をふりかえる。オレが平手打ちをすることによって、なにか伝わっただろうか？　オレのやり方は「ひとりよがり」だったのだろうか？　と、こんなふうに読むと、百霊が居士に自分を見つめるキッカケを与えてやったという話になりそうだが、問題はそういうところにはないような気もする。

居士の「語ればまちがう」というセリフにおそらく問題がある。禅のなんたるかは語りえない。語りえないものは、なにを口にしようとも、文字どおりには真《しん》でも偽《ぎ》でもありえない。真でも偽でもありえないものは「まちがい」でもありえない。古今の禅僧がこれを口にするのは、畢竟、方便としてでしかない。ところが居士は、すでに百霊を平手打ちしている。平手打ちもまた方便であり、すでにまちがいである。まちがいであるようなことはしないというのであれば、さっきの平手打ちもまたまちがいであった。どうしてくれるんだ、と百霊。「平手打ちを返してくれ」というのは、そういう意味合いかもしれない。

わしを打て、と居士。わしがまちがいを犯したことが気にさわるなら、わしを打てばよい。それでどうだ、と。せっかくの申し出ではあるが、すでにまちがいを犯したことがわかっているものを、いまさら打つことには、もはや方便としての用すらない。勘弁してくれ、まちがいを犯すことになる、と百霊。

「おまえはどのように語るのか」と居士および丹霞のふたりに詰め寄られているような気分で読もうとしてみたのだが、情けないことに、うまい解釈はわいてきそうもない。どうせ「よそゆき」の読みはできっこないのだから、せめて丹精こめて読みなおしてみよう。

百霊は「いまどきの連中は語りえないものを語っているし、むかしのひとも語りえないものを語ってきた。語りえないと知りながら、いまのひとも、むかしのひとも、いろいろ語ろうとしている」とことわったうえで、「あんたは語りえないものをどう語るかね」とたずねる。居士は百霊をピシャリと平手打ち。語りえないものは語りえない、と。居士の気分をおもんぱかるに、「わしとて語りえないものを語りたいこともあるが、それはそれを語るべき機会に語るべきだろう。機会を超えて、永遠の真理として、それを語ることはできないのだ」といったところじゃないだろうか。

百霊は「ゆるさん。語りえないものについて、みな熱心に語っておるんだから、あんたも語らずにはおれんはずだ」と迫る。百霊の気分をおもんぱかってみれば、「わしが語ってみろといっておるのだから、いまがその語るべき機会ではないのか」といった感じじゃないだろうか。

それを受けて居士が「語ればまちがう」というのは、勘弁してくれ、と言い訳しているのだろうか。まさか。語りえないものについて、みなさんペチャクチャしゃべっておるようだが、それはまちがいだよ、というのだろう。とはいえ居士は、平手打ちを食らわしたことにおいて、すでに「語りえないものがオレにはあるよ」と示してしまっているわけで、そんなふうに示してしまったことに、すでに「まちがい」がある。で、百霊は「平手打ちを返してくれ」という。語ればまちがうっていうけど、すでに平手打ちというまちがいを犯しておいて、いまさら遅いよ、といった感じだろう。

もっとも、百霊は「さっきの平手打ちは、やっぱり語ることじゃないわけで、どうしてくれるんだ」と償《つぐな》いをもとめているわけではなくて、「語りえないにもかかわらず語れというのがまちがいだというなら、もう一度わしを平手打ちしてみろ」とさらに迫っているのだろう。

居士は「平手打ち？　じゃあ、ひとつ逆に平手打ちしてみてくれ」とちかづく。どうぞ、やれるものならやってごらん、と。居士は「自分の「過」を認めざるをえない羽目におのずからにして追いこまれてしまった」（七七頁）と入矢先生は注しておられるが、そうだとすると居士はまるで逆ギレしているみたいである。「そうか。しかし語りえないものを語らないのがまちがいだというのなら、百霊さん、わしを平手打ちにしてみな」と迫り返しているんじゃないだろうか。

居士に迫られて百霊は「珍重」する。そうかそうか、もうやめよう、と。「よけなことをいわない」ことは「なんにもいわない」ことによってしか実現できない。それは承知のうえで、禅者はしきりに語る。

語りえないといいながら、そのことについて語る。まちがったことをしているといえば、まちがったことをしている。だが、まちがいだからといって語らないでいるのも、これまたまちがいである。みなさん語りえないものについて語っているのは、よんどころない事情あってのことなんだよ、と百霊。

よい勝負だとはおもうものの、百霊のふるまい、居士ファンのわたくしの目にも、どうやら居士の一枚上をいっているように見えてならない。

居士は百霊に平手打ちを食らわす。「語らずにはすまされん」「語ればまちがう」「平手打ちを返してくれ」。この百霊の平手打ちを返してくれだが、「そうか。語ればまちがうか。なるほど。だったら、さっきの藪から棒の平手打ちに用はないだろう。返してもらうよ」といっているのかもしれない。

居士はちかづいて「どうぞ平手打ちしてごらん」「さよなら」と百霊。「どうぞ」といわれたら、平手打ちに用はなくなる。用をうばわれてしまった。それでは返してもらったことにならない。わかった、さようなら。

語りえないものは語りえない、と語ってみる。語っているかぎり対象とのギャップはなくならない。語る言葉と語られる対象とがピタリと当たることはない。だったらピタリと当てねばならないというプレッシャーを捨てちゃったらどうだろう。どう語ってみたところで、どうせピタリとは当たらないんだから、中《あ》たらずといえども遠からざるところを好きなように語って、そのうえに×印でもつけたらどうだろうか。

4　どうにもまぬがれられない

居士が百霊にたずねる「あらゆる眼目ってやつは、ひとの批判をまぬがれうるものだろうか」。

「どうしてまぬがれられようか」。

「いかにも、いかにも」。

「わしの棒はつまらんやつは打たん」。

居士はくるりと背をむけて「打って、打って」。

百霊が棒をとりあげるや否や、居士はひっつかまえて「そらまぬがれてみろ」。

百霊は答えない。


居士、一日百霊に問うて曰く、是箇《あら》ゆる眼目、人の口を免れ得るや。霊曰く、作麼《いか》でか免れ得ん。士曰く、情《あき》らかに知んぬ、情らかに知んぬ。霊曰く、棒は無事の人を打たず。士、身を転じて曰く、打て、打て。霊、方《まさ》に棒を拈《と》り起《あ》ぐるや、士、把住して曰く、我が与《ため》に免れ看よ。霊、対え無し。

居士一日問百霊曰、是箇眼目、免得人口麼。霊曰、作麼免得。士曰、情知、情知。霊曰、棒不打無事人。士転身曰、打打。霊方拈棒起、士把住曰、与我免看。霊無対。

居士の「あらゆる眼目はひとの批判をまぬがれうるか」という問いかけは、さきほどの問答における「いまのひとは語り、むかしのひとも語った」をふまえている。古今の高僧が禅の眼目についてさまざまに語っているけれども、それらの「あらゆる」眼目は、すべて批判をまぬがれることができているのか。

百霊は「どうしてまぬがれられようか」と答える。「すべて」が否定されているようだが、この答えには二通りの論理的可能性がある。「すべてのAがBではない」のか、「すべてのAがBである、のではない」のか、どちらかである。つまり「古今の高僧の語ったすべての眼目が批判をまぬがれない」のか、「古今の高僧の語ったすべての眼目が批判をまぬがれる、のではない（批判をまぬがれないものもあり、まぬがれるものもある）」のか、どっちかである。たぶん前者だろう。いかなる眼目であろうとも批判をまぬがれることなどできっこない。

この百霊の答えを受けて、居士は「いかにも、いかにも」とご満悦。しかし居士のこの反応に、百霊はよろしくない臭いをかぎとる。

「古今の高僧たちが語った眼目は、すべて批判をまぬがれない。言葉で表現したとたん、それは批判をまぬがれないものになってしまう。それゆえ言葉で語ってはダメだ」と居士は考えておるらしい、と百霊は勘づく。対する百霊はどうやら「言葉で語ったとたん批判をまぬがれないものになったとしても、言葉で眼目を語ることをやめてはならない。言葉で語ること自体がダメなわけではない」と考えているようである。ふたりの立場は根っこのところで水と油である。

百霊は「わしの棒はつまらんやつは打たん」という。ここは棒で打つべきところではあるが、打ったとしても、どうせ居士にはわからんだろう。打ってもムダだ、と。居士は「眼目を言葉で語るのはダメだけど、棒で打つという動作では示せるかもしれない。是非、打ってほしい」とおねだり。そして百霊が打とうとするや否や、その棒をうばいとり、逆に百霊に「まぬがれてみろ」とネジこむ。百霊さん、おまえさんの眼目の動作だけど、はたして批判をまぬがれているのかな。ほら、こうやって棒をうばわれたってことは、批判されたっていうことじゃないのかい。

あらゆる眼目は、たとえ動作によってでも批判をまぬがれない。そのことを居士なりに示そうとした。しかし百霊は、もはや居士を相手にしない。棒で打つことは言葉で語る眼目といっしょではないと百霊はおもっているから。

言葉で語る眼目は、なにかを伝えようとしている。それは批判はまぬがれないにしても、なにかしら伝わってはいる。それに対して棒で打つことは、おまえさんはまちがっているぞということを伝え、反省をうながすことしかできない。こうした「言葉で語る眼目」と「棒で打つ動作」とのちがいすらわかっていない居士に、これ以上なにをいっても、なにをしても、もちろん棒で打ってみても、しょせんムダだ、と百霊は居士を突きはなす。

こんなふうに読むと、なんだか居士がボロクソにやられているみたいになってしまう。居士びいきのわたくしとしては、あえて居士の肩をもって読みなおしてみたい。

百霊が「どうしてまぬがれられようか」というのは、「師の眼目を後生《ごしょう》大事に反復しているだけでは、ちゃんとした弟子とはいえないよね。独自の眼目を打ちだしてこそ弟子なんだよ。で、居士さん、そういうことをいいたいんでしょ?」とヨイショしているのである。ヨイショされた居士、「そうだよな、そうだよな」とよろこぶ。

ヨイショしたかとおもったら、百霊は「しかし師の眼目っていうやつは、それぞれが批判を超えた価値をもつわけで、ここで居士と争ってみてもしょうがない。やれ面倒くさいこった」とにわかに冷たい素振り。「おいおい、なんだかトゲがあるね。批判があるなら、ひとつ打ってみたらどうだい」と居士は背中を提供する。すると百霊は「批判されない眼目はないというのが居士の眼目なら、批判してあげないと眼目丸つぶれだね。打ってあげよう」と棒をとりあげる。居士はやにわに百霊をひっつかんで「批判されない眼目はない。打たれっぱなしにはならないよ。だが、わしのためにしっかり批判はしてくれ。そうしないと批判されない眼目があることになっちまうぜ」。これに対して百霊が「対《こた》え無し」なのは、「ホラ、いわんこっちゃない。やっぱり面倒なことになっちまった」というのだろう。

ウソつきのパラドックス風に読んでみた。こう読めばいちおう居士もボロクソにやられてはいないけれども、なんだか話がみみっちくなる。

居士に「あらゆる眼目は批判をまぬがれうるだろうか」と問われ、百霊は「どうしてまぬがれられようか」と答え、さらに「わしの棒は無事のひとは打たない」という。この問答の勘どころは、じつは「無事のひと」の解釈にあるっていうことはないだろうか。

他者の批判をまぬがれている眼目なんていうものはない。だが例外的に他者の批判をまぬがれているやつがいる。そういう「無事のひと」を打つ棒はない。つまり批判できない、と百霊。

「無事のひと」というとき、百霊はだれを考えているのだろう。悟ったひと。なにが起こっても平気なひと。他者が眼中にない唯我独尊《ゆいがどくそん》居士。いろいろ解釈できそうである。

他者が眼中にない唯我独尊居士という解釈、たぶん誤読におちいるだろうが、おもしろい。他者が眼中にないから、批判されてもカエルのつらに小便である。百霊に「わしの棒は無事のひとは打たん」といわれ、居士は「そうか。わしにとって百霊なんて眼中にないからね」と百霊に背をむけて、「ホラホラ、打てんだろう。打ってごらんよ」と挑発。百霊、打とうとする。居士は百霊をつかまえて「なぜ打つの？なぜ批判するの？　しっかり見なさいよ。わしは無事のひとなんだからさ」「あほらし」と百霊。

「わしは無事のひとだから、もとより批判をまぬがれているんだけど、そこのところを見てよ」と居士がいっているという読み、どう考えても誤読だろうが、居士だったらいいかねないような気もする。無事のひとであるわしを、おまえさんは批判しているのだ、という批判をまぬがれてみよ、と。けっきょく批判されることを超えた眼目なんてないと居士はおもっており、百霊をそこへと誘導したのだろう。

いやはや、うまい読みも浮かばないくせに、この眼目問答にどういうわけか妙にとぐろを巻いてしまい、いらん妄想にふけってしまった。これ以上の長居は無用かもしれないが、とぐろを巻きなおして、もうちょい妄想してみたい。

居士は「ものを見る目は当人の人間性をあらわしているから、ひとの批判の対象にならざるをえないんだけど、おまえさんの目はそれに堪《た》えられるかな」とたずねる。ここでいう目とは、真の自己としての「本来の面目」といった意味だろう。

百霊は「まぬがれられっこないさ」と素っ気ない。この素っ気なさは、「批判にさらされるのは当たり前であって、ちっとも痛痒はおぼえない」とうそぶいているのだろうか？　それとも「まぬがれるだの、まぬがれないだの、いったいなにを問題にしてるの」といぶかしんでいるのだろうか？

それに対する居士の「いかにも、いかにも」は、入矢先生によれば「いかにもそなたが免れ得ていないことを、はっきり見て取った」（七九頁）と上から目線できめつけているらしい。そうだとすると、その居士のえらそうな仕打ちに対して、百霊が「わしの棒はしょうもないやつは打たぬ」というのは、すこぶるオトナの対応だっていうことになる。芝居がかった居士の挑発を、こんなガキっぽいやつの相手はしてられん、と軽く受け流していることになる。

子どもあつかいされた居士は、百霊のほうに背をむけて「どうぞ打ってちょうだいな」と殊勝な態度を示してみせる。しょうがないなあ、と百霊が棒をとろうとすると、居士はにわかに豹変して「さあ、まぬがれてもらいましょうか」と詰め寄る。

居士の神妙な素振りはひっかけだった。百霊に「無事のひと」は打たぬといわれたもんで、わざと背をむけて「わしを打たないのは、わしの眼目がつまらんからか」とスネてみせることによって「有事のひと」をよそおう。居士の芝居にまんまとひっかかり、百霊がやおら棒をとりあげると、居士はすかさず棒をひっつかまえて「こうやって棒をつかまえて打てぬようにしてやったが、さあどうする」と斬り返す。この批判から見事にまぬがれてみよ、と。

「わしの棒は無事のひとは打たぬ」と見得を切った時点では、百霊がイニシアチブをとっていたが、軽率に棒をとろうとしたもんで、「ほら、まぬがれてみよ」とネジこまれ、攻守が逆転。百霊にすれば「はいはい。そうまでいうなら、お望みどおり打って進ぜよう」という、いたって無造作な対応だったにちがいない。そこを居士にまんまと突かれてしまった。百霊が油断したというよりも、やっぱり仲よしがじゃれあっているような感じかなあ。

「いわゆる眼目ってやつは批判を超えてるよね」。

「批判を超えた眼目なんてあるはずないじゃん」。

「それもそうか」。

「でも、ホントにつまらん人間は批判しないよ」。

「だったら批判してよ」と居士は背をむける。

百霊が打とうとすると、居士は棒をつかんで「ところで批判にも批判があるのよ。知らなかった?」。

百霊はだんまり。


じゃれあっているという感じで訳しなおしてみた。で、じゃれあった結果、百霊はなんにも答えなかったわけだけれども、これって降参したのだろうか。いや、そうともいいきれない。

「批判のありえないものってあるっけ」「そんなものないよ。どんな眼目にも批判の余地はあるさ」「そうだよね」「ちゃんと批判もしないで「そうだよね」と受けいれるような無事のひとは棒で打ちたくても打つわけにはゆかんなあ」と百霊。あらら、批判できないものがあるはずだという立場に、いつのまにか百霊は立っている。「そんなこといわないで、問題があるなら打ってくれよ」と居士は背中をむける。百霊は「そうかね」と棒で打とうとする。居士はその棒をつかまえて「批判を超えたものがあるというなら、この批判をまぬがれてみよ」。

眼目は批判をまぬがれるかという問いそのものが、すでに矛盾をはらんでいる。「これは偽である」は真か偽かというパラドックスに似た問いである。こういう矛盾ぶくみの問いに対しては、わたくしも百霊にならって「対え無し」と批判をスルーしておこう。

好雪、片片別処に落ちず――

（「薬山との問答」より）

普済《ふさい》との問答

普済《ふさい》　石頭の法嗣。生年出自は不詳。『祖堂集』『景徳伝灯録』にも見えない。『五灯会元』五には「澧州大同済禅師」とある。

1　一文の値打ちもないなんて

居士は普済《ふさい》にであうと、手にしたザルをもちあげて「大同《だいどう》さん、大同さん」。

普済は答えない。

「石頭の宗旨は和尚のところで消えてなくなりましたな」。

「龐さんにいわれるまでもなく、明らかにそのとおり」。

居士はザルをほうりだして「こりゃ驚いた、一文の値打ちもないとは」。

「一文の値打ちもないんだけど、それなしでおれようか」。

居士は踊りながら去ってゆく。

普済はザルを拾って「居士どの」。

居士はふりむく。

普済は踊りながら去ってゆく。

居士は手をたたいて「帰ろう、帰ろう」。


居士、一日、大同《だいどう》普済《ふさい》禅師に見《まみ》え、手中の笊籬《そうり》を拈《ねん》起《き》して曰く、大同師、大同師。済、応えず。士曰く、石《せき》頭《とう》の一宗、師の処に到って氷《こおり》と消え瓦と解《と》けたり。済曰く、龐翁の挙《こ》するを得ずとも、灼然《しゃくねん》として此《か》くの如

居士一日見大同普済禅師、拈起手中笊籬曰、大同師、大同師。済不応。士曰、石頭一宗、到師処氷消瓦解。済曰、不得龐翁挙、灼然如

し。士、笊籬を抛下して曰く、寧《いず》くんぞ知らん、一文銭にも直《あたい》せずとは。済曰く、一文銭にも直せずと雖も、他《そ》を欠くこと又た争《いか》でか得ん。士、舞いを作《な》して去る。済、笊籬を提起して曰く、居士。士、首を回らす。済、舞いを作して去る。士、掌を撫《う》って曰く、帰去来《かえりなんいざ》、帰去来。

此。士抛下笊籬曰、寧知不直一文銭。済曰、雖不直一文銭、欠他又争得。士作舞而去。済提起笊籬曰、居士。士回首。済作舞而去。士撫掌曰、帰去来、帰去来。

ザルのもっている意味とはなにか。石頭の宗旨はホントに普済のところで雲散霧消したのか。普済はそのことをみとめるのか。居士および普済が踊りながら去ってゆく意味はなにか。「帰りなんいざ」という居士の言葉の意味するところはなにか――いやあ、未知数がたくさんあり、そのわりに方程式が足りない。ふつうは解けない問題である。いくつか方程式をおぎなわねばならない。が、おぎなう方程式によって解は変わってしまうだろう。おもいついた例をひとつ書いてみる。

居士はザルをもちあげて「大同さん」とよびかける。ザルをもちあげてよびかけることにどのような意図がこめられているのかを想像するに、ひょっとすると居士は「大同さんよ、あんたはこのザルのようなもんじゃないのかい」といっているのかもしれない。

ザル法という言葉がある。抜け道がたくさんある法律で、ちっとも役に立たないといった意味である。ザルのようなもんだときめつけられた普済、なんにも反応しない。なにをいわれているのかわからず、なんにも応じられなかったのだろうか？　それとも居士の意図を察したうえで、それを無視する意味でなんにも応じなかったのだろうか？　むろん後者でなければ問答は盛りあがらない。

居士は「あたら石頭の宗旨は和尚のところで消えちまいましたな」とさらに憎まれ口をたたく。居士のもちあげたザルには「師の宗旨を受けそこなった器」といった意味がこめられており、居士はそれをふりかざして「あんたはザルだよ。石頭の宗旨をつぐべき身でありながら、ちっともそれを果たしておらんじゃないの」と普済をケナす。せっかく期待していたのにさ、と。

居士に「おまえさんのところで石頭の宗旨はパアになっちまったね」といわれ、普済は「いかにも、わしのところで石頭の宗旨はどこかにいっちまった。そのことは龐さんでなくても、だれの目にも明らかじゃ」と平然とうそぶく。普済のところで石頭の宗旨は絶えてしまったのだろうか。まさか、そうではあるまい。普済が石頭から受けついだものは、ザルのような器で受けとめるべき「かたち」あるものではないということだろう。坐禅の仕方だとか、修行の工夫だとか、そんなふうに形式的にとらえるべきものではない。

石頭の宗旨は、世間のひとびとの俗眼にも見てとれるような「かたち」あるものとして、そのまま普済に伝えられているわけじゃない。俗眼をもって見るかぎり、石頭の宗旨があたかも雲散霧消したかのごとくにおもわれても、それは当然のことである、と普済。

目には見えない石頭の宗旨はじつは普済にしっかり受けつがれている。ところが居士は、普済の「消えちゃったのは明白だ」という言葉を真《ま》に受けて、「そうか、石頭の宗旨は絶えてしまったんだ」と早トチリ。ザルをほうり投げて「ビックリしたなあ、石頭の宗旨には一文の値打ちもないんだってさ」とはしゃぐ。普済から一本取ってやったぞ、と。

普済は「一文の値打ちもないんじゃが、それなしでどうして自己が自己でおれようか」とつづける。これもまた石頭の宗旨についていっているにちがいない。石頭の宗旨は、ただ「かたち」あるものでないのみならず、くわえて一文の値打ちもない。普済が「一文の値打ちもない」というのは、「社会生活を営むうえではなんの価値もないけれども、自己がこの自己であるためには、なくてはならんものなのだ」ということだろう。石頭の宗旨とは、社会的なものではなく、徹頭徹尾、自己のあり方に関わるものである。

普済にキッパリときめつけられて、居士は打ちのめされる。「あんたは石頭からなにを受けついだのか」と威勢よく問いかけてみたものの、それに対する普済の一連の対応は、まさに石頭の宗旨をズバリと示すものであった。見事な答えをこうむって、居士は躍《おど》りあがらんばかりによろこび、じっさい踊りながら去ろうとする。

普済はザルを拾いあげ、居士をよびとめ、みずからも踊ってみせる。居士といっしょの動作をすることによって、わしの意とするところが居士にも伝わった、よろこばしいことだ、と普済は踊ってみせる。

居士もまた手をたたいてよろこび、「帰りなんいざ、帰りなんいざ」とうたう。どこへ帰ろうというのか？　むろん本来の自己へと帰るのだろう。石頭の宗旨とは「この自己をどうとりあつかったらよいか、それをひたすら追求せよ」というものであった。

うまく方程式をおぎなえたという気もしないが、マジメに読もうとするとこんな感じになる。ふむ。マジメぶらず、ザルの意味を考えながら読みなおせば、つぎのような感じになるだろうか。

「ザルはいらんかね」

「いらんわい」

「普済さん、あんた宗旨を受けつぐ器量がないんじゃないのかい。だって大先生の宗旨はあんたのところで消えてしまってるじゃん」

「念をおさなくたって、そのとおりだよ。いや、むしろそうありたい。宗派の流れは絶対の他者の系列だ。師なくして弟子はありえないが、弟子にとって師は絶対の他者だ」

「こりゃ知らなんだ。大先生の宗旨って一文の値打ちもなかったんだ」と居士はザルをポイ。

居士がザルを捨てるのを見て、普済は「一文の価値もないんだけど、それがないと困るのがザルだよね。砂金をとるにはザルを使う。その場合、ザルのなかにのこったものが大事だ。水にふくまれた異物をとりのぞくのにもザルを使う。その場合、ザルにのこったものは捨てる。いずれにせよ、「これ」と「あれ」とを区別するためにザルを使う。自己は他者に対する自己だ。他者なくして自己はない。でも自己の他者は、絶対の他者だ。自己と自己に対する絶対の他者とを区別するザルっていうのもあるんじゃないかなあ」。

「そうか。うん。ザルという道具、ザルにのこったもののほうに値打ちがあったり、ザルにのこったほうは捨てたり、いろいろな使い方があるね。なるほど」と居士は舞いながら去ろうとする。

「ザルはどうした。もってゆきな」

「なに、ザルとな？　いらんわい」

「そうこなくっちゃ」と普済はザルをもって去る。

「よかった」と居士は手ぶらで帰ってゆく。

師を否定し、自己の理解を示してナンボという、師から弟子への「禅の継承」ということが問題となっているることはまちがいなさそうだが、みぎの読みはいかにも無理気味である。「自己と他者とを区別する境界はだれのものか」といったことを妄想してみたのだが、うまく解釈につながらない。水が低いほうに流れるように、こころをカラッポにして読みなおしてみよう。

居士は竹細工のザルを売って生計をたてている。普済を見かけた居士、売りもののザルをふりかざして声をかける。手にしたザルをもちあげ「わしはこうやってザルを売っておるが、あんたはどうなんだ」。普済はあっさり無視。商売人なんて知らん、と。無視された居士は「石頭禅の伝灯も、和尚のところで消えちまったか」とイヤ味をいう。それを受けて普済は「あんたに教えてもらわんでも、ハッキリそのとおりじゃよ」とみとめる。見てのとおり、石頭の宗旨なんてものはとうに跡形《あとかた》もない、と。

師の法をつぐというのは、べつに師の教えを祖述することではない。弟子たるもの、さっさと師から独立すべし。師の教えをありがたく拳拳服膺《けんけんふくよう》するばかりでは、いつまでたっても出藍《しゅつらん》の誉《ほま》れはおぼつかない。

普済の見事な答えを食らって、居士はザルをポイと投げ捨てる。そして「こいつがゴミとは知らなんだ」とビックリしてみせる。居士が生計の手づるであるザルをほうりだすのは、あんたは師の教えを一文の値打ちもないと捨てちまうのかい、と普済にたずねているのだろうか。石頭の禅なんかどうでもいいっていうのかい。あんた師からすっかり独立しちゃったのかい、と。そうじゃないだろう。ザルをほうりだした居士、じつは普済に共鳴しているんだとおもう。そうか、わしもザルから独立するよ、と。

妙に共感されちゃって、普済は「たしかに一文の値打ちもないんだけど、なけりゃないで困るんじゃないの」と苦笑する。べつに捨てるにはおよばんだろ、と。

普済の声が聞こえたのかどうか、居士は踊りながら去ってゆく。これを入矢先生は「照れ隠しの演出にすぎまい」（八三頁）と評しておられるが、居士なりに普済の対応を全身で肯定してみせたんじゃないだろうか。わしもザルから独立するよ、と。いうは易《やす》く、おこなうは難《かた》いことかもしれないけど、やってみるよ、と。

ここで話がおわれば「めでたし、めでたし」なんだけど、普済は捨てられたザルを拾って「おい、ザル、ザル」とよびかける。生計の手づるのザルを捨ててゆくのかい。居士はふりむいて「そうだった、ありがとう」。ザルに未練があったわけでもないだろうに、去りぎわによびかけられ、居士はふりむく。こういうタイミングでふりむくと、ろくなことはない。案の定、ふりむいた居士に相手をせず、普済は踊りながら去ってゆく。知らんぷりして去ってゆく。

入矢先生は、居士が踊りながら去ろうとしたことについて「照れ隠しの演出にすぎまい」と手きびしくケナしておられたが、普済が踊りながら去ってゆくことについては「普済のこの舞いは、本懐を遂げた人の喜悦の舞いである」とホメちぎったうえで、「居士は見事に仕止められたわけである」（八四頁）と断じておられる。そうせっかちに断定することもないんじゃないかなあ。居士がしてやられたとは、わたくしはおもわない。居士がふりむき、普済が知らん顔をして去ってゆくことによって、一連のやりとりは首尾よく仕上がったのである。

普済がザルをもって居士をよぶ。それはわかったけど、ザルはどうすんのさ、と。居士は無邪気にふりむく。そうだよな、と。普済は踊りながら去る。わかればよろしい、と。居士はうれしそうにパチパチと手をたたく。いや、ありがとう。ザルはもって帰るよ。一件落着、と居士は踊りながら去る。ザルはなくても踊れるよ。ザルに依存しているわけではないよ、と。

普済の踊りを見事であるとすることに異存はない。でも、居士の踊りも捨てたもんじゃないとおもう。普済の見事な踊りをひっぱりだしたあたり、むしろ居士の踊りのほうに一日《いちじつ》の長をおぼえる。

居士が「帰りなんいざ、帰りなんいざ」とうたうのは、もとの地べたの生活者にもどってゆくという意味合いだろう。普済さんに一本取られちゃったなあ。あいつわかってるね、と。緊迫した応酬がこういう牧歌的なセリフでむすばれるっていうのは素敵である。

普済における「師と弟子との依存と独立」という問題が、居士における「ザルに対する依存と独立」という問題として描かれるあたり、なかなか読みごたえのある問答である。

2　だれに尻ぬぐいさせる気だ

普済が居士にたずねる「いわゆる言葉というものは、いまもむかしもそれを避けられるものはおらん。ところでご老体は避けられますかな」。

「はあ?」。

普済は問いをくりかえす。

「どちらにいっておられたのかな」と居士。

普済は問いをくりかえす。

「どちらにいっておられたのかな」と居士。

「いまだけじゃなくて、むかしのひとにもこういう言葉がありましたな」。

居士は踊りながら去ってゆく。

「この風来坊め、自分のしでかしたミスをだれに尻ぬぐいさせようってんだ」。

済、一日居士に問う、是箇《あら》ゆる言語は、今も古《いにしえ》も人の避け得るもの少し。只《た》だ翁の如きは避け得るや。士、応喏《おうだく》す。済、再び前話を挙《こ》す。士曰く、什麼《いずれ》の処にか去来す。済又た前話を挙す。士曰く、什麼の処にか去来す。済曰く、但だ如今《にょこん》のみに非ず、古人も亦た此の語有り。士、舞いを作《な》して去る。済曰く、這《こ》の風顛漢《ふうてんかん》、自ら過《あやま》つ、誰をしてか点検せしめん。

済一日問居士、是箇言語、今古少人避得。只如翁避得麼。士応喏。済再挙前話。士曰、什麼処去来。済又挙前話。士曰、什麼処去来。済曰、非但如今、古人亦有此語。士作舞而去。済曰、這風顛漢自過、教誰点検。

「言語にとらわれず、しかも真理を見うしなってもいないものなど、古今の高僧といえども、ひとりもおらん。あんたはどうかな」と普済がたずねる。言葉でもって真理について語ろうとすれば、どうしたって真理からはなれてしまわざるをえない。そういう言葉のはたらきの限界をまぬがれつつ語りうるものなど、いまだかつていたためしがない。といった舌の根のかわかぬうちに、「で、居士どのはどうかな」と普済はたずねる。

居士は「応喏」する。入矢先生は「かしこまった「ハイ」であって、それ以上でも、それ以下でもない。ここが、居士がうまく「避」けたところなのであろう」（八六頁）と注しておられる。普済のいう「是箇ゆる言語は、今も古も人の避け得るもの少し」の「少し」を「なし」と全否定でとらえれば、だれもまぬがれられないのだから、居士もまたまぬがれられないことは明白である。それゆえ居士がうまく「避」けたと読みたくなる。しかし話がつまらなくなりゃしないだろうか。もし「少し」を「すくなし」と読めば、居士は「わしはまぬがれておる」と自信タップリに主張したことになる。わしはそのすくないもののひとりなんじゃ、と。

なになに、言葉をしゃべれば真理からはなれてしまうが、そういう言語のはたらきの限界をまぬがれているものはめったにおらんとな？　ほおほお。じゃが、わしは言語にとらわれて真理を見うしなったりはせんよ、と居士はうそぶく。アホらしいとおもったか、居士の答えにとりあわず、普済はいっしょの問いをくりかえす。それに対して居士が「どこにいっておられたのかな」というのは、「どういう立場からすると、そうなるのかな」と、そのように問いをくりかえす普済のあり方について問い返しているのだろう。そんなふうに問いをくりかえす普済さんこそ、いったい「避」けえておるのかな、と。

普済は同じ問いをくりかえす。居士もまた同じ問い返しをくりかえす。普済はなぜ同じことをかさねて問うたのだろう？　居士はなぜ同じことをかさねて問い返したのだろう？

居士が「わしは言語にとらわれておらん」とうそぶいたので、ホントにそうなのか、普済は居士をためそうとしたのかもしれない。あえて同じ問いをかさねて問うことによって、居士がどう応ずるかを知ろうとした。すると居士は同じ問いに対して同じように応ずる。ここにおいて普済は居士もまた同じ問いについて「同じ問いである」というふうに理解したということを、しっかり確認する。そのうえで「居士よ、おまえさんは同じ問いについて、それを同じ問いとして受けとっておるじゃないか。おまえさんも言語のはたらきをまぬがれてはおらんという証拠じゃないかな」ときめつける。あんたの応じぶりは言語にとらわれた古今のひととといっしょじゃないか、と。

そのきめつけには目もくれず、居士は踊りながら去ってゆく。居士のこころを推しはかるならこんな感じだろうか——しかし普済さん、同じ問いを同じ問いとして聴くことにこそ、言語の理解というのはあるんじゃないかな。いわゆる同一律じゃよ。こういった言語の本質をも真理を見うしなうことことみなすのは、いたずらに「不立文字《ふりゅうもんじ》」をとなえて禅の本質をとらえたつもりになっておるだけで、じつはなんにもわかっとらん。不立文字という言語にとらわれて、逆に真理を見うしなってはいかんよ。

ここにおいて普済の「いまだけじゃなくて、むかしのひとにもこういう言葉がありましたな」という言葉をあらためて味わってみると、「いま」とは、居士とであっているいまであり、「こういう言葉」とは、おそらく居士の吐いたセリフだろう。普済が「いまだけでなくむかしにも、このようにいうものがおった」というのは、「禅では不立文字をうたうけれども、それでもなお言葉をつくして真理を伝えようとした「むかしのひと」がいた。それは稀有のことであって、言語にとらわれて真理を見うしないながら、しかも自分は言語にとらわれていないとうそぶく「いま」の禅者がおるわい」と居士のことを皮肉っているのかもしれない。

ところが自信家の居士は、普済は自分を「むかしのひと」と同列のものとみとめてくれたと勘ちがいし、小躍りしながら去ってゆく。そのうしろすがたを見て、普済は溜息をつく。こういう禅を勘ちがいする手合いに、どうしたら自分のまちがいに気づかせることができるだろうか。みずから点検しようとしないものは、だれが点検したところで埒《らち》はあかない。せっかく拙僧が点検してやったというのに、点検されたことにすら、このジイさんときたら気づきもせんわい。


「言葉にこだわらんものはすくない。あんたはどうかな」

「はあ？」

「あんたはどうかな」

「その問いの背景をうかがいたい」

「あんたは言葉にこだわるの、こだわらないの」

「その問いの背景をうかがいたい」

「いまのひとが問うているだけではなく、むかしのひとも問うてきたことだ」

「やったあ、普済さん、言葉にこだわっている」と居士は踊りながら去る。

「こだわっているのは居士のほうなんだがなあ。同じ問いに対して二度も同じ対応をしおって。一度目はともかく、二度目はナンセンスだ。それに目をつぶって、とりあえず答えてやったから、ひとまず傷は目立たなくなったけどさ」


ここでの普済は「言葉が本質的にもっている誤解の可能性」すなわち「つまづきの可能性」について、

それを拒否することができるんじゃないかとおもって問うているような気がしてならない。もし普済がそうおもっているならば、居士はとりあえず「今も古も人の避け得るもの少し」の「少し」を「なし」と全否定でとらえてみせることになる。

普済は「つまづきの可能性を避けられるものはすくないが、おまえさんはどうかな」とたずねる。それに対して居士は「はあ？　言語を拒否できるものがすくない？　そもそもそんなやつはおるのかいな」と応ずる。そんなやつ、いるわけないじゃん、と。普済はこれを的はずれとみなす。で、同じ問いをくりかえす。「おまえさん、誤解しておるよ。つまづいておる。わしの問いはそういう意味ではない」と。

居士は「くどいひとだなあ。言葉を拒否できるものが、たとえすくないとはいえ、どこかに存在するなんて、いったいどこへいってきたらそんな口がきけるようになるのさ」となじる。普済も負けじと「そうじゃないいったら。おまさんはつくづく言葉につまづくひとだね」「しつこいなあ。いったいどこへいってきたら言葉を否定するひとが存在するなんていえるようになるんだい」「特別にどこかへいってこなくても、いまもむかしも、たくさんのひとが言葉につまづかないものはすくないといっておるよ」「ほお、そういうことか。それならわしは大丈夫だ。言葉につまづいたりはせんよ」と居士は自信タップリ。「やれやれ、この御仁、さっきまで言葉につまづいていたってことがわかっておるのかなあ。いまさらたしかめようもないけどさ」と普済はあきれる。

ラストの「誰をしてか点検せしめん」がひっかかる。ひょっとすると居士が言葉につまづいたという痕跡がなくなってしまったという意味かもしれない。

普済はしつこく同じ問いをくりかえす。「居士さん、誤解してるよ」と。ところが居士もかまわず同じ問いをくりかえす。「どこからそういう問いがでてくるんだい」「どこからって、わしだけじゃなくて、むかしのひともそういってるよ」「なんだ、そういう意味か。そういうことなら、わしは言葉につまづいたりはせんよ」と居士は安心する。

「さっきまでつまづいていたじゃないの」と普済は誤解をなくすために助け舟をだす。そのおかげでしつこく誤解していた痕跡がようやく消えた、ということではないかとおもったりもする。そう読むならば、本来ならひとつ手前のところで、つまり普済が同じ問いをくりかえしたところで、居士としては誤解のあることに気づくべきであったということになる。

余談ながら、「つまづきの可能性」という概念がキルケゴールのキリスト教解釈の根底にはある。つまづきの可能性は神といえどもとりのぞくことができない。それをとりのぞいたらキリスト教でなくなる。だから「つまづくなかれ」とイエスはいいつづける。

キルケゴールは『キリスト教の修練』において、いかにキリスト教が信じられない教説であるかを、これでもか、これでもか、とのべたてる。たとえばイエスが神の子であるしるしはどこにもないという議論をしつこくやる。馬小屋で生まれたイエスは、財産があるわけじゃない、学問があるわけでもない、医者でもない。そんなイエスが「病めるもの、悩めるもの、われのもとに来たれ」という。信じられるか？それを信じるのがキリスト者である。

こういう「つまづきの可能性」はキリスト教に不可欠である。同時代の弟子にとってイエスに後光はさしていなかった。時代がくだるにつれてイエスに後光がさしてきて、キリスト教は自明のものになる。するとこれが新たな「つまづきの可能性」になる。キルケゴールは同時代性の概念をひっさげて「キリスト教界にキリスト教をとりもどす」ことをみずからに課する。
歴史が発展してキリスト教が自明のものになれば、キリスト教はキリスト教でなくなる。禅もまた然《しか》り。禅が自明のものになれば、禅は禅でなくなる

普済という和尚は、どうやら言語の分析によって宗教的な問題を解消したいという嗜好をもつひとのようである。真理はすべて言語によって表現されるが、その過程でまちがいを生じないようにせにゃならん。心・意識は本人にしかわからないが、言語はみんなに観察可能だから、きっと検証可能にちがいない、と。

いやしくも知的な営みをしようとすれば、どうしたって言葉をもちいざるをえない、という言葉まみれの人間のあり方を前提としたうえで、普済は「ところで、あんたはどうかね」と居士にたずねる。よけいなことを一言もいわないでおれる人間なんてどこにもいないんだけど、居士さん、あんたは語らずにおれますかな、と。

「はあ?」と居士。語らずにおれるものなんていないよねといいたそうな普済に対して、「語りえないものを語ることができるものなんているのかなあ」とビミョーにはぐらかす。普済は同じ問いをくりかえす。よけいなことを語らずにおれるものはいないって、むかしのひとも、いまのひとも、みんな語っているよね、と。どうしてもよけいなことを語らせたいらしい。

居士は「どこにいってたの」と相手の立脚点をたずねる。どうしてそんなふうに問えるのさ。どこへ遊びにいっていたのか知らないけど、タイム・マシンでむかしにいってきたわけでもあるまいし、いまもむかしもそうだと、どうして知っているんだい、と。

ちゃんと問うているのだということを示すべく普済は同じ問いをくりかえす。ちゃんと答えているのだということを示すべく居士もまた同じ答えをくりかえす。たがいに綱引きしあったあと、普済は「人間である以上、けっきょく言葉は避けられないよね」と念を押す。タイム・トラベルしてきたわけじゃないけど、それらしい記録ものこっていることだし、同時代的にそういう認識はあったよね、と。

居士は「あほらし」と踊りながら去ってゆく。入矢先生は「これまでの相互の応酬が、この普済の一語によって、ずばりと収束され得たことを祝っての居士の舞いと退出であろう」（八八頁）と注しておられる。普済さん、よくいった、と。たしかにシッポを巻いてすごすご退散したわけじゃないとはおもうけれども、かといって普済の言葉によって問題が「ずばりと収束され得た」と居士が納得しているともおもえない。

居士は「わしゃ知らん」と相手にせずに去ってゆこうとしているんじゃないだろうか。むかしもいまも言葉なんていうものは海のものとも山のものとも知れないもんなのさ。文献なんか信用できないよ、と。

普済が「なんてやつだ、自分のやらかしたミスを、だれに始末させる気だ」というのは、てっきり「こらこら、決着もつけずに逃げだすのかい」となじっているんだとおもったら、居士のふるまいの「強《した》かなくせ者ぶりは、常軌を超えた一種の「風顚」性を帯びており、もはやその「過ち」を検証し得べき人はありようもない」もんだから、それを受けた普済の言葉は「端倪《たんげい》すべからざる居士の働きに一歩後《おく》れを取った彼の、率直な嘆声として読まれてよかろう」（八八頁）と入矢先生はいっておられる。普済は白旗をかかげたという読みである。ホントかなあ。

踊りながら去ってゆくとは愉快な男だが、「どこにいってたの」と二度も口を滑らせるっていうことはどうやら言葉を避けそこなったんじゃないかい、と普済は指摘しているんだとおもう。居士さん、わしの問いにひっかかったよ。ま、むかしをもちだしたりしたオレもよけいなことをいったんだけどね、と苦笑いしながら。

普済は、居士の応対の見事さをみとめながらも、そこはかとなく不満もおぼえている。「あほらし」と踊りながら去るのはよい。それはそれでよいとしても、居士はしくじっている。ただし、そのしくじりを指摘できるものはなかなかおらん、と普済はおもっているんじゃないだろうか。

語りえないものは語りえない。とはいえ語りたくなるものがある。しかし「語ってみても語ったことにはならない」とするのか、それとも「語りたくなるものはハッキリと語ってみることに意味がある」とするのか、そこに問題が存するんじゃないの、と普済はいっているんだとおもう。

「言語道断っていうけど、いまもむかしも語らずにおれたものはおらん。居士さんは語らずにおれるかな」。

「う～む」。

「う～むじゃない。どうなの」。

「いまのひとだの、むかしのひとだのって、普済さん、いったいどうしちゃったのさ。語りえないものを語りうるものはいないなんて、そんなの当たり前じゃん」。

普済、問いをくりかえす。

居士、反問をくりかえす。

「いまのひとが語りえないものを語っているだけじゃなくて、むかしのひとも語りえないといいながらけっこう語っている。語ることになにか意味があるんじゃないかなあ」。

居士、踊りながら去ってゆく。

「居士ときたら、祖師禅の伝承を否定しちゃったりして、とんでもない男だ。明らかにまちがっているんだけど、さりとて語りえないものは語ることができないというのも理屈だよな。どこで居士がまちがっているのか、そいつを指摘できるものなんているのかしらん」。

粘華微笑《ねんげみしょう》。以心伝心《いしんでんしん》。それはそうだとしても、禅宗の歴史はそれだけで成り立っているわけじゃない。なるほど大問題ではあるが、語りえないものを語れるはずがないじゃろ、と居士はいう。それに対する普済の感想がおもしろい。居士は明らかにまちがっているんだけど、さて、どうしたものやら、と頭をかかえる。

居士に逆らうようだが、わたくしは「語りえないものについて語ることはインポータント・ナンセンスだ」といってみたい気がする。そういったからといってなんの答えにもなっていないけれども、わたくしにも普済と同じくらいにはナンセンスのセンスがあるとおもいたい。

3　腹のなかにいたときの言葉

普済が居士のもとをおとずれる。

居士はいう「じつは母親の腹のなかにいたときの言葉をおぼえているんだけど、それを披露したい。ただし理屈をこねて分別せんでくれ」。

「なんともはや別世界の話だな」。

「いま理屈をこねて分別せんでくれといったばかりじゃないか」。

「そんな奇妙なことをいわれれば、どうしてビックリせずにおれようか」。

「そういう和尚さんの視点こそ、むしろビックリだよ」。

「理屈をこねるなといいながら、しっかり理屈をこねとるじゃないか」。

「ちょっとやそっとの世界のちがいじゃないな」。

「この粥《かゆ》すすりの坊主をどうか気のすむまでチェックしてみてくれ」。

居士は指を三度はじく。


普済、一日居士を訪《おとな》う。士曰く、母胎に在る時、一則の語有るを憶《おも》う。阿師に挙似《こじ》せん。切に道理を作《な》して主持することを得ざれ。済曰く、猶《な》お是れ生を隔つるなり。士曰く、向《さき》に道理を作すことを得ざれと道えり。済曰く、人を驚かすの句、争《いか》でか怕《おどろ》かざるを得ん。士曰く、師の見解《けんげ》の如きは、人を驚かすと謂うべし。済曰く、道理を作さざること、却って道理を作すを成せり。

普済一日訪居士。士曰、憶在母胎時、有一則語。挙似阿師。切不得作道理主持。済曰、猶是隔生也。士曰、向道不得作道理。済曰、驚人之句、争得不怕。士曰、如師見解、可謂驚人。済曰、不作道理、却成作道理。士曰、不但隔一生両

士曰く、但に一生両生を隔つるのみならず。済曰く、粥飯《じゃくはん》底の僧、一《ひとえ》に点検するに任す。士、指を弾くこと三《みたび》下す。

生。済曰、粥飯底僧、一任点検。士弾指三下。

居士さん、いきなりヘンテコなことをいいだす。母親の胎内にいたときの言葉をおぼえているから、それをいいたいんだけど、どうか道理で判断しないで聴いてくれ、と。ふつうの人間は母親の胎内における記憶などもっていない。いわんや「語」の記憶においてをや。居士は「おもいちがい」をしているのだろうか。それともなにか譬《たと》え話をしているのだろうか。あるいはウソをついているのだろうか。いずれにせよ、まともに受けとることはできない。

まともに受けとることはできないとおもう理由をながながと論じるべきだろうか。論じないほうがスマートだけれども、論じないでいるとここからの議論自体が禅問答のようになってしまいかねない。わたくしの意図をハッキリさせるため、くどくどと論じてみる。

胎児は母親の胎内でなにかを経験していると考える余地はあるとおもう。しかしそれは雰囲気的なものにとどまらざるをえまい。とても経験とよべるようなものにはなりえない。なぜなら経験とは「かくかくしかじか」と判別できるようなものでなくてはならず、そのためにはハッキリとした意識の存在が必要だから。カント風にいえば、主観による統覚があって、はじめて経験とよばれるものが成立する。

胎児にも意識はあると考える余地もなくはない。ただし、それはまだ自己意識の段階には達していないはずである。ヒトの場合、たしか自己意識が成立するのは二歳半くらいじゃなかったっけ。したがって胎児にも意識はあるといってみても、それはなにかに気づいているといった程度のものであって、けっして「気づいていることに気づいている」という自己意識ではない。

自己意識をもっていない胎児には、いわゆる経験とよべるものはない。なにかを「記憶している」というためには、なにかを「経験している」ということが前提となる。それゆえ胎児がなにかを記憶しているということはありえない。

さらに記憶しているものが「語」つまり言葉であるということが問題である。記憶しているものが言葉であると知ることができるためには、居士は胎内においてすでに言語能力をもっていなければならない。ヒトが言語能力をもつのは生後一年くらいたってからのことだし、それが言葉であるということをハッキリと知るには、すくなくとも四五年を経過していることが必要だろう。

居士は「わしはふつうのヒトではない」といいたいのだろうか。その可能性はある。しかしその場合、居士は、真にヒト以上の存在であるか、またはウソをついているか、のどちらかになる。ウソつきよばわりはかわいそうだから、居士が「おもいちがい」をしているという可能性について考えてみよう。

居士は母親の胎内にいたときの記憶ともいえない記憶をボンヤリとおぼえていて、それをオトナになってから「これは胎内にいたときの記憶であり、しかも言葉である」と解釈し、それをじっさいにあったことだと信じこんでいる。そういうのは「おもいちがい」にすぎない。それは言葉をおぼえているというようなものではなく、あとから創作したフィクションを信じこんでいるだけである。ふつうの問答をふつうに解釈する場合、それぞれの発言にはハッキリとした意図があることを前提とすべきであって、このような誤った「おもいこみ」にもとづく発言を解釈することに意味はない。

のこる可能性としては、居士は「ウソをついている」ということになる。するとその発言は道理を欠《か》いたものになってしまうけれども、骨折り損になることを承知で「ウソをついている」という場合についても考察してみよう。

居士は「母親の胎内にいるときの言葉をおぼえている」と宣言してから、「道理で判断しないでくれ」と附言する。居士自身、道理をはずれた話をしているという自覚はあるようである（ひょっとすると「これはウソである」という自覚もあったりして）。それを受けて普済は「なんともはや別世界の話だな」という。きわめて常識的な反応である。居士は「いましがた道理で判断しないでくれといったばかりなのに」となじる。普済は「そんな奇妙なことをいわれれば、どうしてビックリせずにおれようか」という。普済の反応はどこまでも常識的である。

「そういう和尚さんの視点こそ、むしろビックリだよ」と居士。この居士の言葉からは、ふたりのあいだで「道理」についての理解が食いちがっていることがうかがわれる。普済が理解している道理は、われわれと同じような意味だとおもわれる。つまり「ふつうのひとがふつうに経験することを事実として受けいれ、そこから論理的にみちびかれることを素直にみとめる」といったことだろう。じゃあ居士は道理をどう理解しているのだろうか。

どうやら居士は道理というものを「ひとの偏見をうちくだき、真実にめざめさせるもの」「仏法そのもの」といった「悟りのキッカケになるべきもの」とみなしているようである。ところが、そのように道理を理解しようとすると、そもそも「道理で判断しないでくれ」という居士自身のもとめるところと抵触《ていしょく》することになってしまう。そこで、いささか苦肉の策めくが、「道理で判断しないでくれ」といったときには居士もふつうの意味で道理という語を使っていたんだけど、問答の途中から道理という語に特別の意味をこめはじめた、というふうに解釈しておこう。

居士が悟りのキッカケとなるべきものという意味で道理という語をもちいているとすれば、普済のいう道理にはひとを悟りにみちびくような力などないということになり、およそ禅匠たるものが発すべき言葉ではないということになる。居士にしてみれば「むしろビックリ」ということにならざるをえない。

居士のビックリをこうむって、普済は一本取られたとおもったのかもしれない。「理屈をこねるなといいながら、そっちこそ理屈をこねてるじゃないか」と文句をいってみたものの、さらに「ちょっとやそっとの境地のちがいじゃないな」と追い討ちをかけてきたので、素直に「じゃあこの粥すすりの禅坊主を気のすむまで点検してくれ」と下手にでる。「やった。普済をやりこめてやったぞ」と居士は指を三度はじいてよろこぶ。

指を三度はじいてよろこぶ？　居士はホントに普済をやりこめたのかなあ。普済は「バカにつける薬はない。下手にでるしかない」とあきれたっていうことはないだろうか。というのも、居士が用意していたはずの母親の胎内での言葉がなんであるか、依然として明らかにされないままであるから。

問答の解釈をむつかしくしているのは、居士がおぼえているという言葉は「だれ」の言葉で「どういう」言葉なのかということが、ついに明らかにされないことである。もし普済が「ほお、そいつはすごい。では、それを披露しておくれ」といったら、居士はどうしたのだろう。すこぶる興味ぶかいけれども、それは問答にあらわれていない。

くたびれ儲《もう》けになりそうだが、居士は「わしはふつうのヒトではない」といっているという可能性についても考えておこう。

居士はみずからをヒト以上の存在になぞらえてみせる。ヒト以上の存在といえば、お釈迦さまが生まれてすぐに歩きだし、片方の手で天を指し、もう片方の手で地を指して「天上天下唯我独尊」といったという伝説をおもいだす。生まれたばかりの赤ちゃんが、そんな発言をするわけがない。きっと後世のものがお釈迦さまを神格化したエピソードだろう。居士が用意していた言葉もまたこれに類するものであった。ただし、お釈迦さまの場合は後世のひとがお釈迦さまを神格化したのに対し、居士の場合は自分で自分を神格化しているわけである。

龐居士は、これまで読んできた問答でもわかるように、すこぶる承認欲求の強いキャラである。承認欲求が病的に強くなると、おのれを神格化しようとする。もし居士が母親の胎内での言葉をおぼえていると本気でいっているとするならば、ウソをついているというよりも、おのれを神格化しようとしていることになる。そして普済がそれを見抜いたとすれば、すなわち居士が本気でそうおもっていると見たとすれば、バカにつける薬はないとあきれるよりなかっただろう。

もっとも、居士はべつに本心から自分を神格化しているわけじゃなくて、あくまでも真剣に譬え話をしてみせているだけなのかもしれない。宗教には「不合理ゆえに、われ信ず」という側面がある。たとえばキリスト教にはイエスの復活という不合理がある。それはやがて父と子と精霊との三位一体《さんみいったい》という教義になり、イエスは文字どおりヒト以上の存在となる。そしてキリスト教徒はその不合理を信じるよりなくなる（聖トマスは神の存在は理性的に証明できるが三位一体の教義は理性的には証明できないといったらしいけど）。

ついに合理的には説明しきれないものが宗教にはつきまとう。それは知の領域にはなく、信の領域に属する。でもなあ、仏教、とりわけ禅って、そういう不合理を極力避けようとする宗教なんじゃないだろうか。お釈迦さまが生まれてすぐ「天上天下唯我独尊」といったという伝説がそうであるように、仏教にも民間信仰に譲歩している面はあるだろうが、仏教の根本思想、とりわけ禅の思想には、わたくしは不合理な点はないとおもっている。

いささかヒイキの引き倒しめくが、龐居士は「仏教における信と知との棲み分けはどうなっているのか」ということを問題にしているのかもしれない。

道理のふたつの理解は、それぞれ知の領域と信の領域とに対応する。居士はそれを使い分けてみせる。とはいえ同じ言葉を使っているかぎり、それは不合理なものにおわらざるをえない。居士が「不合理を承知で不合理なことをいっている」からといって、それでその言葉が無意味になるわけじゃないとでもいうのだろうか。

あえて身もフタもない読み方をしてみたが、とうてい心底から納得できそうもない。居士はウソつきだといった読みは、なにか大切なものを見のがしているような気がする。

居士と普済との人間関係はもうちょっと「ほのぼの」としたものだったんじゃないだろうか。甘いかもしれないけれども、居士はべつにウソをついているわけじゃなく、また自分を神格化しているわけでもなくて、気のおけない間柄である普済にあえて不条理なことをぶつけて、その反応を見たっていう感じなんじゃないかなあ。

「生まれるまえの体験をわしは想起できる。その話をしたいんじゃが、そんなことはありえないと理屈をこねて話の腰を折らんでほしい」

「生を生まれるまえと生まれたあとに分けて、生まれるまえの話をするっていうんだね？　こりゃ驚いた」

「だから理屈をこねんでくれと頼んでおいたじゃないか」

「生まれるまえの生の記憶なんていわれたら、だれだって驚くしかないじゃん」

「主客の区別にもとづいた理屈をはなれても、生まれるまえの記憶がありえないっていうほうが驚きだ。生まれるまえの純粋経験を否定するのかい」

「主客の区別を否定し、道理をはなれるというが、「あんた」が「それ」を記憶しているというなら、主客の区別のない生をすでに道理によってあんたの客体にしているんじゃないの？」

「主客の区別がない生まれるまえと、主客の区別がある生まれたあとと、これらを区別しない生とこれらを区別する生との区別を、わしが区別するだけじゃダメなんだね。それを区別するわしが問題ってことか」

「おいおい、どっちが理屈をこねてるんだ。もっと自分で自分を点検してみたらいかがかな。区別するのはいいけど、いったいだれが区別してるのさ」

「そうか、ありがとさん」と三つ指パッチン。

「母親の胎内で聴いた話をおぼえているんだけど、その言葉を汚れのないままとらえてほしい」と居士は注文をつける。お願いだから「ありえない」なんて理屈をこねないでくれ、と。いきなり無理難題を突きつけられた普済、「そりゃまた不思議な話だなあ」とひとしきり首をかしげたあとで、「どう考えても、母親の腹のなかで話を聴いていた居士と、その文句をおぼえている居士とは、やっぱり別の生なんじゃないの」と真顔でつぶやく。生まれるまえと生まれたあととは、別の世界に住んでいるんじゃないの、と。

「理屈をいってくれるなといったばかりじゃないか」と居士はゲンナリ。そういう常識をもちだしてくれるなと釘を刺しておいたはずだ、と。「ビックリせざるをえない話を聴いたんだから、ビックリせざるをえんだろう」と普済。そんな奇怪なことをいわれたら、ビックリするなというほうが無理だ、と。

この普済の返答について、入矢先生は「君はよくも本来人をそのように絶対化して自己に対置できるものだ。しかもその本来人に一句吐かせようとまでするとは！　全く身慄《みぶる》いする」（九一頁）と注しておられる。突拍子もない言葉をおとなしく聴くことをもとめる居士の「臆面もない傲然たる自己の据えかた」（九一頁）を普済は非難しているという理解である。そうかなあ。普済はべつに非難しているわけじゃなくて、母親の腹のなかにいたときの文句をおぼえてるなんて、そいつはまたビックリ仰天だわい、と単純に驚いてみせただけなんじゃないだろうか。

ビックリさせておいて、居士はやおら反抗に転ずる。「そんなことでビックリするとは、こっちこそビックリだね。あんたが日ごろやってるお説教のほうがよっぽどビックリなのにさ」とやり返す。いつも生死を超えた「あの世」についての説教をぶっておるじゃないか。そのあんたが道理にこだわるなんて、それこそ驚きだよ、と。

じつは普済、善男善女にむかって、悟りがどうの、あの世がこうのと「生死を超えた世界」について説いている。いかに坐禅専一の禅僧とはいえ、いやしくも仏教者たるもの、ともすれば俗界のいざこざを超えた眉ツバものの説教をぶたざるをえないこともある。その手放しの楽観ぶりを居士はとがめる。「ふだんの説教だけど、それって合理的に説明できるものなのかい？　普済さん、あんたこそ俗世間の道理にまみれているんじゃないのかな」とからかってみた。というふうに「ほのぼの」路線で読めるものなら、そんなふうに読んでみたい。

図星をさされた普済さん、「理屈をこねるなというけど、そういうふうに条件づけること自体、すでに理屈をこねてるんじゃないの」と一矢報いようとする。道理にこだわるからこそ、「不思議でない話」に対して「不思議な話」がありうる。不思議な話をしておいて、道理にこだわるなっていうのは無茶だよ、と。

母親の腹のなかでの記憶をのべることと大衆に説教することとでは、およそ次元がちがうと普済はおもっている。説教は生死を超えたものであって、生死を超えれば道理に反することが道理だったりする。生死を超えた世界にあって道理は無用なのだよ、と。

居士は「なるほど生死を超えた世界にあって道理は無用かもしれんが、それにくらべたら母親の胎内にいるときなんて、まだ生のうちっていうことになるんじゃないの」と遠い目をする。不思議な話は道理の世界に属する。道理の世界と道理をはなれた世界との距離は絶対ですな、と居士はいいたいんじゃないだろうか。

この居士の言葉について、入矢先生は「居士の率直な告白、というよりは、むしろ身慄《みぶる》いの一句であろう」（九二頁）と注しておられる。そんなふうに読むと、居士は普済のまえに白旗をかかげたことになってしまいかねない。白旗をかかげるどころか、生まれるまえの生、生まれたあとの生、むろん異なるものだが、それでもひとつの生である。「二にして一」だよ、と居士はいっているんじゃないだろうか。

ふだん来世なんてものについて得々と説教してあやしまないくせに、たかが生まれるまえについて語ったくらいで驚くのはなんでなの、と居士はいぶかしむ。すると普済は「母親の腹のなかにいたときの文句をおぼえているべき本来的な自己は、この現世で粥《かゆ》をすすっている愚僧のなかに生きておるから、どうか検分しておくれ」と居士に解答をゆだねて問答に終止符を打とうとする。

入矢先生は「粥をすすっているこの一介の僧というのは、日常的な営為のなかの生身のこの私ということ。そして、そこにこそ私の〈本来人〉は生きているのであり、いまさららしく母胎中の未生前を持ち出すまでもないのだ、という意味を含んでいる」と注したうえで、気のすむまでチェックしてくれというのも「発言者の強い自信の程を表明した言葉である」（九二頁）と評しておられる。語りえぬことを語ろうとするな、と普済は上から目線でさとしているという読みのようである。

普済のセリフは、わたくしの耳には「しょうもないクソ坊主だもんで、判断はあんたに一任するよ」と丸投げしているように聞こえる。わしは頭が固くて、どうしても常識にとらわれがちだから、ひとつ存分に吟味してみておくれ、と。

入矢先生のようにシビアに禅問答をとらえていると、なんだか金太郎飴をなめているみたいな気分になってくる。この問答はもっと「ほのぼの」しつつ、しかもピリピリと刺激的な内容なんじゃないだろうか。

有限と無限との区別について考えるとき、得てして無限のほうへと一挙に話が飛びがちである。無限から見れば九〇歳も一〇〇歳も同じだ、と。それはそうだろうが、じっさい一五〇歳のひとがいたらビックりする。日常生活では相対的に大きな有限が大事になってくる。コンピュータの世界もそうだろう。非常に大きな有限の世界において、いままで不可能だったことが可能になり、驚くわけである。

不思議なことをいわれ、普済はうっかり驚いてしまった。「驚くことはないでしょ、いつも生死を超えた話をしているくせに」と痛いところを突かれ、普済は神妙な顔をする。日ごろえらそうなことをいってはいるが、そのわりにドップリと世俗につかっているんじゃないかという危惧を、じつは普済自身がいだいていた。普済は「わしをチェックしてくれんか」と頼む。居士は指をピンピンピンと三つはじく。よしきた。そうこなくっちゃ、と。

いやいや、やっぱり「粥すすりの坊主をチェックしてくれ」という普済の発言は、下手《したて》にでているわけじゃなくて、入矢先生のおっしゃるように「軽薄なやつだ。道理にこだわっているか、道理をはなれているか、これだけは自分でチェックしてもらうしかないな」と居士に自覚をうながしているのかもしれない。居士は指を三度はじく。それだ、それが気になっていたんだ、と。

どちらが勝ったという話じゃないとおもう。仕掛けたのは居士だが、普済もそれを見事に受けとめている。とてもよい人間関係なんじゃないかなあ。

深入りするつもりはなかったのだが、とつおいつ思案しているうちに、論にはぐれて迷子になってしまったようである。もっとも、わからないものは性急にわかろうとしないほうがよい。半端にわかったとおもってしまうと、その「わかった」という状態から脱けだすことがむつかしくなる。わからなければ、「わかろう」とジタバタすることができる。ジタバタしながら「わからない」ものに辛抱してつきあっていると、ちょっとわかったりする。で、ちょっとわかった気になっていると、つぎの「わからない」ことがでてくる。

わからないことがでてくれば、こころのなかで気にしつづけることができる。たとえば普済が説いたという「生死を超えた世界」と「来世《らいせ》」とは同じものなのかなあ。仏教は生死を超えた境地を教えているとおもわれるが、それを「生死を超えた世界」と表現すると、いささかニュアンスが異なってくる。さらに「来世」といいかえたりすると、まったく異なった意味になるような気がする。

仏教にいわゆる来世信仰のあることはたしかだとしても、そしてそれに惹《ひ》かれていた仏教徒も大勢いるにちがいないけれども、来世信仰というものは仏教がその歴史のなかで民間信仰に妥協したものであって、もともとのお釈迦さまの教えにはなかったものなんじゃないだろうか。仏教の独自なところは輪廻《りんね》転生《てんしょう》からの解脱《げだつ》ということにあるはずだから。「生死を超えた世界」は合理的に理解可能だとしても、「来世」は信仰の領域にしかないいんじゃないだろうか――といったことをウジウジと気にしつづけていると、だんだん妄想にはまりこんでゆく――ブッダの教えの根っこには「業と解脱」の思想がある。生への執着こそが苦の原因であり、この執着を断つことによって、執着のもたらす苦から解放される。してみると、ブッダが来世を信じなかったわけでもあるまい。でもなあ、輪廻を信じ、地獄や天人の世界、涅槃の世界、極楽浄土を信じていたのかもしれないが、それをある時間や空間において存続する来世としてとらえてはいなかったんじゃないだろうか。それかあらぬか、来世へと旅立つとか、あの世で待っているとか、ブッダは口にしない。ただ「いま・ここ」にあって修行すべしとうながすだけである。

ブッダにとって来世というものは（たとえ存在するとしても）「いま・ここ」における修行にくらべれば価値のないものだったのかもしれない。ブッダにとって修行とは、目的に達するための手段ではなく、端的に「生きる」ことであった。そうおもって龐居士のあり方をかえりみれば、禅とはつくづく「いま・ここ」に徹することだと身にしみる。

三〇〇頁の本を読みおえるのに一〇時間かかるとしよう。二時間かけて一〇〇頁まで読んだけど、まだ八時間もかけて二〇〇頁も読まなきゃならんかとおもうと、なんだかゲンナリする。九時間かかって二八〇頁まで読みすすめ、「あとちょっとだ」とおもうと、いくらか元気がでてくる――なんていうことは、居士にかぎってありそうもない。居士のことである、「もう」こんなに読んだのか「まだ」これだけしか読んでないのかと一喜一憂することなく、のべつ「いま・ここ」に没入しているうちに、おもいもよらぬ積みあげを成しとげているにちがいない。

「母親の腹のなかにいたときの言葉をおぼえている」というのが、そういう微小表象の積みあげともいうべき無意識めいた時間意識であるとすれば、そういう有限と無限との連続性については、なるほど「理屈をこねて分別せんでくれ」といいたくもなるだろう。

4　どっちが物知りジイさんか

居士が普済にあいにゆく。

普済は居士がやってくるのを見かけると、すぐに門を閉じて「物知りジイさん、こないでくれ」。

「独り住まいの独り言、だれがドジをふんだのかな」。

普済が門を開けてでようとしたとたん、居士はとっつかまえて「和尚が物知りか、わしが物知りか」。

「物知りかどうかはおいといて、門を閉じるのと開けるのと、布を巻くのと広げるのと、なにほどのちがいがあるのかな」。

「その問いばかりは、ひどく腹が立つわい」。

普済は黙っている。

「うまくやろうとして、かえってヘマをやらかした」。

居士、一日去《ゆ》いて普済に看《あ》う。済、居士の来たるを見るや、便ち門を掩却《えんきゃく》して曰く、多知《たち》の老翁、与《とも》に相見《しょうけん》する莫《なか》れ。士曰く、独坐独語、過《とが》は阿誰《たれ》にか在る。済便ち門を開いて纔《わず》かに出づるや、士に把住せらる。曰く、師多知なるか、我多知なるか。済曰く、多知は且《しば》らく置くも、門を閉ずると門を開くと、巻くと舒《の》ぶると、相較《たが》うこと幾許《いくばく》ぞや。士曰く、祇《た》だ此の一問、人を気急《ききゅう》殺《さつ》す。済嘿然《もくねん》たり。士曰く、巧を弄して拙を成せり。

居士一日去看普済。済見居士来、便掩却門曰、多知老翁、莫与相見。士曰、独坐独語、過在阿誰。済便開門纔出、被士把住。曰、師多知、我多知。済曰、多知且置、閉門開門、巻之与舒、相較幾許。士曰、祇此一問、気急殺人。済嘿然。士曰、弄巧成拙。

居士のすがたを見つけると、普済は門を閉じて「多知の老翁」こないでくれ、と居士をこばむ。「多知」がキーワードになっている。「博識というよりは、むしろ知識過剰というニュアンスをもつ」(『禅語辞典』)とのことだが、つづく問答を読んでみるに、頭でっかちのものは悟りから遠いという認識が普済と居士との双方にあるようである。

これは想像でいうのだが、居士がいっしょに遊んでもらいたくて、たとえば「母親の腹のなかにいたときの言葉をおぼえているんだけどさ」といった知ったかぶりの議論をふっかけたりして、普済をヘキエキさせたという過去のことをふまえているんじゃないだろうか。そういう前科があるもんで、もう相手をしたくない、と普済は門を閉じる。

「物知りジイさん」と普済からよびかけられ、居士は「独坐独語をしでかしたのはだれかな」という。はたして「独坐独語」しているのはだれだろう。居士は自分のことをいっているのか。それとも普済のことをいっているのか。

もし居士が自分のことをいっているんだとしたら、「わしはただ独坐独語しているだけで、べつに物知りなわけじゃない。どこに落ち度があるというのか」と反論していることになる。そういう弱腰はちっとも居士らしくない。

物知りジイさん、こないでくれだって？　おやおや、ぶつぶつ独り言をいってるよ。ふうん。問題はわしにあるとでもいいたいのかい？　ぶつくさ独り言をいいながら、ひとりで坐ってるのは、そっちのほうじゃないのかな、と居士。

普済は、油断したか、ちょいと門を開け、わずかに外をのぞく。無視できなくて、つい顔をだしてしまう。居士はすかさず普済をとっつかまえて、またぞろ議論をふっかける。あんたが多知か、わしが多知か、と。

すると普済は、なぜか「多知」の話題を避けて、「門を閉じるのと開けるのと、布を巻くのと広げるのと、それほどちがいはない」という。普済はもちろん居士のほうが多知であると考えているけれども、これ以上そのことをいってみても水掛け論になるだけなので、そそくさと話題を転換したのだろうか。

「門を開けるのと閉じるのと」は、まさに当の普済がしていることである。門を開けて居士をまねきいれるのか、門を閉じて居士を閉めだすのか、ということだろう。「布を巻くのと広げるのと」は、巻物になったお経をひろげて読むのか、それとも閉じて読まないのか、ということだろう。居士を門にいれてお経を読ませるのか、居士を門から閉めだしてお経は読ませないのか、どちらにしても居士にとっては大差ないよ、と普済はいっているようである。その議論はもうよい。あんたに心をひらいても、あんたを無視しても、同じことだ、どうでもよい、と。

居士は「それはないよ」と腹を立てる。普済はなんにも答えない。すると居士は「和尚さん、わしから逃げようとしたけど、うまくゆかなかったね。ほれ、このとおり門を開けさせて、あんたをつかまえてしまったもの」。

場面を浮かべながら読めば、こんな感じになるとおもうが、いまひとつ切迫した空気にとぼしい。もうちょっと息詰まるようなテンションで読めないものだろうか。

普済は居士がやってくるのを見ると門をピシャリと閉め、「知ったかぶりの年寄りにはあいたくない」と面会謝絶。そっとしておいてくれ、と。おたがいを知りすぎているベテランの禅者どうし、我に対する汝としての独自なはたらきが弛緩《しかん》してきた。マンネリだ。おまえさんにはしばらくあわんほうがよい。

居士は「ひとりで閉じこもってブツブツいうておるようだが、だれのせいでそうなったのかな」と首をかしげる。わしに問題があるのか？　あんたに問題があるのか？　閉じこもってどうするんだ。われわれの関係がマンネリになったのは、汝に汝としてのはたらきがないからでもあるぞ。

ひょっこり顔をのぞかせた普済をとっつかまえ、居士は「あんたとわしと、どっちが物知りかな」という。あんたが知りすぎて独自なはたらきをうしなったのか、わしが知りすぎて独自のはたらきをうしなったのか。さあ、よけいなことを知っているのはどっちだ。

居士は「いかにも私はこのように多知だ」（九四頁）と居なおったのだ、と入矢先生は注しておられる。う～ん、居士はそういうキャラじゃないだろう。物知りだがそれがわるいか、と開きなおっているわけじゃなくて、ひとりっきりでも大丈夫だというおまえさんのほうこそ物知りなんじゃないかな、と問い返しているんじゃないだろうか。

普済は「多知と無知と、どれくらいちがいがあるのかな」と知ったふうな顔をする。閉じこもって知識をためこむのも、顔をつきあわせて知識をくらべるのも、どっちも似たり寄ったりなんじゃないの。たんに知識を競いあうだけなら、独り言をいっているのといっしょだよ、と。

おたがい知りすぎたせいかどうかはともかく、われわれの関係はマンネリになっている。我と汝とを区別して、その関係をつむぎだそうとしてみても、我と汝とがいっしょなら、ひとつの閉じられたはたらきでしかない。「われわれ」がいるだけではつまらん。「われ」と「われ」とがいなけりゃ、おもしろくもなんともない。それともあんた、おもしろいかい？

居士は「そんなふうにいわれるとムカつくなあ」とふくれる。ひどく耳ざわりなものいいじゃないか。我は我であり、汝は汝である。はたらきのない一体ではないはずだ。わしとであっても、であわなくても、いっしょってわけ？　と感情をむきだしにするあたり、居士の率直さがあらわれている。稚気《ちき》愛すべしといった感じだとおもう。

居士がプンプンしているのを横目に、普済は涼しい顔をして黙っている。黙られちゃったら、もうお手上げ。挑発したつもりだったのに、逆にスネられてしまったわい、と降参。遊んでもらいたくて議論をふっかけてはみたものの、妙なことになっちまったなあ。

息詰まるようなテンションで読もうとしてみたが、どうも逆に意気消沈しちゃったようである。マンネリをなんとかしたいけれどもうまくゆかない。まるで倦怠期の夫婦ゲンカみたいになってしまった。とはいえ例によって、ふたりの気がおけないまじわりぶり、わたくしの目にはとても好もしく映る。

いらざる脱線だっていうことは百も承知で、またぞろ別の問答をのぞいてみたい。普済は居士がやってくるのを見て門を閉じたけれども、趙州《じょうしゅう》もまた似たようなことをやっている（『趙州録』二六頁）。

師在南泉作爐頭。大衆普請択菜。師在堂内叫、救火救火。大衆一時到僧堂前。師乃関却僧堂門。大衆無対。南泉乃抛鑰匙、従窗内入堂中。師便開門。

師、南泉《なんせん》に在《お》いて爐頭《ろじゅう》と作る。大衆、普請して菜を択《と》る。師、堂内に在いて叫ぶ、救火《きゅうか》、救火。大衆、一時に僧堂の前に到る。師乃ち僧堂の門を関却す。大衆対《こた》え無し。南泉乃ち鑰匙《やくし》を抛《なげう》ちて窗《ま》内従《どよ》り堂中に入る。師便ち門を開く。

趙州が南泉のところで囲炉裏の番をしている。
雲水たちは畑で野菜を収穫している。
趙州は僧堂のなかから叫ぶ「火事だ、火事だ」。
雲水たちが僧堂のまえにあつまってくる。
趙州は僧堂の門を閉じる。
雲水たちは言葉もない。
南泉が窓から僧堂のなかへと鍵を投げ入れる。
趙州は門を開く。

「火事だ」と叫んでみんなをあつめておきながら、趙州は門をピシャリと閉めてしまう。ゾロゾロあつまってきた雲水たちは茫然。

南泉は、門を開けるための鍵を、窓から堂内へと投げこむ。鍵はもとより外で使うものなのに、それを内に投げこむ。本来なら内から門を開けるべきではあるが、あいにく外にいる。鍵を使ってはいるべき自分のかわりに、南泉は鍵を内に投げ入れる。鍵に身代わりをさせよう、と。

かくして趙州が閉めた門は、見事に破られてしまった。趙州はしぶしぶ門を開ける。

趙州はどうして門を閉めたのだろう。ヒネクレた読み方かもしれないが、門が開いたままだと、外から門を開けてはいることができないからじゃないだろうか。だとすると、外から門を「開ける」ということに重要な意味があることになる。閉まっている門を開けて救助するという活劇を、趙州は演出しようとしたんだとおもう。

趙州が「火事だ」と叫んだくせに門を閉めるのは、「助ける気持ちがホントにあるなら、門を破ってでもはいってくるはずだ」といっているのである。その気があるのか、と。それに対して南泉は「こちらからは開けないよ」と鍵を窓から投げこむ。「助かりたい気持ちがホントなら、門を閉めたりはしないだろ。天はみずから助くるものを助く。助かりたい気がないものをだれが助けるか。助かりたいのなら閉めた門は自分で開けろ」と突きはなす。

南泉の凄味があらわれた話である。外から開けることはしないよ、といっているのである。助かりたいなら自発的に開けろ、と。うん。けっこうテンション高く読めたんじゃないかな。

斉峰と居士とがならんで歩いていたとき、居士がひょいと一歩まえにでて
――わしは和尚より一歩すぐれておる

（「斉鋒との問答」より）

一歩まえにでて勝ったという
杖の分
わしのほうが
一歩前じゃ
一九
さー

長髭《ちょうし》との問答

長髭《ちょうし》　石頭の法嗣。法諱は曠。生年出自は不詳。潭州《たんしゅう》（湖南）の攸県《ゆうけん》に住した。〔『祖堂集』五『五灯会元』五〕

1　キリでゆくかノミでゆくか

居士が長髭《ちょうし》禅師のもとをおとずれる。

ちょうど法堂《はっとう》における説法にあたり、雲水がおのおの位置についている。

居士がいきなりまえにあらわれて「皆の衆、みずから工夫するがよい」。

長髭が説法をはじめる。

居士はその禅床のかたわらに立つ。

ある僧がいう「主人公を汚さずに、ひとつお示しください」。

「龐《ほう》どのをご存じか」と長髭。

「いいえ」。

居士はすぐさま僧の胸ぐらをつかんで「なんてこったい」。

僧は答えられない。

居士は突きはなす。

長髭はしばらくたってから居士にいう「さっきの僧だけど、やっぱり棒かな」。

「そいつはやっこさんが納得するかどうかですな」。

「居士どのはキリのように鋭いが、ノミの平たさがない」。

「そういう申されようは、わしだからよいが、別人にはまずかろう」。

「なにがまずい」。

「和尚さんにはノミの平たさはあるが、キリの鋭さがない」。

居士、長髭《ちょうし》禅師に到る。上堂に値《あ》たり、大衆集定す。士便ち出でて云く、各おの請うらくは自ら検《けみ》せば好し。髭便ち示衆す。士却って禅床の右に於いて立つ。時に僧有り問う、主人公を触《おか》さずして師の答話せんことを請う。髭云く、龐公を識るや。僧云く、識らず。士便ち其の僧を搊住《すうじゅ》して云く、苦哉《くさい》、苦哉。僧、対え無し。士、托開《たっかい》す。髭少間《しばらく》して却って士に問うて云く、適来《せきらい》の這《か》の僧、還た棒を喫するや。士云く、伊《かれ》の甘んずるを待って始めて得《よ》し。髭云く、居士は只だ錐頭《すいとう》の利を見て、鏨《さく》頭《とう》の方を見ず。士云く、恁麼《か》くのごとく説話するは、某甲は即ち得きも、外人之を聞かば、要且《ようか》つ好からず。髭云く、箇の甚麼《なに》か好からず。士云く、阿師は只だ鏨頭の方を見て、錐頭の利を見ず。

居士到長髭禅師。値上堂、大衆集定。士便出云、各請自検好。髭便示衆。士却於禅床右立。時有僧問、不触主人公請師答話。髭云、識龐公麼。僧云、不識。士便搊住其僧云、苦哉、苦哉。僧無対。士托開。髭少間却問士云、適来這僧還喫棒否。士云、待伊甘始得。髭云、居士只見錐頭利、不見鏨頭方。士云、恁麼説話、某甲即得、外人聞之、要且不好。髭云、不好箇甚麼。士云、阿師只見鏨頭方、不見錐頭利。

長髭がこれから雲水たちに説法しようとしているところに、居士がシャシャリでてきて「ただやみくもに法話をありがたがるだけじゃなくて、おのおの耳の穴をかっぽじって聴いて、しっかり自分のものにするんだぞ」とハッパをかける。長髭禅師の法話をちゃんと自分のこととして聴き、もし自分だったらどうするだろうか、と自分をためすような気持ちで聴くんだぞ、と。そして長髭が法話をはじめてからも、居士はそのすぐそばで目を光らせている。

ある僧が長髭にむかって「どうか主人公をそこなうことなく、ご自分の答えをお示しください」という。僧のいう主人公とは、この世で頼りにすべき唯一の自己、みずからの主体とすべき自己のことだろう。この発言は、長髭のかたわらでえらそうにしている居士のことを意識してのものにちがいない。してみると主人公とは、とりもなおさず長髭の本来の自己ということになる。

そう読むのが「ふつう」だとはおもうが、ふつうの読みはちょっと横に置いといて、僧のいう主人公について、ふつうでない読みの可能性を考えてみたい。僧のいう主人公とは、長髭のことではなく長髭の説いた法話の主人公であるとは考えられないだろうか。考えにくいだろうが、あえて考えてみよう。

長髭がなにを説法しようとしたのか、この問答にはまったく示されていないけれども、かりにブッダの話をしたとしよう。「如是我聞」というふうに、経典（ブッダの説法）をひいて「かつてブッダはこう説かれた」と長髭は説法をはじめる。

もし主人公がブッダのことだとすると、僧の発言の意味は「ブッダがそのようにおっしゃったということですが、和尚ご自身はどうお考えなのですか」と問うていることになる。ただブッダの言葉を受け売りするだけじゃなくて、和尚ご自身の言葉を語ってくださいよ、と。居士の「おのおの工夫せよ」という言葉を楯にとって、和尚もまた工夫してみなさいよと迫っているわけである。

長髭はその矛先《ほこさき》をかわすべく、僧に「居士を知ってるかい」とたずねる。僧は「知らん」と答える。すぐさま居士はその僧の首根っこをつかまえて「なんちゅうことをぬかす。この、この」と責めたてる。

僧はうまい具合に居士の言葉の尻馬に乗ってみせたかのようだが、じつは自己の工夫をしていないのは、ほかならぬ僧自身であったということを露呈させている。長髭に対する注文は、そっくりそのまま自分に刎《は》ね返ってくることに、この僧は気づいていない。

おまけに居士のことを「知らん」とうそぶくのも、しっかり墓穴を掘っている。どこのだれだか知りもしないものの口車にうかうかと乗っかってしまったとは、まことに軽率きわまりない。その点もまた責められるべきである。このお調子者め、と居士は僧をどやしつける。

僧のいう主人公とは長髭の説いた法話の主人公、すなわちブッダであるという読み、それなりに魅力的だとはおもうものの、さすがに妄想のたぐいだろうなあ。僧のいう主人公とは長髭の本来の自己であると「ふつう」に読んでみよう。

雲水たちが雁首をそろえている。そこへ居士があらわれて「おまえら、それぞれ主人公となって聴けよ」とハッパをかける。和尚の話をなんでもかんでも鵜呑《うの》みにするんじゃなくて、ちゃんと自分の問題として聴くんだぞ。たとえ法話であろうとも、みんなに話しているなんておもわないで、おのおの自分に語りかけられているとおもって聴くんだぞ。

さぞかし長髭もやりにくかっただろう。しかも長髭が説法しているあいだ、お節介な居士ときたら、かたわらに仁王立ちして睨《にら》みをきかせている。いよいよ不穏な空気がただよう。

その気まずい空気を読んでか、ある僧が「主人公がどうのこうのと居士はやかましいですが、どうか気にしないでください」と長髭に甘えてみせる。ヘンテコなのがそばにおりますけど、そんなのに支配されないで、和尚が法話の主人公なんですから、ご自分の主人公から話をなさってください、と。

そいつにはかまわずというあたり、この僧はもちろん居士をしっかり意識している。居士に間接的にケンカを売っているのである。すると長髭は「この龐さんを知っとるか」と僧にたずねる。わしの主人公もよいが、ここで妙に目立っておる男の主人公はどうする、といって居士のほうをチラリと見る。さすがの長髭もやっぱり気になっていたようである。なにせ存在感がすごい居士さん、長髭をさしおいてその場の空気を支配している。

「おまえなあ、この居士どのの主人公を知っておるのか」と長髭が僧にたずねるのは、「この腕ききの居士と一対一でむきあうだけの覚悟がおまえさんにはあるのかい」といっているのかもしれない。おまえ自身の主人公は、この龐さんに太刀打ちできるのかな。

僧は「知りません」とノンキに返事。そんなやつ相手じゃない。その気はない、と。すると居士、やにわに僧の胸ぐらをひっつかみ「やれ困った、まったく情けない」と一気呵成の先制攻撃。

長髭に「この龐居士をわきまえておるのか」と問われ、僧は「知りません」と無造作に、まるで他人事《ひとごと》のように、いたってノンキに返事をしてしまった。「勝負もせずに逃げるのか。おまえの主人公はどこにいった」と居士は叱りつける。さっき「おのおの自分のこととして聴けよ」と派手に注意した男だっていうことは承知のはずなのに、知らんとはどういう料簡だ。せっかくの注意をさては自分の問題として聴いておらなんだな。他人事だとおもって、いい加減に聴き流しておったな。

僧の気合い負けであることは疑いない。僧がヘドモドしているのを見て、居士は突きはなす。僧をひっつかんで「なんてこったい」と揺さぶり、はかばかしい答えがないと見るやドンと突きはなすのは、僧の長髭への問いかけに居士なりに答えてみせたのだろう。それは僧への答えであるとともに長髭への答えでもある。長髭さん、あんたはこのボンクラの問いに答えずに身をかわしたが、わしの答えはこうじゃ。

場面は変わり、この僧をどうしたらよいか、居士と長髭との教育談義となる。

長髭はしばらくしてから居士に「さっきの僧だけど、もういっぺん棒で打つことになるのかね」とたずねる。さっきの僧に対して教育的指導はしておいたほうがよいのかな、と。「さきほどの叱責をやっこさんが甘受するかどうか、それを見てから決めたらどうでしょうか」と居士。僧自身の主人公がでてこなければ、はたから親身の指導はできない。その気がないやつを相手にしてみてもしょうがない。

居士に「この、この」と胸ぐらをつかまれても、僧はなんにも答えられなかった。みずからの非を悟ったのか、なにひとつわからなかったのか、どちらとも決めかねる。僧がみずからの非を悟ったのなら、もう棒は必要ないが、なんにもわかっておらんなら、棒を食らわすこともあるだろう。

あとになって長髭が「さっきの僧だけど、けっきょく棒ってことになるのかね」とたずねるのは、長髭なりに問題の所在を考えていたんだとはおもう。長髭としては「やっこさんガツンとやられちまったけど、なぜやられたのか自覚できておらん。あんたのやり方はきびしいばかりで、ちっともフォローがない。もうちょっとわかるように棒で打ってやるべきじゃないかね」という教師めいた感想をもったのだろう。

居士は「痛棒を甘んじて喫しようという覚悟がないものを、いくら親切に打ってやったところでムダだ」とにべもない。あっちがその気にならないかぎり、こっちが押し売りしてもしょうがない。あいつのこころがけ次第なんだから、どうでてくるか待つしかない、と。

ここにおいて居士と長髭とは、キリとノミという譬《たと》えで、僧に対する指導方法をめぐって論戦する。「居士どのはキリのように尖《とが》った鋭さを見るだけで、ノミの平たいほうは見ないのだな」と長髭。主人公に対してキリのようにきびしく対応はできるが、ノミのように丁寧な対応はできんようだな。あんたはキリで穴をあけるように鋭く個人の主人公と対決することだけを大事にして、ノミで角《かど》を削るようにわかりやすく語りかけることを知らん。

あんたの手ぬるい教え方は、わしのようなベテランには通じるが、あの僧のような洟《はな》たれの場合、かえってスポイルすることになりかねんよ、と居士は苦い顔。和尚さんの話ぶり、わしなら自分の問題として聴くから得るところもあるが、まだ半人前のやつにそういう一般的な話をしてもしょうがない。「ほお、どこがいけない？　なにが問題なのかな？」「和尚さんはノミの平たさしか見ないで、キリの鋭さを見ないからさ」。

キリとノミとは、なにを譬えているのだろうか。キリが譬えるのは、聴くもの「ひとりひとり」をピンポイントで突くように教えることであり、ノミが譬えるのは、聴くもの「みんな」をひとしなみに平たく面を削るように教えることだろう。

長髭さん、あんたが十把一絡げに語りかけることしかできんってことを、わしは知っておるからよいが、未熟なやつらにはわからん。校長先生よろしく「みんな」にむかって訓辞をたれてばかりおると、自分「ひとり」に語りかけられたとおもって聴くことができないやつもでてきかねんから、そういうやり方はよろしくない、と居士はたしなめる。

キリのさきの「利」が鍵である。利とは「効用」のことだろう。功利主義（Utilitarianism）という語がある。行為の善は行為の利（utility）にある、と功利主義者はいう。行為のよしあしはその行為をおこなった結果としての効用によって決まる、と。

キリとは、教え方の鋭さ、とりわけ言葉（説法）や動作（棒で打つ、首根っこをつかまえる）の直接的なはたらきをいう。居士の言動はおそろしく鋭い。居士はそうした言動の鋭さのもつ効用をよく知っていて、それをうまく利用している。

ノミは大工道具である。ノミは家を建て、像を彫《ほ》る。キリの効用が、相手の非を鋭く突いて、みずからの非を悟らせるところにあるのに対して、ノミの効用は、相手のダメなところを削りとって、じっくり育成するところにある。

長髭は「ひとの非をあげつらうばかりが、みちびく方法ではあるまい」とさとす。居士はそれをみとめつつも、「長髭さんは甘い。きびしくすることもやさしさですぞ」という。きびしそうに見えて、じつはやさしい居士は、「そういう手ぬるいやり方は、わしのような古参なら自分なりに咀嚼《そしゃく》することもできるが、あの僧のような新米にとっては、かえってあとになってキリで突かれるような痛い目にあわせることになりかねん。あんたはやさしい顔をして、知らぬうちにきびしいことをやっておる」といっているのかもしれない。

ふたたび冒頭のシーンにもどって考えてみよう。

居士は説法をする長髭のそばに立つ。長髭と聴衆とのあいだに立って「それぞれ自覚をもって聴けよ」と聴衆に注意をうながす。どうしてそんなお節介を焼くのかというと、有象無象《うぞうむぞう》にとって長髭の教え方は好もしくないとおもっているからである。長髭の説法はノミで削ったようになめらかである。耳に心地よいが、一歩まちがうと毒にも薬にもならない。そういう教え方をされると、聴衆はややもすれば自分の問題として聴けなくなってしまう。

いったい禅の説法とは、説くものの主人公と聴くものの主人公とが斬りむすぶようなものであらねばならない。居士はいう。和尚はみんなに平等に語りかけることばかり考えておるようだが、ひとりひとりに語ることの大事さのほうはどうなのかな。ひとりひとりに語るようにみんなに語りかけないと、聴くものは他人事のように聴いちまいますぞ、と。

長髭もそのことは薄々感じていて、ちかごろ雲水どもがたるんでおるから、よい機会だから居士にガツンとやってもらおうと望んでいた。だから突きはなすだけではなく、棒を食らわしてほしかった。ところが居士は「長髭さん、よほど甘やかしてきたとみえ、こいつら棒にも値しない」とサジを投げる。

長髭は「気持ちはわかるけど、棒にも痛い棒と甘い棒とがあってもいいんじゃないか」と甘いことをいう。「いや、長髭さん、あんたの棒は甘いだけだ」と居士。棒にも痛い棒と甘い棒とがあってよい。だが修行者みずからが痛い棒と甘い棒との区別を知っている必要はない。修行者にとっての棒はすべからく痛い棒であるべし。そんなこともわからんから、長髭さん、あんたの棒は甘くなって雲水どもになめられるんだ、と居士。

学校の教師というものは、ともすれば「みんな」にむかって話をしがちである。「ひとり」づつであるはずの聴くほうも、ウッカリすると、みんなの話としてボンヤリと聴いてしまい、自分にむけられた問題として切実に受けとっていなかったりする。和尚さんの話はみんなにむけられているけれども、ひとりひとりが自分にむけられた話として聴きなさいよ、という老婆心切にあふれた指導を居士はする。

説法の場にあって、居士は「ボンヤリとただ聴いてるだけじゃダメだぞ」とよけいなお世話を焼き、おまけに長髭のかたわらに立って「ちゃんとやっとるか」と監督する。まっすぐな居士は、おのれの主義として、キリの鋭さをもつような指導しかしない。しかし居士にとっちめられたものは、キリの切っ先にこめられたやさしさに、かならずや気づくであろう。

教師としてのわが身をかえりみれば、キリの鋭さは薬にしたくも無い。わたくしが居士にあこがれる所以《ゆえん》である。

容器をうごかすことなく、水をもってきてくれ

（「丹霞との問答」中の「祖堂集」の言葉）

松山《しょうざん》との問答

〔三〕 松山《しょうざん》　馬祖の法嗣。龐居士とのかかわりのほか、なにひとつ履歴は伝わっていない。〔『五灯会元』

1　いまさら会釈でもあるまい

松山和尚《しょうざん》と茶を飲んでいたとき、居士は茶托《ちゃたく》をもちあげて「ひとりひとり本分をもっているっていうのに、どうして語りえないのかなあ」。

「ひとりひとり本分をもっているからこそ語りえないのさ」。

「だったら兄貴が語りうるのはなぜですかな」。

「ただ黙っておるわけにもゆかんからな」。

「いかにも、いかにも」。

松山は茶を飲む。

「兄貴は茶を飲むのに、なぜ客に会釈《えしゃく》しないのです」。

「だれに？」。

「龐《ほう》どのに」。

「いまさら会釈することもあるまい」。

後日、丹霞《たんか》はこれを聞いて「もし松山和尚でなければ、あやうく居士にひっかきまわされるところだ」。

居士はこれを小耳にはさむと使いをやって伝える「どうして茶托をもちあげるまえにわからんのだ」。

居士、松山《しょうざん》和尚と茶を喫する次《つ》いで、士、橐子《たくす》を挙げて曰く、人人《にんにん》尽《ことごと》く分《ぶん》有るに、什麼《なん》の為にか道《い》い得ざる。山曰く、祇《た》だ人人尽く有るが為に、所以《ゆえ》に道い得ず。士曰く、阿兄は什麼の為にか却って道い得るや。山曰く、無言にし去るべからざるなり。士曰く、灼然《しゃくねん》、灼然。山便ち茶を喫す。士曰く、阿兄茶を喫するに、什麼の為にか客に揖《ゆう》せざる。山曰く、誰《た》ぞ。士曰く、龐公。山曰く、何ぞ更に揖するを須《もち》いん。後、丹霞聞きて乃ち曰く、若し是れ松山にあらずんば、幾《ほと》んど箇の老翁に惑乱せらるること一上《いちじょう》ならん。士之を聞き、乃ち人をして霞に伝語せしめて曰く、何ぞ未だ橐子を挙げざる時を会取《えしゅ》せざる。

居士同松山和尚喫茶次、士挙橐子曰、人人尽有分、為什麼道不得。山曰、祇為人人尽有、所以道不得。士曰、阿兄為什麼却道得。山曰、不可無言去也。士曰、灼然、灼然。山便喫茶。士曰、阿兄喫茶、為什麼不揖客。山曰、誰。士曰、龐公。山曰、何須更揖。後丹霞聞乃曰、若不是松山、幾被箇老翁惑乱一上。士聞之、乃令人伝語霞曰、何不会取未挙橐子時。

龐居士の語録におさめられた問答はどれもみな好きだが、松山とのそれはとりわけ大好きである。ひとつ「くどい」くらいに論じてみたい。

居士が松山和尚と茶を飲んでいる。居士は茶托をもちあげていう。ひとはみな「分」をもっているのに、どうして語りえないのか、と。のっけからはなはだ難解な問いかけである。その問いに対して松山は「ひとはみな分をもっているからこそ語りえないのさ」と答える。

居士はなぜ茶托をもちあげて問うのか。分をもっているとどうして語りえないのか。そもそも分をもっているとはどういうことか。語りえないとは、なにについて語りえないのか。

ひとはみなふつうに「なにか」を語っている。居士が「どうして語りえないのか」と問い、松山が「だから語りえないのさ」と答えることからして、ここで問題になっているのは、ふだんの「おしゃべり」とはちがう、なにかしら特別なことについて語りえないといっているようである。

「人人」は語りえないのに「阿兄」はどうして語りうるんだい、と居士はたずねる。ここにおいてようやく仔細がすこしだけ見えてくる。「人人」と松山とが対比されている。「人人」とは松山に対比されるような一般人であって、かれらは語りえないけれども、松山は語りうるのである。しかし「なに」について？ それは相変わらず「人人」には語りえず、松山には語りうるような「なにか」である。そしてその「なにか」とは、ひとが分をもっているがゆえに語れないような「なにか」である。

いったい分とはなにか。ひとまず「本分」と訳しておいたが、そもそも本分とはなんだろうか。

おのおのが本来的にそなえている自己の分限といったような意味で本分をとらえてみよう。「おのれの本分をわきまえよ」「みずからの本分をつくせ」云々。こういった「はたすべきつとめ」といった意味で本分をとらえて、はたしてこの問答をうまく解釈できるだろうか。

ひとしきり考えてみたのだが、どうもうまくゆきそうもない。そこでちょいと観点を変えて、「そのものの生まれつきの真実」すなわち「本来の自己」というふうに本分をとらえてみよう。

だれもがもっている本来の自己として本分をとらえると、居士の問いは「ひとはみな本来の自己をもっているのに、どうして語りえないのか」となり、松山の答えは「ひとはみな本来の自己をもっているからこそ語りえないのさ」となる。片や「本来の自己をもっているのに」といい、片や「本来の自己をもっているからこそ」という。ここにおいて理解はゆきづまる。

最終的には「分」を本来の自己として理解したいのだが、このままゴリ押しすると煮詰まっちゃいそうだから、すこし頭を冷やすべく、この分についてあえて「本分」ではなく「分別」として解釈してみよう。分別、理性、そういった万人がもっている知的な能力として分をとらえてみよう。

ちゃんと分別をもっているのに語ることができないというのは合点がゆかぬ、と居士はいう。分別をもっているから語りえないのさ、と松山はいう。ふむ。だとすると松山が語りうるのはなぜか。分別をもっていないとでもいうのだろうか。そんなはずはない。要するに衆生と松山とでは分別のとらえ方がちがうっていうことだろう。

衆生は迷いのうちにある。なぜなら自己の分別を頼りに生きているから。自己の分別を頼りにすればするほど、ひとは迷わざるをえない。本来の自己を頼りに生きることと、自己の分別を頼りに生きることとは、似て非なるものである。松山は、自己の分別を頼りにすることなく、本来の自己にしたがって生きている。だから松山は語りうる。

松山の「ひとはみな分別をもっているからこそ語りえないのさ」という答えは、そういった「本来の自己を頼りに生きること」と「自己の分別を頼りに生きること」とのちがいをふまえてのものである。分別は、ふつうのひとがふつうに生きるうえでは頼りになるけれども、悟りを得るためには役に立たない。否、むしろジャマになる。

松山における分別の使い分け、すなわち禅僧の「本来の自己を頼りに生きること」と衆生の「自己の分別を頼りに生きること」との分別を知ってか知らずか、居士は「どうして兄貴は語れるのか」と問いをかさねる。それに対する松山の答えは見事である。居士のしつこい問いを素知らぬ顔でやりすごすのではなく、「黙ってるわけにもゆかんからな」とねんごろに答える。

悟りを得たものは、まだ悟っていないものを、なんとかして悟りへとみちびかねばならない。出家たるもの、そういう使命を帯びるのだ、という覚悟を松山はしずかに語る。居士はこの答えに感じ入り、「いかにも、いかにも」とうなづく。

松山はここで茶を飲む。ふう、なんとか居士の問いをかわしたようだ、と一息つく。居士はすかさず別の方向から反撃をこころみる。「おやおや、和尚はひとりで茶を飲むつもりですかい?　客に挨拶しないんですか?」「挨拶って、だれに?」「この龐さんに」「いまさら挨拶するまでもなかろう」。

居士は、自分も和尚と同じように「語りうる」側の人間であるということをみとめてくれ、とダダをこねているようにも見える。そう見えてしまうのは、まえにも申したように、わたくしが居士はすこぶる承認欲求の強いひとだというイメージをいだいているせいかもしれない。

はたして居士に松山和尚のような利他の覚悟はあるのかなあ。居士は衆生になにかを語ってきたのかしらん。居士は禅僧を挑発することしかやってこなかったんじゃないだろうか。ひょっとすると居士は、しょせん分別のひとであって、いまだ語りえざるひとなのかもしれない。

それかあらぬか、みぎの問答を小耳にはさんだ丹霞は「もし松山和尚でなければ、老練な居士にひっかきまわされたところだ」という。居士はひとかどの禅客であり、その問いはおそろしく鋭い。並みの禅者では太刀打ちできまい。が、さすがは松山、居士とは一味ちがうわい。

この評を知って、居士は丹霞に使いをやって伝える。「わしが茶托をもちあげなければ、松山だってどうしてわかっただろうか」と。おお、そういえば茶托をもちあげることの意味について考えるのをすっかり忘れていた。忘れるはずである。「本分をもっているのになぜ語りえないのか」という逆説ぶくみの問いにとらわれて、居士が茶托をもちあげて問うたということまでは気がまわらなかった。これだから禅者は油断がならない。なにげない動作の裏にはまた裏があって、その細工があとで効いてきたりする。

居士と松山とがいっしょに茶を飲んでいる。一見、なごやかな雰囲気である。居士は茶托をもちあげ、だしぬけに問答をふっかける。茶托をもちあげるというのは、やにわに問答をふっかけるということを譬《たと》えているのかもしれない。茶＝なごやかな雰囲気、それは茶托のうえにのっている。その茶托をもちあげ、つまりなごやかな雰囲気は棚にあげ、「さあ、問答をしようぜ」と居士は松山に挑戦する。

そう考えるならば、丹霞のコメントに対する居士の言い分は、「松山から見事な答えをもらった。しかし、それをひっぱりだしたのは、わしがいきなり問答をふっかけたからではないか」ということになる。ここでも居士は、自分の功績をみとめてくれ、と丹霞にいっているみたいである。

茶托をもちあげることを、だしぬけに問答をふっかけることの譬えとして読んでみたが、もうちょっと深い含意があるような気もする。ひとつ深呼吸して、もうすこし掘りさげてみよう。

ひょっとすると茶托は、たんなる対話の道具ではなくて、茶托それ自体が茶托としてその「本分」を発揮しているのかもしれない。居士が松山に挨拶を迫っている場面にあっては、まさに主客のことが問題になっている。そのさいの本分のありようを茶托は象徴しており、その本分をめぐっての我と汝との対決がくりひろげられているのかもしれない。

居士が茶托をもちあげ、松山を見つめていう。「茶托は茶托として、なにひとつ隠すことなく自己の本分を見せている。茶托ですらそうなんだから、いやしくも人間であるからには、だれもみな本分があるはず。それなのになぜそれを表にあらわせないのか」と。我は我、汝は汝、それぞれ立場がちがうはずなのに、なぜそれを曖昧にしてしまうのだろうか。

松山は「語りえぬところに本分があるからじゃないか」と見事に語ってみせる。入矢先生は「衆生は本来、仏とは別でないとする華厳の立場がここには前提されている。「人はみな分がある」とは、したがって「人はみなそのままの在り方において覚者たる持ち前を賦有し、仏知見を開示すべき資格を具えている」という意味である」（一〇三頁）と注しておられる。

本分があるというのは、だれもみな仏（覚者）たりうるということだ、と入矢先生は理解しておられるようである。本分があるとは、それぞれに自己であるということだ、とわたくしは読みたい。浅学の身としては自信をもって判じかねるが、このあたりの立ち位置は大事なところだろう。

居士が茶托をもちあげるのは、たんなる挨拶ではない。茶托をもちあげることによって、居士と松山が我と汝とになる。茶托を介して、居士も松山もそれぞれ自己という本分をもつところの我として、たがいに汝と対峙《たいじ》しはじめる。

我は我であり、汝は汝である。が、我と汝とがひとつの「われわれ」でありたいとおもう。それゆえに我をむやみに表にあらわせない。それぞれちがっているから、かえって自分をあらわすことがむつかしい。

ところが松山ときたら、いたって自然体でおしゃべりする。居士は「語りえぬところに本分があるなんていいながら、けっこう語りたいことを語ってるじゃないの」と頬をふくらませる。松山は「まあ、わしにも本分があるからしょうがないさ」と苦笑い。居士は「ごもっとも。我は我、汝は汝だ」とひっこむ。

いったんひっこんだ居士だが、松山がのほほんと茶を飲むのを見て、「兄貴、茶を飲むのもいいけど、なぜ会釈してからにしないのさ」とイチャモンをつける。わしという客を目のまえにしながら、主としてはすこし無礼じゃないですかい、と。

「会釈しろって、だれに?」「わしに」「べつにいいじゃん」。わしもあんたも、おのおの本分をもっておるんだから、いまさら他人行儀に主と客という関係をもちこまんでもよかろう、というのが松山の言い分だろう。我は我、汝は汝、しかし「われわれ」はひとつだ、と。

丹霞は「さすがは松山さん」とホメそやす。松山だからよかったので、余人ならこうはゆかんかっただろう、と。気のきいたコメントのつもりかもしれないが、しょせん第三者のタワゴトである。

居士はこれを伝え聞いて「どうして茶托をもちあげるまえにわからんのだ」と文句をいう。わしが茶托をもちあげるまえは、松山だってわかっていなかったはずだ、と。この居士のセリフ、たんなる負け惜しみではない。これを負け惜しみとおもわれては居士も浮かばれまい。

茶托は茶托である。茶托であることを隠していない。ところが人間は、それぞれ個人であるはずなのに、なかなか自己をあるがままにあらわせない。人間はだれもみな我ではあるが、たんに我なだけではない。我でないところで汝とひとつである。ひとつであるならば、いちいち我をかかげる意味はない。我と汝とは「二にして一」なのである。

居士に「あんたが語りうるのはなぜか」と問われ、松山は「ただ黙っておるわけにもゆかんからな」と答える。黙っているわけにもゆかんのは、この場面においてすでに他者としての居士がいるからである。松山は居士という他者に対する自己である。すでに「われわれ」であるからには、のんびりと唯我独尊をうそぶいているわけにはゆかない。

むつかしく考えようとおもえば、いくらでもむつかしく考えられる問答である。

居士は茶托をもちあげて「だれしも本来の自己があるのに、なぜそれを語れないのか」と松山にたずねる。みんな同じだから、要するに「一」であるから、語る必要はない。しかし「黙ってるわけにもゆかん」のは、居士という相手がいるからである。すでに我と汝という「二」なる関係にある。我と汝とは同じではない。だから語らざるをえない。

松山は黙って茶を飲む。それを見て居士は「なぜ客に会釈しないのか」と問う。松山は「いまさら会釈することもあるまい」と答える。わしは一者だから、会釈する相手はいない。いったいだれに会釈するんだ、と。そして松山は話にケリをつけるべく、わざと居士を無視してみせる。

居士の「なんで会釈しないのか」という問いに対して、松山はあえて「会釈する他者がいないんだから、だれに会釈するのだ」と答えてみせる。わしは仏だ。「一」だ、と。居士も負けていない。この龐さんが目のまえにいるじゃないか、と胸をはる。一者のつもりかもしれんが、すでに両者じゃないか。とっくに「二」だろ、と。

居士と松山との「二にして一」であるギリギリの人間関係に割ってはいるように、丹霞は「松山だから、わしは一者だとうそぶくことができた」と評する。こういう茶々はたいてい功を奏せない。

茶托をもちあげたとき、すでに居士と松山とのあいだには縁《えにし》が生じていて、とうに我と汝という関係が成り立っている。そういう他者に対する自己のぶんざいで、茶托をもちあげるまえならともかく、もちあげたあとで「わしは一者だ、会釈する他者なんかいない」とうそぶくのは水臭い。会釈すべきわしが目のまえにおるじゃないか、と居士。

ひょっとしたら松山さん、茶を飲みはじめたとき、なれなれしく「われわれ」の立場をとって、我と汝との立場を忘れかけていたんじゃないだろうか。

ハイデガーはいう。おのおの自己であるのに、さしあたり日常的には自己であることを忘れて、だれでもない「ひと」へと頽落《たいらく》してしまう可能性が、人間にはつきまとっている、と。頽落するな、と居士もまたいいたかったのかもしれない。

2　ただ「ある」ことを知らん

居士が松山といっしょに田んぼをたがやす牛を見ていたとき、牛を指さして「あやつは二六時中ずっと安らいでおるが、ただ「ある」ということを知らん」。

「龐さんでなければ、どうしてあやつのことを見てとることができようか」。

「和尚におたずねするが、あやつはなにが「ある」ことを知らんのだろうか」。

「まだ石頭《せきとう》におあいしておらんから、それがいえなくても差しつかえなかろう」。

「では、あってからはどうなさる」。

松山は手を三つたたく。

居士、一日松山と耕牛を看る次《つ》いで、士、牛を指して曰く、是れ伊《かれ》は時中に更に安楽なるも、只だ是れ未だ有ることを知らず。山曰く、若し龐公に非ずんば、又た争《いか》でか伊を識らん。士曰く、阿師道え、渠《かれ》は未だ箇の什麼《なん》の有るを知らざる。山曰く、未だ石頭《せきとう》に見《まみ》えざれば、道い得ざるを妨げず。士曰く、見えし後は作麼生《いかん》。山、掌を撫《う》つこと三下す。

居士一日与松山看耕牛次、士指牛曰、是伊時中更安楽、只是未知有。山曰、若非龐公、又争識伊。士曰、阿師道、渠未知有箇什麼。山曰、未見石頭、不妨道不得。士曰、見後作麼生。山撫掌三下。

「牛ときたら、のべつノンビリしておるが、ただ「ある」ということを知らん」と居士。これに対して松山が「龐さんならでは、あやつのことをわかるものはおるまい」というのは、換言すれば「あの牛はあんたじゃないのに、どうしてあやつのことがわかるんだい」といっているのだろう。あんたはあやつではなく、しかもあんたは牛でもないのに、どうして他者である牛のことがわかるのか、と。

この松山の発言について論ずるためには、なにはさておき考えておかにゃならんことがある。牛は「ある」ということを知らんと居士はいうけれども、いったい「なに」があることを知らないのだろう。わたくしは「自己」があるということを知らないといっているのだと解釈したい。

牛にも自己というものはあるのだが、牛自身はそのことを知らない、と居士はいう。牛は自己を意識しない、と。しかし松山は、牛が自己を意識しないということを、牛でもない居士がどうして知っているのだ、といぶかしむ。意識があるかどうかは、その当者でなければわからんはずじゃないか、と。もっともな疑念である。ところが居士は「和尚、わしは牛は「ある」ということを知らんとおもうんじゃが、いったい「なに」があることを知らんのかな」と平然と問い返す。和尚もまた、当然、知っているでしょうに、知っていながら、わざわざわしに問うんですかい、といった口ぶりで。

松山は「まだ石頭にお目にかかっておらんから、それがいえなくてもかまわんだろう」とトボケた顔でいう。石頭はしょっちゅう自己の自覚ということについて説いているらしいが、その件については石頭にたずねてみなきゃわからんなあ、と居士の問いをはぐらかす。

居士は「石頭にあってからなら、どうなさる」とさらに追求。トボケんでくださいよ。わざわざ石頭にたずねなくたって、和尚もとうにご存じのはずだ、と。松山は手を三つたたく。けっこうな問答であった。たがいの健闘に拍手をしようじゃないか、と。

牛は「ある」ことを知らんというとき、なにが「ある」ことを知らんのかというと、それは「自己」があることを知らんのである、とわたくしは理解したい。そのように理解したくなるのは、『荘子《そうじ》』秋水篇の「濠梁《ごうりょう》説話」のことが脳裏にあるからにほかならない。

荘子与恵子遊於濠梁之上。荘子曰、儵魚出遊従容。是魚楽也。恵子曰、子非魚、安知魚之楽。荘子曰、子非我、安知我不知魚之楽。恵子曰、我非子、固不知子矣。子固非魚也、子之不知魚之楽全矣。荘子曰、請循其本。子曰女安知魚楽。云者既已知吾知之而問我。我知之濠上也。

荘子、恵子《けいし》と濠梁の上に遊ぶ。荘子曰く、鯈魚《しゅくぎょ》出で遊ぶこと従容《しょうよう》たり。是れ魚楽しむなり。恵子曰く、子は魚に非ず、安《いずく》んぞ魚の楽しむを知らんや。荘子曰く、子は我に非ず、安んぞ我が魚の楽しむを知らざるを知らんや。恵子曰く、我は子に非ざれば、固《もと》より子を知らず。子は固より魚に非ざれば、子の魚の楽しむを知らざること全し。荘子曰く、請う其の本に循《したが》わん。子曰く、女《なんじ》、安んぞ魚の楽しむを知らんや、と。云う者は既已《すで》に吾が之を知るを知りて我に問えり。我、之を濠上に知るなり。

荘子と恵子とが濠水にかかる橋のうえを散歩している。

荘子がいう「ハヤがのびのびと泳ぎまわっている。あれこそ魚の楽しみだね」。

恵子がいう「キミは魚でもないのに、どうして魚の楽しみがわかるんだい」

「あんたはオレじゃないのに、どうしてオレに魚の楽しみがわからないってわかるんだい」

「ボクはキミじゃないから、もちろんキミのことはわからないさ。それといっしょで、キミも魚じゃないんだから、キミに魚の楽しみがわからないのも当たり前だろ」

「最初にもどって考えてみよう。どうして魚の楽しみがわかるのか、とあんたはたずねてきたが、それはもうすでにオレが魚の楽しみがわかっているつもりになっているということを知ったうえで、そう問うてきたわけだ。つまりオレには濠水のほとりで魚の楽しみがわかったってことさ」。

恵子は「他人の気持ちはわからない」という原則に立ち、魚の楽しみがわかるという荘子の言葉に疑義を呈する。キミは魚じゃないんだから、魚の気持ちはわかりっこない、と。その論法を逆手にとって、荘子は反駁する。キミはオレじゃないんだから、オレの気持ちはわかりっこない。だからオレに魚の気持ちがわかるかどうかも、わかりっこない、と。しかし恵子はひるまない。なるほどぼくはキミじゃないから、キミの気持ちはわからない。それはみとめよう。だとすれば、キミも魚じゃないんだから、魚の気持ちはわからないはずだ。それもみとめてくれ、と。

ここまでの議論は、要するに「他人の気持ちはわからない」という理屈で一貫している。この原則をふまえているかぎり、さすがの荘子も恵子を論破することはできない。恵子の論法を使って恵子をやりこめようとしてもダメだっていうことで、荘子は戦法を変える。

「最初にもどって考えてみよう。キミは「キミにどうして魚の楽しみがわかるのか」といってきたが、それはもうすでにオレが魚の楽しみがわかっているつもりになっているということを知ったうえで、そんなふうに文句をつけてきたってわけだ」と荘子はいう。

じつに鋭い。鋭すぎて、一度読んだくらいでは、なかなかピンとこない。問題の鍵は、どうやら原文の「吾が之を知るを知りて」の解釈にあるらしい。いくつか注釈書をのぞいてみよう。

君は「お前にどうして魚の楽しみがわかろうか」といったが、それはすでに、僕の知識のていどを知ったうえで、僕に問いかけたものだ。〔君は僕ではなくても、僕のことをわかっているじゃないか〕。

（金谷治『荘子』第二冊・岩波文庫・二八三頁）

「吾が之を知るを知りて」を金谷先生は「僕の知識のていどを知ったうえで」と訳しておられる。この「僕の知識のていどを知ったうえで」という訳文は二通りに読める（どっちなのかは玉虫色である）。

ひとつは、魚の気持ちを知ることなどできっこない（つまり魚の気持ちがわかるような超能力はもっていない、もしくは魚の気持ちがわかるほどの目利きではない）という荘子の知識の程度を知ったうえで、という読みである。荘子には魚の気持ちがわかってなんかいないということを恵子はわかったうえで、という理解である。

もうひとつは、荘子が魚の気持ちをちゃんとわかっているということを恵子はわかったうえで、という読みである。つぎの福永先生の解釈はその方向である。

きみはいま僕に魚でないのに魚の楽しみなど分かりっこないといったが、それはきみが僕に魚の楽しみの分かっていることを知っていて質問したのである。すべて真実なるものは人間の分別知や言論では捉えることができず、議論を超えた境地で体得されるほかない。きみが議論の上で肯定するにせよ否定するにせよ、きみ自身は議論を超えたところで僕の知っていることをすでに理解しているのであるから、それと同じく、僕はまた魚の楽しさをこの濠水の橋上にいて議論を超えた境地で理解するだけである。（福永光司『荘子』外篇中・朝日新聞社・二二八頁）

魚が楽しんでいるかどうかは「人間の分別知や言論では捉えることができ」ないが、荘子はそれを「議論を超えた境地で体得」している。じつはキミも「議論を超えたところで僕の知っていることをすでに理解している」んだけど、そのうえであえていっているんだろ、と荘子はいう。恵子よ、キミはオレがわかっていることをわかってくれているってことは、オレにはよくわかっているよ、と荘子と恵子とはおたがい言葉を超えたところで体験を共有しているという読みである。

雑魚《ざこ》のぶんざいで両大家に逆らうようだが、わたくしは「吾が之を知るを知りて」の箇所をつぎのように読みたい。

魚が楽しんでいることを荘子がホントに知っているかどうかは保証のかぎりでない。だが「あれこそ魚の楽しみだね」と口にするからには、すくなくとも荘子が知っているつもりになっていることはまちがいない。そして恵子は、荘子が知っているつもりになっていることをみとめたうえで、どうして魚でもないのに魚が楽しんでいるとわかるんだとイチャモンをつける。

そこをとらえて荘子は、魚が楽しんでいることを知っているつもりになっているというオレのこころを知ったうえで、キミは問いを発しているんだろ、と確認する。オレが知っているつもりになっていることを、どうして知っているんだい、と。

もし知っているつもりになっているという荘子のこころを知ったうえで恵子が問いを発しているとすれば（そしてそれはそうにちがいないのだが）、それは「他人の気持ちはわかりっこない」という恵子みずから拠ってたつところの原則と抵触する。「その考えはおかしい」というためには、「おかしなことを考えているようだが」とわかっていることを前提とせねばならない。すると「他人の気持ちはわからない」という原則をみずから破らざるをえなくなる。知っているか知らないかという議論ができるためには、知ることの可能性を前提としてみとめていなきゃならない（ホントに知っているかどうかは別問題である）。かくして

「他人の気持ちはわからない」という主張は、これを相手にぶつけることはできない。

「魚は楽しんでいる」と知っているという自分のこころは知っている、と荘子自身はおもっているはずだ、と恵子は考えている。「吾が之を知るを知りて」における「之」が指すのは、魚の楽しみそのものではなく、荘子が魚の楽しみを知っているつもりになっていることである。だとすると、キミは自分のふまえている原則をみずからふみにじることになるぜ、と荘子は指摘する。荘子が「最初にもどって考えてみよう」と切りだすのは、キミのふまえている原則そのものを吟味してみようじゃないかという提案なのである。キミのふまえている原則をふまえようとすると、キミはオレに文句をつけられなくなるぜ、と。

最後の「オレには濠水のほとりで魚の楽しみがわかったってことさ」は、知っているのだという自分における端的な事実を示している。それは荘子の勝利宣言のように恵子の耳には響いただろう。

わたくしが荘子を好きなのは、けっして「議論を超えた境地で体得されるほかない」ような玄妙な超論理がおもしろいからではない。むしろ逆である。とことん理詰めであろうとする姿勢、それが荘子の魅力である。そしてそういう荘子の思考をおもしろがる自分のありようが、わたくしにはおもしろい。このヒネクレた性格は、わたくしの龐居士の語録の読み方にもきっと反映されているにちがいない。

さて、みぎの「濠梁説話」をふまえて、牛が反芻するように、居士と松山との問答をゆっくり吟味しなおしてみよう。

牛ときたら、のべつノンキにしておるわい、と居士。ひたすら黙々とはたらくのみで、人間のように報酬をもとめたりしないから、牛のほうが人間よりもむしろ無功徳行《むくどくぎょう》に安らいでおる。ただし、と居士は附言する。たしかに無功徳行に安らいではいるんだけど、畜生のかなしさ、コレがあることを知らんわい、と。

はたらくのは苦しいだろうに、牛はコレがあることを知らないから、安らかにはたらいておれる。コレがあることを知らないというときのコレがなんであるか、およそ語ることはできない。が、あえて語るならば、コレとは「自己」のことだろう。

牛はおのれが自己であることを知らない。だからいつも幸せそうに見える。なにしろ自己意識ってやつは苦労の種だからなあ。とはいえ、自己意識がないところでいくら幸せだったところで、およそ意味をなさない。自己意識をかかえて、さらに幸せでありたいものである。

「おまえさん牛でもないのに、牛に自己意識がないってことがよくわかるね」と松山が冷やかす。牛がコレを知っているか、知らないか、わしゃ知らんが、あんたなんで知ってるの、と。松山がいいたいのは「牛でもないのに、牛の内面がどうしてわかるのか」ということよりも、むしろ「牛はコレを知らんといわれても、そのコレがなんであるのか、あんたでなけりゃ、だれにもわからんのじゃないかな」ということだろう。

その松山のこころを察したのか、居士は「牛がコレのあることを知らないかどうかはさておき、あんたはコレがあることを知ってるのかい」と反撃にでる。牛はコレがあることを知らないとわしがいってる、そのコレはなんだとおもってんの、と。

コレといってるのは、牛があることを知らんというときのコレであって、それがなんであるかはコレとしかいいようがない、と居士はおもっている。要するに、自己であるというのは、「コレがある」というふうには語りえないようなあり方であるといいたいんだとおもう。そのうえで、牛があることを知らないコレとはなにか、と居士は松山に迫る。そのコレが自己であるとして、自己があるとはなにがあるっていうことなんだ。自己とはなにか、いってみてくれ、と。

松山は「そなたは石頭のもとで研鑽を積んだからよいが、それがしは石頭に参じておらんから、コレがなにか知らなくてもかまわんじゃろ」と反撃をかわそうとする。居士と石頭とのあいだならコレで通じるのかもしれないが、わしは石頭にあったことがないから、そういう面倒くさい問いに答える義理はない、と。

居士は「そんなテイタラクじゃ、石頭にあったところでわからんだろう」と手きびしい。牛じゃないから知らんとか、石頭にあったことないから答える必要はないとか、あんた逃げまくってるけど、じっさい参じたらどうなることやら。

松山は手を三つたたく。入矢先生によれば「石頭に参じたあとならそれを言い得る、と言う代りに、パチパチパチと手を三度叩いてみせた」（一一〇頁）とのことだが、わたくしは不敏にして、この注がよくわからない。ここは「お見事、やられた」とキレイに降参してみせたんじゃないだろうか。居士のいいたいことは松山もよくわかっている。松山さん、あえて自己意識を内面的なものとみなして居士に挑戦してみせただけなので、いさぎよくしりぞいたのだろう。

ふむ。こうやって書いていても、なんだかスッキリしない。最初にもどって、牛がヨダレをたらして反芻しつづけるように、しつこく考えなおしてみよう。

牛が田んぼをたがやしている。「ノンキそうに見えるけど、ただ牛ってやつはコレがあるのを知らんかならなあ」と居士。藪から棒にコレといわれても困るとおもうのだが、松山は動じない。おたがいにコレでわかっているのだろうか？　いささか微妙だとおもう。

事実として、人間は牛のように安楽ではいられないし、そのくせ牛が安楽なように見えるのはうらやましい。そういう事情をおもうにつけ、人間にあって牛にないとされるものは「自己」じゃないかと考えたくなる。

自己があるから、つらいと感じる。自己があるから、幸せでありたいとおもう。そして、それがかなわずに苦しむ。

ところが松山は「コレがある」のコレには突っこまず、「牛のことがよくわかるね。あんたでなけりゃ知りえないことだ」と茶化す。茶化された居士は、コレがあることを知らないというときのコレが「なんであるか」いってくれないか、とマジメな顔で迫る。コレが自己であることは、おたがいわかっている。が、自己であることが「なにがあるっていうことなのか」いってみてくれ、と。

あんたは石頭の弟子だから、お師匠さんとはツーカーだろうが、わしは石頭にあったこともないから、いえなくても文句をいわれる筋合いはない、と松山は唐突に石頭の名をもちだす。松山はあくまでも経験主義の立場ではぐらかそうとしている。あってもいないのに「あったらどうなるか」とたずねられても困る、と。それに対して居士は「あったところで、どうなることやら」と経験主義者のはぐらかしを突っぱねる。松山はパチパチパチと手を三つたたき、「お見事」と居士をたたえる。

牛はコレがあることを知らん、というときのコレとは「自己」のことだとして解釈してみたわけだが、牛のコレを人間にとっての自己になぞらえてとらえるのには無理があるかもしれない。けれども、ほかの読み方が浮かばない。

だれもみな「わたくしの世界」を生きている。わたくし以外のひとが、わたくしがこの目で見ている世界を、わたくしのような見方で見ることはない。わたくしは「わたくしの世界」以外の時間や場所を生きることはありえない。わたくしの世界については、もはや「わたくしの」という必要すらない。「いま・ここ」にあって生きているわたくしは、やがて「いま・ここ」において死んでゆく。生は生死の生であり、死は生死の死である。「生・死」の二と「生死」の一とは、わたくしにおいて、すなわち「いま・ここ」において、矛盾をはらみつつ一体化している。

自己が世界を見るといったあり方ではなく、世界にあって主客未分のままふるまうことにおいて自己が明らかになってくるようなあり方で、わたくしは生きている。わたくしは世界「のなかに」あるのではなく、世界「とともに」あるのである。

主が客を見ているわけじゃない。主客の関係が成り立っているという経験が、主客未分のかたちで実現している。経験があって自己があるのであって、自己があるから経験があるわけじゃない。自己であるという経験において主客が成立するのであり、したがって経験そのものの主を問うことは意味をなさない。牛や魚じゃあるまいし、人間であるからには、主客という関係が生じること自体を、その主客未分のところにおいて経験すべし。自己を立て、それを相手に押しつけたりしちゃいかん。対象において死んで、自己は再生する。その再生においてもたらされる主客の関係を「見るものなくして見る」という経験がある。そういう自己がホントの自己なのだ、と居士は（おそらくは荘子も）いう。客を見る主の経験ではなく、主客の関係の成立を見るものなくして見るところの主客未分の経験をすべし。

さらに蛇足をつけたい。牛のでてくる問答をモーひとつだけ（『趙州録』三二一頁）。

南泉従浴室裏過、見浴頭焼火問云、作什麼。云、焼浴。泉云、記取来喚水牯牛浴。浴頭応諾。至晩間、浴頭入方丈。泉問、作什麼。云、請水牯牛去浴。泉云、将得縄索来否。浴頭無対。師来問訊泉。泉挙似師。師云、某甲有語。泉便云、還将得縄来麼。師便近前　驀鼻便拽。泉云、是即是、太粗生。

南泉《なんせん》、浴室の裏従《うちょ》り過ぎ、浴頭《よくじゅ》の火を焼くを見て問うて云く、什麼《なに》をか作《な》す。云く、浴を焼く。泉云く、記取し来たって水牯牛《すいこぎゅう》を喚《よ》んで浴せしめよ。浴頭応諾す。晩間に至って、浴頭方丈に入る。泉問う、什麼をか作す。云く、請う水牯牛、去って浴せよ。泉云く、縄索《じょうさく》を将《も》ち得来たるや。浴頭対え無し。師来たって泉を問訊す。泉、師に挙似《こじ》す。師云く、某甲《それがし》語有り。泉便ち云く、還《は》た縄索を将ち得来たるや。師便ち近前して驀鼻《まくび》に便ち拽《ひ》く。泉云く、是《ぜ》は即ち是なるも、太粗生《たいそせい》。


南泉が浴室のそばを通りかかり、風呂当番が焚きつけているのを見かけて「なにしとる」。

「風呂をわかしております」。

「忘れずに牛を入浴させなよ」。

風呂当番は、ハイ。

夜になり、風呂当番が居間にやってくる。

「なにしとる」。

「牛さん風呂にどうぞ」。

「手綱をもってきたか」。

風呂当番は返事ができない。

趙州が南泉のもとに挨拶にくる。

南泉は趙州にさきほどの話をする。

「それがしには一言あります」と趙州。

「手綱をもってきたか」。

趙州はそばにちかづくと、いきなり鼻っ柱をひっぱる。

「よいことはよいが、どうも荒っぽいな」。


風呂当番の僧、南泉に「忘れずに牛を入浴させろよ」と命ぜられ、南泉を牛に見立てて迎えにきたまでは上出来だったが、「牛をつれにきたのなら、手綱はどうした」といわれ、あとがつづかなかった。もう一歩だったのに、惜しいなあ。

趙州は「それがしなら大丈夫だったのに」という。南泉が「手綱はどうした」というと、趙州はいきなり南泉の鼻づらをひっぱる。風呂場までひっぱっていってほしいなら鼻輪ぐらいつけてろ、と。

南泉が「忘れずに牛を入浴させろ」という牛とは「自己」を捨てたものの象徴である。風呂当番は「牛さん、お風呂にどうぞ」という。ところが南泉はすでに自己がない牛になっているから自発的に風呂にゆくことはしない。「手綱をもってきたか」と、えらそうに催促。風呂当番くん、ポカン。「牛さん、お風呂にどうぞ」と自分から仕掛けたくせに、「手綱をもってきたか」といわれたくらいでポカンとしちゃった。

南泉に「手綱をもってきたか」といわれ、趙州はいきなり鼻づらをひっぱる。鼻づらをひっぱられては、さすがの南泉も牛をきどっておれない。「このオレサマになにをする」と、つい自己が顔をだす。口惜しいけど、やられた。が、それにしても荒っぽいやつだ。

牛には自己意識がない。しかし南泉には自己がある。自己意識がないこと、主体的な主人公であること、この関係がむつかしいんだけど、とりあえず牛には自己がないから自発的に風呂にゆくことはできないわけで、手綱でひっぱってくれよ、と南泉は牛になりきってみせる。風呂当番はひっこんじゃったけど、趙州は南泉の鼻づらをひっぽる。手綱はなくてもひっぱれるよ。いくらひっぱっても、自己がないんだから痛くも痒くもないはずだろ、と。

なぜ鼻輪をつけていないんだというアイデアはおもしろい。なぜ受身の態勢がないのかという話である。受身の態勢があること、しかも主人公であること、このあいだの関係が大問題である。

3　まだ元気はあるでしょうに

居士は松山が杖を手にしているのを見て「手のなかにあるのはなんですか」。

「なにせ歳なもんで、これなしでは歩けんのじゃ」。

「そうだとしても、まだ元気はあるでしょう」。

松山は居士を一打ちする。

「手のなかの杖を捨てて、一問よこしてくだされ」。

松山は杖を置く。
「このジイさん、さっきの言葉といまの言葉とは辻褄が合わんぞ」。
松山は一喝する。
「ガックリきておるところにショボリまでもか」。

居士、一日松山に到り、山の杖子《つえ》を携うるを見て便ち曰く、手中なるは是れ箇の什麼《なん》ぞや。山曰く、老僧は年邁《た》けて、伊《それ》を闕《か》きては一歩も得ず。士曰く、是《か》くの如くなりと雖然《いえど》も、壮力猶お存す。山便ち打つ。士曰く、手中の杖子を放却して、一問を致し将《も》ち来たれ。山、杖子を抛下す。士曰く、這の老漢、前言は後語に付《あ》わず。山便ち喝す。士曰く、蒼天《そうてん》中に更に怨苦《えんく》有り。

居士一日到松山、見山携杖子便曰、手中是箇什麼。山曰、老僧年邁、闕伊一歩不得。士曰、雖然如是、壮力猶存。山便打。士曰、放却手中杖子、致将一問来。山抛下杖子。士曰、這老漢、前言不付後語。山便喝。士曰、蒼天中更有怨苦。

居士の「前言は後語に付《あ》わず」という発言だが、松山は一回しか発言していないから、これを「さっきの言葉といまの言葉はと辻褄が合わんぞ」というふうにとると辻褄が合わなくなる。入矢先生のように「後語とは松山が杖を放り出してみせた答えぶりを指す」（一一二頁）というふうにとれば問題はない。しかし、そのように辻褄が合うようには解釈せず、あえて文字どおりに「前言に後語がつづかない」と解釈するとどうなるだろう。すると話はきわめてシンプルなものになる。

居士は松山が杖をついているのを見て「手にもってるのはなんなの」とたずねる。見ればわかるのに、ことさらに問うて、なにかしら答えさせようとする。松山は「もう歳なもんで、これがないと歩けんのじゃよ」と答える。この答えはトボケている。たぶん松山は元気ハツラツ、まだ杖など必要としない身なのだろう。

居士は「もってるのは杖だよ」という答えを期待し、それを受けて「その杖はなんのためにもってるの？　まだ杖をつく歳でもないでしょうに」ということによって、杖の「本来の面目」を語らせようとおもっていた。ところが松山は、居士の魂胆を察知して「わしも杖の本来の役目を使うような歳になったのさ」とトボケてみせる。

居士は「そうだとしても、まだ元気はあるでしょう」と松山のトボケた答えに「まとも」に応じてしまう。松山はすかさず居士を打つ。居士の対応が禅者らしからぬ「まとも」なものだったので、「杖にはこういう使い方もあるんじゃ」とでもいうふうに居士を打つ。居士は「手の杖を捨てて、ひとつ言葉で問いをだしてみてください」と頼む。これに対して松山は、杖を置くだけでなんにもいわない。

ここにおいて居士の「前言に後語がつづかない」という発言になる。居士の言い分としては、「わしはもう歳なので、これなしでは歩けん」という前言につづけて、なにか後語をいうべきなのに、なんにもいわないつもりですか、と難じたのだろう。けれども、ことがらはもうとっくにすんでいる。松山としては、杖の「本来の面目」についてはナ分に語ったし、杖で「打つ」という使い方もまた存分に示した。これ以上なにをいっても、なにをやっても、蛇足になるだけである。で、一喝。

居士はいさぎよく完敗をみとめ、「反省させられているところに、さらに後悔までさせられたわい」とボヤく——と、まあ、こんなあたりが「まっとう」な読みだろう。お行儀よく、まっとうに読もうとすると、どうしても居士のほうが「してやられた」ように見えてしまう。居士ファンのわたくしとしてはおもしろくない。

松山が杖をついているのを見て、「どうしちゃったの年寄りぶっちゃって」と居士がからかう。松山は「わしも歳なもんでな」と受け流す。「またまた、ホントは元気なくせに」とさらにカラむ。松山は手にした杖で居士を打つ。じゃあ、お望みどおり、と居士がもとめた「壮力」を発揮してみせる。

ポカリとやられた居士、「元気なのはわかったから、その手の杖を捨てて、今度は問答をふっかけてくだされ」とおねだり。よしきた、と松山は杖を置く。得たりとばかり居士は「このニセ老いぼれ、さっきは杖なしじゃ歩けんといってたくせに」と嚙みつく。この居士の「いってることと、やってることとがチグハグなんじゃないの」という口調、たしかに挑発してはいるんだけど、どこか温かみをおぼえる。杖が必要だっていうけど、ホントなの？　年寄りあつかいしてもらいたいだけなんじゃないの？

やかましい、ほっとけ、と松山は大声でどなる。一喝された居士、「やれやれ踏んだり蹴ったりだ」と、うれしそうにボヤく。さっきは一打ちされ、さらに一喝までされちまったよ。一度ならず二度までもやられちゃったなあ。

最後の「蒼天の中に更に怨苦有り」の「蒼天」は「嘆息をあらわす感嘆詞。天に向かって憐みを乞う呼びかけが原義であろうが、禅録では単に落胆や慨嘆の語義を示すのみ。やれ悲しや、おお神様よ、といったほどの意味」（『禅語辞典』）らしい。入矢先生は「やれやれ、嘆きに加えて怨めしさか！」と訳され、「こここでは己れ自身に対する怨めしさであろう」（一一三頁）と注しておられる。

わたくしには恨み節をのべるというよりも、「また無理しちゃったりして。もうムキになっちゃうんだから」と先輩にじゃれついているような感じがしてならない。「元気がないよ、あなたらしくもない」と挑発しておいて、挑発に乗って元気をだしてきたら、一転、今度は「そんなに無理しなさんな」と冷やかす。ほのぼのした年寄りいじりじゃないだろうか。

4　黄色くも青くもない葉っぱ

居士と松山とがいっしょに歩いていると、僧が野菜をえらんでいる。

「黄色い葉は捨てるし、青い葉はのこすんだよ」と松山。

「黄色くも青くもない葉はどうすんの」。

「いってみてくれ」。

「たがいに主となり客となるのは、まことに難儀ですな」。

「ここまできて主人もヘッタクレもあるまい」。

「そうでないものがおりますかな」。

「うん、うん」。

「黄色くも青くもないってのは、いわくいいがたいもんですな」。

松山は笑って「そういうもののいいはできるっていうことじゃな」。

居士はみんなに挨拶する。
「みなさんあんたのヘマを勘弁してくれたらしい」。

居士、一日松山と行く次《つ》いで、僧の菜を択ぶを見る。山曰く、黄葉は即ち去り、青葉は即ち留む。士曰く、黄青に落ちざるは又た作麼生《いかん》。山曰く、道取《どうしゅ》せば好し。士曰く、互いに賓主《ひんじゅ》と為ること也《ま》た大いに難し。山曰く、却って此間《すかん》に来たって、強いて主宰を作す。士曰く、誰か恁《か》麼くならざる。山曰く、是《しか》り、是り。士曰く、青黄に落ちざる、就中《なかんづく》道い難し。山笑いて曰く、也た恁麼く道うことを解《よ》くす。士、大衆に珍重す。山曰く、大衆、你の落機の処を放《ゆる》す。

居士一日与松山行次、見僧択菜。山曰、黄葉即去、青葉即留。士曰、不落黄青、又作麼生。山曰、道取好。士曰、互為賓主也大難。山曰、却来此間、強作主宰。士曰、誰不恁麼。山曰、是是。士曰、不落青黄、就中難道。山笑曰、也解恁麼道。士珍重大衆。山曰、大衆放你落機処。

居士と松山とがいっしょに歩いていると、僧が畑で野菜をえらんでいる。新鮮な野菜の葉はみずみずしい青色でおいしく食べられる。古くなった葉は黄色くしなびて食べてもおいしくない。松山は「黄色い葉は捨て、青い葉をのこすのさ」という。居士は「黄色くも青くもない葉はどうすんの」とたずねる。

野菜の葉は、青いか黄色いか、旨いか旨くないか、どちらかでしかありえない。青くも黄色くもない葉はどうするのかと問われても、そんなどっちつかずの葉はその野菜にはありえない。してみると居士の問いは、どうやら常識的にはありえない葉についての問いということになりそうである。

「黄色くも青くもない葉っぱはどうすんの」という居士の問いについてひとつの解釈はこうである——葉っぱが青いとか黄色いとかいうのは、すべて主観によって対象を判断している。そうした主観的な判断以前の葉っぱそのものについては、どういうことがいえるだろうか。すこし見方を変えれば、「だれも見るものがいないとき、世界はどのように（たとえば何色に）見えるか」というような哲学的な問いとも受けとれる。

仏教における唯識《ゆいしき》は、かなり極端な唯心論である。それが「一切のものは、つまり知られていることのすべては、心がつくったものであって、心をはなれて、それ自体としては無である」といった考えであるならば、とりもなおさず「色即是空」ということだろう。と同時に、われわれ衆生にとっては、そのような空なる世界こそが唯一の生きている世界なのであるから、すなわち「空即是色」ということにもなる。

居士の問いについてのもうひとつの解釈はこうである——それは野菜についての問いではなく、じつは人間についての問いなのである。葉っぱが黄色だとか青だとか区別して見るような見方をはなれて、葉っぱそのものを見るとどうなるか。それと同じように、ひとをその肌の色や眼や髪の色で判断するのではなく、ひとそのものとして見るとどうなるか。

われわれは他人に接するとき、目に見えるすがたやその役割や行動などで、そのひとを判断してしまいがちである。そうした判断は、一見、客観的な事実にもとづいた区別のようでありながら、じつはそこに主観がひそんでいる。

黄色い葉は食べられない。青い葉は食べられる。食べられない葉は捨て、食べられる葉はのこす。選別は客観的な事実にもとづいてなされることではあるが、すでに選別そのものに価値判断がふくまれている。

松山は居士の問いにすぐに答えるのではなく、居士に答えさせる。好きなようにいってごらん、と。すると居士は「たがいに客となることも主となることも、むつかしいことだねえ」という。この居士の答えは、みずからの問いが、野菜にかこつけてはいるが、じつは人間についての問いであることを、はしなくも明らかにしている。

さらに居士の答えは、「たんにその外見だけで判断することをやめれば、おのおのはすべて自己の主人である」といっており、また「それぞれ自己の主人であるものを、それにふさわしく遇するには、それを客として迎えるべきである」ともいっている。客として迎えるとは、「自分がそうであるのと同じように、相手をも自己の主人たるべきひととしてあつかう」ということである。すべからくそのように処遇すべきなのだけれども、そういうふうにひとと接するというのは非常にむつかしいことですなあ、と居士はいう。

唯心論はややもすれば独我論におちいりやすい。唯心論でありながら他人の自我をみとめることは、はたして可能だろうか。それぞれのひとは、それぞれの心がつくりだした世界に、それぞれに生きているとすれば、同じ世界に生きているということをどのようにして見いだせるのか。そういった根本的な問いが浮かんでくるけれども、居士が「たがいに主となりあうのって面倒くさいねえ」というのは、さしあたり外見をはなれて当人そのものを見ること自体がむつかしいといっているのだろう。

居士の答えに対して、松山は「この期《ご》におよんで、どうして主宰なんてものをもちだすのだ」と難ずる。どうやら松山は居士の答えをすこし誤解したようである。居士のいう「賓主」すなわち主客というものを、主宰者とそれにしたがう従者という関係でとらえてしまったようである。主宰者とそれにしたがう従者とは、極端にいえば、主人とドレイという関係性にある。だれが上に立つとか、だれが役に立つとか、そういった判断をする以前のひとをとらえるのだといいながら、けっきょく主宰者なんてものをもちだすのかい、と松山は眉間《みけん》にシワをよせる。

眉間にシワをよせられ、居士は自分の答えが誤解されやすいものだったということに気づく。松山ほどのものが自分の答えを主従関係を示唆するものとして受けとったということは、おそらく聴衆もまたそのように受けとった可能性が高かろう。そう受けとったかどうかを確認せにゃなるまいとおもった居士は、「そうでないものがおりますかな」と小首をかしげる。

居士のいぶかしみは、当時の封建的な身分社会に生きるものにとっては当然のことであった。だれかは主人であり、だれかはその従者である。だれもがそういう関係のうちにある。黄色くもなく青くもない葉っぱが存在しないように、主人でもなく従者でもない自由人なんてどこにもいない。

誤解にもとづいて考えると、さきの居士の答えは「たがいに主人であったり従者であったりすることはむつかしい」というふうに受けとられることになる。主従関係における道徳があるとして、そのとおりに生きることも、じつは非常にむつかしい、という意味に受けとられることになる。主人が主人らしくふるまうことはむつかしいし、従者が従者らしくふるまうこともむつかしい、と。

主従関係が客観的な制度としてあり、それをささえる主従関係の道徳もあるのだが、それは完全な状態で機能しているとはかぎらない。社会をながめてみれば、従者から信頼されない情けない主人、主人の目をぬすんで私欲にはしる従者、そんな例はいくらでもある。そういう一般的かつ道徳的な嘆きを居士はのべている、と受けとられてしまったかもしれない。案の定、松山は「そのようじゃのう」とうなづく。松山のうなづきはまさに居士の答えが誤解されていることを示している――かのようではあるが、うなづいている松山の態度には、いささか腑に落ちないところがある。

もし居士の答えをまったく誤解しているのなら、「うん、まさにそのとおりじゃ」と、もっとハッキリした返事をするんじゃないだろうか。もしかしたら自分の答えを誤解していたことに、じつは松山は気がついていて、やりとりの齟齬《そご》について警告してくれているのではないか、ということに居士はハタと気づく。

そこで居士はあわてて別の答えをいう。「黄色くも青くもないものとは、いわくいいがたいもんですなあ」と。この答え方であれば、黄色だとか青だとか判断する以前のものについての、まちがいのない答えである（そう答えることによって得られるものはすくないけれども）。判断以前のものについては、いわくいいがたい。なにかをいえば、すでに判断していることになってしまう。

松山はこの居士の答えをこうむり「うまい答え方を知っておるわい」と笑う。無難な答え方じゃな、と。松山のこころを推しはかればこんな感じだろうか――はじめの「たがいに主となり客となるのは、まことに難儀ですな」という答え方は、誤解されがちだから、いわんほうがよい。つぎの「黄色くも青くもないものとは、いわくいいがたいもんですなあ」という答え方は、毒にも薬にもならんが、そうとでもいうよりあるまいな。

ここで居士は聴衆にむかって挨拶する。いろいろ誤解やらなんやらあったが、ご静聴、痛み入る。なにぶん誤解されてナンボという生き方をしておるもんで、ひとつご勘弁を。

それを受けて松山は、「聴衆の皆さん、あんたのヘマをゆるしてくれたようじゃ」という。そういいながら、「皆の衆、ヘマをしたのはどちらかな」とでもいうように仔細ありげにほほえむ。

居士も松山も聴衆をしっかり意識している、と想定して読んでみた。聴衆がいるとおもうと、どうも気が散っていけない。聴衆を意識しているかどうかということは慮外に置いて、ふたりの問答そのものを吟味しなおしてみよう。

野菜をえらぶというのは、青い葉っぱは食べるためにのこし、黄色くしなびた葉っぱは捨てることである。入矢先生によれば「目前の作業に即しつつ、そこに一つの分別の営みが明確に行なわれていることを示唆したもの。そしてこの示唆は、多様な形相と個別性に満ちたこの存在の世界をその差別・相対の相において認識するとはどういうことであるかという問いかけをも間接的に含んでいる」（一一五頁）らしい。いやはや、ひどく大袈裟である。松山はたんに「葉っぱが黄色いのは捨てて、青いのをのこすんだよ」といっているだけじゃないだろうか。葉っぱには食えるのもあれば食えないのもあるんだよ、と。

「黄色くも青くもない葉っぱはどうなのさ」と居士がいうのは、入矢先生によれば「相対的な差別存在をその差別という相に限定されることなしに認識するとすればどうか」（一一六頁）と問うているらしい。これまた大仰きわまりない。たんに「じゃあ、青くもなく黄色くもないのはどうすんの」と素朴にたずねているだけなんじゃないかなあ。食えるか食えないかわかんない葉っぱもあるんじゃないの、と。

松山は「そんなのがあるなら、いってみてくれ」とうながす。食えるか食えないかわからない葉っぱって、そんなビミョーなのがあったら、おまえさんならどうする。わしゃ寡聞にして、そんな葉っぱなんて知らんがのう。

居士は「わしが問うたのに逆に問い返すっていうのはズルくないですか」と文句をつける。わしの主としての問いに対して、あんたは客として答えてくれんのですか。問われたら答えるという主客の関係をつらぬきたいもんだが、むつかしいもんだねえ、といくらか皮肉な口調でなじっているような気配である。

この箇所、いまひとつシックリこない。「青とも黄色ともつかぬ葉は、抜いたものか、のこしたものか」という居士の問いに対して、松山は「あんたならどうする」と反問している。入矢先生は「ここでの松山は、居士の問いかけを受けて立つことはせずに、それをそっくり当人に押し戻したわけであるが、それは居士の問いが隠している陥穽をさり気なくかわしたことでもある」（一一六頁）と注しておられる。だとすると松山さん、なかなかズルい。そのズルい反問に対して居士が「わしが問うたのに、わしに答えろとは、こりゃまた難儀なこった」となじったことについて、入矢先生は「自分の問いかけを受けて立たぬ松山の出かたを間接的に批判したものらしく思われる」（一一七頁）と注しておられる。うん。そんなふうに読みたくなる。けど、そんなふうにしか読めないものだろうか。

松山の「道取せば好し」だが、「道取」は「いってのける」で、「好」は勧奨の語気だから、文字どおりには「いってみなさいよ」である。青とも黄色ともつかぬ葉っぱは、のこすのか、捨てるのか、おまえさんならどうするつもりかいってごらん、と松山はうながしている。だが、ここはあえて深読みして、「口でいってのけることさえできれば、青とみなしてのこすもよし、黄色とみなして捨てるもよし」と読んでみたいような気もする。青とでも黄色とでも好きなようにいうてみなはれ、と。

それに対して居士は「たがいに主となり客となりあったりすると、ひどく厄介なことになるんじゃないの」となじる。「そんな好き放題をゆるしちゃったら、みんな勝手にやりだして収拾がつかなくなるよ。で、そうなったらリーダーを適宜に決めるしかなくなるけど、やれやれ面倒くさいなあ」とボヤいているのだろう。

松山は「こんなところで主だの客だのと野暮なやっちゃ」とたしなめる。主だろうが客だろうが、どうでもいいんじゃないの。主になりたきゃなればいいけど、なんでそんなにリーダーになりたいのかな、と。「だれだって客よりは主になりたいでしょう」と居士。随処《ずいしょ》に主となれば立処《りっしょ》みな真なりってやつですよ（ちなみに臨済《りんざい》はまだ生まれていなさそうだが、細かいことはいいっこなし）。松山は「ほお、ほお」とうなづく。そんなもんか、と。

居士は「さっきは青くも黄色くもない葉っぱはどうするかとたずねちゃったけど、食えるか食えないかわからない葉はどうすりゃいいかっていう問いは、そもそも無茶でしたかな」と蒸し返す。居士もしつこい。松山は「なかなかうまいことというじゃないか」と笑う。言葉になりにくいっていうことを、ちゃんと言葉にできておるじゃないか。相変わらず口だけは達者じゃな。

松山にやんわりとイヤ味をいわれ、居士は一杯食わされたことに気づき、「これにてゴメン」と退散しようとする。その背に「今日のところは見逃してやる」と松山は声をあびせる。居士はトドメを刺されたような格好である——と、禅問答だとおもうと、こんなふうにテンションも高く読みたくなる。しかし散歩がてらの閑談として、もっとノンシャランとした感じで読めないものだろうか。

松山と居士とがならんでお散歩。畑のほうを見ると、僧が野菜をえらんでいる。松山が居士に語りかける。

「あれって葉っぱが黄色いのは捨てて、青いのだけをのこすんだよね」

「ふうん。じゃあ青くも黄色くもないのはどうすんの」

「食べられるとおもったら青とみなし、食べられないとおもったら黄色とみなすのさ」

「でも、そんなふうに好き勝手にやってると、ひとによって判断がグチャグチャになって困らないかね」

「そういうときは適当にリーダーを決めて、そいつに判断してもらうさ」

「そっか。だれだってそうするよね」

「そうとも」

「それはそうと、黄色でも青でもない葉っぱは何色というべきか、むつかしいね」

「ハハハ。それをいうなら「むつかしい色」かな」

「こりゃどうも、お粗末なことを訊《き》いちゃったかな」

「いやいや、かまわんよ」


「青であり、かつ青でない」は論理的に矛盾するけど、「青であり、かつ黄色である」はそうでもない。青と黄色とは論理的には混在できないとしても、肉眼には「黄色っぽい青」という色に見えたりする。その青とも黄色ともいえないビミョーな色について、それを「青であり、かつ黄色である」と分析できるかどうかっていうと「いわくいいがたい」けれども、じっさいは「黄色っぽい青」とか、あるいは「汚い色」「食べられそうな色」とかいうふうに「そういうものいい」はできる。

ちょっと道草を食う。南泉《なんせん》と黄檗《おうばく》とにも野菜えらびのエピソードがあって、そこでも主客のことが俎上にのぼされている（『祖堂集』七一五頁）。

師問黄檗、去什摩処。対云、択菜去。師云、将什摩択。黄檗竪起刀子。師云、只解作客、不解作主。自代云、更覓則不得。

師、黄檗に問う、什摩《いずれ》の処にか去《ゆ》く。対えて云く、菜を択びに去く。師云く、什摩《なに》を将《も》ってか択ぶ。黄檗、刀子《とうす》を竪起《じゅき》す。師云く、只だ解《よ》く客と作るのみにして、解く主と作らず。自ら代わって云く、更に覓《もと》むれば則ち得《よ》からず。


南泉が黄檗にたずねる「どこゆくの」。

「野菜をえらびに」。

「なにでえらぶの」。

黄檗はナイフを立てる。

南泉はいう「ただ客になれとるだけで、主になれとらん」。

南泉はかわりにいう「もとめちゃダメだ」。


この黄檗と南泉との問答、ちょっと見には居士と松山との問答に似ているが、テーマはまったく別だとおもわれる。「黄色くも青くもないものについてなにか語れ」といった無理難題がここにはでてこない。

この問答のポイントは、「客になれとるだけで、主になれとらん」という南泉の言葉である。黄檗が「ナイフで菜をえらぶのさ」と態度であらわしたことを評しているものと考えられるが、ナイフで菜をえらぶことと、客や主になることと、どういう関係があるのだろうか。

「なにでえらぶの」とたずねられ、「ナイフでえらぶ」と示すのは理屈に合わない。ナイフは野菜をえらぶ道具ではなく、えらんだ野菜をきりとる道具である。だから「ナイフでえらぶ」というときには、すでになんらかの無意識の選択、あるいは暗黙の選択があって、それにしたがってえらばれた野菜をきりとるということがおこなわれているはずである。

畑にはいって食べられそうな野菜をさがし、きりとる。その作業は、すでに与えられたものを、ただ受けとっているだけである。すこしも主体的な選択はおこなわれていない。ここを評して南泉は「客とはなれても主とはなれない」という。客は供されたものを食べるしかない。供するものをえらぶのは主人である。

この評につづけて南泉は、黄檗にかわって「もとめなさんな」という。じっさいのタイミングはよくわからないのだが、黄檗が南泉の評に対して答えようとしたとき、黄檗がなにかいう寸前に、南泉がさきに黄檗のいおうとした言葉をいってしまったのかもしれない。そうだとしたら「それ以上もとめちゃダメだよ」といった意味になる。

黄檗は「それ以上もとめてもダメだよ」といおうとした。客となるだけでも大変なんだから、さらに主となることまでもとめないでくれ。そんなふうに黄檗は南泉にいおうとしたんだけど、それを黄檗がいうまえに、機先を制して、南泉がそれをいってしまった。黄檗さん、おまえさんは「それ以上もとめちゃダメだ」っていいたいんだろ？　しかし、それをいっちゃオシマイだよ、と警告している感じで。

南泉は主となることを黄檗にもとめている。自分でえらんで、自分できりとれ、と。しかし黄檗は自然体でゆくべきだと考えている。畑の野菜であっても、それは天からの恵みである。それをきりとるのは、あくまでも客としてである。それと同じように、修行者をあつめるという布教活動も、修行者がみずから修行しようという気持ちになってくれるのを待つのみである。

この問答には、南泉と黄檗との布教に対する態度が対照的に描かれているような気がしてならない。これを読むものは、南泉と黄檗と、どちらのあり方をよしとしてもよい。どちらを「えらぶ」かは読むものにゆだねられている。

南泉と黄檗との問答はひとまずこんなふうに読んでおけばよいとはおもうが、居士と松山との問答にひきずられて、あえて誤読してみよう。

松山と居士とは「葉っぱが黄色いのは捨てて、青いのだけをのこすんだ」「青くも黄色くもないのはどうすんの」「食べられるのは青で、食べられないのが黄色さ」「そんなふうに主と客とを分別するのって厄介だね」「主として分別するしかないさ」「しょうがないか」というふうに、野菜をえらぶ主体のあり方について語りあっていた。

南泉と黄檗とは「どこゆくの」「野菜をえらびに」と野菜をえらぶ主体のあり方について語りはじめるが、南泉は「なにでえらぶの」と、えらぶ主体ではなく、えらぶ手段のほうに話をズラす。その南泉の誘いにまんまとひっかかり、黄檗はナイフを立てる。野菜をえらぶ主体であることを忘れ、野菜をえらぶ手段についてノンキに示してしまった。これは黄檗が一本取られたかのように見える。

してやったりと南泉は「こうも簡単にひっかかるとは、さっぱり主体になれとらんな」ときめつける。黄檗はグウの音もでない。調子に乗った南泉は、かわりに「つまらんことをもとめなさんな」と模範解答を示してやる。「なにでえらぶのかって？　よけいなお世話だ」といえばよい、と。

こう考えると、なんだか黄檗が南泉にコテンパンにやられたみたいだけど、頭の片隅では「ちがうんじゃないの」という声が響いている。してやられたのは黄檗ではなく、じつは南泉のほうだろ、と。

南泉に「なにでえらぶのか」とたずねられ、黄檗が黙ってナイフを立てるのは、「わしゃ知らん。ナイフに訊《き》いてくれ」といっているんじゃないだろうか。さすがは黄檗、いちいち言葉で答えるような失策は演じない。

南泉は「それじゃあ、まるで主体性がないじゃないか」と、やぶれかぶれといった感じで食いさがる。はたせるかな黄檗は黙ったまま。これにて打ちどめ、と。

南泉もバカじゃないから、ハタと気づく。「そうか、主体性なんかお呼びでないってか」と自分にいいきかせ、神妙な顔つきで「もとめるな」と別解を呈してみせる。よけいなことやっちゃったなあ、という自戒をこめて。

主と客とを区別するから「主がない」という話になり、さらには「主を問う」という話になる。主客未分だよ、ということなのだろう。しかし、あえてケチをつけるとすれば、黄檗はいったん「野菜をえらびに」と返事をしているわけで、「えらぶ」といってしまうと、すでに主が独立しちゃっている感なきにしもあらずである。

5　さっぱりいいきっておらん

松山は居士とおしゃべりしていたとき、いきなり机のうえの物差しをとりあげて「居士さん、見えるかな」。

「見えるよ」。

「なにが見える」。

「松山が」。

「いいきってはならん」。

「いいきらずにおれようか」。

松山は物差しをポイと投げる。

「尻切れトンボは嫌われますぞ」と居士。

「いや、ご老体、今日はさっぱりいいきっておらん」。

「どこがいいきっておらんのかな」。

「尻切れトンボのところが」。

「強いなかに弱いものが見つかることはあっても、弱いなかに強いものが見つかることはない」。

松山は居士をひっつかまえて「このジイさん、どうにも語り甲斐のないやつじゃ」。

一日、松山、居士と話《かた》る次《つ》いで、山、驀《にわ》かに案上の尺子を拈起《ねんき》して云く、居士、還《は》た見るや。士曰く、見る。山曰く、箇の什麼《なに》をか見るや。士曰く、松山。山曰く、道著《どうぢゃく》するを得ず。士曰く、争《いか》でか道わざることを得ん。山乃ち尺子を抛下《ほうげ》す。士曰く、頭有って尾無きは人の憎しみを得る。山曰く、是《しか》らず、翁は今日還た道い及ばず。士曰く、什麼《いずれ》の処にか及ばず。山曰く、頭有って尾無き処。士曰く、強き中に弱きを得るは即ち有るも、弱き中に強きを得るは即ち無し。山、居士を把住して曰く、這箇《しゃこ》の老子、就中《なかんづく》話る処無し。

一日、松山与居士話次、山驀拈起案上尺子云、居士還見麼。士曰、見。山曰、見箇什麼。士曰、松山。山曰、不得道著。士曰、争得不道。山乃抛下尺子。士曰、有頭無尾得人憎。山曰、不是、翁今日還道不及。士曰、不及什麼処。山曰、有頭無尾処。士曰、強中得弱即有、弱中得強即無。山把住居士曰、這箇老子、就中無話処。

松山が物差しをとりあげて「見えるか」と問うのは、ひとまずよしとしよう。「見える」と答えた居士は、さらに「なにが見える」と問われて、「松山が」と答える。これは常識からはずれている。ふつうなら物差しと答えるところだろう。なぜ松山と答えたのだろうか。

あらためて考えてみると、松山の問いもいささか常軌を逸している。見ればだれでも見えるものについて、なにが見えるかと問うのは不自然である。してみると松山は、たんに「これが見えるか」とたずねているのではなく、「見えているということを言葉で表現できるか」ともとめているのかもしれない。

物差しをとりあげて居士のまえに立ち、「このありさまをどう言葉で表現するか、居士さん、いってみよ」と松山はうながす。うながしに乗って、たとえば「物差し」と口にだすことは容易だが、はたして吉とでるか凶とでるか。その情景をそのまま言葉で表現することは、その情景を「いいきる」ことになるのか。

情景をイメージしてみよう。松山が物差しを手にもって立っている。なんらかの意図をいだいて、大地のうえに立っている。その大地は、はるか彼方の山の峰までつづいている。その山のむこうには、さらに青空がひろがっている。そうした情景のすべてを言葉で語りつくすことは、およそ不可能である。仕方がないから、そうした情景のなかから、なにかしらピックアップして表現する。その情景のなかの核心となるものを、ひとまず「いいきる」。情景を言葉で語るとなると、どうしてもなにかをピックアップして語るよりすべはなさそうである。

常識的には、松山が物差しをとりあげたのだから、その物差しにひとの注意は集中しているだろう。すると答えは「物差しが見える」ということになる。が、そんな答えでは情景をいいきったことにはならない、と居士は考えた。この情景で主人公となっているものはなにか。その物差しの使い主となるものだろう。たしかに物差しに目がゆきがちではあるが、その物差しを使うものはだれか。松山である。そこで居士は「松山が見える」という。

松山は「いいきってはいかん」という。情景のなかから核心となるものをピックアップするといった仕方でいってはいかん、と。ところが、このやり方しかないとおもっている居士は、情景の主人公である「松山」をピックアップするしかないんだから、「そういうふうにいいきるしかない」という。

松山は物差しをポイと捨てる。居士が情景の主人公として「松山」をピックアップしてきたので、その主人公はこうして「物差し」を捨てることもできるんじゃよ、と居士に示す。

松山が主人公であるのは、物差しを使うことができるから主人公なのであって、ひとり松山のみで主人公であるわけではない。物差しという使われるものがあって、はじめて松山はそれを使うべき主体になれる。使う主体と使われる物差しとは相互依存的に存在している。居士の「松山」という答えに対して、物差しをポイ捨てして主体のみを情景からピックアップして語ることは、その情景を「いいきる」ことにはならないよ、と松山はいう。

居士は「尻切れトンボは嫌われますぞ」という。物差しを捨てるという動作を見て、居士は「物差しをとりあげて、なにかをしようとしたはずなのに、それを途中でやめるとは、主人公にもあるまじきふるまいじゃ」となじる。物差しを使ってはじめて主体であるのに、物差しを捨ててどうすんのさ、と。松山と物差しとが相互依存的な存在であるということを松山はウッカリしたのだろうか?

松山は「今日のジイさんは、うまくものがいえんようじゃ」という。「どこがうまくいえとらんのじゃ」と居士。「尻切れトンボなどと文句をいっとるようじゃねえ」と松山。ここで居士は自分のドジに気づく。そこで遅まきながら挽回するつもりで「強いもののなかに弱いものが見つかることはあるが、弱いもののなかに強いものが見つかることはない」という。

碁のプロだって、つねに強い手を打つとはかぎらない。たまには弱い手を打つこともある。しかしアマは、いつも弱い手ばかり打って、めったに強い手を打つことはない。うまく「いいきれる」ものも、たまにはうまく「いいきれない」こともある。現にわしがそうだ。とはいえ、わしがドジをふんじまったのは、たいていうまく「いいきる」ことができるからこそなんじゃ、と居士。やれやれ、こんな言い訳をほざくとは情けないなあ。このジイさん、今日はつくづく「いいきれない」ようじゃな、と松山は居士の首根っこを押さえつける。

松山の「見えるかな」という最初の問いに対して、居士はどう答えればよかったのだろう。いいきる(道著する)ためには、どんな言葉をいえばよかったのだろう。わたくしの一案を申すならば、「和尚さん、物差しもってどこゆくの」くらいかなあ——と、こんなふうに読むと、居士はコテンパンにやられちゃったということになる。松山和尚の片棒をかつがされたみたいで、なんとなく口惜しい。居士のためにも、なんとか別解をでっちあげられないだろうか。

松山が物差しをとりあげて「これ見える?」「見えるよ」「なにが?」「松山」。物差しはどこへやら、「松山が見える」と居士。入矢先生によれば「物差しは、言わば月を指し示す指にすぎぬ。物差しを物差したらしめている人、物差しに物差しという名を与えている人、それが〈松山〉であった」(一二二頁)ということらしい。居士は月をさす指ではなく月そのものを見た、という読みだろう。

月をさす指を見るというのは、なるほど滑稽である。月を見ないで松山を見るというのも、たしかに奇妙だろう。とはいえ指さしたさきに月がなければ、とりあえず指さしたひとのほうを見るんじゃないだろうか。月なんかないじゃん、と。しかし入矢先生の読みはちがう。松山が指さしたのだから、松山を見ることが、たんなる月ではなくて「月そのもの」を見ることだとみなす。月そのものは松山にある、と。

物差しをとりあげたということに入矢先生は重要な意味を見ておられる。松山の意図がそこにあったということはたしかにありうる。しかし居士はたぶん意図的に松山の意図をはぐらかしている。指さされているものを見ることは、指さしているものを見ることである。人間は万物の尺度である、と。

松山は「それを言葉で限定してはならん」と釘を刺す。「松山と名づけてはならん。そんな答え方をすると、それで話はオシマイになっちゃうじゃないの」と居士の答えをしりぞける。居士は「わしが松山を見たことは事実なんだから、そいつをハッキリせずにはおれん」と澄まし顔。松山を見るものである自分がいるのだ、と。居士にしてみれば「そうとしか答えようがないじゃないの」といった気分じゃないだろうか。

虫眼鏡でカブトムシを見る。なにを見ているのかとたずねられたら、カブトムシを見ているとしか答えようがない。まさか虫眼鏡を見ているとは答えない。いったい松山は虫眼鏡を見ているといった答えを期待していたとでもいうのだろうか。そう答えてくれれば、居士をとっちめて話もはずむのに、と。

虫眼鏡でカブトムシを見ているとき虫眼鏡を見てはいないとしても、物差しだといささか話は微妙である。物差しでものの長さをはかるとき、物差しを見ているのか、ものを見ているのか。物差しの長さをはかっているのではなく、ものの長さをはかっているはずである。でも、物差しの目盛りを見ないで、ものの長さをはかることができるだろうか。

なんのマネだ、と物差しを見る？　なんのマネだ、と松山を見る？　それともこれはお約束の挨拶で、当然、松山を見る？　話にならん、と松山は物差しをポイ。これはもう用ずみじゃ、と。使えるだけ使っておいて、用がすめばポイと捨てる。たしかにこの物差し、月をさす指という、はなから有って無きがごとき役まわりではあったが、それにしてもポイ捨てとは無責任すぎる。居士は「それでオシマイにするなら、まさに竜頭蛇尾ですな」となじる。ここで物差しを捨てちゃったら、話にオチがつかんだろう。尻切れトンボでおわらせる気ですかい、と。

松山は「いや、居士さん、あんたのほうこそ、ちゃんといえとらんじゃないか」と反抗する。居士は「なにが？　なにをいえばいいのさ」と不服な顔。松山は「その竜頭蛇尾であるところ、それがいえておらん」と指摘する。話にオチをつけるのは、居士さん、あんたの役目だよ。

松山のやり方を居士は「頭があってシッポがない」と批判するが、松山は「その頭があってシッポがないという仔細、そこを見てとるべきだ」という。月をさす指を見るという消息をいいきるためには、すべからく頭があってシッポがないような仕方であるべきなんじゃないかな、と。

のっぴきならない応酬がつづく。禅僧の活眼をもたない身としては、でたとこ勝負で読んでゆくしかない。

居士が「強さのうちに弱さが見つかることはあっても、弱さのなかに強さが見つかることはない」というのは、松山の反抗を否定しているのだろう。問答を尻切れトンボにして物差しをポイとほうるというのは、どう弁解したところで弱腰のそしりをまぬがれない。いくら頭があってシッポのないところを見よと強弁してみても、しょせん弱いことにちがいはない。そこに強さはないよ、と居士はなじる。そもそも松山自身がその頭があってシッポがないところをいいきれていないんじゃないの、と。

居士のこころを推しはかれば、「強さに対して、それへの対応が弱いということはありうる。愚問をだしておいて、物差しを捨てちゃうなんて、まさに弱さだ。そういう物差しを捨てるような弱さに対して強い対応を期待されても困るよ」といったところじゃないだろうか。

松山が「このジイさん、どうにも語り甲斐のないやつじゃ」というのは、「ともに語るに足りぬやつだ」と見捨てたのか、「わしでは話の相手がつとまらぬ」とギヴアップしたのか、どっちだろう？　どっちであるにせよ、松山とすれば「このクソじじい、ああいえばこういう。手に負えんなあ」という感じだったんじゃないかなあ。

一連の問答において、居士にはめずらしく、そのレスポンスはすっとぼけている。松山がいくら突っぱってみても、居士にのらりくらりといなされてしまうという印象がある。

「見えるかね」と問われ、「見えるもなにも、あんたしか見えない」と答える。月を指さしたのに対して、月を見ないで指を見るというのは変だが、指さした人間を見るというのも妙である。でも、指さすさきになんにもなければ、指さした人間を見るしかない。なんじゃらほい、と。その気分で後半を訳しなおしてみれば、こんな感じになるだろうか。


「それじゃ答えになっとらん」。

「でも、そういうしかないじゃん」。

松山は「あほらし」と物差しをポイ。

「あらあら、問うておいて勝手にやめちゃうってのはズボラすぎないかい」。

「ちがうだろ。あんたがまともに答えんからだ」。

「はあ？　どう答えなかったっていうのさ」。

「問うたのに答えもしない。それって頭はあるがシッポがないってことになるだろ」。

「よい問いにつまらん答えってことはありうるが、つまらん問いによい答えはありえない」。

「それをいっちゃあオシマイよ」。

ことの発端は「なにが見えるか」という松山の問いかけである。松山としては、物差しをとりあげるという行為に居士がどう対応してくれるか、そこに期待したのだろうが、居士はそれをはぐらかす。「なにが見える」とたずねられ、さしあたりなにも見えないから、「なんじゃらほい」と松山のほうを見る。松山がいらんことをしたっていうことだろう。

「見る」とはなにかという問題である。見るとは、見えているものを行為的に表現することである。松山が物差しをとりあげた。そこになにかを見るということは、見たものに表現的に対応することである。ところが表現的に対応するまえに、それとは別に「なにを見ているか」と問われれば、「なんじゃそりゃ」と松山のほうを見るしかない。つまらん問いには、つまらん答えしかありえない。これが居士の言い分だろう。

指さしたさきに月がなければ、指さした当人のほうを見る。たとえ月があっても、「そういえば満月がちかいですなあ。お月見でもしませんか」と見ているものに表現的に対応することだってありうる。松山はそれを期待していたのだろうが、「なにを見ているか」とたずねたもんだから、居士にやられちゃった。

物差しをもちあげて、いきなり「なにが見える」とたずねるというのは乱暴である。おそらく松山なりの挨拶だったのだろう。ここで「物差しが見える」とでも居士が答えれば話がはずんだのかもしれないが、それでは狎《な》れあいのお芝居になってしまう。お芝居もいいけど、もう一歩ふみこもうぜ、と居士。それができないなら、もうやめようよ。

松山和尚は物差しをとりあげて「これが見えるか」と問いかけるが、そもそも「見えるか」という問いかけは、あぶなっかしい。見えていないものについては、そもそも「これが」とは問えないはずである。

語ることができても、できなくても、
それを語れたということ、あるいは
語れなかったということは、
とり返しのつかない事実としてのこる。

（「百霊との問答」中の解説より）

「とり返しのつかなさ」
を
ひとは
引き受け
つつ生きて
ゆかざるをえない

本谿《ほんけい》との問答

本谿《ほんけい》　龐居士が「我は師と同参」ということから推すに、居士が馬祖に参じたときの法兄であろう。龐居士とのかかわりのほか、なにひとつ履歴は伝わっていない。〔『五灯会元』三〕

1　ひとのアラさがしはできん

居士が本谿《ほんけい》和尚にたずねる「丹霞《たんか》は侍者を打ったというが、なにを考えとったのかな」。

「長老ともあろうものが、ひとのアラさがしをなさるとは」。

「同門のよしみで、たずねてみただけじゃんか」。

「じゃあ、ことの次第をうかがいましょうか」。

「長老たるもの、ひとのアラさがしはできん」。

「そんなに老いぼれておられましたか」。

「すまん、すまん」。

居士、本谿《ほんけい》和尚に問う、丹霞《たんか》の侍者《じしゃ》を打ちしは、意は何所《いずく》に在りや。谿曰く、大老翁、人の長短を見る。士曰く、我は師と同参《どうさん》なるが為に、方《まさ》に敢えて借問《しゃもん》す。谿曰く、若《も》し恁麼《か》くならば、頭従《はじめよ》り挙し来たれ、你《なんじ》と商量せん。士曰く、大老翁は人の是非を説くべからず。谿曰く、翁の年老ゆるを念《おも》う。士曰く、罪過《ざいか》、罪過。

居士問本谿和尚、丹霞打侍者、意在何所。谿曰、大老翁見人長短在。士曰、為我与師同参、方敢借問。谿曰、若恁麼、従頭挙来、共你商量。士曰、大老翁不可説人是非。谿曰、念翁年老。士曰、罪過、罪過。

はじめて読んだときの印象はというと、「丹霞はなんで侍者を打ったのかな」「長老のくせに、ひとのアラさがしですか」「まあそういわずに」「しょうがないなあ、お話をうかがいましょう」「長老たるもの、ひとのアラさがしはせん」と、ただ居士が本谿の揚げ足をとってみせただけのコントだとおもった。だが、よく読んでみると、なかなかどうして一筋縄ではゆかないやりとりのようである。

丹霞が侍者を打ったのは、どういう意図からだろう。禅僧である丹霞がわざわざ侍者を打つからには、然るべき理由があるにちがいない。

1　いかにも禅僧らしく、侍者に悟らせようとして打った。
2　耄碌《もうろく》したのか、侍者のしでかしたことにキレて打った。

居士は、丹霞がじつは2の理由で侍者を打ったことを知っており、そのうえで本谿に問うたとしてみよう。本谿もまた2であると考え、「ご自分も長老のくせに、同輩のアラさがしをなさるのですか」と居士をいさめる。「わしもあんたも馬祖《ばそ》のもとで修行をした仲じゃないか。ケチケチせんで答えてくれよ」と居士。

本谿はここでハタと気づく。丹霞が侍者を打った理由は、もしかしたら1だったのかもしれない。侍者に悟らせるためかもしれない、と。そこで本谿は「いっしょに考えてみましょう」と襟《えり》をただす。丹霞はどのような仔細があって侍者を打ったのか、くわしく話してくれませんか、と態度をあらためる。

するとと居士は「長老はひとのアラさがしはせん」と知らん顔。これは本谿がアラさがしはしなさんなと注意したことを逆手にとってシッペ返しをしたわけじゃない。「丹霞が侍者を打ったのは、じつは2だからであって1ではない。じゃが、そのあたりの消息をしゃべると、年寄り仲間のボケぶりをあげつらうことになってしまう」と居士は丹霞に同情してみせる。

やっぱりそうであったか、と本谿はうなづく。丹霞が侍者を打った理由は1ではなく2であったか。そして「ああ、丹霞和尚はそんなにも年老いてしまわれたのか」と感慨にふける。居士は「すまなんだ」とあやまる。本谿に1ではないかと期待させてしまったこと、けっきょく丹霞のアラをあばいてしまったこと、両方のことについて居士はあやまる。

丹霞が侍者を打った理由は2であって1ではないという読み、それなりに筋はとおっているけれども、いくらなんでも当て推量にすぎるんだろうなあ。わしをボケ老人にするとは妄想をたくましゅうするにもホドがあるわい、と丹霞に打たれちゃいそうである。

とはいえ、きかん坊の龐居士ともあろうものが、「そんなに老いぼれておられましたか」とポンコツあつかいされながら、「すまん、すまん」と確信犯的に年寄りの立場をつらぬいているのは、どうにも判じかねる趣向である。ことを好むわけではないけれども、いますこし詮議をかさねてみたい。

居士が「丹霞が侍者をポカリとやったのは、どんなネライがあったのかな」と本谿にたずねる。本谿は「長老ともあろうものが、ひとの行状をあげつらいなさんな」とたしなめる。「まあそういわずに」と居士は下手《したて》にでる。「しょうがないなあ、いきさつをうかがいましょう」と本谿も折れる。すると居士はやにわに「長老たるもの、ひとのアラさがしをするわけにはゆかん」と豹変。おやおや、話がちがうじゃありませんか、と怒るかとおもったら、本谿は「やれやれ、これだから年寄りはかなわん」とおだやかに受けとめる。「そうなんじゃよ」と居士は頭をかく。

この問答の背景には、年寄りはひとの行状《ぎょうじょう》をあげつらったりしないもんだという了解が存する。一族の長老たるもの「見ざる、言わざる、聞かざる」に徹して、若い衆のすることに口出しはしないもんだっていうことは重々承知のうえで、居士はあえて「丹霞はなんで侍者を打ったのか気になるんじゃよ」と長老にもあるまじきウワサ話をぶつ。そうやって本谿に「長老らしくなさい」といわせておいて、居士は「まあまあ、堅いことはいいっこなし」とヨボヨボをよそおい、「しょうがないなあ」と折れてきたら、「長老になにをいう」と手のひらを返す。この問答の眼目は、居士のふざけた裏切りっぷりにあるのだろうか？

本谿の言葉尻をとらえて見事にひっかけたようだが、じつは居士さん、自分で自分をすっかり長老に仲間入りさせてしまっている。本谿の口車にうかうかと乗ってしまった。ひっかけたつもりで、逆にひっかけられていたのかもしれない。

もとはといえば本谿がズルいのである。自分から「ご老体」と年寄りあつかいしておいて、居士がそれに乗ってきたら、「これだから年寄りは参るよ」とからかう。まったく油断もスキもない。本谿の手管《てくだ》によって、居士はすっかり老人に仕立てあげられてしまった。

ところがどっこい、ここからが居士の本領発揮。「おまえが年寄りよばわりするからじゃ」とキレるかとおもったら、「すまんね」とおだやかにあやまる余裕を見せる。このあたり老いたるものの懐《ふところ》の深さだろう。

わたくしのイメージする龐居士は、ひとの揚げ足をとってひっかけるといった藝当のできるような小器用なキャラではない。居士が「長老たるもの、ひとのアラさがしをするわけにはゆかん」と手のひらを返したのは、つまらんコントをやらかしたわけじゃなく、ましてや本谿をひっかけたわけではさらになく、素直に「大老翁」としての自覚を「もたされた」ということじゃないだろうか。

若造にそのように仕向けられて、老いぼれのポジションをすんなり受けいれられる年寄りは、そうザラには転がっていない。たいていは年甲斐もなく「年寄りあつかいすんな」と不機嫌になったり、「まだ若いもんには負けん」と息巻いたりする。そういった年寄りの冷や水とは、居士はおよそ無縁である。

育ちとは「育てられ方」であるように、老いるというのも「老いさせられ方」なのかもしれない、と自戒をこめて読んでおきたい。

2　なんにも得るところがない

本谿は居士がやってきたのを見て、その顔をまじまじと見つめる。
居士は杖で地べたに円を描く。
本谿はちかづくと足でふんづける。
「そうなのか、そうでないのか」と居士。
今度は本谿が居士のまえに円を描く。
居士はそれを足でふんづける。
「そうなのか、そうでないのか」と本谿。

居士は杖をほうりだす。

「来たときは杖があったが、帰るときにはないな」。

「さいわいにも上出来にやれたから、見つめてもムダじゃよ」。

本谿は手をたたいて「すばらしや、なんにも得るところがない」。

居士は杖を拾い、とっとと立ち去る。

「気をつけてお帰りなさい」。

本谿、一日居士の来たるを見るや、乃ち目視すること多時。士乃ち杖子《つえ》を将《も》て一円相を画く。谿便ち近前し、脚を以て踏む。士曰く、与麼《か》くなるや、与麼くならざるや。谿却って居士の前に於いて一円相を画く。士も亦た脚を以て踏む。谿曰く、与麼くなるや、与麼くならざるや。士、拄杖《つえ》を抛下して立つ。谿曰く、来たりし時は杖有り、去る時は無し。士曰く、幸自《さいわ》いに円成《えんじょう》せり、徒《いたず》らに目視を労す。谿、手を拍《う》って曰く、奇特なり、一も得る所無し。士、杖子を拈《と》って便ち行く。谿曰く、看《かん》路《ろ》、看路。

本谿一日見居士来、乃目視多時。士乃将杖子画一円相。谿便近前、以脚踏。士曰、与麼、不与麼。谿却於居士前画一円相。士亦以脚踏。谿曰、与麼、不与麼。士抛下拄杖而立。谿曰、来時有杖、去時無。士曰、幸自円成、徒労目視。谿拍手曰、奇特、一無所得。士拈杖子便行。谿曰、看路、看路。

居士がやってくる。本谿はその顔をジロジロ。ジロジロ見るというふるまいによって、本谿は居士に問いかけている。たとえば「おまえの本来の自己を示してみよ」とか、あるいは「おまえが仏道を修行する覚悟をあらわせ」とか。なにを問うているのかは、それを受けとめる居士のほうに解釈がゆだねられている。

居士は本谿から問いかけられていることに気づき、地面に杖で円を描く。円を描くことでなにを答えているのだろう。丸く閉じた図形を描いてみせることで「自己完結している状態」をあらわしているのだろうか。どこにも角のない図形を描くことで「まったく円満な状態」をあらわしているのだろうか。居士の答えもまた、それを受けとる本谿のほうに解釈はゆだねられている。

本谿は居士の描いた円を足でふんづける。そんな答え方ではなく、ハッキリと言葉でいえ、と。円を足でふんづけるという本谿の動作に対して、居士は「そうなのか、そうでないのか」と言葉で問いかける。円を足でふんづけるという動作は、是認しているのか、否認しているのか、と。

居士の問いかけに、本谿はさきほどの居士と同じやり方で答える。すなわち本谿も地面に円を描いてみせる。居士はすかさず足でふんづける。そんな答え方ではなく、ハッキリと言葉でいえ、と。居士のこの反応をこうむり、本谿もおもわず「そうなのか、そうでないのか」と居士といっしょの問いを発してしまう。円を足でふんづけるという動作は、是認しているのか、否認しているのか、と。

居士は杖をほうりだす。本谿はそれを「もうこれ以上答えるつもりはない」という合図だと受けとり、「来たときは杖があったが、帰るときはないのだな」という。杖をほうりだすというのは、もうやめるという意思表示なんだね、と。

居士は、してやったり、とほくそ笑む。「うまくいった。もうジロジロと見てもムダだよ」と。本谿は居士に一本取られたことに気づき、「すばらしい。見事な一本じゃ。なんともはや得るところがひとつもないわい」と手をたたく。居士は杖を拾い、帰ってゆく。本谿は「気をつけてお帰りなさい」と見送るよりなかった。

いささか妄想めくが、この問答のミソは「二重否定」にあるっていうことはないだろうか。

本谿は居士をジロジロ。居士は円を描く。本谿は足でふんづける。「そうなのか、そうでないのか」と居士。ここまでは互角である。ところが本谿は、円を描くという居士と同じやり方をくりかえしてしまう。居士は足でふんづける。すると本谿は「そうなのか、そうでないのか」と居士と同じセリフをくりかえしてしまう。

居士と同じやり方をくりかえすことによって、本谿は居士のやり方を肯定するというハメにおちいってしまった。同じやり方をくりかえせば、その意図が是認であれ、否認であれ、どっちみち是認になってしまう。二重肯定はもちろん肯定だし、二重否定からは肯定をみちびいてよいから。

じゃあ本谿の問いはどう解釈すべきだったのだろう。また円を描くという居士の答えはどう解釈すべきなのだろう。

居士の答えは、その中身とは無関係に、本谿の無造作な二重否定によってアッサリと是認されてしまい、そのせいで「なんにも得るところがない」ことになってしまった。おそらく本谿は、居士にちゃんと言葉で問いかけねばならなかったんじゃないだろうか。

若かりしころに読んだ感想をおもいだせば、ざっとこんな感じである。で、けっきょくこの問答の面目はなんなのかと問われても、おいそれとは答えられない。あらためて読みなおしてみても、いまだによくわからない。とはいえ、ふたりが地べたに描いた円相の影におびえて遠吠えする臆病な犬のように、問答を遠目にながめてビクついているわけにもゆかない。読みまちがえるリスクなんか土足でふんづけて、じっくり味わいなおしてみよう。

本谿は居士の顔をジロジロ。おまえさんの境地をチェックしてやろう、と目をこらす。

居士は地べたに杖で円を描く。わしの顔になんかついとるのかな。いつもどおり、変わりようがないよ、と。

本谿は円を足でふんづける。そんなんじゃダメだ。唯一絶対のものとして円を描いたりすると、それにとらわれてしまうぞ、と。

居士は「よいのか、わるいのか」と問い返す。円を足でふんづけるというやり方はよいのか、と本谿に食ってかかっているのだろうか。そうじゃなくて、「いつもどおりじゃダメなのか」といっているんだとおもう。

本谿は黙って地べたに円を描く。わしはいつもどおりだ、と。居士はそれを足でふんづける。本谿は「よいのか、わるいのか」と問い返す。これでいいだろ、いかんのか、と。

居士は杖をポイとほうりだす。入矢先生は「いわば無一物の独尊、より高次の「与麼」の顕示である」(一三二頁)と注しておられるが、もっと単純にとらえておきたい。「や〜めた、あほらし」といった感じなんじゃないだろうか。

本谿は「カッコよく杖を捨てたけど、その杖はどうするの」と突っこむ。杖なしでも帰れるのかい、と。居士は「あるがままで円満に自立しておるから、変化を見ようとしたってムダじゃよ」と本谿の突っこみをかわす。もはや杖もなければ円もない。完全であるものは変化しないのだが、じつは変化においてつねに完全であるものが完全なんだよ、と。本谿は「ごもっとも。見事に得るところひとつもなしだ」と居士のありさまを肯定する。

居士は杖を拾いあげると、スタコラさっさと去ってゆく。いったん捨てた杖を拾って、それをつきながら帰ってゆくところが、なんともユーモラスである。本谿は「一件落着。お気をつけて」と見送る。

と、まあ、みぎのように読んでおいて大過ないとはおもうものの、つらつら考えるに、じつは「完成即未完成」ということが、この問答の秘められたテーマのような気もしてきた。その路線で読みなおしてみよう。

本谿が居士を見る。どこかにアラはないかいな、と。居士は円を描いてみせる。アラなんてないんじゃないの。ひょっとしてわしって完成しちゃってるのかな、と。本谿は円を足でふんづける。まさか、と。円をふんづけられた居士、「わしって完成してるんだっけ？　完成してないんだっけ？」と真顔でたずねる。本谿も円を描いてみせる。じゃあ完成してるんじゃないの、と。居士は円を足でふんづける。そんなバカな、と。本谿は「で、けっきょく完成してるの？　完成してないの？」と問い返す。居士は杖をポイとほうりだす。完成即未完成、と。

ふ〜ん、やってきたときは杖をついていたのに、杖なしでも帰れるんだね、と本谿。おや、わしってやっぱり完成しちゃってたのかい、と居士。だったら、アラがないかとジロジロ見ても、いよいよムダじゃな。

本谿は手をたたいて「なんとも奇特《きとく》なおひとだ。すべてを捨てて、手ぶらで立つとは」とはやしたてる。居士は「すべてを捨てる？　そうもゆかん」と杖を拾いあげ、完成即未完成、と去ってゆく。さようなら、と本谿。

杖をついたり、ほうったり、拾ったり、その臨機応変のふるまいに「完成即未完成」のあり方を見るっていうことだろうか？　そうではないだろう。杖をついていなくても、完成即未完成。杖をついていても、完成即未完成。そんなふうに読んでおきたい。居士の不断に完成即未完成であるさまを見て、本谿は「すばらしや、なんにも得るところがない」と感嘆しきり。

ジロジロ見られれば、「なんかヘンなところでもあるのか」というのがふつうの対応だろうが、そこは曲者《くせもの》の居士、「おや、わしが完成したあり方をしているからかい」と円を描いてみせる。それ以降、円を描きあい、ふんづけあって、ふたりで遊んでいる。「完成即未完成」という観念があり、それをネタにふたりでじゃれあっているような按配である。

円相になぞらえて完成即未完成を論ずるといえば、話はすこしズレるが（わたくしの意中ではつながっているのだが）、こんな問答がある（『祖堂集』二七二頁）。


師与仰山同翫月次、仰山問、這个月尖時、円相在什摩処。師曰、尖時円相隠、円時尖相在。雲巌云、尖時円相在、円時尖相無。道吾云、尖時亦不尖、円時亦不円。


師、仰山《きょうざん》と同《とも》に月を翫《め》づる次《つ》いで、仰山問う、這个《しゃこ》の月の尖《か》くる時、円相は什摩《いずれ》の処にか在る。

師曰く、尖くる時、円相は隠れ、円《み》てる時、尖相は在り。雲巌《うんがん》云く、尖くる時、円相は在り、円てる時、尖相は無し。道吾《どうご》云く、尖くる時も亦た尖けず、円てる時も亦た円てず。

石室《せきしつ》が仰山といっしょに月を愛でていたとき、仰山がたずねる「月が欠《か》けているとき満ちたさまはどこにいった」。

石室「欠けているとき満ちたさまは隠れ、満ちているとき欠けたさまがある」。

雲巌「欠けているとき満ちたさまはあり、満ちているとき欠けたさまはない」。

道吾「欠けているときも欠けていないし、満ちているときも満ちていない」。

夜空を見あげれば、地べたに描かれた円相とはまた一味ちがう、見事な満月である。仰山に「三日月のとき満月はどこにいった」とたずねられ、三人の禅坊主、三者三様に好き勝手なことをいっている。

石室は「三日月のとき満月は隠れ、満月のとき三日月がある」という。三日月のなかにはすでに円い月が隠れていて、やがてでてくる。満月になったからといって三日月がなくなったわけではない。やがてまた三日月になる。欠けたり満ちたりするのが月というものである。

雲巌は「三日月のとき満月はあり、満月のとき三日月はない」という。本来、月はまるいものである。欠けているときも、本来はまるい月がわけあって欠けて見える。満月のときはそれが当たり前なのであって、まるいからといってわざわざ「欠けていない」とはいわない。頭には毛があって当たり前であり、毛があるときわざわざ「ハゲでない」とはいわない。

道吾は「三日月のときも欠けていないし、満月のときも満ちていない」という。三日月なんだから欠けていて当たり前。欠けているものが欠けているのであって、本来はまるいものが欠けているのではない。まるいのが満月なのであって、本来は欠けているものがまるいわけではない。男は男装することができないし、女は女装することができない。

さすがは禅僧、それぞれ個性的に答えている。凡人のわたくしなら「三日月のとき満月は隠れ、満月のとき三日月は隠れる」と常識的に答えちゃいそうである（とほほ）。

3　おまえさんの目は節穴かよ

本谿が居士にたずねる「ダルマが西からやってきたときの第一句はなんだっけ」。

「だれがおぼえているもんか」。

「ものおぼえのわるいこった」。

「むかしのことをゴチャゴチャあげつらいなさんな」。

「じゃあ現在のことならどうなの」。

「だったら一言もないわい」。

「わしに知恵があれば、その一言も映《は》えるんじゃが」。

「和尚の目はでっかいのう」。

「それこそ一言を超えた一言というにふさわしい」。

「目のなかには一物《いちもつ》たりともいれられんはずだが」。

「真っ昼間にはとても目をあけておれん」。

「ドクロをつらぬいたわい」。

本谿は指を鳴らして「だれがそれを見るじゃろか」。

「こいつめ、つまらん男じゃ」。

本谿はそそくさと居間に帰ってゆく。


師、居士に問う、達磨《だるま》西来《せいらい》せるに、第一句は作麼生《いかん》が道《い》えるや。士云く、誰か記得《きとく》せん。師云く、謂うべし記性無しと。士云く、旧日の事は東道西説すべからず。師云く、即今《そっこん》の事は作麼生。士云く、一辞をも措《お》かず。師云く、智有る人の前に説かば、他《か》の多少の光彩を添えん。士云く、阿師の眼《まなこ》、能く大なり。師云く、須是《すべか》らく恁麼《か》くのごとくにして始めて絶朕《ぜっちん》の説たるに得《よ》し。士云く、眼裏に一物をも著《つ》け得ず。師云く、日正《まさ》に盛りにして、目を挙ぐることをも為し難し。士云く、髑髏を穿《うが》ち過ぎ去れり。師、弾指して云く、誰か伊《そ》を辨じ得ん。士云く、這の漢、甚麼《なん》の奇特か有る。師便ち方丈に帰る。

師問居士、達磨西来、第一句作麼生道。士云、誰記得。師云、可謂無記性。士云、旧日事不可東道西説。師云、即今事作麼生。士云、一辞不措。師云、有智人前説、添他多少光彩。士云、阿師眼能大。師云、須是恁麼、始得為絶朕之説。士云、眼裏著一物不得。師云、日正盛、難為挙目。士云、穿過髑髏去在。師弾指云、誰辨得伊。士云、這漢有甚麼奇特。師便帰方丈。

本谿が「ダルマが西からやってきたとき、最初になんていったのかな」とたずねると、「そんなことおぼえているもんか」と居士。これに対する「ものおぼえのわるいこった」という本谿の言葉は、気分としては「おぼえることではない、というべきだ」といっているということはないかなあ。

本谿は「おぼえているもんか」という居士の答えをひとまず肯定的に受けとめ、それを敷衍《ふえん》しようとする。本谿がいいたいのは、「たしかにそうだ。しかし、あんたのいい方はひどく否定的だ。もっと積極的にいうべきだろう。ダルマの第一句がなんであれ、それを「おぼえている」ことが重要なわけではない。その意味するところを理解し、身をもって体現することのほうが重要なのだ」ということじゃないだろうか。

居士は「過ぎ去ったことについて、あれこれいいなさんな」という。この居士の言葉を本谿はふたたび肯定的に受けとめ、それを敷衍しようとする。本谿は「いかにも。まさに「いま・ここ」が問題なのであって、過ぎ去ったことについては、あれこれいうべきでない。で、その「あれこれいうべきでない」ということについて、「いま・ここ」のあんたはどういうのか」とたずねる。

さきほどの居士と本谿とのやりとりと同じである。いっしょの意味について、居士は否定的にいい、本谿は肯定的にいいなおす。ふたりの呼吸は、ここまでのところピタリと一致している。

居士は「べつに言葉でいうことはない」という。ダルマの最初の一句、すなわち禅の要諦《ようてい》という大問題は、これを言葉であらわすことはむつかしい。むしろ身をもって表現したほうがよくはないかな、と。

これに対して本谿は「わしに知恵があれば、あんたの一言も映えるんじゃが」と自嘲気味につぶやいているとおもうのだが、あえて「拙僧のような知恵あるもののまえで説けば、その言葉はきっと精彩あるものになるだろう。だから是非とも言葉で語ってみてくれ」と自負にあふれたセリフをうそぶいている、というふうに読んでみよう。自信タップリの本谿にうながされ、居士は禅の要諦について言葉で語ってみせる。和尚の目はでっかいのう、と。

居士のこの言葉も、たぶん本谿のドングリまなこの節穴ぶりをからかっているとおもうのだが、あえて「和尚の目はダルマの目のように大きい。ダルマが世界に存在するありとあらゆるもの（一物《いちもつ》）を正しく見ていたように、和尚もその大きな目で一物を正しく見ておるにちがいない。一物を正しく見ること、それが禅の要諦にほかならんのですよ」と本谿のクリクリした目のでっかさを評価している、とひとまず読んでおこう。

居士の肯定的な言葉に本谿はよろこぶ。ようやく居士が禅の要諦を言葉で語ろうという気になってくれたわい。「そうそう、その調子。そうでなくっちゃ」とニコニコ。その本谿のよろこぶ無邪気なすがたを見て、居士はいう。「一物を見るとはいっても、目のなかに一物をいれるわけじゃない」と。この居士の言葉は意味深長である。

一物を正しく見るということが禅の要諦への第一歩である。であるとすれば、つぎの一歩は「一物を見る」ということを正しく理解することだろう。このあたりの機微を、居士は「一物を見るとは、一物そのものを目のなかにいれることではない」とズバリといいきる。

一物を見るとは、一物そのもの（有）を所有することではない。一物のなにかを所有することである。一物の有に対して、いわば一物の無を所有することである。その無とは、まったくの虚無ではなく、そのものの無である。非有非無であるところの無である。

「一物を見るとは、そのものの非有非無を有することである」と居士はいう。西洋哲学の用語をかりていえば、一物を見るとは、そのものの観念を有することである。仏教には、すくなくとも居士には、そのような認識論があるんじゃないだろうか。

われわれが一物を見たり、一物を知ったりするとき、それは一物の観念を得るということにすぎない。その観念は、わたくしが生みだしたものであって、それが一物の正しいすがたであるという保証はない。否。一歩をすすめていうなら、われわれの知っている世界とは、われわれがつくりだした虚構の世界であり、一物として名づけられているものも、いうならば無のような存在にすぎない。色即是空。有まみれの虚構にとらわれてあることの、なんたるむなしさよ。

居士の認識論がどこまでピンときているのかはあやしいが、居士の言葉をして精彩あらしむるべく、本谿はおもわせぶりな一言を吐く。「日の光がまさに盛りじゃ。まぶしくて目もあけられん」と。本谿のこの一言、はたして居士の言葉をして精彩あらしむることに成功しているのだろうか？　成功しているという方向であえて読んでみよう。

本谿はいう。「居士よ。あんたのいうとおり、一物を見るということを正しく理解することが肝腎だ。たしかに一物を見るというのは一物の非有非無を得ることなのだが、ひとつ見落としていることがありゃせんか。一物を見ておるのは、あんたやわしではあるが、あんたやわしに一物を見させているものがあることを忘れてはならん。それは日の光だ。日の光があってはじめて一物を見ることができる。日の光こそ、あんたやわしに一物を見させているものだ。しかしその一物を見させているもの、すなわち日の光そのものを見ることはできん。一物を見させている当のものは見えんのだよ」と。

本谿のこの言葉に、居士はハタと気づく。「そうか、いままでわしは自分が一物を見るということばかり考えておった。だが、ここにあるのは自分と一物という二項関係だけではない。自分と一物と、そしてそれらを取り巻いている環境、それら一切のものがあって、はじめて自分に「一物が見える」という出来事は起こりうる。すると自分に一物を見させているものは、ただに日の光のみではないはずだ。もうひとつ重要なものがあるぞ」と気づき、居士はつぶやく。「和尚のいう日の光は、頭蓋骨をつらぬいてゆきますなあ」と。

居士のこころを推しはかるならば、こんな感じだろうか――和尚のいうとおり、日の光がわしに一物を見させてくれているのだが、その日の光が頭蓋骨の中身にまで到達しなければ、「わしが見た」ということは起こらない。頭蓋骨のなかにギッシリと詰まっておるもの、それもまたわしに一物を見させてくれているものなのだよ。

本谿はおもわず指を鳴らして「いったいだれが、一物を見るということを、これほど見事に語りえただろうか」と居士をホメちぎる。すると居士はこういう。「この男（つまり居士）に和尚がホメそやすほど特別な才能があるわけではない。自分の力だけで一物が見えているわけではない。わしを取り巻くさまざまのものがあって、はじめてわしが一物を見るという出来事が起こりうるように、自分ひとりの力でこうして禅の要諦の一端を語ることができたわけではない」。本谿は「わしのレスポンスが居士の発言をして精彩あるものにしてやったということか。ふむ。よい問答ができたわい」と満足し、悠々と方丈にもどってゆく。

わたくしなりに貧寒な知恵袋をしぼるようにして読んでみたが、いまひとつ「よく読めたわい」と有頂天になれない気分である。ちっちゃい目をひんむいて読みなおしてみよう。

ダルマがインドからやってきて最初に吐いたセリフはなにか、と本谿。これは「如何なるか是れ祖師西来の意」といった問いといっしょで、つまり禅の要諦を一言でいってみよという要求だろうが、なぜ本谿は「意」といわないで「第一句」といったのか。

第一句といわれたもんだから、「そんなものおぼえてるわけがなかろう」と居士。「なんだ記憶力もないのか」と本谿。「古いことはどうでもよい」「じゃあ新しいことならどうじゃ」。

なにがダルマの最初の言葉かということは、釈迦の第一声が「天上天下唯我独尊」だったように歴史的に考えればむつかしい問題だろう。「歴史的なことはどうでもいいんじゃないの」と居士にいわれ、「じゃあ現在のおまえの第一句はなんなのさ」と本谿はいう。ダルマがインドからやってきたというのは過去のことだけど、禅の真理というものは現在のことだからね、と。それはそうだが、禅の真理ということであれば、それをあらわす一言などない、と居士はにわかに真顔になる。もし只今現在のこの瞬間というなら、そこに第一句といった言葉をさしはさむ余地などない。「いま・ここ」については語りえない。語りえないものは、断乎、語りえない。

その冷ややかな一言をこうむって、本谿は「そういう不親切な言葉はもっと頭のよい人間にぶつけてくれ」と弱腰になる。入矢先生によれば、本谿は「私は残念ながら智者ではないから、あなたのその答えの見事さは通用しない」（二〇五頁）と逆ギレ気味にいっているらしいのだが、そんなふうに屈折したかたちで拒否しているわけじゃなくて、「べつに一言もない」とズバリといわれ、「それじゃあ取りつく島もないよ」とヘコタレたんじゃないだろうか。語りえないものをあえて語るという親切があってもいいじゃん、と。

居士は「その大きな目は節穴かよ」とあきれる。語りえないものでも、とりあえず語っておけば、つまり目をひらいて見ようとしさえすれば、それなりに見ることができそうなもんじゃが、と。あきれられた本谿は「おお、それこそ一言を超えた一言ですな」とわかったような顔をする。が、じつはなんにもわかっちゃいない。

本谿がちっともわかっちゃいないことを見抜いた居士は、「でっかい目ン玉をひんむいて、なにをいれておることやら」と追い討ちをかける。見るというのは、見えているものを目のなかにいれることではない。いちいち目のなかにいれたりしたら、見えるものも見えなくなってしまう。「一言を超えた一言」とやらを目のなかにいれておるようだが、いやはや難儀なこっちゃ。

わかったふりをしたことがバレちゃった本谿は、「いくら大きな目でも、昼間はまぶしくて開けておれん」とまたもや弱音を吐く。「わしの目が大きいことをからかっておるようだが、見るべきものが見えているかどうかは目の大きさとは関係ないでしょうが」と言い訳をしているのだろうか？　それとも「見るというのは真昼の明るさのなかで見るということだが、その明るさそのものを直接に目で見ることはできない」と理屈をこねているのだろうか？　どっちでもないとおもう。まぶしくて目も開けてらんない、と本谿は降参したのだろう。

白旗をかかげた本谿にむかって、居士は「ドクロをつらぬいた」という。完膚なきまでにやっつけてやったという勝利宣言だろうか？　いや、勝利宣言というよりもむしろサジを投げたんじゃないかなあ。

ドクロにうがたれた、うつろな穴のなかを光がむなしく素通りしてゆきおったわい、と居士はしつこく本谿の目が大きいことをからかう。せっかくの禅の真理が、カラッポの頭蓋骨のなかを、どこにもひっかからずに滑りぬけてゆきおった。ドクロに黒々とうがたれた眼窩《がんか》を光がむなしく通りぬけてゆくというイメージは、かなしくも可笑《おか》しい。

ところが脳天気な本谿ときたら、あわれむべし、サジを投げられたことにも気づかず、得意げにパチンと指を鳴らして「その光を見ることができるのはだれでしょうかな」とうそぶく。それはオレだとでもいわんばかりに。

てんでダメじゃん、と居士はガッカリ。目ン玉が大きければ、ひとに見えないものが見えるかとおもったら、そうでもないんだな。ガッカリされたっていうのに、本谿はホイホイと居間にもどってゆく。バカ丸出しで意気揚々ともどってゆくのか、肩をすぼめてスゴスゴとひきあげてゆくのか、どっちだろう？もし前者だとしたら、つける薬がない。

いきなり机のうえの物差しをとりあげて
——居士さん、見えるかな

（「松山との問答」より）

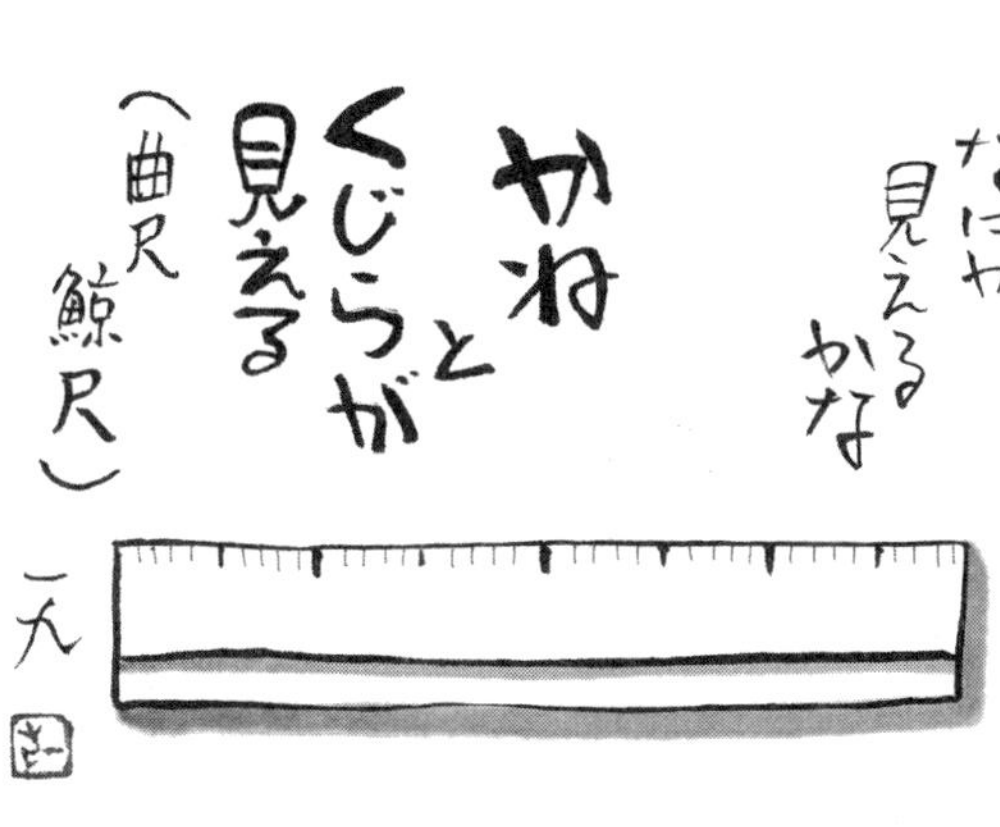
なにが見えるかな
かねとくじらが見える
（曲尺 鯨尺）
一九

大梅《だいばい》との問答

大梅《だいばい》（七五二～八三九）諱は法常。俗姓鄭氏。襄陽《じょうよう》（湖北）のひと。馬祖の「即心是物」によって領悟。大梅山（浙江）にて弘法した。〔『祖堂集』一五『五灯会元』三〕

1　種はちゃんと返しておくれ

居士が大梅《だいばい》のもとをおとずれ、顔を合わせたとたん「ご高名はかねてより。ところで梅の実は熟しておりましょうか」。
「あんた、どこから食べなさる」。
「木っ端微塵に噛みくだきましょう」。
大梅は手をのばして「種は返しておくれ」。

居士、大梅《だいばい》禅師を訪《おとな》い、纔《わず》かに相見《まみ》ゆるや便ち問う、久しく大梅を嚮《あお》ぐも、未審《いぶかし》、梅子熟せるや。梅曰く、你、什麼《いずれ》の処に向かって口を下す。士曰く、百雑砕《ひゃくざっさい》。梅、手を伸ばして曰く、我に核子を還《かえ》し来たれ。

居士訪大梅禅師、纔相見便問、久嚮大梅、未審梅子熟也未。梅曰、你向什麼処下口。士曰、百雑砕。梅伸手曰、還我核子来。

居士が大梅に「梅の実は熟したか」と問うというのは、馬祖《ばそ》と大梅とのエピソードをふまえている。まずそれを読んでおこう（入矢義高訳注『馬祖の語録』禅文化研究所・六八頁）。

大梅山法常禅師、初参祖問、如何是仏。祖云、即心是仏。常即大悟。後居大梅山。祖聞師住山、乃令一僧到問云、和尚見馬師、得箇什麼便住此山。常云、馬師向我道即心是仏。我便向這裏住。僧云、馬師近日仏法又別。常云、作麼生別。僧云、近日又道非心非仏。常云、這老漢惑乱人、未有了日。任汝非心非仏、我只管即心即仏。其僧回挙似祖。祖云、梅子熟也。

大梅山法常《ほうじょう》禅師、初めて祖に参じて問う、如何なるか是れ仏。祖云く、即心是仏《そくしんぜぶつ》。常即ち大悟す。後、大梅山に居す。祖、師の住山するを聞き、乃ち一僧をして到り問わしめて云く、和尚、馬師に見《まみ》え、箇《こ》の什麼《なに》を得て、便ち此の山に住す。常云く、馬師、我れに即心是仏と道う。我れ便ち這裏《しゃり》に向《お》いて住す。僧云く、馬師、近日、仏法又た別なり。常云く、作麼生《そもさん》か別なる。僧云く、近日又た非心非仏と道う。常云く、這の老漢、人を惑乱すること未だ了日有らず。任汝《たと》え非心非仏なるも、我れ只管《ひたすら》に即心即仏なり。其の僧回《かえ》りて祖に挙似《こじ》す。祖云く、梅子熟せり。


大梅山の法常が馬祖をおとずれて「仏とはどういうものでしょうか」。

「即心是仏」。

法常はたちまち悟る。

のちに法常は大梅山にゆく。

馬祖は法常が大梅山に住したということを聞き、僧をつかわして「和尚は馬祖のもとでなにを得て、この山に住しておられるのでしょうか」とたずねさせる。

「馬祖はわしに即心是仏といった。それでここに住しておる」。

「ちかごろ馬祖の説く仏法は変わりました」。

「ほお、どう変わったのか」。

「このごろは非心非仏といっておられます」。

「あの老いぼれ、相変わらずひとを惑わせておるのか。あちらが非心非仏であろうとも、わしは即心即仏でゆくまでだ」。

僧はもどって馬祖に報告する。

馬祖はいう「梅の実は熟した」。


仏、すなわち悟りを得たもののあり方とは、いったいどのようなものか。その問いに対する「ふだんの心そのものが仏にほかならない」という答えはすんなりとは受けいれにくい。ふだんの心はそのままでは煩悩《ぼんのう》がいっぱいで、およそ悟りを得た状態ではありえない。ところが「即心是仏」といわれて大梅はストンと悟った。煩悩だらけのままで悟っているということはもちろんありえない。してみると馬祖は「即心是仏」ということによって、なにがしかを教えたのだろう。馬祖に悟りのキッカケを与えられ、大梅はなにかしら悟った。

馬祖の「即心是仏」によって大梅は悟ったというけど、なにを悟ったのだろうか。ふつうに考えれば「ふだんの心がそのままで仏の状態になっているような、そういう心の状態にもってゆけばよい」と馬祖は教えている、と大梅は気がついたということだろう。

坐禅をしていると、どうしようもなく雑念が浮かんでくる。しかし、そういう雑念が「浮かばないようにしよう」とガンバってはならない。雑念の浮かぶにまかせ、そうやって雑念が浮かんでくる自分の心をおだやかに省察する。それをつづけていると、やがて雑念にとらわれなくなってくる。坐禅とは、心をあるがままにまかせ、しかもそれに執着しないという状態にいたる方法である。

馬祖のいう「即心是仏」とは、心を無にすることによって悟りが得られるという悟りの方法論を説いたものである。馬祖によって修行の方向を教えられた大梅は、その方向でながらく修行をつづけ、やがて山に住することになった。

そうやって大梅を教えみちびいた馬祖は、どうして「即心是仏」から「非心非仏」へと教えを変えたのだろうか。「即心是仏」が、けっきょくは心を無にすること、心になんらの妄念をも浮かばないようになることであるならば、その結果として得られる悟りの状態とは、もはや「心がどうの仏がこうの」などとは微塵も考えないような状態である。それを馬祖は「非心非仏」と表現するようになった。馬祖は宗旨を変えたわけじゃない。別の表現をこころみているにすぎない。

「即心是仏」であろうが「非心非仏」であろうが、その真実のありようは言葉であらわしがたい。それをあえて言葉にすることによって、たとえなんにも語らないことになったとしても、すくなくとも悟りのキッカケを与えることはできる。「即心是仏」が悟りへといたるための方法論であるなら、「非心非仏」は悟りの到達点をあらわす表現論である。

馬祖がちかごろ「非心非仏」と教えているといわれ、大梅はその馬祖の姿勢に合わせて、「即心是仏」を「即心即仏」へと変える。「心をあるがままにして、それがただちに仏のあり方である」と大梅もまた悟りの方法論に対して悟りの到達点を表現をしてみせた。

馬祖は否定的な表現をもちい、大梅は肯定的にあらわしているが、意味のうえでは同じことである。それぞれ表現の仕方は異なるものの、馬祖は大梅を自分と同じ境地に達したとみとめ、「梅は熟した」と評する。

こんなふうに読んでおけば、ひとまず問答を整合的にとらえることはできそうである。ただ肝腎のところでマジメすぎるような印象をぬぐえない。もうちょっと「おもしろく」読めないだろうか。

馬祖のいう「即心是仏」も大梅のいう「即心即仏」も、ふだんの心そのものが仏にほかならないという意味である。ほかならぬ喜怒哀楽の煩悩にまみれた心こそが仏なのである。煩悩即菩提である。ところが馬祖は、ちかごろ「即心是仏」から「非心非仏」へと宗旨変えしたらしい。

大梅は馬祖に「即心是仏」といわれて大悟した。馬祖によって悟るキッカケを与えられはしたが、べつに馬祖から悟りをさずけられたわけじゃない。みずから「即心即仏」を得心したのである。馬祖が「即心是仏」から「非心非仏」へと鞍替えしたからといって、それは馬祖の問題であって大梅の知ったことではない。「即心即仏」ということは、あくまでも大梅自身における揺るがぬ事実である。

即心即仏とは「自分の人生の主人公は自分である」という当たり前のところに立脚することである。なにをするにせよ、しないにせよ、そこには判断がある。その判断はあくまでも自分のものである。どんなに愚かな判断であっても、それを決めたのは自分である。だれのせいにもできない。切実な問題にぶつかるたび、そのつど自分なりに片づけてゆくしかない。

我は我と汝という関係における我である。汝なしにはありえない。けれども我はどこまでも我である。その我とは、我と汝という不可分の関係をふくんだ我であり、同時にその関係の項でもある。そういう

「二にして二」であるような全体「即」部分の関係をふまえて、大梅は「あっちが非心非仏でも、こっちは即心即仏でゆくまでだ」と突っぱっている。

大梅が即心即仏をつらぬく理由はそうだとして、ではなぜ馬祖は非心非仏へと変えたのだろうか。入矢先生は「即心是仏が一つの硬直したテーゼとして、馬祖の弟子たちに金科玉条とされたとき、禅は堕落する。そのことに対するアンチテーゼとして非心非仏という」（七〇頁）と注しておられる。たしかに即心是仏だけにしがみついているとドグマへと堕落するから非心非仏も用意しておくほうが健全である、という意味合いはあるかもしれない。しかし馬祖の本音は、もし即心是仏の「即」とはなにかを問題にすれば、どうしたって非心非仏というしかなくなるというところにあるんじゃないだろうか。

非心非仏はたんなる即心是仏の否定ではない。即心是仏は「心は仏である」である。その否定は「心は仏でない」だろう。非心非仏は「心でもないし仏でもない」である。だとすると「心でもないし仏でもない」ものはなんだろうか。

即心是仏と非心非仏とは表裏一体だといってしまうと、すべてが台無しになる。表から見るとこうで、裏から見るとこうだ、と同じものが見方によってちがって見えるという話をしているわけじゃない。非心非仏とは、なにかが「非心」であると同時に「非仏」でもあるという可能性をあらわしている。非心「即」非仏である。

ありとあらゆるものは心であり仏である。ありとあらゆるものが心であり仏であるならば、もはや心であり仏であるというにはおよばない。ありとあらゆるものが即心是仏であるならば、ありとあらゆるものは非心非仏である。

「即心是仏」「非心非仏」とだけいって主語をいわないところがミソである。大梅の問いは「仏とはなにか」だから、それへの答えである「即心是仏」「非心非仏」の主語は仏だと考えたくなるけれども、そう考えると馬祖のおもうツボである。馬祖は「心であり仏である」「心でなく仏でない」といっているだけである。仏とは、主語を立て、それがなんであるかを語りうるものではない、と。

ちょっと視点を変えてみよう。

即心是仏を「心と仏とは同一だ」と読んでみる。そのさい「同一性そのものは、心でもないし仏でもない」というふうに考えると、同一性を主語に立て、それについて「心でもないし仏でもない」と述語づけることの是非が問題になってくる。

同一性を主語に立て、それを実体化し、それについて述語づけることに、おそらく大梅は違和感をおぼえた。馬祖とてそのことはわかっている。わかっていて、わざと非心非仏へと変わってみせ、そのうえで即心即仏でゆくという大梅を肯定してやる。

「心は仏である」とだけいっていると「心は仏でない」が忘れられてしまう。心と仏とは同一であるとしても、その同一性そのものは、心でもないし仏でもない。だがそれをいったらダメじゃないか、と大梅はいってのける。馬祖にすれば「よくぞいった」というところだろう。

「即心是仏」「非心非仏」というのは、じつは無駄口である。それどころか「即心」「非心」といっただけでも、すでに無駄口である。仏について語ろうものなら、かならず半端なおしゃべりになってしまう。半端なことしかいえないんだったら黙っておいたほうがよい。

もし即心是仏であるならば、わたくしが歩くのは仏が歩くのであり、わたくしが語るのは仏が語るのである。それはそうだとしても、心がただちに仏であるという仔細はペラペラとしゃべることじゃない。それなのに大梅ときたら仏についてたずねたりして、馬祖をして即心是仏という奥の手をチラつかせざるをえないように仕向けてしまった。せっかく知らないふりをしていたのに、野暮な大梅ときたら問わずもがなのことを問うて馬祖に「即心是仏」と口を滑らさせ、語りえないはずのものを公然とぶちまけさせちまうとは、わるいやっちゃ。

馬祖の語録における馬祖と大梅とのエピソードは以上のとおり。ほんの小手しらべとして読んでおくつもりが、ずいぶん紙幅をついやしてしまった。ふたたび龐居士に登場してもらおう。

居士が「梅は熟しているか」と問うのは、大梅に「悟りの境地に達したか」と問うているのだろう。大梅にかけて梅の譬《たと》えで問われたので、大梅も「どこから食べる?」と梅の譬えをふまえて問い返す。すると居士は「どこからもヘッタクレもない。木っ端微塵に嚙みくだいてやる」と凄みをきかす。

どこまでも梅がらみのシャレのまま問答はつづく。こなごなに嚙みくだいてやると居士に凄まれ、大梅はオトナの態度でシャレに乗りつづけ、みずからの「身（実）」をさしだして「種だけは返しておくれ」。

居士による、いささか無礼なシャレがらみの挑発に対して、大梅は「わしの境地は、全部がやわらかいわけじゃないよ。なかにはちゃんと種があって、それは居士さん、あんたでも嚙みくだくことはできまい」と鷹揚にほほえむ。いったい悟りの境地とは、ひと嚙みで、あるいは一口で、嚙みくだいたり呑みこんだりできるような単純なもんじゃないんだよ。

わたくしは性根が甘いもんで、バリバリと嚙みくだくような読み方ができない。もっとも、いわゆる禅問答とは禅者どうしの丁丁発止の破片であり、玉もあれば石もあって、この大梅と居士とのやりとりが玉みよう。

だとすれば、嚙みくだいてしまうのはもったいない。嚙みくだくのではなく、舐《な》めるように読みなおしてみよう。

馬祖は「梅の実は熟した」と大梅を肯定したらしい。だが、はたしてホンモノかどうか、ひとつこの目でたしかめてやろう、と居士はやってくる。お手並み拝見、と。

大梅は「熟したかどうか知りたければ、自分の口で食ってみたらどうか」といい、つづけて「どこにガブリと食らいつきなさるのかな」と逆に問い返す。こっちこそお手並み拝見したいもんじゃ、と。

問い返された居士は「どこに食いつくって、丸ごとバリバリと嚙みくだいてやるさ」という。完膚なきまでに、こなごなにしてやろう。この物騒きわまりない返事に対する大梅の「種は返しとくれ」について、入矢先生は「いかにそなたが鉄の歯で嚙み砕こうとしても、この核だけはびくともせずに残るはず。さあ、そいつを還してもらおう」（一三六頁）と注しておられる。この大梅の芯《しん》は、いかに嚙みくだこうとしても嚙みくだくことはかなうまい、と見得を切っているという読みである。

そういうふうに読むのが正しいのだとはおもうが、なにぶん根が甘いわたくしであるから、どうしてもノンビリと読みたくなる。「梅の実は熟したか」と不躾《ぶしつけ》にたずねられ、「熟しているとしたら、どこから食べるおつもりかな」と剽軽《ひょうきん》に応じている感じからして、ここも「こなごなにするのもいいけど、せめて種くらい返してね」とにこやかに笑っているような気がしてならない。丸ごとバリバリと嚙みくだいてやるって、その意気やよしだけど、どうせ種はかじりきれないだろうから、飲みこんだり、吐き捨てたりしないで、ちゃんと返しておくれよ、と。

種というのは、かじってもかじりきれない大梅の本来の自己だろう。かけがえのない自己を、いったん居士にゆだねるけど、あとで返してねというあたり、なんとなくユーモラスである。

ひとり高みにあって孤高をうそぶくものに他者はいない。しかし現に存在するものは他者に対して存在しているのであって、けっして絶対者なんかじゃない。自己は他者に対して、はじめて自己である。ひとりよがりに自己にうずくまっていては、ついに自己ですらありえない。自己を他者にゆだね、そのうえで自己であるべし。自己たるもの、すべからく他者と「ともに」あるべし。禅者たるもの、俗中にあって俗を超えつつ、生身《なまみ》の自己として他者と親身につきあうべし。

大梅は「我や汝はどこに存在している？　そのことを忘れるな」といっているんじゃないだろうか。こちとら禅者でございとイキがると、みだりに俗世を超越した観点から考えようとしてしまう。それは架空の観点であって、じっさいの自己の視点ではない。あくまでも自己の視点でものを見よ。

我は我である。そういう我には種がある。その種をもつ我は、汝との関係において熟する。熟した梅の実であって、はじめて食べられる。食べおわれば種がのこる。その種を返してもらい、土に植えれば、そこからまた新しい梅がはえてくるだろう。

禅とはつくづく「いま・ここ」に徹することだと身にしみる

（「普済との問答」中の解説より）

大《だい》毓《いく》との問答

大《だい》毓《いく》　馬祖の法嗣。生年出自は不詳。俗姓范氏。芙蓉山（江蘇）に住した。〔『五灯会元』三〕

1　ひとのことはどうでもよい

居士が芙蓉山《ふようざん》の大毓《だいいく》禅師のもとにゆく。

大毓は居士に食事をふるまう。

居士が受けとろうとすると、大毓は手をひっこめて「なにかしら思惑《おもわく》をもって供養を受けることは、かの維摩《ゆいま》居士のいましめるところじゃ。そのいましめをおろそかにして供養するとして、居士どのは甘んじて受けられますかな」。

「いにしえの須菩提《しゅぼだい》はひとかどの人物でしたな」。

「ひとのことはどうでもよろしい」。

「口のところまできた食いものが、むざむざうばわれてしもうた」。

大毓は食事をふるまう。

「言葉はいらん」と居士。


居士、芙蓉山《ふようざん》の大毓《だいいく》禅師の処に到る。毓、食を行《ぎょう》じて居士に与う。士、接《う》けんと擬《ほっ》するや、毓、手を縮《ひ》いて曰く、心を生じて施《せ》を受くるは、浄名《じょうみょう》早《つと》に訶《か》す。此の一機を去ること、居士還《は》た甘んずるや。士曰く、当時善現《ぜんげん》、豈《あ》に作家《さっけ》ならずや。毓曰く、他《かれ》の事に関わるに非

居士到芙蓉山大毓禅師処。毓行食与居士。士擬接、毓縮手曰、生心受施、浄名早訶。去此一機、居士還甘否。士曰、当時善現、豈不作家。毓曰、非関他事。士曰、食到

ず。士曰く、食、口辺に到って、人に奪却せらる。毓、乃ち食を下《くだ》す。士曰く、一句子《いっくす》をも消《つい》やさず。
――口辺、被人奪却。毓乃下食。士曰、不消一句子。

大毓が居士に食事をふるまう。ありがたく頂戴しようとしとたん、ご馳走をひっこめたかとおもうと、維摩（浄名）と須菩提（善現）との故事をもちだして供養のあり方について講釈をぶつ。世尊はスブーティ（須菩提）にヴィマラキールティ（維摩）の見舞いにゆくように命じるが、スブーティはことわる（『大乗仏典』世界の名著2、長尾雅人訳・中央公論社・一〇六頁）。

ヴィマラキールティは、わたくしの鉢をとり、それを上等の食事で満たしてから、次のように申しました。「大徳スブーティよ、もし食の平等性によっていっさいの存在の平等性がわかり、いっさいの存在の平等性をもって仏陀のありかたの平等性も悟れるのであれば、はじめてこの施食《せじき》をお受けください（中略）」。このように彼が言うのを聞いて、世尊よ、わたくしはそれに対してなんと答えるべきか、何を言うべきか、どうすべきかに思い迷い、十方がまっくらになりました。

「食の平等性」というのがなにを意味するのか、この箇所だけではピンとこない。もしかするとこんなことをいっているのかもしれない――食べものはいつも同じはたらきをする。ある食べものはエネルギーを与える。ある食べものは体調をととのえる。それぞれの食べもののはたらきは異なっていても、その食べものがそのはたらきをするという点はいつもいっしょである。食べもののはたらきにはデタラメなところはなく、つねに一定の法則がある。

食に平等性があるということは、それを食べるものに平等性があるということを前提としている。同じものを食べても食べるひとが異なると異なるはたらきをするということは起こらない。食に平等性があるということは、それを食べるものにも平等性があるということである。人間の身体には一定の食材には一定のはたらきを発揮させるという平等性がある。

食の平等性とは、それを食べる人間の平等性に呼応した現象である。こういった食べものとそれを食べるものとの関係をいろんなものの関係にまで敷衍してゆくと、「一切の存在は、それぞれ他の存在との関係においてあり、そこには存在の平等性がある」ということが理解される。あらゆる存在は、デタラメに生起しているわけではなく、ある一定の法則のもとに存在しているのである。

これがこの世の法（真理）であり、そしてその法を悟ったものがブッダとよばれる存在であるならば、ブッダのあり方はつねに同じもの（法の存在の認識）にもとづいているはずである。したがって一切の存在の平等性からブッダのあり方の平等性もまた理解されうるであろう。

維摩は「食べるという日常的な営みのうちにも、こういった法が貫徹していることをわきまえて、そのうえで施食を受けとるべし」と須菩提をいましめる。片時も法を見うしなわぬようにせよ、と。須菩提にしてみれば、たかが施食という日常茶飯事において、そんな大仰なことをもとめられるとはおもってもみなかったので、ビビッて箸がとまってしまう。

いずれにせよ「あらゆるものを平等性においてとらえることができているなら供養を受けるがよい」という維摩のリクエストに応じられないからには、それがしに維摩を見舞う資格はない、と須菩提は尻込みする。で、そういう故事をもちだしたうえで、大毓は「あんたは維摩の問いに答えられるのか」と居士に迫る。あんたに供養を受ける資格はあるのか、と。

大毓が「思惑をもって供養を受けることは維摩のいましめるところだ」というのは、どのような心持ちによって施しを受けるか、つまり問いに対してどんな答えを用意して供養を受けるかということは、いにしえ維摩が問題にしたことであったということの確認である。さらに「そのいましめをおろそかにして供養するとして、居士は甘んじて受けるだろうか」というのは、まさかその維摩の問いに答えることをなおざりにしたまま、ただ施しを受けようとするつもりじゃあるまいな、とダメを押している。維摩の問いにかんして、居士よ、おまえさんの答えを示してみよ。

大毓からの挑戦を受け、居士は「いにしえの須菩提はひとかどの人物であった」という。この返事の解釈はむつかしい。

維摩にたずねられたとき、須菩提はホントになんにもできなかったのだろうか。施食を受けなかったという対応は、これはこれで答えだったのかもしれない。須菩提はなんにも答えなかったわけではなく、施食を受けないという答え方をした。で、わしもそうしようとおもう、と居士はいう。なんにも答えず、ただ食事をふるまわれる、という答え方をしようとおもう、と。

大毓は、居士の思惑を察して「ひとのことはどうでもよい」という。須菩提の対応をもちだして自分の答えにするとは、なんとだらしない。自分のこととして答えよ、と。

大毓にいさめられ、居士は「せっかくの食いものをうばってゆくやつがおるわい」という。なかなか見事な答えである。この答えには、食べるもの（居士）が登場しない。しかし食べものをうばうもの（大毓）

はしっかり登場している。

維摩の呈示した問題は「食事の平等性」↓「一切の存在の平等性」↓「ブッダのあり方の平等性」ということを悟ってから施食を受けよというものであった。食事の平等性という身近なことに端を発して、一切の存在の同等性、あるいは一切の存在の相互依存に思いを致す。その相互依存のなかには、当然ながら、自と他との相互依存あるいは同等性がふくまれる。とりわけ施すものと施されるものとの相互依存あるいは同等性がふくまれる。このことを忘れてはならん、と維摩はいう。

施すというのは、けっして施すものから施されるものへという一方的な関係ではない。施されるものの存在のおかげで、施すものは施すものになれる。施されるものが施すものに施しの機会を与えているわけで、機会を施すという点においては、施すものと施されるものとの関係は逆転する。施しという行為は、一方が優位にあり他方が劣位にあるといった行為であってはならない。施すものと施されるものとの平等性・同等性・相互依存性がそこにはあらねばならない。

居士の「せっかくの食事をうばってゆくやつがおる」という答えには、施すものと施されるものという対立の拒否、自己と他者という区別の否定、という居士の姿勢が表現されている。せっかく自他の区別のない境地におったのに、大毓さんよ、その食事をうばうなんて、あんたのほうこそ「食事をうばうもの」としてふるまおうとしておりますな、という居士の斬り返しである。これには大毓も恐れ入り、居士に食事をふるまう。最後の「言葉はいらん」は、大毓へのダメ押しだろう。はなから一言もいわず、ただ食事をふるまうだけでよかったのだ、と。

ひとつ気になっていることがある。施しにおける平等性ということを問題にしはじめれば、「供養される資格もあれば、供養する資格もまたある」という仔細もでてくるんじゃないだろうか。「施している」という傲慢なこころがあるなら供養する資格はない。「施されている」という卑屈なこころがあるなら供養される資格はない。供養がもとより平等性にもとづいた営みであるならば、供養するのも供養されるものもないはずである。とはいえ、負い目を感じるような施しを受けるなといわれても困ってしまう。それでは現世の出来事としての供養はありえないことになりかねない。

居士は「須菩提もそこそこやり手だったよね」という。入矢先生は「ここは、居士が自らを善現に転置することによって大毓を維摩として捉え直し、「この善現に向かって、あなたはどのような維摩として対するか」という暗示を籠めて答えたものと解したい」（一三八頁）といっておられる。わしが須菩提だとしたら、大毓さん、あんたは維摩ということになるが、あんたは維摩の「一機」をもっておるのかな、と。

大毓は「須菩提のことはどうでもよい、居士はどうだとたずねておるのだ」と突っぱねる。他人はさておき自分はどうなんだ、と。そう迫られて、居士は「口のところまできた食いものをひっこめられ、お預けをくっちまうというのは、かつての須菩提といっしょだよ」とボヤいてみせる。けっして他人事ではないよ。わしは須菩提のような立場に置かれているんだから、大毓さん、あんたも維摩の役目を引き受けてもらわんわけにはゆかん、と。

大毓はいそいそと居士を供養する。それを受けて居士は「いわずもがなの文句は一言もいりませんぞ」という。入矢先生は「実のところは「ここで一句説くことによって、和尚の〈一機〉を示して欲しいところなのだが」という気持を裏に隠しているのである。しかし居士はあえてそれを言葉に現わさずに、むしろこちらから大毓の側に廻りこんで「それは不要ですから、どうぞおかまいなく」と言ってのけたのである」（一四〇頁）と注しておられる。ひどくうがった読み方である。居士は、いまさら供養を受ける資格がどうのこうのといわれたら、食いものがノドをとおらなくなる、と牽制しているんじゃないだろうか。

下心《したごころ》の有無ということが魚の小骨のようにノドに刺さる。供養という宗教的な営みにかんしては、施すほうにも施されるほうにも、じっさい不自然な遠慮がつきまとう。下心がある供養は施すのも施されるのもいけないと維摩はいうが、そんなふうにいう維摩もそういう供養のあり方を教えてやろうという下心をいだいているわけで、そういった維摩の供養を当の維摩の教えにしたがって須菩提は拒否する。そういう屈折した機微がうかがわれる。

「それがしの供養にはあんたをためそうという下心があるんだけど、そういう下心のある供養を、居士さん、あんたは受けるのかい」と大毓。「須菩提ってのはやり手でしたなあ。維摩の供養には教育的な下心があったわけで、だから維摩の教えにしたがって須菩提は供養を受けようとしませんでしたな」と居士。「須菩提はどうでもよい。あんたをためそうという下心がある供養を、さあ受けるのか、受けないのか」「お預けというわけですな。口先まできたご馳走がひっこめられたわけで、わしも須菩提もいっしょの目にあっておるわけだが、大毓さん、維摩のマネをしてためそうという下心は捨てなされ。大毓は大毓らしくなさい。話はそれからだ」。

大毓はいそいそと食事をふるまう。居士はしずしずと受けとり、そして釘を刺す。「御託《ごたく》は無用ですぞ。供養に下心があってはなりませんからな」。

道草を食いたい。食って損になるような道草ではないとおもう。食事をふるまうといえば、こんな問答もある（『碧巌録』下・四八頁）。

丹霞問僧、甚処来。僧云、山下来。霞云、喫飯了也未。僧云、喫飯了也。霞云、将飯来与汝喫底人、還具眼麼。僧無語。長慶問保福、将飯与人喫、報恩有分。為什麼不具眼。福云、施者受者、二俱瞎漢。慶云、尽其機来、還成瞎否。福云、道我瞎得麼。

丹霞《たんか》、僧に問う、甚《いず》れの処よりか来たる。僧云く、山の下《ふもと》より来たる。霞云く、飯を喫し了《おわ》るや。僧云く、飯を喫し了れり。霞云く、飯を将《も》ち来たりて汝の与《ため》に喫せしめし底《てい》の人、還《は》た眼《まなこ》を具せしや。僧、語無し。長慶《ちょうけい》、保福《ほふく》に問う、飯を将て人の与に喫せしむるは、恩に報ゆるに分有り。什麼《なん》の為にか眼を具せざる。福云く、施す者と受くる者と、二《ふた》り倶《とも》に瞎漢《かつかん》なり。慶云く、其の機を尽くし来たるに、還た瞎と成るや。福云く、我は瞎なりと道いて得《よ》きや。


丹霞が僧にたずねる「どこからやってきた」。

「山のふもとから参りました」。

「飯は食ったか」。

「食べました」。

「おまえに飯を食わせてくれたやつは、見る目をもっておったか」。

僧は言葉がない。

長慶が保福にたずねる「飯を食わせてやるのは仏恩に報ゆることなのに、どうして見る目をもっていないことになるのか」。
「食わせるほうも、食うほうも、どっちも目が見えぬやつだ」。
「やるべきことをやっただけなのに、目が見えぬということがあろうか」。
「わしは目が見えぬとでもいうのかな」。

丹霞と僧との問答があり、その問答をめぐって長慶と保福との問答がある、という二部構成になっている。そして最後の保福の発言をどう読むかが、この問答を味わうポイントである。

「飯は食ったか」とたずねるのは、「ちゃんと修行をしたか」と問うている。そうだとすると「飯は食いました」というのは、「修行はやりました」といっていることになる。その答えぶりは、まるで学校の勉強みたいに修行に卒業があるかのようである。「ダメなお師匠さんだったんじゃないの」と丹霞。おまえみたいなボンクラを合格させるなんて、てんで見る目のないお師匠さんだな。

もう修行はおわったとうそぶきながら、わざわざ丹霞のもとにやってきてどうしようっていうの？　修行はおわったというなら、もはや教えを受けるものではなく、教えを施すものであらねばならない。それなのにこの僧ときたら、どうやら教えを受けたがっているような気配である。なにをしにきたんだ、おまえの師に目はないのか、と丹霞は突っぱねる。ここにおいて僧は、ようやく「飯は食ったか」という問いにこめられた真意を理解し、なんにも答えられなくなる。

丹霞と僧とのやりとりをふまえて、長慶と保福とがやりあう。僧の師が飯を食わせたことについて、「その行為そのものは恩に報いるものだから、目がないとはいえんだろう」と長慶。保福は「施すものも施されるものも、ふたりとも目がない」ときめつける。「やるべきことをやっただけなのに、目が見えぬということがあろうか」「やけに突っかかってくるじゃないか。わしに目がないとでもいいたいのかい」。

師が弟子に教えを伝えるというのは、目ン玉をひんむいて「こいつになら」というものに伝えるのである。師は弟子を見る目をもっていなければならない。弟子のほうも師が自分を見る目をもっているかどうかを見る目をもっていなければならない。僧の師は弟子をちゃんと見ることなく、ただ教えられることを教えてやっただけであった。僧のほうも師の教えをただ受けるだけであった。保福のいうように、施すほうも施されるほうも双方ともに目がない。師は弟子を見る目をもっておらにゃならんし、弟子も師がおのれを見る目を見る目をもっておらにゃならん。長慶さんよ、わしにそのあたりの機微がわからんとでもいいたいのかい、と保福はいう。わしをだれだとおもってるんだ、と。

保福の発言、ひとまずこう読んでおけばよいとおもう。が、またぞろ妄想がわいてきた。こんなふうに解釈することはできないだろうか――保福は「わしは目が見えん、ということができるだろうか？　いや、できんだろう」という。自分にはものを見る目がないとわきまえているものは、ある意味ではものを見る目があるということである。だから「わしは目が見えん」ということには実践的な矛盾がふくまれている（ここでいう実践的な矛盾とは、「文章中に不整合がふくまれる」という意味ではなく「発言内容とその発言をするという行為とのあいだに矛盾がある」という意味である）。

丹霞におまえの師に目はないのかと問われて僧がなんにもいえなくなったことも、そう考えると腑に落ちる。僧は「あなたのおっしゃるとおり、それがしの師にも、それがしにも目がござらん」と答えることはできない。そう答えることは自分には目がないとわきまえていることになる。もし僧がそれをわきまえたうえで無言であったのだとすれば、丹霞の問いをこうむって僧はそのとき目が開いたことになる。

そうだとすれば僧は「おっしゃるとおり、それがしの師にもそれがしにも目がなかったのかもしれない。あなたの言葉によって、それがしは目が覚めた。いまやそれがしには目がある。それは丹霞さん、あなたのおかげであるとともに、それがしに丹霞のもとにゆけといってくれた師にも目があったということである」といっていることになる。このあたりの消息をとらえて、長慶はふたりを弁護したのかもしれない。

おもしろい解釈ではあるけれども、たぶん考えすぎだろうなあ。最後の保福の発言を嚙みしめるならば、そんなふうに読むのはさすがに無理っぽい。

保福が「施すものも施されるものも、どっちも目が見えない」というのは、施すこと、施しを受けること、それが日常化して当然のことになってしまっているのがダメだといっているのだろう。

飯を食うことは、文字どおり日常茶飯事である。だがその日常茶飯事をこそ珍重すべし。飯を施すことは、悟りの機会を与えることであり、施された飯を食うことは、与えられた機会を活かして修行することである。禅僧たるもの、飯を食うことが日常茶飯事であるように、つねに悟りへの営みを反復すべきであるが、そうなっておるか？　飯を施すように悟りを施すことはできん。そのことをわかっておるか？

「施しをするというのは恩に報いることであって、恩に報いるからには報いるに値するものと値しないものとを分けているのだから、すくなくとも分ける目はあるわけで、まったく目が見えないわけでもなかろう」と長慶はいう。それに対して保福は「施されるのがだれでもよいような施しって、施すことと施されること、どっちも習慣的なものに堕している。当然のこととみなされてしまうと、施し施されることの意味がうしなわれ、報いるに値する恩と値しない恩という区別もなくなってしまう。闇夜にあっては一切合財が真っ黒けなように、およそ見分けがつかん。そういう意味では、施すものも施されるものも、まったく目が見えておらんっていうことになりゃせんか」という。

「どんな施しをするかは、そのひとの器量によるわけで、意味はわかっていても、その器量に応じてやれることしかやれんのじゃないだろうか」と長慶は食いさがる。無差別に施したり施されたりできるのは、それなりに機が熟したものにおいてのみではなかろうか、と。「それがちゃんとやれておれば、目が見えないとはいわん。やれとらんことを見抜いておるんだよ。おまえさん、オレにひとを見る目がないっていいたいのかい」と保福。ほほお、そうすると端的に無差別であるかのように見えるわしは、じつは目が見えんということになりそうだな。区別において明らかであり、かつ無差別であるつもりなんだけどねえ。やっぱり目が見えんということになるのかい？

2　そこがまさに勘どころじゃ

居士が大毓にたずねる「馬大師がじっくりと修行者のために手立てをつくした勘《かん》どころは、和尚さんに伝わっておりますかな」。

「まだお目にかかったこともないのに、勘どころなど知るはずもなかろう」。

「その見識こそ、まさにもとめようのないものですな」。

「居士どのもやたらな無駄口はつつしみなされ」。

「わしが本気になって無駄口をたたいた日には、和尚さんの立つ瀬はなくなりますぞ。ましてニ度三度と突っこもうもんなら、きっとタジタジとなるでしょうな」。

「そのタジタジとなるところがまさに勘どころなのじゃ」。

居士は手をたたいてでてゆく。

士又た毓に問うて曰く、馬大師の著実《ちゃくじつ》に人の為にせる処は、還《は》た吾が師に分付《ぶんぷ》せるや。毓曰く、某甲《それがし》は尚《な》お未だ他《かれ》に見《あ》わず。作麼生《いかで》か他の著実の処を知らん。士曰く、祇《た》だ此の見知こそは、也《ま》た討《もと》むる処無し。毓曰く、居士も也た一向《ひたすら》に言説することを得ざれ。士曰く、一向に言説せば、師又た宗を失わん。若し両向三向《ふたたびみたび》を作さば、師還た口を開き得るや。毓曰く、直是《まさ》に口を開き得ざる、実と謂うべきなり。士、掌を撫《う》って出づ。

士又問毓曰、馬大師著実為人処、還分付吾師否。毓曰、某甲尚未見他。作麼生知他著実処。士曰、祇此見知、也無討処。毓曰、居士也不得一向言説。士曰、一向言説、師又失宗。若作両向三向、師還開得口否。毓曰、直是開口不得、可謂実也。士撫掌而出。

馬祖《ばそ》が「修行者のために手立てをつくした勘どころ」は大毓に伝わっているかい、と居士が問う。馬祖にあったこともないのに、どうして伝わっていようか、と大毓は答える。この答えは修辞的な表現であって、その裏の意味をくみとらねばならない。大毓はすでに（ふつうの意味では）馬祖にあっている。あってはいるのだが、居士がもとめる「修行者のために手立てをつくした勘どころ」について語るところの馬祖にはまだあっていない。しかし「わしは馬祖のもとで修行しておったので、言葉にならない馬祖の教えなら、わしに伝わっておるよ」と大毓はほのめかす。

居士は「まさにそのような見地こそが馬祖の修行者のために手立てをつくした勘どころであり、それは言葉でもとめようのないものですな」と感服してみせる。それを受けて大毓は「おお、居士よ、あんたはわかっていなさる。あんたも馬祖の修行者のために手立てをつくした勘どころについては一言もいわんほうがよいですぞ」と釘を刺す。

居士は「もしわしが一言でも馬祖の修行者のために手立てをつくした勘どころについて言葉でしゃべろうもんなら、それに惑わされて和尚さんは馬祖の教えの肝腎のところをうしなうことになりましょう。さらに二言三言としゃべりつづければ、和尚さん、はたして口を開くことができますかな」と凄んでみせる。すると大毓は「そうなったら、いよいよ口を閉ざさざるをえんなあ。肝腎のことをペラペラしゃべるようなやつには、そうするしかない。うん。これこそまさに馬祖の修行者のために手立てをつくした勘どころなのじゃよ」という。居士は手を打って賛同する。

馬祖の教えは言葉で伝えられるようなものではない。その一挙手一投足、行住坐臥《ぎょうじゅうざが》のすべてにおいて、言葉にならない馬祖の教えは端的にあらわれている。大毓はそれをしっかり伝えられた。そして同じものを居士もまた大毓からちゃんと伝えられた。そういう禅の教えの伝わり方をふたりは確認しあっている。

みぎのように読んで、ひとまず手を打っておいてもよいのだが、あまりにも殺風景な読み方ではある。もうちょっと鼻息あらく読めないものだろうか。

馬祖はすばらしく教化にたけているっていうけど、門下である大毓和尚はそのノウハウを伝授されているのかい、と居士はたずねる。大毓は「なんにも。だって馬祖になんてあったこともないもん」という。史的な事実として、大毓は馬祖に参じている。にもかかわらず大毓が馬祖にあったことがないということについて、入矢先生は「彼においては馬祖の法は完全に溶鋳《ようちゅう》（あるいは止揚《しよう》）されていて、その痕迹をも留めていなかったからである」（一四一頁）とおっしゃる。たいへん穏当な理解である。

教え方は、喝だったり、棒だったり、ひとそれぞれである。それぞれのキャラを発見することによって、はじめて自己として独立しうる。そういう独自のやり方は、なるほど師から教わるものではあるまい。居士は「そういうことであれば、もとめようがないのも道理ですな」と納得する。

居士にすんなり納得され、大毓は「つまらんお世辞は無用にされたい」とたしなめる。冷静にたしなめられてカチンときたのか、居士は「わしがその気になったら、和尚の拠ってたつところなどグラグラになっちまうぞ」と突っかかる。とてもそんな冷静な顔はしておれんぞ、と。それでも足りぬとおもったか、「わしが二度三度とマジで斬りかかろうもんなら、あんたなんか口を開くこともできまい」ときめつける。

居士のきめつけを逆手にとって、大毓は「まさにその口を開くこともできぬところ、それこそが勘どころだよ」と斬り返す。入矢先生は「口を開く（＝言葉で言う）ことのできぬもの、そのぎりぎり決着のところ、それこそがまさに「実」（着実、真実不虚）というものだ」「その「口も開けぬ」点だけを取り上げて、「言詮の及び得ぬところ」という意味にスパリと昇華させたのである。とともに、まさにそこが「馬祖の著実のところ」なのだ、という示唆をも同時に含む」（一四二頁）と注しておられる。口を開くこともできないということが、とりもなおさず馬祖の教化の神髄を端的にあらわしている、という理解である。居士に「口を開くこともできまい」と挑発されて、大毓は「いや、その口を開くこともできないところがミソだったりして」と軽くいなす。軽くいなされ、居士は脱帽。手をたたきながら退散。

この居士と大毓とのやりとり、ながらく教師稼業をやっているせいか、どうしても教育談義として読みたくなってしまう。

「馬祖はカリスマ教師だっていうウワサだけど、その教え方のコツはあんたにも伝わってるのかい」。

「まだ教育の現場での馬祖にお目にかかったことがないから、コツなんて伝授されておらんよ」。

「じゃあなんにも得るものはなかったってこと？　またまたご謙遜を。まあ教え方のコツなんてひとそれぞれだし、それに他人のやり方なんてどうでもいいってことですな。なるほど教育ってのは、そういうものなんでしょうな」。

「いかにも教育なんてそんなもんさ。あんただって一言では説明できんだろう。それにあんたのように一方的にまくしたてるのは、教師としていかがなものかな」。

「ごもっとも。教えるコツを一言で説明できたりしたら、そもそも先生廃業だしね。それに一方的にしゃべりまくられては、あんたも教師としての立場がなくなるよね。だいたい生徒から二言三言とまくしたてられたりしたら、先生のほうも閉口するんじゃないかな」。

「その閉口してなんにもいえなくなってみせること、そいつが教え方のコツってもんかもしれませんな」。

「なるほど。閉口してなんにもいえなくなる、それがあんたの教え方なんだ。こいつは参った」。

教え方のコツなんていうものは、教えて伝えられるようなもんじゃない。教師それぞれ別個である。その証拠に、頭ごなしに教えこむだけが教師のやり方ではない。うまく教えられず、逆に生徒のほうから質問されてタジタジとなるというのも、教師のひとつの手管でありうる。タジタジとなることによって生徒がみずから考えるキッカケを与えることができるなら、それも立派な教育だろう。

学生に質問されてタジタジとなることにかけては、わたくしは人後《じんご》に落ちない。ふむ。そうか。わたくしはそこそこイケてる教師だったのか。

「二にして一」であるような全体「即」部分の関係をふまえて、大梅は
——あっちが非心非仏でも、こっちは即心即仏でゆくまでだ

（「大梅との問答」中の解説より）

則川《そくせん》との問答

〔三〕

則川《そくせん》　馬祖の法嗣。龐居士とのかかわりのほか、なにひとつ履歴は伝わっていない。〔『五灯会元』

1　どっちのほうがボケてるか

居士が則川《そくせん》和尚といっしょのとき、則川がいう「はじめて石頭にあったときのことをおぼえてるかい」。

「和尚さんときたら、またその話ですか」。

「ながいこと坊主をやっとると、なにかとボケてくるんじゃ」。

「いやはや則川さんのボケぶりときたら、わしの比じゃないな」。

「おまえさんとは同世代、いくらも歳はちがわんだろう」。

「元気ハツラツという点では、わしが勝っておるよ」。

「おまえさんが勝っているわけじゃなくて、わしがその帽子をかぶっておらんというだけじゃ」。

居士は帽子をぬいで「ほら、これであいこだ」。

則川は爆笑。

居士、則川《そくせん》和尚と相看し次《つ》いで、川曰く、還た初めて石頭《せきとう》に見《まみ》えし時の道理を記得するや。士曰く、猶お阿師の重ねて挙《こ》するを得たり。川曰く、情《あき》らかに知る、久しく参ずれば事《こと》慢ずることを。士曰く、則川の老耄《ろうもう》、啻《ただ》

居士相看則川和尚次、川曰、還記得初見石頭時道理否。士曰、猶得阿師重挙在。川曰、情知久参事慢。士曰、則川老耄、不啻龐公。

に龐公のみならず。川曰く、二彼時《にひ》を同じくす、又た幾許《いくばく》をか争わん。士曰く、龐公は鮮健、且《しば》らく阿師に勝《まさ》れり。川曰く、是れ我に勝れるにあらず、祇《た》だ汝の箇の幞頭《ぼくとう》を欠くのみ。士、幞頭を拈下《ねんげ》して曰く、恰《あたか》も師と相似たり。川、大笑するのみ。

川曰、二彼同時、又争幾許。士曰、龐公鮮健、且勝阿師。川曰、不是勝我、祇欠汝箇幞頭。士拈下幞頭曰、恰与師相似。川大笑而已。

「はじめて石頭にあったときのことをおぼえとるか」という則川の問いは、入矢先生によれば「そのときどのような啓発を得たかということであり、つまりは石頭の禅をどう見て取ったかということである。それを問うことはまた、それを見て取った龐居士その人の道眼を検《けみ》することでもある」（二四五頁）らしいのだが、そういう含意はあるとしても、あんまりマジメにとらえると、つづく居士の「やれやれ、また同じことをいってるよ」がしっくりこなくなる。則川の「石頭とのなれそめはどうだったっけ」は、おそらく老いの繰り言《くりごと》っていうやつだろう。

いつまでも石頭をひきずっていても仕方あるまい、と居士はウンザリ。ウンザリされ、則川は「寄る年波かどうもグチっぽくなってかなわん」としょげる。いたずらに馬齢をかさねてきたものの、さっぱり悟りは得られず、それどころか万事たるんできたようだ、と溜息をついているように聞こえる。が、この手のグチ、額面どおりに受けとると痛い目にあう。ボケてきたというのは、老いぼれたことを自嘲しているのではなく、むしろ老熟した境地を自慢していたりする。

とはいえ、なにごとも職業的になるとマンネリになりがちなのも事実である。だから初心にかえることが大事になる。則川は、表むきボケ争いをしているように見せかけて、じつは意図的に初心にかえることを問うているんじゃないだろうか。

「往《ゆ》く」ことは「還《かえ》る」ことである。「あれはなんだったのか」と初心に思いを致すことによって、石頭から独立した自己を発見することができる。たんなる老成の問題にはとどまらない消息がそこには息づいている。

「石頭のもとを巣立って幾星霜、修行をつづけて久しい。で、つらつら愚考するに、はじめのころのわしの石頭禅の理解の仕方が、この間《かん》さらに深まったのか、それとも独立独歩になってきたのか、どうも判然としなくてね」と則川。同年代のふたりだから似たような問題意識は居士にもあるはずだが、則川と居士とではキャラが異なる。居士は「和尚さんの耄碌《もうろく》ぶりは、わしよりも重症じゃよ」ときめつける。則川さん、ボケたようだね、ひとのことはいえないけどさ、と。

「ちかごろボケてきてな」と卑下してみたものの、「あんたのボケぶりときたら、わしの比じゃないな」とからかわれ、「失敬な。わしゃボケとらん」と息巻くかとおもったら、則川は「おまえさんも似たようなもんじゃろ」とほほえむ。おたがいボケてて、ご同慶のいたりじゃ、と。

居士は「いや、わしはピンピンしておる。いっしょにしてもらっちゃ迷惑だ」とカラいばりしてみせる。おのれの理解の深まりが、ひとをくらべてどうであるかなんてことを気にしたりしないぶん、あんたよりも若々しいよ、と。

こうも上から目線でこられれば、さすがに下手《したて》にでてばかりもいられない。居士のかぶっている帽子を指さして「お気楽でいいよな、俗人は」と則川はなじる。入矢先生によれば「幞頭は非僧の俗人一般が着ける帽子」であり、則川が帽子のことをいうのは「私は俗人ではなくて僧だということ。両者における法の優劣の問題を、すらりと僧俗の違いに転位してしまったわけである」（一四六頁）という次第のようである。

則川にしてみれば「あんたはアマだからいいが、わしはプロだからね」といってやりたいんだけど、それを「おまえさんが勝っているわけじゃなくて、ただその帽子をわしがかぶっておらんというだけじゃ」といってのけるのが愉快である。駄々っ子のように「だってその帽子をかぶっていないいんだもん」と無邪気に文句をいってみせるあたり、則川のベテランらしい面目がうかがわれる。

居士は帽子をとって「じゃあ、これであいこだね」。おのれの生き方に自信をもっていることにプロもアマもない、と。それを見て則川はワッハッハと大笑いして、めでたく手打ち——かとおもったら、入矢先生の理解はまったくちがう。

居士が帽子をとったのは「則川を逃げ切らせずに、逆にその「僧俗」論法を利用して、やりこめたわけである。「幞頭を着けているから俗人だというなら、それを脱ぎ去った今の私は僧ではないのか」という逆襲である」とシビアに読んだうえで、そしてそう読まないと「この一段の問答はただの禅万歳に堕してしまうであろう」（一四七頁）ときめつけておられる。けれども、則川も大笑いしたことだし、べつに漫才でもいいんじゃないかなあ。

則川は「あんたとわしとのちがいは帽子の有無のちがいだ」という。だったら帽子をぬいだら同じっていうことになりそうだが、それは居士の本心じゃない。こうして帽子をとってみても、やっぱり同じじゃないよ、と居士はいいたいんだとおもう。わしのほうが元気だよ。その証拠に、いつまでも石頭をひきずっていたりしないもの。

そう読んでおいてよいとはおもうものの、入矢先生とは別の意味で、まったくちがう解釈ができそうな気もしている。

則川が「石頭のこと、なんかおぼえてるか」と居士にたずねる。「またその話かい」と居士。「どうしてもマンネリになるよね」と則川はしんみり。ときどき石頭の教えをおもいだして初心にかえらねばという気持ちが則川にはあるのだろう。それに対する居士の「則川さんのボケぶりにはかないませんな」は、いくらかホメているような気味もあるんじゃないだろうか。ボケたふりをしてみても、そうやっていつも石頭のことを気にかけているっていうのは、ちっとも耄碌《もうろく》していない証拠だよ、と。

則川は「あんたも同年配だから、わしと変わらんはずじゃろ」。すると居士は「元気だっていう点では、わしが勝っている」。「おまえさんが勝っているわけじゃなくて、わしが帽子をかぶっておらんだけさ」「じゃあ、これでいっしょですな」と居士が帽子をぬぐのは、「なるほど帽子をぬいだら、はじめて石頭に参じたときのことをおもいだしますなあ」としみじみ述懐しているのかもしれない。

老いが身にしみてきた則川、石頭とのであいを大事におもっている。歳をとると「おもいで」がますます大事なものになってくる。居士はそれをからかう。しかし、じつは居士もまたおもいでをひそかに大事におもっている。帽子をぬいだら、おたがい似たようなもんだ、と居士。則川をからかっておきながら、そういう仕方でおのれの心境を告白している。則川も「そうだろう、そうだろう」とほほえむ。別れるためにであうように、おもいだすために生きるのさ、といたわりあっているような風情である。

おたがい歳をとったもんだねえ、と共有する石頭のおもいで（教え）をなつかしみあっているというふうに読んだりしたもんで、元気ハツラツが売りの居士らしからぬ、しんみりした読みになってしまった。ふむ。笑止の沙汰ではあろうが、最後のやりとり、こんなふうにノンキに読んでおけないもんだろうか――あんたは帽子をかぶっているので、ハゲが目立たないぶん元気に見えるだけだ、と則川は茶化す。居士は帽子をとる。あらあら、則川といっしょの見事なハゲ頭。いっしょじゃんか、と笑いあう。

老いるというのは、目がショボショボし、足がヨタヨタすることである。これってけっこう素敵なことかもしれない。こんな問答がある（『祖堂集』五〇三頁）。

招慶挙、南泉翫月次、時有僧問、何時得似這个月。泉云、王老僧二十年前亦曾与摩来。招慶続起問、如今作摩生。師代云、近日老邁、且与摩過時。招慶云、不因闍梨挙、洎成亡記。師云、宿習難忘。困山云、今日可殺寒。

招慶《しょうけい》挙す、南泉《なんせん》、月を翫《め》ずる次いで、時に有る僧問う、何時か這个《しゃこ》の月に似るを得ん、と。泉云く、王老僧も二十年前に亦た曾《かつ》て与摩《よも》にし来たれり、と。招慶続いて問いを起こす、如今《にょこん》は作摩生《いかん》。師代わりて云く、近日は老邁にして、且《しば》らく与摩に時を過ごす。招慶云く、闍梨の挙すに因らざれば、洎《ほと》んど記を亡ぜんことを成さんとす。師云く、宿習は忘れ難し。困山《かざん》云く、今日、可殺《はなは》だ寒し。

招慶「南泉和尚、いつでしたか月を愛《め》でていたとき、ある僧がたずねましたよね、いつになったらこの月のようになれるでしょうか、と」。

南泉「わしも二〇年前にはそのようであった」。
招慶「いまはどうなんです」。
保福がかわりにいう「ちかごろボケてきて、やっとのことで時をすごしておる」。
招慶「和尚がいうてくれなんだら、あやうく忘れるところだった」。
保福「いったん身についたものは、なかなか忘れんよ」。
困山「今日はひどく寒いな」。

登場するのは、招慶、南泉、保福、困山の四人。てんでんバラバラに好きなことをいっている。ボケ老人の立ち話よろしく、嚙みあわないことおびただしい。

「いつになったら月のようになれるか」と問われたことがありましたよね、と招慶が南泉に話をふる。すると南泉は「そういえば、そんなこともあったっけ」とトボケる。「むかしはオレもそうだったなあ」と遠い目をされて、招慶は「むかしはさておき、いまはどうなんです。いつになったら月のようになれるだろうかとはおもわなくなったんですか」と問い詰める。南泉が「むかしはオレもそうだったなあ」というのは、いまや立派に月のようになっているってことを示しているのだろう。しかし招慶はそれをみとめない。とても悟っているようには見えませんな、と。

招慶という若造、老いるということに同情がないようである。雲ゆきが怪しくなったのを見てか、招慶の師の保福がシャシャリでて「この歳になると、やっとのことで時をやりすごしているだけさ」という。これは「寄る年波か、なにかになりたいなんて、もはやおもわなくなったわい」といった感じというより、むしろ「いやはや歳はとりたくないな」といったところじゃないだろうか。

それを受け、招慶もさすがに気づいたとみえて、「歳をとるってのがどういうことか、あやうく忘れるところでしたよ」という。人間だれしも歳をとったらボケるっていうことを忘れるところだった、と。すると保福は「いや、歳をとったって、変わらんものは変わらん。心配せんでよろしい」。うん。この気分はわからんでもない。自分でいっておきながら、あっさり年寄りあつかいされて、ちょっとムッとしたのかもしれない。

そこに囦山がいきなり横からはいってきて「今日はえらく寒い」と取ってつけたようなコメントをする。招慶と保福とのやりとりを見て、「なんだか冴えない話になってますな」と茶々をいれたのだろう。だが、この囦山には老いるということに同情がある。今日は冷えますなあ、と年寄りらしく身をすくめてみせた。

保福は「身についたものは、なかなか忘れんよ」といっているが、これがもし「ボケたからといって、もぬけの殻《から》になっちまうわけじゃない」といっているんだとしたら、かえって老醜をさらすことになりかねない。「雀百まで踊り忘れず」という。ボケても踊っている。上手に踊ろうなんておもっちゃいない。ついつい踊ってしまうってだけのこと。

囦山が「ひどく寒いな」というのは、「年寄りのくせに、なに熱くなってんのさ」といった感じで保福を冷やかしているのだろうか？　いやいや、やっぱり「おたがい歳なんだから、つまらんことで熱くならなくていいんじゃないの」といっているのだろう。

若者の不自然が、年寄りの自然である。寄る年波か、もはや月になろうと意図的におもったりしなくなった。「まだ月でない」なら自然にまだ月でないし、「すでに月である」なら自然にすでに月である。

歳をとるというのは、過剰なエネルギーがなくなることだとおもう。否応なくエネルギーはなくなってくる。そうやって歳をとってゆくのって素敵なことである。ガンバらなくても「日日《にちにち》是れ好日《こうにち》」とありがたくその日暮らしをしておれる。

「いつになったらこの月のようになれるでしょうか」とたずねられ、南泉は「わしも二〇年前にはそのようであった」という。いまはちがう、といってるわけである。それはそうだけど、「オレはもう月になってるから、いまさら月に憧れたりしない」と不必要をいってるのか、それとも「もはやボケてきてるから、月に憧れることもかなわない」と不可能をいってるのか、どっちだろう？ さっきは不必要のほうで読んだけど、じつは不可能のほうかもしれない。

南泉さん、ボケちゃった。招慶が「いつになったら月のようになれるか、なんておもわなくなっちゃったんですか」とたずねたのは、「南泉さん、ボケたんじゃないの」といっている。で、南泉が「わしも二〇年前にはそのようであった」というのは、「うん。ちかごろボケてきてさ」といっているのである。

招慶が「ふうん。じゃあ、いまはどんな按配なんですか」とかさねて不躾にただすと、保福がかわりに「ちかごろはボケてきて、とりあえずなんとか時をすごしておる」と答えてやる。えらく親切だけど、よけいなお世話っていう気もする。

招慶がさらに「いってもらえなかったら、あやうく忘れるところだった」というのは、「やっぱりそうだったのか。お師匠さんが指摘してくれなきゃ、ボケてるってことに気づかないところでしたよ」と胸をなでおろす。保福が「身についたものは、なかなか忘れんよ」というのは、これは南泉にかわっていっているのか、あるいは保福の実感をいってるのか、いずれにせよ「オレもどうやらボケが身についてきてきたようじゃ」といっている。そして困山が「今日はひどく寒いな」というのは、ボケ老人になりきってみせたわけである。

困山の「今日はひどく寒いな」という取ってつけたようなセリフ、わたくしも歳なせいか、おのれに都合よく読みたくなる――前世に身につけたものの名残《なごり》をひきずっていると「いま・ここ」が生きにくくなる。いかに生きるべきかなんていう愚にもつかないことを気に病んでいるヒマがあったら、「寒いねえ」とブルブルふるえているほうがよい。

なまじ目的をしつらえたりしようもんなら、そのつど生きている甲斐がなくなる。目的はせっかくのプロセスをないがしろにしてしまう。目的合理性のしみついた頭は、「なぜ」という指標によってしかヤル気をもてない。そんな合理性って、ほとんど病気である。ボケ老人よろしく「なぜ」なしに元気をだせるっていうのも、じつは捨てたもんじゃないんじゃないかなあ。

2　問われたなら答えなさいよ

則川が茶を摘んでいると、居士が「世界のうちにこの身をおさめることがないとすれば、和尚さんはわしを見つけられますかな」。

「わしでなかったら答えてしまうところじゃった」。

「問われたら答えるのが当たり前でしょうに」。

則川は茶を摘んで聞こえないふり。

「まあそうヘソを曲げないで、ちょっとたずねただけじゃん」。

則川はまたもや相手をしない。

居士は大声でどなりつける「この無礼なジジイめ。こうなったら道理のわかったひとにおうかがいをたてるから、そこで待っとれ」。

則川は茶摘みの籠《かご》をほうりだすと、さっさと居間のほうに帰ってゆく。


一日、則川茶を摘む次いで、士曰く、法界《ほっかい》は身を容《い》れず、師還た我を見るや。川曰く、是れ老僧にあらずんば、洎《ほと》んど公の話に答うるならん。士曰く、問い有りて答うるは、蓋《けだ》し是れ尋常なり。川乃ち茶を摘みて聴かず。士曰く、怪しむこと莫《なか》れ、適来《せきらい》容易に借問《しゃもん》せるを。川亦た顧みず。士喝して曰く、這《こ》の礼儀無き老漢、我が一一明眼の人に挙向《ここう》するを待て。川乃ち茶籃を抛却し、便ち方丈に帰る。

一日則川摘茶次、士曰、法界不容身、師還見我否。川曰、不是老僧、洎答公話。士曰、有問有答、蓋是尋常。川乃摘茶不聴。士曰、莫怪適来容易借問。川亦不顧。士喝曰、這無礼儀老漢、待我一一挙向明眼人。川乃抛却茶籃、便帰方丈。

則川が茶摘みをしていたとき、居士が「この身が見えるか」と問う。則川は「ウッカリ返事をしてしまうところだったわい」とホッと一息。居士は「問われたら答えるのが当然だろ」と返答をうながす。しかし則川はどうやら居士の問いをなにかしら「答えてはいけないもの」と受けとめているようである。なぜ則川はそうとらえるのか？　これがまず第一の気になる点である。

則川は居士を無視して茶摘みをつづける。居士はどうしても答えさせようとして「警戒せんでくれ、ちょっとたずねただけだからさ」と下手《したて》にでる。それでもなお則川は居士を相手にしない。「無礼なジジイめ、もののわかった明眼のひとにいいつけてやるから、そこで待っとれ」と居士はプンプン。則川は茶摘みの籠をほうりだし、スタコラと居間に帰ってゆく。居士のいう明眼のひととは、だれを念頭に置いているのだろう？　これが第二の気になる点である。

第一の気になる点から考えてみよう。「わが身はあらゆる存在を超越している。ゆえにこの身は目に見えないだろう」というのは、文字どおりにとれば、居士の「おもいあがり」である。修行をかさねれば空中浮揚ができるというカルトの教祖がいたけど、修行をつめば透明人間になれるとでもいうのだろうか。

居士のいう「法界は身を容れず」が、一切のものと関わりをもたず、浮き世をまったく超えていることだとすれば、それは居士がかつて石頭《せきとう》と馬祖《ばそ》とにぶつけた「万法と侶《とも》たらざる者」というあり方にほかならない。そのような孤絶したあり方は、およそ仏教のめざすところではない。むしろ自己はすべてのものと関係しており、自己であることができるのはあらゆる他者のおかげである、というのが仏教的な考え方である。

居士は「すべてのものに対する執着を絶《た》ったものは、なにものにもとらわれないあり方ができる。それゆえそこに存在してても目立たない。ひとはかれを見てはいるのだが気にもとめない。あとになって想起することもできない。それはだれの目にも見えないのと同じようなものだ」とでもいいたいのだろうか。しかし、わが身はそういうあり方をしているのだと声高《こわだか》にいうことは、そのような目立たないあり方からはほど遠い。

則川は、居士の言い分を、とんでもない妄想とみなしたか、あるいは「なにものにもとらわれないあり方」を居士の態度のうちに見てとれなかったのか、いずれにせよ居士を相手にしなかった。

第二の気になる点だが、居士のいう「明眼のひと」とは、石頭のことかもしれない。ひょっとすると居士は、石頭に自分は「なにものにもとらわれないあり方」をしているとみとめられたつもりになっているのかもしれない。

そうおもって語録の冒頭におさめられた石頭との問答をかえりみるに、居士がもし石頭にみとめられたものと独り合点しているのだとすると、まことにご愁傷さまである。が、せっかちに断定するのは禁物である。いったい禅問答とは、どこを踏んでもそこが土壇場であるような具合のものである。居士の本音をさぐらねばならない。

居士が「法界は身を容れず」というのは、法界即自己であるこの身を見つけることができるかい、と挑発している。その筋では「法界は身を容れず」というらしいけど、だったら和尚さん、わしが見えますかな。わしは現に法界にいるんだけどさ。

居士の挑発は、たぶんひっかけだとおもう。世間にあること、法界にあること、これらは「二にして一」である。だから「わしが見えるかい、じつは法界にいるんだけどさ」といわれても返答に窮するよね、と誘いかけているのである。

則川は「わしのようなベテランでなかったら、あやうく答えてしまうところじゃったわい」と胸をなでおろす。ひっかかりそうだったが、すんでのところでセーフじゃった、と。

蛇《じゃ》の道はヘビ、よくぞ見破ったものである。世間にいることと法界にいることとは「二にして一」なんだから、世間にいることと切りはなして法界にいるものだけを見ることはできっこない。居士の問いは、もとより答えようがない問いなのである。

「問われれば答えるのが当たり前だろ」という居士のセリフについて、入矢先生は「答えをはぐらかされて、居士は一瞬とまどったのであろう、彼としては珍しく下手に出た催促である」（一五〇頁）と注しておられるが、そうだとすると居士は恨み節めいた弱音を吐いているみたいになってしまう。そうじゃなくて、「問われたら答えるもんだろ」と強気でうながしているんじゃないだろうか。ほらほら、答えてごらんよ、と。

則川は聞こえないふりをして、黙って茶を摘む。答えようがない質問には答える義理はないわい、と。居士は「すまん、問いがまずかった」と今度こそ下手にでる。入矢先生は「およそ求道者に不可欠な羞恥の念は、彼には全くないといってよい」（一五〇頁）と容赦なくこきおろしておられるが、いささか気の毒じゃないかなあ。居士は素直にあやまっている。悪気はなかったんだけど、不躾な質問だったようだ、と。

ところが則川は、この謝罪も無視。聞こえているのに聞こえないふり。これは無礼だろう。居士は気《け》色《しき》ばんで「失敬なジジイだ。こうなったら道理のわかったひとをつれてくるから、そのまま黙って待っとれ」と大声でわめく。入矢先生は「以上の問答応酬の一部始終を具眼の第三者に話して聞かせて、その判定を乞うことにしよう」（一五〇頁）と文字どおりに読んでおられるが、それだと居士は情けないことおびただしい。自分が「明眼のひと」でないことを自白したうえで、だれか然るべきひとに助け船をもとめているみたいになってしまう。

居士はまっすぐに怒っているんじゃないだろうか。愚問に答える必要はない。だが謝罪には応ずるべきである。どうしても見えているのに見えないふりをするつもりなら、見えるひとをつれてくるから、そこで首を洗って待っておれ。

やってらんない、と則川は帰ってゆく。入矢先生によれば「居士に対する断乎たる決絶である」(一五一頁)とのことだが、そうだとするとまるで則川が居士を一方的にとっちめたみたいである。則川はただ「うるさいなあ」と帰っただけだとおもう。世間にいる居士とは別の法界に住む居士のすがたなんて見えっこないよ、と。

世間にあることと法界にあることとは「二にして一」である。法界にいる居士だけを取りだして見ることはできない。そもそも片方だけを取りだそうとすることに無理がある。「二にして一」であるとすれば、それなりに見えているはずである。にもかかわらず則川は、あえて見えないふりをしているのである。

いったい「無視する」というのは「見えているのに見えないふりをする」ことである。たとえば挨拶されても知らんぷりをする。見えていないはずはないのに、わざと見えないふりをするわけだが、その不自然な態度のうちに、見えていることがありありと見えていたりする。そんなふうに見えないふりをするエネルギー、じつは大変なものだろう。則川は居士の問いにひとつも答えていない。自分の世界にひたすら閉じこもってみせる。気楽なようで、けっこう大変だったんじゃないかなあ。

ことさらに無視するというのは、相手を最高に意識しているっていうことである。見えていないわけじゃない。見えていなければ無視もできない。則川は居士が見えていながら必死に無視している。入矢先生は則川が一本取ったと解釈しておられるが、わたくしは居士のほうに軍配をあげたい。

「法界は身を容れず」というときの法界とは、存在するものすべて、つまり現実の世界である。客観的な世界には、客観を見る主観はない。しかし現実の世界は、そのなかに自己がいる。おまけに自己に対する他者もいる。そこに「身を容れず」というのはどういうことだろうか。

現実の世界における我と汝との関係を「見るものなくして見る」ような主客未分の我がいるということじゃないだろうか。我と汝との関係を見るものなくして見るもの、それが法界における我なんだけど、そういう我と汝とを見るものなくして見る我を見てくれ、と居士はもとめる。籠をポイと放りだして去ってゆく則川は、いったいなにを見たのかなあ。

3 客がおっても気づかんのか

則川が居間に坐っていると、居士がやってきて「自己として坐ることに夢中で、他者がやってきても気づかんとは」。

則川は片足をだらんと垂らす。

居士はさっと外にでて、二三歩ゆきかけ、すぐに引き返す。

則川は足をひっこめる。

「自由自在ですな」。
「わしは主人じゃからな」。
「和尚は主人であることを心得るばかりで、客人のあることをご存じない」。
則川は侍者に茶をいれさせる。
居士は踊りながらでてゆく。

川、一日、方丈の内に在《お》いて坐す。士来たりて見て曰く、只《た》だ方丈に端坐するを知るのみにして、僧の到り参ずるを覚《さと》らず。時に川、一足を垂下す。士便ち出で、三両歩にして却回《きゃうい》す。川却って足を収《おさ》む。士曰く、自由自在と謂うべし。川曰く、我は是れ主なり。士曰く、阿師は只だ主有るを知るのみにして、客有るを知らず。川、侍者を喚《よ》びて茶を点ぜしむ。士乃ち舞いを作《な》して出づ。

川一日在方丈内坐。士来見曰、只知端坐方丈、不覚僧到参。時川垂下一足。士便出、三両歩却回。川却収足。士曰、可謂自由自在。川曰、我是主。士曰、阿師只知有主、不知有客。川喚侍者点茶。士乃作舞而出。

言動だけをとればシンプルきわまりない。そこに秘められた仔細をくみとらなければ、たわいない話になってしまう。

居士が「ただ坐禅にふけっておるばかりで、客があるのに気づきもせん」というのは、則川の坐禅三昧のあり方をホメているのだと読んでみよう。坐ることに没頭し、坐ることに徹しておるわい、と。

坐禅三昧のわりには則川さん、居士にしゃべりかけられたことに気づかないわけでもないらしく、足を垂らして挨拶がわり。それを見て居士はおもわず二三歩ゆきかけるが、なにかに気づき、もどってくる。則川はそれに対して足をひっこめることで応ずる。坐ることに徹していながら、ちゃんと居士に応対している。その見事さに居士は「なんと自由自在であることよ」とふたたびホメる。

則川は「当たり前じゃ。なにしろわしはわし自身の主人じゃからな」とうそぶく。自由自在であるのは、自己が自己の主人であるからだ、と。居士はその「主人」という言葉にひっかけて「主人であることを心得るばかりで、客人のあることをご存じない」という。これもホメているのだろうか？

則川はみずからを「主人」とみなすが、それが「主人・客人」という二項対立を超えた主人であるならば、そもそも客人というものは考えられない。強いていえば、自己が客人でもある。しかしその場合、主人＝客人でありながら、しかも二項対立の主人を超えたあり方をしているっていうことになるのかしらん。

則川が「自己の主人」としての主人であるとき、そうであるにもかかわらず客人に対する主人でもあるという消息を、則川はわきまえている。その証拠に、客人たる居士にちゃんと対応している。しかし居士が「客のあることを知らん」と、客人に対する主人でありえていないことを指摘したもんで、どういう風の吹きまわしか、則川は客人に対する主人の役目をはたそうという気になり、侍者にいいつけて居士に茶をふるまう。則川の一連の応対に感心した居士は、すっかり満足して、その場を立ち去る。たぶん供された茶をおいしくすすってから。

みぎの読みは、則川のふるまいをあえて肯定的にとらえて解釈してみた。

則川は、足を垂らし、足をひっこめる。まず足を垂らしたことについて、入矢先生は「居士を検するというよりも、「端坐」の境から発出した一機の提示と見るべきであろう。それはまた、居士を「客」としてもてなした彼一流の作法でもあった」と評し、ついで足をひっこめたことについては、「先の則川の一機は、それ自体で完結したものであったし、今またサザエのように再び自らを閉ざしたのも、きわめておのずからな作用であった」（二五三頁）と評しておられる。則川の仕草をまったく肯定的にとらえておられる。

この流れに乗っかれば、則川が侍者をよんで茶をふるまったことについても、いきおい「居士に茶を出させようとしたのは、今にして始めて「客あること」を思い知らされた彼の、「主」としてのせめてもの心やりであったろう」（二五四頁）と肯定的にとらえることになる。しかし、それは無理ではなかろうか。

坐りなおし、背筋をのばして読みなおしてみよう。

則川が部屋のなかで坐っている。それを見て居士は「坐っている自己において完結するばかりで、他者との関係という地平にない」とイチャモンをつける。坐禅三昧というのは、そんなふうに自閉したものなのかい、と。

自覚と他者という問題を突きつけられた則川、「おや、お客さんか」と禅床で組んでいた片足をだらんと垂らす。神妙に足を垂らし、挨拶する。ひとつの動作を示してみせたわけで、そのことによって居士をひとりの他者としてもてなしたということなんだろうが、やけに素直である。

その仕草をみとめて、居士はひとまず帰りかけたものの、たちまち引き返してくる。イチャモンをつけたかとおもうと、帰りかけたり、引き返したり、やたらとドタバタ。則川をネタにして、居士はひとりで遊んでいる。

則川さん、アホらしくなったとみえ、「やってらんない」と垂らしていた片足をひっこめ、ふたたび坐禅三昧境にはいる。居士は「自由自在ですなあ」と感心してみせる。自己の判断があるのだな、と評価してやる。

ここでやめておけば無事だったのに、「当然だろ、わしはわしの主人公だ」と則川さん、つい口を滑らせる。いつまでも遊ばれたりはしないよ、と。惜しむべし、完結していたはずの坐禅三昧境がほころびを見せてしまった。

機を見るに敏な居士、チャンス到来とばかり、「主人であるのはいいけど、客があるのを知らないのかい」と斬りつける。主人であるのは結構だが、この主人、客がいない主人だね、と。

則川はまたもや素直になり、「そっか、客がいるんだっけ。おい、お茶をいれてくれ」と侍者にいいつける。居士をあらためて客としてもてなそうというのだが、すでに遅きに失した。素人眼にも、ひと呼吸、遅れた。後手にまわった則川を尻目に、居士は「じゃあね」と踊りながら去ってゆく。供された茶に見向きもせず、則川を置き去りにする。

帰りかけたり、引き返したり、居士はドタバタとひとり遊び。則川さん、素直になったり、主人づらをしてみたり、居士につきあってジタバタ。そういう則川を居士はからかう。わしもドタバタしたけど、あんたもジタバタしてるね、と。

足を垂らしたり、ひっこめたりする則川を見て、居士が「さすがは主人だけあって自由自在ですな」というのは、もちろんひっかけであって、ホメそやすことによって自由自在であることにおける自覚と他者との接点という機微にふれてみせる。すると則川さん、陰気《いんき》くさく坐っていたくせに、つい「わしは主人だ」とひっかかってしまう。

自分の営みのなかで夢中になっていれば、なるほど主人ではあるだろう。しかし主人であることにドップリひたりきっていると、いつのまにか客のやってきたことが死角にはいる。主人であることが裏目にでて、他者による「お客さんだよ」という言葉や、帰りかけて引き返すといった行動に、うっかり虚をつかれてしまう。そして知らないうちに他者に支配されてしまう。そこのところを居士に突っこまれてしまった。

ところで、結跏趺坐《けっかふざ》をほどいて片足をだらんと垂らすというのは、しばしば見かけるやり方のようである（『祖堂集』一六四頁）。

師於一日見躭源入法堂。師便垂一足。躭源便出去、良久廻来。師曰、適来意作摩生。対曰、向阿誰説即得。師曰、我問你。対曰、什摩処見某甲。

師、一日に於いて躭源《たんげん》の法堂《はっとう》に入るを見る。師便ち一足を垂る。躭源便ち出で去り、良久《しばらく》して廻《かえ》り来たる。師曰く、適来《せきらい》、意は作摩生《いかん》。対えて曰く、阿誰《たれ》に向かって説かば即ち得《よ》し。師曰く、我、你に問えり。対えて曰く、什摩《いずれ》の処にか某甲《それがし》を見る。

躭源が法堂にはいってくるのを見ると、慧忠《えちゅう》国師は片方の足をだらんと垂らす。

耽源はすぐにでてゆき、しばらくしてもどってくる。

「いましがたの仕草はどういうつもりだ」

「だれに返事をすればよいのでしょうか」

「わしがおまえにたずねておる」

「どこにそれがしを見ておられるのですか」


慧忠がいきなり足をだらんと垂らしたことが気に入らなかったのか、耽源はすぐにでてゆくが、またもどってくる。足を垂らすというやり方は、ひょっとすると坐禅中における常套《じょうとう》の挨拶だったのだろうか。まさかとはおもうが、いずれにせよ時と場合とにより、その意味合いは変わってくるようである。

則川が足を垂らしたのは、居士の言葉に対する応答であったが、ここでの慧忠の足垂らしは、耽源がなんにもいっていないのに、わざわざ足を垂らしたのである。耽源にしてみれば、自分のあらわれたことが慧忠の坐禅を中断させてしまったことになる。慧忠の坐禅のジャマをするつもりはなかったにせよ、自分があらわれたことによって坐禅三昧から脱落させてしまったとすれば、慧忠の坐り方への批判ともなるだろう。

慧忠の坐禅は、耽源からすれば、まだ坐ることに徹していないということになる。耽源はその批判を「いったんでていって、しばらくしてもどる」という動作で示す。

慧忠が片足をだらんと垂らすのを見て、長居はまっぴらと耽源はしりぞく。見るべきものを見てしまえば、あとは野となれ山となれ。で、そのまま消えてくれればよかったのに、どういうわけか片足だらんを見たやつは、いつも運命的にもどってくる。

片足をだらんと垂らすのを見たものは、さっきの居士もそうだったように、たいてい舞いもどってくる。お決まりのパターンである。慧忠はふたたび舞いもどってきた躭源に「どういうつもりだ」と声をかける。これがどうだったのだろう。躭源にしてみれば「せっかく見て見ぬふりをしてあげたのに、和尚さんときたら、わしを見て見ぬふりはできんのかね」といった感じじゃないだろうか。

慧忠はその躭源のふるまいの意味をたずねるが、躭源はまともに答えない。「だれに答えりゃいいのかな」とまるで問うた慧忠がそこにいないかのように慧忠の存在を無視。「だれにって、この我が汝に問うておる」と慧忠はいう。すると躭源は「我が？　その我は、どこに汝を、この我を見ておられますかな？」と問い返す。そんなふうに問うている我は、どこからこの我を見ておるのかな、と。

汝を見て、我は片足を垂らす。汝はでてゆき、もどってくる。その所以《ゆえん》を我は問う。汝は答えない。我が問うているのだと汝に詰め寄る。その我はどこからこの我を見ておるのかと汝は問い返す。この汝からの問い返しに我は答えねばならない。なぜ我は答えるべきなのか。問うたのが汝であり、問いを受けとめるのが我だからか。

汝の問いを受け、我は汝の隣人となる。我は汝の隣人であって、万人の隣人なわけではない。我が汝の隣人であるのは、ともに「いま・ここ」に居合わせているからである。ともに居合わせることがなにを意味するのか、我には分明でない。分明でないがゆえに、そのことの意味を問いつづけ、それを行為的に表現せねばならない。そのとき我は我となり、かつ主体となる。

そのタジタジとなるところが
まさに勘どころなのじゃ

（「大毓との問答」より）

洛浦《らくほ》との問答

洛浦《らくほ》　澧州（湖南）の洛浦元安とは別人。龐居士とのかかわりのほか、なにひとつ履歴は伝わっていない。

1　とんと話の通じんやつだな

居士は洛浦《らくほ》禅師のところにゆくと、礼拝してから起ちあがって「夏は暑く、冬は寒い」。

「ちがうだろ」。

「わしも歳じゃからな」。

「寒ければ寒がり、暑ければ暑がりゃどうです」。

「てんで話が通じんな」。

「二〇も食らわすところだけど、勘弁してやろう」。

「わしの口はおおわれとるし、あんたの目はふさがっとる」。


居士、洛浦《らくほ》禅師に到り、礼拝して起《た》って曰く、仲夏は毒熱《あつく》、孟冬は薄寒《さむし》。浦曰く、錯《あやま》る莫《なか》れ。士曰く、龐公は年老ゆ。浦曰く、何ぞ寒き時に寒しと道《い》い、熱き時に熱しと道わざる。士曰く、聾《ろう》を患って作麼《そも》。浦曰く、汝に二十棒を放《ゆる》す。士曰く、我が口を瘂却《あきゃく》し、汝が眼を塞却《そくきゃく》す。

居士到洛浦禅師、礼拝起曰、仲夏毒熱、孟冬薄寒。浦曰、莫錯。士曰、龐公年老。浦曰、何不寒時道寒、熱時道熱。士曰、患聾作麼。浦曰、放汝二十棒。士曰、瘂却我口、塞却汝眼。

居士が「夏は暑く、冬は寒い」という。洛浦は「そういうグチはよろしくない」とたしなめる。「それはわかっとるが、わしも歳をとったせいか、暑さ寒さが身にこたえるんじゃよ」と言い訳すると、洛浦はなんとしたか「なんで夏は暑く、冬は寒いといわんのだ」という。同じ意味である言葉に対して「それじゃダメだ」といったり「そういうふうにいえ」といったり、あんまりチクハグなので、居士は「耳が聞こえなくなってどうする」と文句をいう。すると洛浦は「二十棒を食らわすところじゃが、それは勘弁してやろう」ときめつける。居士はいよいよわけがわからず、「わしはもうなんにも口がきけないし、あんたの目はなんにも見えない」という。

居士はどうやら言葉の意味にとらわれて、同じ言葉でもそれがどういう境地から発せられるかによって意味合いがちがってくるということに気づけなかった。「さっきと同じ意味の言葉をいったっていうのに、おまえさんは耳が聞こえないのかい」とさらに不覚なことを口走ってしまう。洛浦は「いまのあんたは二十棒を食らうに値するよ」とたしなめるが、これもまた居士には通じなかった。

と、こんなふうに読むと、居士はなんにもわかっていなくて、洛浦にガッカリされてしまったという話になる。居士びいきのわたくしとしては、そんなふうには読みたくない。

洛浦のもとをおとずれた居士、うやうやしく礼拝し、「夏は暑く、冬は寒い」とご挨拶。「こう暑くちゃたまりませんな」とか「めっきり寒くなりましたね」とかいうのが尋常の時候の挨拶である。ところが居士さん、夏の「お暑うございます」と冬の「お寒うございます」という真逆の挨拶をふたつならべた。明らかにヘンである。だから洛浦は「そいつはヘンだよ」ともっともな指摘。

「歳のせいで、そうとしかいえんのじゃよ」と居士。年寄りに免じて大目に見てくだされといった感じでカワイイとおもうのだが、読みようによってはとてもそんな風むきではないようで、入矢先生によれば、居士には「その狙いは、この和尚が一年四季を通じてどのように生き且つ行じているのかを端的に問おうとする」（二五七頁）という魂胆があるらしい。ふうん。そんな一癖ある挨拶だったのか。

居士の思惑はさておき、洛浦は「寒けりゃ寒いといえばいいし、暑けりゃ暑いといえばいいでしょ。それが自然な生き方だ。だからなんの迷いもなく、そういえばよい」とノンキにうそぶく。冬には冬のあるがまま、夏には夏のあるがまま。いかにも自然体ではあるが、ありきたりの返事でしかない。老いたるものが「年寄りには暑さ寒さが身にこたえるんじゃよ」と訴えているのに、「寒いときは寒がるし、暑いときは暑がるまでさ」というのでは、まるで年寄りのことがわかっていない。居士は「話がトンチンカンだな」となげく。わしは歳をとったが、あんたも若い身空でボケとるのかい、と。

洛浦の年齢は不詳だが、居士が「わしゃ歳だから」というところから推すに、居士よりもよほど若いのだろう。若者は、夏には冬の寒さを忘れているし、冬には夏の暑さを忘れている。夏は裸になって暑さをしのぎ、冬は着こんで寒さをこらえ、けっこう平気だったりする。ところが歳をとってくると、なにかと耐えがたくなる。暑さも耐えがたく、寒さも耐えがたく、耐えがたいことにも耐えがたくなってくると、おのれの老いが身にしみる。

夏の暑さもツライが冬の寒さもキツイというのが年寄りの自然体である。「年寄りには年寄りの自然体があるといっとるのが聞こえんのか」と居士はたしなめる。敬老の精神のカケラもないやつめ。

老いぼれの居士さん、「この若造、てんで話が通じんな」と吐息をつく。無神経な青二才を恨むというよりも、むしろこれを憐れんだ。ところが洛浦は「またまた年寄りぶっちゃって。お仕置きすべきところだけど、まあ見逃してやるよ」と上から目線でほざく。性根をたたきなおすべきところだが、かわいそうだから勘弁してやろう。まったく老いぼれのグチにはつきあってらんないよ、と。

「そう無慈悲にいわれた日にゃ、わしは口をきくこともできんが、あんたもあんたで目が見えなくなっとるんじゃないか」と居士。あんたの指摘に「そうだね」といえればよいのだが、そんなふうに答えられる口がこの年寄りにはないし、そんなわしを批判するあんたには、わしが年寄りであるということを見る目がないな。

じつは洛浦のほうが甘えているのである。「夏は暑く、冬は寒い」というほとんど悲鳴にも似た挨拶に、なんの同情もいだけない。あるがままの老人の自然体がまるで見えていない。二十棒を食らうべきなのは、むしろ洛浦のほうだろう。

夏には夏のあるがまま、冬には冬のあるがままというのは、たしかに自然体ではある。だが自然体であることが常識になり、その常識が規範になって、「自然体であるべきである」ということになると、たちまち野狐禅《やこぜん》になりさがる。

柳は緑、花は紅であるのが「あるがまま」の規範ということになると、黄色い花はありえないことになってしまう。寒いときは寒がり、暑いときは暑がるという若者の「あるがまま」を規範化し、それを年寄りに押しつけるのはダメだっていうことが、尻の青い洛浦にはわかっていない。

老人である居士の暑いと若者である洛浦の暑いとは、すでに感覚として同じでない。ただし言葉をマスターしているから、おたがい暑いといった概念は共有できる。だからとりあえず話は通じる。ところが話が通じることを当然だとおもうと、概念ばかりが肥大して、感覚がないがしろになってしまう。じつは「てんで話の通じない」ことのほうが多いっていうことが忘れられてしまう。

居士は感覚的であり、洛浦は概念的である。居士は現実をふまえており、洛浦は言葉にしばられている。居士に「暑さとはなにか」とたずねたら、たぶん「考えたこともない」というだろう。洛浦にたずねれば、なにかしら後知恵《あとぢえ》でもって小利口に答えてくれるんじゃないかなあ。

七によって一を見、一を見て七を忘れる
（「丹霞との問答」より）

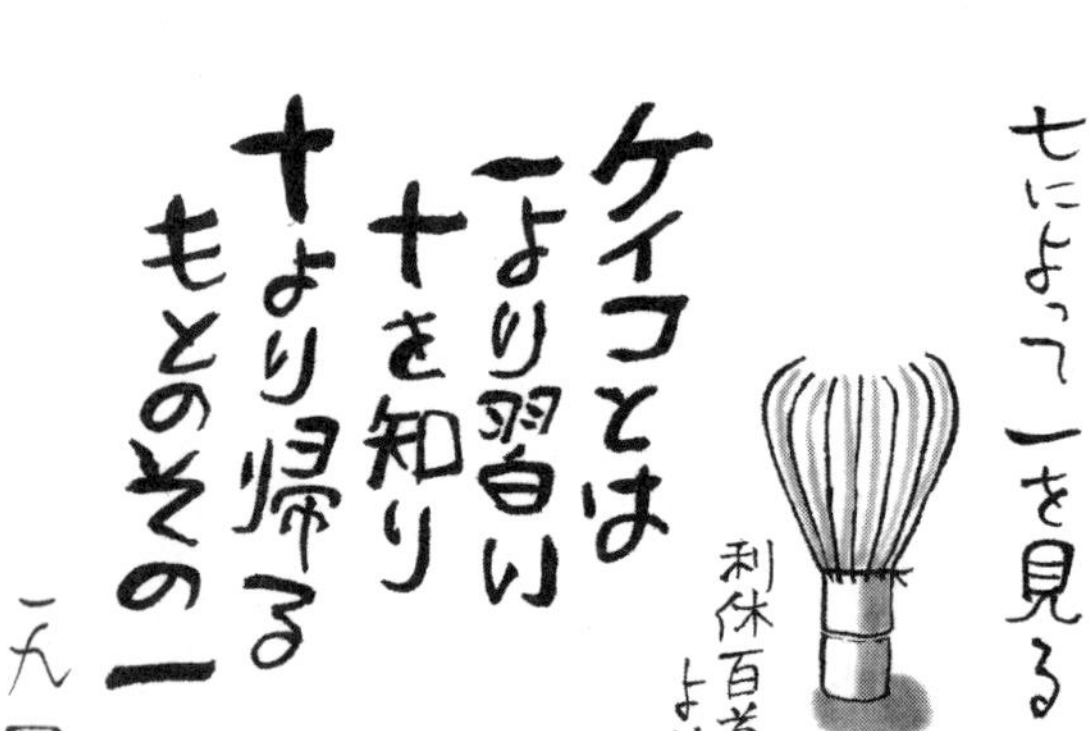
七によって一を見る
利休百首より
ケイコとは
一より習い
十を知り
十より帰る
もとのその一
一九

石林《せきりん》との問答

石林《せきりん》　馬祖の法嗣。龐居士とのかかわりのほか、なにひとつ履歴は伝わっていない。〔『五灯会元』三〕

1　さっきは口からでまかせさ

石林《せきりん》和尚は居士がやってくるのを見ると、払子《ほっす》を立てて「丹霞《たんか》のはたらきにとらわれず、なにか一句いうてみよ」。

居士は払子をひったくり、ゲンコツを突き立てる。

「それそれ、それこそ丹霞のはたらきだ」。

「じゃあ、とらわれぬところを示してくだされ」。

「丹霞は口がきけないし、居士どのは耳が聞こえない」。

「なるほど」。

石林は無言。

「さっきのセリフは口からでまかせじゃよ」。

石林はやっぱり無言。


石林《せきりん》和尚、居士の来たるを見るや、乃ち払子《ほっす》を竪起《じゅき》して曰く、丹霞《たんか》の機に落ちずして、試みに一句子《いっくす》を道え。士、払子を奪却し、却って自ら拳《こぶし》を竪起す。林曰く、正《まさ》に是れ丹霞の機なり。士曰く、我が与《ため》に落ちず看よ。林曰く、丹霞は瘂《あ》を患い、龐公は聾《ろう》を患う。士曰く、

石林和尚見居士来、乃竪起払子曰、不落丹霞機、試道一句子。士奪却払子、却自竪起拳。林曰、正是丹霞機。士曰、与我不落看。林曰、丹霞患瘂、龐公患聾。士曰、

恰《あたか》も是《しか》り。林、無語。士曰く、向《さき》に道うは偶爾《ぐうじ》なり。
林、亦た無語。

――恰是。林無語。士曰、向道偶爾。
林亦無語。

石林は払子を立てて「あんたは丹霞の禅風にドップリつかっておるようだが、そいつを捨てて、あんた自身の境涯をいってみよ」という。丹霞と同じ穴のムジナらしいけど、やっこさんのマネをせず、みずからの禅機をちゃんと言葉であらわしてくれ、と。

居士は払子をうばいとって、ゲンコツを突き立てる。まずは払子をひったくることによって石林の示した「丹霞のやり方にとらわれずに」という条件をとっぱらい、そのうえで言葉ではなくゲンコツを立てるというパフォーマンスで応ずる。「丹霞のやり方にとらわれず」という条件をとっぱらったのはよいが、くわえて「言葉で提示してくれ」という要求もあったはずで、ゲンコツを突き立てた居士は、それもアッサリと無視しちゃっているわけである。

ここでのテーマは、いつもながらの「本来の自己の面目をいかに示すか」ということのようである。石林はそれを「言葉で語れ」ともとめたのだが、居士はゲンコツを突き立てるというパフォーマンスで応ずる。石林は「それじゃあ丹霞といっしょであって、あんた自身のはたらきが言葉でちっともあらわされとらんじゃないか」と突っぱねる。言葉によりかからないという丹霞のやり方ではなく、言葉を使って禅機をあらわしてくれとリクエストしたはずだ、と。そういう文脈で読まないと、あとの石林の「無語」が活きてこない。

居士は「だったらまず石林自身のはたらきってやつを示してみてくれ」と斬り返す。居士にしてみれば、「いっしょではないよ。あんたは自分のおもいこみにとらわれて、わしと丹霞とのちがいが見えなくなっておるようだが、丹霞のことにとらわれず、わし自身をちゃんと見てくれ」という気分だろう。

石林は「丹霞は口がきけないし、あんたは耳が聞こえない。ふむ。なるほど、ちがうようじゃ」と相変わらず丹霞と居士との対比というかたちで自分のはたらきを示してみせるが、肚《はら》のなかには「わしは禅機を言葉であらわせといったのに、それを無視するっていうことは、あんたのやってることは丹霞といっしょじゃないか」という不満がくすぶっている。

居士は「いかにも、そのようですな」とうなづく。丹霞とわしとはちがう、それがどうした、と。石林は無言。妙にアッサリと納得されてしまうと、いうべき言葉もなくなる。耳が聞こえないやつに、なにをいってもムダだ、とダンマリ。

すると居士は「いかにも、とうなづきはしたが、ひとまず返事してみただけだ」とつけくわえる。耳が聞こえないといわれて「なるほど」といったのは口からでまかせで、ちゃんと聞こえておったよ、と。居士にしてみれば「なんだ石林さん、あんたも口がきけんのか。それじゃ、あんたも丹霞といっしょなんじゃないの」とあきれているんじゃないだろうか。

石林はそのまま無言。この二度目のダンマリを食らって、居士はとうとうお手上げ。ふん、聞こえていながら無視するというんじゃ、いよいよなにをいってもムダだ、という感じだろうか。

ところで居士の「向《さき》に道《い》うは偶爾《ぐうじ》なり」だが、「さっきは適当に返事しただけさ」と訳してみたものの、どうもひっかかる。入矢先生は「さっきの一言をそのまま真に受けるあなたでもあるまいというおっかぶせである。「いかにもさよう」という居士の肯定に対して石林が無言であったのを、す早く居士は引き取って、いわば足払いを食わせたわけである」（一六二頁）と注しておられる。いかにも居士らしい茶目っ気ではあるけれども、なんだか負け惜しみのように聞こえなくもない。

「聞く耳のないことを自認するものに、なにをいってもムダだ」と石林にいわれ、居士は「なるほど」とうなづく。石林は無言。ここにおいて居士さん、ハタと気づいた。聞く耳がないはずなのに、うっかり「なるほど」とつぶやいてしまった。で、さっきのは独り言だもんね、とあわてて弁解。うん。これは居士の屈託のないキャラを語るエピソードくらいに受けとっておいたらどうだろう。

入矢先生のように禅問答にいちいち深い意味をもとめるのは、ひょっとするとあぶないのかもしれない。むしろ俳諧の「軽み」に似たようなサラリとした対応をやってのけるのが禅の呼吸なんじゃないだろうか。重さや深さからの解放ということも禅問答の醍醐味のひとつだとおもう。

と、例によって軽く読んでおきたいのだが、居士の「向に道うは偶爾なり」が、どうしてもモヤモヤとひっかかる。読みまちがいをしているような気がしてならない。

丹霞のやり方じゃなくて、ちゃんと言葉でいってくれ、と石林にもとめられ、居士はゲンコツを突き立てた。言葉ではなく、どこまでも動作で示した。「それじゃあ丹霞といっしょだよ」と文句をいわれた居士、「じゃあ、おまえさんが丹霞のやり方にとらわれずに一句いうとすればどうなるの」と逆にたずねる。すると石林は「丹霞は言葉では語れないことを口をきかずに示していたが、居士は言葉では受けとらず、目で見て、受けとったわい」という。居士はこの石林の言葉に「まさにそのとおり」とご満悦。丹霞とわしとの関係は、まさにそのとおり、言葉をもちいてというよりも、むしろ態度を介しての格闘技のようであったのさ。

石林は無言。石林の心中をさぐってみると――居士と丹霞とを聾唖にたとえながら（つまりケナしたふりをして）ふたりの関係を語ってみたが、どうやら図星であったようだ。その証拠に、居士はすぐさまわしの意図を察知しおったわい。

ここにおいて居士は「向に道うは偶爾なり」というわけだが、この居士の言葉はひょっとすると「さっきのあんたの言葉は、マグレ当たりだ」といっているのかもしれない。居士は石林の言葉についてマグレ当たりだとケナしたふりをする。いかにも図星だったので、照れ隠しだったりして。

石林はふたたび無言。マグレ当たりだという居士のセリフは蛇足だよといわんばかりに。うん。たしかに蛇足だったかもしれない。

居士の「向に道うは偶爾なり」は、居士みずからの発言についての言葉と読むのがふつうだろう（入矢先生はそう訳しておられるし、わたくしもそう訳している）。しかし、あえて石林の発言についての居士の評価として読んでみるのも、あながち的はずれともいえないような気がしないでもない。

2　もうはや言葉を惜しむとは

石林が居士にたずねる「ひとつ質問があるんだけど、居士どの、どうか言葉を惜しまないでくれ」。

「ほお、うかがいましょう」。

「なんとまあ、もう言葉を惜しむとは」。

「この問いかけには、してやられたわい」。
石林は手で耳をおおう。
「やり手じゃのう」。

林、一日居士に問う、某甲《それがし》に箇の借問《しゃもん》有り、居士、言《ごん》句《く》を惜しむ莫《なか》れ。士曰く、便ち挙し来《こ》たらんことを請う。林曰く、元来言句を惜しむ。士曰く、這箇《しゃこ》の問訊《もんじん》、覚えず他《かれ》の便宜に落つ。林乃ち耳を掩《おお》う。士曰く、作《さっ》家《け》、作家。

林一日問居士、某甲有箇借問、居士莫惜言句。士曰、便請挙来。林曰、元来惜言句。士曰、這箇問訊、不覚落他便宜。林乃掩耳。士曰、作家、作家。

石林に「ひとつ問いがあるんだが、居士さん、言葉を惜しまんで答えてくれ」といわれ、居士が「では問うてくれ」とうながすと、「もう言葉を惜しんでおる」と石林は眉《まゆ》をひそめる。

この問答のポイントは、石林の発した問いの中身がとうとう最後まで明示されないというところにある。もし石林が問いの内容を隠しているのだとすれば、居士が「うかがいましょう」と応ずるのは、まったく当然のことである。ところが石林は、その居士の応じ方に対して「もう言葉を惜しんでいる」と非難している。居士は石林の問いに答えるつもりで石林に問いをうながしたのだが、その居士のうながしの言葉が石林にはすでに言葉を惜しんでいるものとしてとらえられたようである。ここにはどんな機微がひそんでいるのだろうか。

ひょっとすると石林は特定のことがらを前提したうえで問いを発しているのかもしれない。石林の問いとは、ただ「問いがある」とだけいうことによって、じっさいに問うたことになるような問いなのである。その問いとはすなわち禅問答において第一義的に問われるべき問いにほかならない。

いったい禅者が「問いがある」というとき、問うべき価値のある問いはひとつしかない。もっとも、その問いの発し方はいろいろありうる。「如何なるか是れ祖師西来の意」もその一例である。で、そのたったひとつの問いをあらためてわしに問わせるのか、と石林は眉をひそめる。四の五のいわず、ただちに答えよ。

「問いがあるので、言葉を惜しまず答えてくれ」という要求に対して、「どうぞ問うてくれ」と返答することは、それが禅問答ではなく「ふつう」の会話であるならば、いたって自然である。居士は、ふつうの会話のつもりで、うっかり返答してしまった。石林の「もう言葉を惜しんでいる」という非難を食らって、石林の問いが「問いがある」とのみいうことによって問うたことになるような禅者ならではの問いであったことに居士は気づく。そう考えてよいならば、居士が石林の「言葉を惜しんでいる」という非難を受けてからそのことに気づいたとすれば、すでに遅きに失したといってよい。

石林の問いが禅者にとっての肝腎の問いであることをみとめたうえで、居士は「あんたのペースにうまく乗せられてしもうた」とボヤく。その居士の言葉がまたしても言葉を惜しんだものになってしまった。居士は「あんたの問いがそういうものであったことをウッカリしてしまった」と、ふつうの会話のような返答をする。これが「ついそう答えてしまった」のか、それとも「あえてそう答えた」のか、ここは解釈の分かれるところである。

石林は、居士が同じあやまちをおかしていると考えて耳をふさぐ動作をした。そう解釈するのが妥当だろう。しかし、もし居士があえてそういうマヌケな答え方をしたのだとすれば、そこに居士なりの主張を見ることも可能かもしれない（あとで見る入矢先生の読みはそれにちかい）。

居士なりの主張があるとすれば、おそらく「その問いには言葉では答えることができない」というものだろう。ただし、この主張自体はきちんと言葉で語られていないので、それを問題にすることはできない。

居士は「おぬし箣士じゃのう」と三度目の駄弁をかさねる。けっきょく居士は石林の問いに答えていない。禅の第一義というものは言葉では語りえないという信念が、居士にはあるにちがいない。いずれにせよ居士のこの主張に対して石林がどう考えているかは、この問答からはわからない。

石林は「ひとつ問いがあるんだが、言葉を惜しまんで答えてくれ」というかたちで「如何なるか是れ祖師西来の意」といった禅における常套の問いを居士にぶつけたわけだが、そういうふうに読むと、石林の問いをめぐって問答がおこなわれたにもかかわらず、その問い自体についてはなにひとつ語られることなく、ただ石林と居士とが意地を張りあっているだけみたいなことになりかねない。

石林の問いを、あえて文字どおりに受けとって、「言葉を超えたものを言葉であらわしてくれ」という注文をだしたというふうに読んでみよう。石林が「言葉を惜しむな」というのは、「言葉を惜しむなと言葉を惜しまずにいうのは、言葉を超えたものを言葉を使ってあらわせといっているのだ」と考えてみる。

言葉はもとより便宜的なものであって、どこまで言葉をついやしてみても、それだけで意をつくすことはできない。言葉を惜しむことなく言語を超えたものをあらわせというのは、どだい無理な注文である。

ワナが仕掛けられていると知ってか知らでか、居士は「どうぞどうぞ、うかがいましょう」と石林の注文にホイホイ乗っかる。すでに問いがでているのに「どうぞどうぞ」といって問いがでてくるのを待つというのは、ひどく間が抜けている。

この居士の返答について、ワナが仕掛けられていることは「百も承知の上で、さらりと応じたものである。そして、この応じかたが、実はその暗示そのものへの端的な回答としても利かされているという効果をもっている」（一六三頁）と入矢先生は注しておられる。居士びいきのわたくしとしてもそう読みたいところだが、疑わしいとおもう。どう考えてみても居士のこの返事が言葉を惜しまない答えになっているとはおもいがたい。

石林は「ありゃありゃ、いきなり言葉を惜しんでるじゃん」とあきれる。さっそく言葉を惜しんでどうすんの、と期待はずれという顔をする。この石林の突っこみ、一見鋭そうだが、これもどうだろう。いささか安易じゃないかなあ。

まんまとワナにはまったことに気づいた居士は、「うかうかと相手のペースに乗せられてしまったわい」と負けをみとめる。「言葉を惜しむな」といわれて「どうぞどうぞ」と素直に応じてしまったけど、どう応じたところで「言葉を惜しむんじゃない」と突っこむつもりだったとすれば、まんまとひっかかってしまったわい、と。居士は妙に素直だが、わたくしは素直になりにくい気分である。居士になりかわって石林に苦言を呈してみたい。

石林は、さっきは「丹霞の機に落ちずして、試みに一句子を道え」ともとめ、ここでも「言句を惜しむ莫れ」ともとめている。言葉になりえないところを言葉でいいきれ、と。「石林さん、言葉で問うことができないことには言葉で答えることもできない。あんたが問いたいのはどんな問いなの？　もし言葉を惜しまない答えを要求するのであれば、あんたも言葉を惜しまないで問うてくれないか」といってやりたい気がする。言葉で答えられないことを言葉で答えてほしければ、言葉で問えないことを言葉で問うてくれ、と。

そして石林の返事いかんによっては、「問いたいことがあるっていうけど、ホントはそんなものはなかったんじゃないの？　こちらの対応の揚げ足をとって頭ごなしに言葉を惜しんでいると非難してやろうって、はなからネライはそこにあったんじゃないの？」とたずねてみたい。あんた、わしをハメようとしただけなんじゃないのか、と。

いや、さすがにこの読みは下品だろうなあ。なにゆえにかくも下品に読みたくなるのかと自問するに、ここからの入矢先生の解釈が、わたくしの目にはおそろしくロマンチックに映るからである。そんなふうに読めれば素敵だけど、およそ無理なんじゃないかとおもう。

一杯食っちまったわいという居士の「この歎声の裏には、隠微ながら相手の出かたに対する諷刺が籠められている」のであって、それゆえ「いささか苦々しげな口吻を響かせる」（一六四頁）ものであった、と入矢先生は読まれる。その居士の言葉によって、石林は「根本に住して法を弄ぶ者に堕しかけた自分であることを、彼は痛いほど思い知らされた」（一六四頁）のであり、それゆえ「耳を掩う」ことになったのだ、と。

勝ったつもりだったけど、ひょっとして負けたのはオレのほうだったのか、と石林はしょげたという読みである。一杯食ってしまったわいという居士の言葉は、あに図《はか》らんや、石林を打ちのめしたのである。

入矢先生の読みはさらにエスカレートする。石林の耳をおおって打ちひしがれた様子を目《ま》の当たりにして居士が「作家《さっけ》、作家」というのは、「自分の独白の一言がこれほどまでに石林を強打し、これほどまでに痛烈な自省を呼び起こさせることになろうとは思いも設けなかったことであろう。このような〈効果〉が生まれ得たのは、まさに石林その人の勝れた資質あってのことであった。そのことへの感動と讃歎が、おのずからにして居士の口から発せられたのである」（二六五頁）と入矢先生は読まれる。石林のナイーブな反応に、むしろ居士のほうが感じ入ってしまったという解釈である。

いやあ、こうも情理をつくして説かれると、つい納得してしまいそうになるが、頭を冷やして読みなおしてみれば、とてもそんなふうには読めそうもない。

居士の「まんまと乗せられちまった」という泣き言は、さっぱり意をつくしていない。やれワナにはめられただのなんだのと、まだ言葉でやっておるわい、と石林は耳をおおったのだろう。聴いちゃおれん、と。

石林が耳をおおうのは、率直な居士さんに対して、問われえない問いを弄した自分を恥じたのだと入矢先生は理解される。が、恥じたのであれば、耳じゃなくて顔をおおうんじゃないだろうか。耳をおおうのは、それ以上聴きたくないということだろう。勘弁してくれ、と。

居士としては、このさい言葉を惜しまず石林のダマすようなやり方の不誠実さがどこにあるかを徹底的に指摘すればよかったのだろうか。そうじゃないとおもう。でも、だとしたら石林はなぜ耳をおおうのだろう。言葉を惜しむなと要求しておきながら「もう聴きたくない」と耳をおおうことの意外さが、入矢先生の解説ではよくわからない。

石林さん、なかなか意地がわるいのである。居士の敗北宣言をわざと素直に受けつけてやらない。敗北宣言それ自体をも言葉でいいつくせるような問いが有るのか無いのかという問いに対する不完全な答えの一部とみなしてみせる。そして耳をおおいたくなるような愚答だときめつける。無限に言葉をついやしても、そういうやり方ではこの問いに答えつくすことはできないぞ、と。

ほとほと参った居士、「いやはや、やり手じゃのう」といって脱出をはかる。やり方は気に食わないけど、まずはイジワルに徹した石林の手柄といっておこう。

按ずるに、言葉はそれだけで完結するものではない。だとすると、そもそも完結しえない言葉に「惜しむ」ということはあるのだろうか。もしあるとしても、それは言葉を惜しまないことと五十歩百歩だろう。

石林はそのことをわかったうえで、あえて言葉を惜しむなと要求した。居士はうっかり「いいよ」といってしまった。「そら、もう言葉を惜しんでるじゃんか」と石林。居士の返事のどこが言葉を惜しんでいるのだろうか。なにせ石林はふくむところのある問いを発しているというやましさを自覚しているもんだから、「いいよ、いってごらん」という居士の返事を素直に受けとれない。いいよって、居士さん、それがいいたいことのすべてじゃないでしょうに、と推しはかってしまう。

「いいよ、ただし言葉を惜しまないで質問してくれよ」と逆に注文をつけるという手があるとおもっているんじゃないですかと石林は邪推しているのだ、というふうに読んでみたい。そんなふうにおもっていながら「いいよ」としゃあしゃあと返事するなんて言葉を惜しんでるのといっしょじゃん、と石林は勘ぐっている。

こいつは参ったわい、と居士。すると石林は耳をおおう。あんたの降伏宣言なんか聴きたくない。いいたいことがあるんだったら、言葉を惜しまないで洗いざらいぶちまけてよ、と。

石林和尚、どうやら禅と言語との関係について一家言《いっかげん》あるひとのようである。語りたいことがあり、語ろうとおもえば語りうるのに、いわくありげに無言をきめこんだりするような、煮ても焼いても食えない似而非《えせ》禅家どもの姿勢にイラだっているんじゃないだろうか。

ダンマリはいただけないとしても、いったい「言葉では語りえない」と言葉で語ってもよいものだろうか。こんな問答がある（『祖堂集』五〇八頁）。

師問僧、我尋常道、莫道道不得、設而道得十成、猶是患謇。既道得十成、為什摩却是患謇。僧云、従来豈道得底事那作摩。師抗声云、脱却来。其僧別云、頭上不可更安頭。師云、停囚長智。

師、僧に問う、我れ尋常道《い》う、道う莫かれ、道い得ずと。設而《たと》い道い得て十成《じゅうじょう》なるとも、猶お是れ謇《けん》を患う、と。既に道い得て十成なるに、什摩《なん》の為にか却って是れ謇を患うや。僧云く、従来豈《あ》に道い得る底の事なりや作摩《そも》。師、声を抗《あら》げて云く、脱却し来たれ。其の僧別して云く、頭上に更に頭を安《お》くべからず。師云く、停囚《ていしゅう》して智を長ぜしむ。

保福《ほふく》が僧にたずねる「わしは常日頃からいうておる、言葉で語りえないと言葉で語ってはならん、と。たとえ言葉で十全に語りえたとしても、しょせん吃音のようなもんだ。ところで、言葉で十全に語りえたとしても、どうして吃音でしかないのかのう」。
「これまでの言葉が、すでに言葉で語りえたものなんじゃないんですか」。
保福は声を荒げて「脱ぎ捨てちまえ」。
僧は別のことをいいだす「頭のうえにもうひとつ頭を置くことはできません」。
「悪党をながいことひきとめたばっかりに、つまらん悪知恵をつけさせる始末になっちまった」。

語りえないものをとりあげて、「それを語るな」と語る。そういうことを保福は「常日頃からいうておる」わけだろうが、なにをすでに語っているのかというと、言葉では語りえないということを語っているわけで、そういうのは「頭のうえにもうひとつ頭を置く」ようなしわざであり、とりもなおさず「つまらん悪知恵をつけさせる」ことにほかならない。

保福がいう「脱ぎ捨てちまえ」とはどういう意味か。「忘れてしまえ」ということだろう。「考えるな、見よ」という感じだろうか。

保福の「言葉では語りえないというな」という発言はおもしろい。「言葉じゃなくて以心伝心なんだよ」なんていうふうに言い訳していると、だんだん怠惰な無言、ひいては怠惰な暴言につながってゆく。さらに深刻な事態としては、以心伝心の内容が以心伝心それ自体であるようなものなんてホントに見つかるのかといった問題にとっつかまる。

とはいえ、いったい心を以て心を伝えるなどということが、おたがい了解できたりするものだろうか。そもそも言語とは、語り手だけで完結するものではない。語り手が語り、聴き手が理解するということがあって、はじめて語り手と聴き手とのあいだに意思の疎通が成り立つ。

保福はいつも「言葉で語りえないといってはダメだ。とはいえ、たとえ言葉で語りえたとしても、しょせん吃音みたいなもんだ」と矛盾したことをいっていたみたいだが、その矛盾した発言がまさに言葉で十全に語りえたものなんじゃないですか、と僧はしたり顔でいう。語りえないといわれてきたものそれ自体が、じつは語りうるものなのでしょうか、と。そういう頭でっかちのものいいに対して、保福は「そこから脱けでてこい」と叱りつける。

その保福のお叱りをスルーして、僧は「頭のうえにもうひとつ頭を置くことはできません」と別のことをいう。以心伝心で伝わるものがそれ自体で存在するなら、たとえそれが言葉で伝達されるとしても、屋下に屋を架すことになりゃしませんか、といいたいようである。そういう問題をもちだすのはナンセンスですよ、と。

言語的な伝達とは別に以心伝心があるとすれば、そういうことになるだろう。だが、おそらく保福はそんなふうに考えてはいない。我と汝とのあいだの言語的なコミュニケーションにおいて以心伝心は成り立つと考えているんじゃないだろうか。だからこそ「言葉では語りえないなどと語るな」と語ったりする。だとすると保福が「ながいことつかまえておいたら、すっかり悪知恵がついちまった」というのは、どうやら僧のことをホメているようである。

『論理哲学論考』におけるウィトゲンシュタインは「語りえないものについては沈黙せよ」という。しかし同時に「語りうるものはクリアに語るべきである」ともいっている。語りうるものについては曖昧な語り方をしてはならない。さらに後期のウィトゲンシュタインには「語りたいことは言葉を惜しまないで、しっかり語ろう」という姿勢がある。しっかり語ったうえで、それが意味をもちうる場を吟味しよう、と。この立場は、たぶん保福にちかいとおもう。

3　口はあっても、ものいえぬ

石林はみずから茶をいれて居士にふるまう。

居士が受けとろうとするや否や、石林はさっと身をひいて「どうだ」。

「口はあれども、ものいえぬ」。

「こうであってこそ、はじめてよろしい」。

居士は袖を払って起《た》ちながら「これは突拍子もない」。

「居士どのを見きわめましたぞ」。

居士は引き返す。

「これは突拍子もない」。

居士は無言。

「黙りこむのは上手だわい」。


　林、一日自ら茶を下《くだ》して居士に与う。士纔《わず》かに茶を接《う》けんとするや、林乃ち身を抽《ひ》きて退後《しりぞ》きて曰く、何似生《いかん》。——

林一日自下茶与居士。士纔接茶、林乃抽身退後曰、何似生。士曰、

士曰く、口有れども道い得ず。林曰く、須是《すべか》らく恁麼《か》くのごとくして始めて得《よ》し。士、袖を払って出でて曰く、也《ま》た太《はなは》だ無端。林曰く、龐翁を識得し了《おわ》れり。士、却《きゃう》回《い》す。林曰く、也た太だ無端。士、無語。林曰く、你也た解《よ》く無語なり。

有口道不得。林曰、須是恁麼始得。士払袖而出曰、也太無端。林曰、識得龐翁了也。士却回。林曰、也太無端。士無語。林曰、你也解無語。

この問答は、ふつうに読むと石林が居士を圧倒したというふうに読めてしまう。そう読んでおいて不都合はないような気もするが、なにぶん居士びいきのこととて、あえてそうでない読み方を模索してみたい。

石林がみずから茶をいれて居士にふるまう。居士がそれを受けとろうとするや否や、石林はさっと手をひっこめて「どうだ、旨《うま》かろう」という。飲ませもせずに、旨いかと問う。「一口も飲んでおらんが、たしかに得《え》もいわれぬ旨さだ」と居士。石林は「そうそう、そうこなくっちゃ。よしよし、はじめて素直にホメたね」と満足げ。

すると居士はいきなり起ちあがって「おやおや理不尽なことという」と気色ばむ。バカにしなさんな、わしはいつだって素直だよ、と。それに対して石林は「居士さんが素直なおひとだってことは、よく存じておりますよ」と澄まし顔。

いったん帰りかけた居士だが、なにかいいたげに引き返してくる。わしは石林のいうような素直なひとではない、とでもいおうとしたのだろうか。しかし「わしは石林のいうような素直なひとではない」ということは、かえって自分のことを素直に語ることになり、けっきょく自分は素直だということを自分からいうことになってしまう。

なにかいおうとした居士の機先を制して「おやおや理不尽なことをいう」と石林。居士がなにをいおうとしているのかを察知して、「居士さん、あんたがそれをいえば、自分から素直であることをみとめ、わしのいうことが正しくなっちまうんだが、それでもいう気かい」と先手を打つ。さきを越された居士、なんにもいえなくなってしまう。得たりとばかりに石林は畳みかける。「そうそう、そこでなんにもいわないのが正解じゃよ」。

ふむ。どう読んでみても、やはり居士が石林に一本取られたみたいになってしまう。石林の言葉づかいの駆け引きの巧みさが光るばかり。なんとか居士の片棒をかつげないものだろうか。

茶をふるまうような素振りをしておいて、受けとろうとすると、さっと茶碗をひっこめて「さあどうする」という。この失礼なふるまいに、どう対応してみせるかな。それに対する居士の「口はあれども、ものいえぬ」について、入矢先生は「やり込められて返す言葉もなく、口もきけずにしばし茫然としていた」（一六六頁）と注しておられる。それだと石林の「どうだ」をこうむってホントにお手上げになってしまったみたいである。

まさか居士ともあろうものが、これしきのことで絶句するはずはない。「開いた口がふさがらん」といった感じなんじゃないだろうか。対応に困って言葉がでてこないのではなく、あきれて口をきく気にもなれないのである。茶をおいしく飲む口はあるけど、そういう無礼なふるまいに応える口はない、といったところだろうか。

石林の「これでこそよろしい」について、入矢先生は「居士のその在り方を是認した言葉である」（二六七頁）と注しておられるが、これもどうだろう。居士の返事について評価しているわけじゃなくて、自分のやり方について「こんな出迎えの仕方もありなんじゃないの」といっているんじゃないだろうか。このような無礼なやり方があってもいいんじゃないの、と。

居士は憮然《ぶぜん》としたおももち。ところが石林は「そうこなくっちゃ。そうでないと事は始まらん」と腕まくりする。ひとつ揉《も》んでやろう、と武者ぶるいしてみせたんじゃないかなあ。居士に「開いた口がふさがらん」とあきれられ、「そうそうその調子、いいたいことは口にしないとね」とニコニコしているような気がする。ちゃんと「口はあっても、口もきけない」と口でいってくれているじゃないの、と。

居士は「あほらし」と吐き捨てる。こんなやり方にはついてゆけん、と。事が始まるというが、これじゃあ始まるものも始まらん、と。

あらら。こんなふうにキレちゃったら居士の負けだろう。茶碗をひっこめるという石林の挑発にまんまとひっかかってしまった。始まるものも始まらんと居士はいうけれども、もちろん始まりなどない（無端）のだから。

石林は「いまの一言でおぬしの正体は見破ったぞ」という。あんたの器量のほどが見えたわい。「口はあれども、ものいえぬ」などと殊勝なことをいいながら、文句だけはいうんだな。いいたくなったら口をきく、それが正体ってことだね。

いったんひきあげかけた居士だが、「なんだって」と引き返してくる。わしの本性を見破ったというが、どう見破ったのか、ひとつチェックしてくれよう、と。石林は「これはこれは」と眉をひそめる。キレて帰りかけたくせに、またもどってきたりすると、せっかくの問答に決着がつかんじゃないか。ここで引き返してくるようでは、終わるものも終わらない（無端）じゃないか、と。

居士はグウの音もでない。進退きわまった。石林は「口もきけぬというておったが、なるほどダンマリはお得意のようじゃな」とトドメを刺す。

居士の無言を、石林はじつは肯定しているんだとおもう。ほほお、そういうオチのつけ方もありかもしれんな、と。うんうん、ここではホントに無言でもありうるのだ。ここで黙れるってのは、感心、感心、と。

そんなふうに読みたくなるのは、この短い問答のなかに「無端」と「無語」とがそれぞれ二度づつもでてくるからである。そのことに格別の意味はないのかもしれないが、なぜか額面どおりに読みたくない気分にさせられる。

それにしても「無端」というのはおもしろい。漢語的には「起点もなければ終点もない」という意味である。これが禅家的には「突拍子もない・理不尽な」という意味になるのは、すこぶる興味ぶかい。

端っこがないということは、始めもなければ終わりもない、限ることができない、ということだろう。ハイデガーは、始めもなく終わりもないような生き方は世間に埋没した非本来的なあり方であるという。人間存在はもとより有限なのであって、自分の人生に始めと終わりとを与え、それを完結するのが本来的なあり方である、と。

居士の肩をもちつつ読もうとしてみたが、どうもうまくゆかない。このあたりで年貢《ねんぐ》をおさめるとしても、ラストの「黙りこむのは上手だわい」という石林のセリフ、これを無言を肯定するものとして理解することについては附言しておきたい。

人間は、理性の要請からか、あるいはコミュニケーションの必要からか、言語を身につけた。言語を身につけたことによって、なにかを犠牲にしちゃったような気がしてならない。感情の相互理解において、それなりのコミュニケーションの手段をもっていたのに（たとえばゲンコツを突き立てるとか、手で耳をおうとか、さっと茶碗をひっこめるとか）、言語を身につけたことによって、それを見うしなってしまったということはないだろうか。

言語によってもたらされる「意味」は、ある特定のことを浮き彫りにすることによって、同時に他のことを隠蔽するというかたちであらわれる。ものごとの意味を理解したつもりになることによって、人間はなにか大切なものを見うしなってしまう。なにかが見えないことによってではなく、なにかとして見えすぎることによって、なにかを見うしなってしまう。

腕ききの禅者どうしの対話にあっては、ひとりには隠されているものが、もうひとりには気づかれている、ということが起こりうる。自明であるとおもわれている意味が丁丁発止のやりとりにおいて再吟味されるというのが禅問答のおもしろさである。

言語はあることを浮き彫りにすることで別のことを隠してしまうから、一切をくまなく語りつくすことはできない。明らかなつもりの思考のなかに、およそ明らかならざるものが存在しうることに、自分ひとりではなかなか気づくことができない。なにかを語るさい、みずからの語りをささえる欲望そのものは、けっして語られえない。

たとえば「如何なるか是れ祖師西来の意」という問いによってもたらされる意味が、そのように問う主体がなにかしら目的をはたすための手段として合目的的に位置づけられたものであるならば、「そのように問うことによってなにをしたいのか」という合目的的なつながりを理解することが、問いの意味を理解することにほかならないことになる。しかしそのように意味をとらえることは、合目的的なつながりを特定するために、あらかじめ言語を前提とせざるをえない。言語の意味を特定するために、すでに言語に頼らざるをえない。

禅問答にあっては、ひとりの口から発せられる「言語の意味」は、ふたりの対話における「文の使用」において理解される。文の意味を理解することは、それがいかなる条件のもとで主張されれば適切あるいは不適切と判断されるかということを理解することである。

「如何なるか是れ祖師西来の意」という文を使用して問いを表現しうるということを、事前に証明することはできない。けれども表現しえないということも、事前に証明されるとはかぎらない。ある問いに答えうるかどうかということを、じっさいに答えることにさきんじて主張することが可能でないように。

問いに答えうる可能性は有るか無いかのいずれかである、という排中律が成立しているとはかぎらない（問題をただちに解きにかかれないこともあるし、解けなかった問題があとで解けたりすることもある）。「如何なるか是れ祖師西来の意」という文を使用してある問いを表現しうるかどうかということは、答えられてはじめてわかることである。語ることができたとき、語ることができたと遡及的に語りうるのである。

語れても語れなくてもまぬがれられない。なにをまぬがれられないのか、ひとつ語ってみてくれ
——居士は目をパチパチする

（「百霊との問答」より）

目をパチパチ
それがおまえさんのやり方であって
それ以上のものはないのだよ
一九

仰山《きょうざん》との問答

仰山《きょうざん》　生年出自は不詳。潙山《いさん》の法嗣である仰山慧寂（八〇七〜八八三）とは別人。

1　柱に証人になってもらおう

居士が仰山《きょうざん》にたずねる「あおむいた山をおがみたいとおもってやってきたのに、うつぶせなのはどうしてですかな」。

仰山は払子を立てる。

「なるほど」。

「あおむいてる?　うつぶせてる?」。

居士は柱をたたいて「だれもおらんが、この柱に証人になってもらおう」。

仰山は払子を投げだして「これから諸方にでかけることがあれば、このことを好きなだけ話題にするがよい」。

居士、仰山《きょうざん》禅師を訪《おとな》いて問う、久しく仰山を嚮《した》いしに、到り来たれば甚麼《なん》の為にか却って覆《うつむ》くや。山、払《ほっ》子《す》を竪起す。士曰く、恰《あたか》も是《しか》り。山曰く、是れ仰《あお》ぐや、是れ覆くや。士乃ち露柱《ろちゅう》を打って曰く、人無しと雖然《いえども》も、也《ま》た露柱の証明せんことを要《もと》めん。山、払子《ほっす》を擲《なげう》って曰く、若し諸方に到らば、一に挙似するに任《まか》す。

居士訪仰山禅師問、久嚮仰山、到来為甚麼却覆。山竪起払子。士曰、恰是。山曰、是仰是覆。士乃打露柱曰、雖然無人、也要露柱証明。山擲払子曰、若到諸方、一任挙似。

居士は仰山のもとにやってくるや否や「ひさしく仰山をしたってきたというのに、お目にかかってみればうつぶせておられるのは、いったいどういうことかな」と挑発する。「仰山」というからには仰《あお》ぎ見るような崇高なお方かとおもってきてみれば、じっさいお目にかかってみれば意外とショボいですね、と。

仰山は払子《ほっす》を立てる。払子とは、かたちは「獣毛・麻などを束ね、これを柄《え》につけて蚊虻《かあぶ》などを追い払うのに使用したもの」であるが、はたらきは「禅門では日常使用している払子が法そのものを表す象徴とされ」る（『岩波仏教辞典』）。払子は、柄につけられた毛が垂れさがっているだけの見るからにショボくれた仏具だけど、もしそれが「法そのものを表す象徴」であるならば、悟りのシンボルとしてのはたらきは偉大である。仰山もまた見た目はパッとしない（うつぶせている）が、じつは崇拝すべき（あおむいている）偉大な師家《しけ》なのである。

仰山の意を察して、居士は「なるほど」とうなづく。すると仰山は「で、あおむいているか、うつぶせているか、どっちだ？」と念を押す。こういう念の押し方をするときは、たいてい肚《はら》に一物ある。

ひとつのものも、見ようによっては、反対の見方もできる。ひとつのものが多様なあらわれ方をするのは、それを見るものの主観のあり方がさまざまであることによる。仰山や払子を見ている居士のあり方はどうなのか。居士そのひとの見方を、仰山は逆に問いただす。

この仰山の「あおむいているか、うつぶせているか」という念押しの問いかけを、居士はちゃんと自身のあり方への問いかけとして受けとる。そして柱をたたいて「わしのあり方については、だれも証明してはくれんが、この柱に証人になってもらおう」という。仰山の問い返しに対して、居士は「あおむいている、うつぶせている」といった相対的なあり方ではなく、そういう相対的なあり方を可能にしている絶対的な存在としての自己を差しだしてみせた。

仰山は払子を投げ捨てて「これから諸方にでかけることがあれば、このことを好きなだけ話題にするがよい」という。このたびのやりとりを吹聴《ふいちょう》し、ひとびとが悟るためのよすがとせよ、と。

みぎのように読むのが穏当なところだろうが、いくらか行儀がよすぎるような気もする。もうちょっと容赦ない感じで読んでみたい。

居士は「あおむいた山をおがみたいとおもっていたのに、うつぶせじゃんか」と文句をつける。仰山さん、凄いという評判を聞いてきたのに、ちっとも凄そうじゃないね、と。まことに失敬千万である。仰山はひょいと払子を立てる。あおむくだの、うつぶせるだの、やかましいわい。あおむこうが、うつぶせようが、大きなお世話だ。わしはわしだ、と。

居士は「いかにも」とうなづく。たしかにあんたはあんただ。すると仰山は「あおむいてるのか、うつぶせてるのか、どっちだ」とたずねる。「あおむこうが、うつぶせようが、どっちでもよかろう」という態度をとっておきながら、居士が「なるほど」とうなづくと、一転「で、あおむいてる？ うつぶせてる？」と問い返す。

仰山のひとを食った問い返しをこうむり、居士は柱をたたいて「この柱に証人になってもらおう」という。入矢先生は「仰山には話が通じないと見て取った居士は、両者の黒白を明らかにする証人として露柱を指定したのである。たとい第三者が居合わせたとしても、居士はやはり露柱を証人に立てたことであろう」（二七一頁）と読んでおられるが、そうだろうか。「話が通じない」どころか、むしろ通じすぎて参ったもんで、話を柱にふったんじゃないかなあ。

仰山は払子をポイとほうって「いくらでも好きなだけ話題にせよ」という。入矢先生は「しかし居士にとっては、その露柱の判定で既に十分であることは言うまでもない」（一七二頁）と理解しておられる。ひとに訊《き》きたければ訊けばよいっていって仰山さんはいうけど、いちいち訊くまでもなく、とっくに底が割れておるよ、と。入矢先生は（そして居士も）ずいぶんと仰山を見くびっているようだが、たぶん見そこなっているとおもう。

仰山の「べつに柱を証人にせずとも、どこぞの禅匠にでもたずねてみるがよい」が、もし「いちいち他人に訊かなくたって、この柱で十分だよ」という小馬鹿にしたような居士の返事を肯定しているんだとしたら話はメデタシメデタシだけど、それは甘いだろう。よっぽどのお人好しでないかぎり、居士のやり方を肯定したりはしないとおもう。「ずいぶん無礼なことをいうけど、あんたの言い分が正しいか、だれかさんに判定してもらったらどうかな」という感じじゃないだろうか。

目からウロコを落とすために、うんとシンプルに訳しなおしてみよう。

「上をむいているあんたに憧れてたのに、じっさいあってみると下をむいてるじゃないのさ」。

「上をむこうが下をむこうが、わしの勝手だ」と仰山は払子を立てる。

「それはそうだ」。

「で、わしって下をむいてる？　上をむいてない？」。

「下をむいてますよ。証人はこの柱しかいないけど」。

「わしが上をむいているか下をむいているか、だれかさんに訊いてみたら？」。

仰山さん、上をむいた修行者なのか、下をむいた救済者なのか、はたしてどっちなのか。てっきり上をむいて修行にいそしんでいるんだとおもっていたら、なんだか下をむいてえらそうに説教してるじゃないの、と居士。そういう上から目線はいかんよ。

じっさいは「上をむくことは下をむくことである」という認識で居士と仰山とはたがいに一致している。そのうえで仰山という名前とじっさいのポーズとのあいだのギャップをふまえて、ふたりで愉快に遊んでいるような気がしてならない。

「あおむいた山かとおもったら、うつぶせじゃんか」と、居士はアテはずれという顔をする。失敬きわまりないが、アテはずれといえば、趙州《じょうしゅう》にこんな問答がある（『趙州録』二七一頁）。

問、久響趙州石橋、到来只見掠彴子。師云、闍黎只見掠彴子、不見趙州石橋。云、如何是石橋。師云、過来過来。

問う、久しく趙州の石橋《しゃっきょう》を嚮《した》うに、到り来たれば只だ掠彴子《りゃくしゃくし》を見るのみ。師云く、闍黎《じゃり》只だ掠彴子を見るのみにして、趙州の石橋を見ず。云く、如何なるか是れ石橋。師云く、過ぎ来よ、過ぎ来よ。

「ながいあいだ趙州の石橋をめざしてきましたが、やってきてみれば丸木橋があるばかりですな」。

「そなたは丸木橋を見るばかりで、趙州の石橋を見ておらん」。

「どれが石橋でしょうか」。

「渡ってこい、渡ってこい」。

「かねてより趙州の石の橋にお目にかかりたいとおもっとりましたが、せっかくたずねてきてみれば、なんのことはない、ただの丸木橋ですな」と僧はアテはずれという顔をする。「おまえさんは丸木橋を見るばかりで、石の橋をさっぱり見ておらん」「じゃあ、どういうのが石の橋ですか」「さっさと渡ってこい」と趙州はうながす。

「渡す」というのは宗教的メタファーである。此岸《しがん》から彼岸《ひがん》へと渡す。穢土《えど》から浄土《じょうど》へと渡す。丸木橋であれ石橋であれ、衆生を迷いから悟りへとみちびく渡しの場であることにちがいはない。

僧は趙州がすばらしい渡し手であるというウワサを耳にし、つまり趙州は衆生を悟りへとみちびく高僧であると聞きつけ、はるばるやってきた。ところが趙州にまみえるや否や、石橋かとおもってきてみたら丸木橋じゃないか、と噛みつく。ちっとも名僧じゃないじゃんか、と。あっていきなり、そんなことがわかるのだろうか。この僧の眼力が並はずれていたっていうことはなさそうだから、たぶんハッタリをかまして趙州を挑発したのだろう。そんな生意気な僧を、趙州は親切にみちびいてやろうとする。

趙州は「さあ、四の五のいわず、すみやかに渡ってこい」とうながす。丸木橋だろうが石橋だろうが、要は「渡る」ことが大事なのである。この僧はどうやら丸木橋のほかに石橋という別格の橋があるとおもっている。石橋はすばらしいが、丸木橋はみすぼらしい、と。丸木橋だろうが石橋だろうが、渡すことに分けへだてはない。さあ、渡ってこい。「石橋なら渡れるけど、丸木橋だと渡れない」などと選り好みしていうようでは、いつまでたっても渡れないぞ。ツベコベいっておるヒマがあったら、さっさと渡ってこい。

ところで、居士は「露柱」をたたいて「こいつに証人になってもらおう」といっていたが、なぜ露柱なのだろう。「あおむいた師はよいけど、うつぶせの師はイヤだ」なんて選り好みしているようでは、いつまでたっても悟れんぞ、と仰山にいわれ、居士は雨ざらしの柱をたたくと、仰山を見てニッコリ。露柱とは、知情意を絶したものの象徴だろう。突っ立っている柱には、上をむくも下をむくもない。否。上をむくことは下をむくことである。

さほど参考にはなるまいが、露柱がでてくる別の問答を見てみよう。臨済《りんざい》はこんなことをいっている（『臨済録』一六〇頁）。

師因入軍営赴斎、門首見員僚。師指露柱問、是凡是聖。員僚無語。師打露柱云、直饒道得也祇是箇木橛。便入去。

師、因《ちな》みに軍営に入って斎《さい》に赴き、門首に員僚《いんりょう》を見る。師、露柱を指して問う、是れ凡か是れ聖か。員僚無語。師、露柱を打って云く、直饒《たと》い道い得るも、也《ま》た祇《た》だ是れ箇の木橛、と。便ち入り去る。

臨済は軍隊の駐屯地の食事にまねかれたとき、門のまえで軍の幕僚にであう。臨済は柱を指さして「これは凡か、それとも聖か」。

幕僚は無言。

臨済は柱をたたいて「たとえ答えられたとしても、こいつはただの棒切れでしかない」。

そういうと、さっさと奥にはいってゆく。


兵隊さんが門のところで直立不動でお出迎え。臨済は柱を指さして「これは凡か聖か」。軍人はピクリともうごかない。臨済は柱をたたいて「やれやれ。このデクの坊ときたら。たとえ答えられたとしても、どうせ役立たずの棒切れじゃろ」。直立不動で出迎えたかとおもえば、問いかけられてもダンマリ。それじゃあ棒切れの柱といっしょじゃないか。人間だったら人間らしく挨拶のひとつもしてみよ。

柱は結界のしるしである。ここからは聖、ここまでは俗。そうやって聖と俗とを区別する露柱は、はたして聖か、俗か。柱はしょせん棒切れ。それは聖俗の区別の象徴ではあっても、それ自体は聖でもなければ俗でもない。ただの棒切れでしかないという事実をはなれて、そこに聖や俗を見ようとするのは、それを見る人間のこころの問題である。

仰山が上をむいているか下をむいているか、それを居士は問うた。それは居士にとっては問題であるとしても、仰山にとってはどうでもよいことである。だから仰山は「上をむこうが下をむこうが、わしの勝手だろ」と払子を立て、さらに「そんなことよりも、おまえさん自身の問題として、わしは下をむいていたのか、上をむいていたのか」と問い返す。

居士は「下をむいていましたよ。証人は露柱です」という。証人を露柱にもとめるあたり、問いそのものが居士の切実な問題になっていない。そのことを見抜いた仰山、とことんバカにした調子で、「わしが上をむいているか下をむいているか、だれかさんに訊いてみたらどうだ」とうそぶく。おまえさん自身のこころの切実な問題でないなら、赤の他人にでもたずねてみれば、と。

上をむくものと下をむくものとを区別する。そのことの是非はおくとしても、区別することが当人にとって切実な問題であるかどうかっていうことは大事である。区別したがる自分のこころをはなれて、払子や露柱や諸方に「たずねる」のは愚かしい。

臨済は露柱を指さして「これは聖か俗か」といい、「しょせん棒杭でしかない」という。露柱にたずねることじゃない、自分の問題だろ。自分の問題は自分で考えろ、と。仰山が「だれかさんに訊いてみれば」とバカにするのとくらべて、露柱でさとしてくれるだけ、まだしも臨済のほうが親切っていうことだろうか。

元気のない人間ってどんなものでしょうか
——おまえには勝てん
それがしこそ勝てません
——なんでまた元気がないんじゃ

（「斉鋒との問答」中の「趙州録」の言葉）

谷隠《こくいん》との問答

谷隠《こくいん》　生年出自は不詳。襄州（湖北）の谷隠山に独居した隠士であろうか。

1　ツバをかけられ赤恥さらす

居士が谷隠道者《こくいんどうじゃ》のもとをおとずれる。

「だれだ」。

居士は杖を立てる。

「それは上上《じょうじょう》の機《き》ではあるまいか」。

居士は杖を捨てる。

谷隠は無言。

「ただ上上の機を知っておるだけで、上上の事《じ》はご存じないらしい」。

「上上の事とはなにか」。

居士は杖を拾う。

「いい加減なことはするな」。

「やれやれ、どうしても主人になりたいんだな」。

「ここに一機をそなえたものがおって、槌子《ついす》をふるうことも払子《ほっす》を立てることもいらず、また受け答えもいらぬとしよう。そんなやつにあったらどうする」。

「どこであうんだ」。

谷隠は居士をひっつかむ。

「こいつがそうか」と居士。そして顔めがけてツバをひっかける。

谷隠は無言。
居士はうたう。

陽炎《かげろう》の水に釣り糸たれて
釣れぬと嘆くは笑止千万
惨めなもんだよ谷隠さん
ツバかけられて恥さらし

居士、谷隠《こくいん》道者を訪う。隠問うて曰く、誰《た》ぞ。士、杖子《つえ》を竪起す。隠曰く、是れ上上の機なること莫《な》きや。士、杖子を抛下す。隠、無語。士曰く、只だ上上の機を知るのみにして、上上の事を覚《さと》らず。隠曰く、作麼生《いかん》なるか是れ上上の事。士、杖子を拈起《ねんき》す。隠曰く、草草なることを得ず。士曰く、憐れむべし強いて主宰を作《な》すこと。隠曰く、一機の人有り、槌《つい》を拈《と》り払《ほっ》を竪《た》つるを要《ほっ》せず、亦た対答言辞を用いず。居士若《も》し逢わば、如何にすれば則ち是《よ》きや。士曰く、何処《いずく》に逢うや。隠、把住す。士乃ち曰く、這《こ》れ便ち是れなること莫《そ》きや。驀面《まくめん》に便ち

居士訪谷隠道者。隠問曰、誰。士竪起杖子。隠曰、莫是上上機麼。士抛下杖子。隠無語。士曰、只知上上機、不覚上上事。隠曰、作麼生是上上事。士拈起杖子。隠曰、不得草草。士曰、可憐強作主宰。隠曰、有一機人、不要拈槌竪払、亦不用対答言辞。居士若逢、如何則是。士曰、何処逢。隠把住。士乃曰、莫這便是否。驀面便唾。隠

唾《つば》す。隠、無語。士、一頌《じゅ》を与えて曰く、
　焔水《えんすい》は魚無く底鈎《かぎ》を下《くだ》す、魚を覓《もと》むるに処無く君の愁うるを笑う。
　憐れむべし谷隠孜《し》禅伯、唾せられて如今《いま》は見《あ》うも亦た羞《は》ず。

無語。士与一頌曰、
　焔水無魚下底鈎　覓魚無処笑君愁
　可憐谷隠孜禅伯　被唾如今見亦羞

居士が谷隠のもとをおとずれる。谷隠は「だれだ」とたずねる。「だれだ」という問いは、ふつうは「何者だ。名をなのれ」といった意味だが（あるいは谷隠もそういう意味で軽くたずねたのかもしれないが）、居士はなにしろ禅問答をヤル気満々だから、「おまえはどういうあり方をしているのか。本来のありさまを示せ」と問われているというふうに受けとめ、その問いに「杖を立てる」という動作で答える。杖が一本すっくと立っているように、わしはまっすぐ立っておる、と。

谷隠は居士が杖を立てるのを見て、「それは上上の機ではあるまいか」という。すばらしい機鋒《きほう》だ、とホメそやす。すると居士は杖をポイと捨ててしまう。谷隠はビックリ。せっかく杖を立てたことをホメてやったのに、その杖を捨ててしまうとは。谷隠は目をパチクリ。

居士は「ただ上上の機を知るのみで、上上の事はご存じないようだ」とさげすむ。すばらしい機根・機鋒についてては知っていても、すばらしい行為・実践についてはわかっておらんようだな、と。谷隠は「上上の事とはなんですか」とヘコタレる。それに対して居士は「杖を拾う」という動作で答える。谷隠のありさまに応じて、居士は杖を立て、杖を捨て、杖を拾う。

この間の消息について、入矢先生は「観念的な知識としてのみの会得に過ぎず、事上練磨を経た体得ではないという批判である」（一七四頁）と注しておられる。まことに常識的な解釈であり、およそ反論の余地はないかのようではあるが、かならずしもシックリこないというのも正直なところである。

谷隠に「だれだ」といわれ、居士は杖を立てる。谷隠は「それは上上の機だな」という。居士は杖を捨てる。谷隠は無言。居士は「ただ上上の機を知っておるだけで、上上の事は知らんようだな」という。谷隠に「じゃあ上上の事とはなにか」と問われ、居士は杖を拾う――この一連の流れにあって看過できないのは、杖を立てるという居士の動作は「上上の機」を示していると同時に「上上の事」をも示しているということである。居士の「杖を立てる」という動作に、谷隠は「上上の機」しか見てとれず、「上上の事」を見そこなっている。では居士はどうして杖を捨てたのだろうか。

谷隠が居士の「上上の機」をホメたとき、居士は杖を捨てることで応ずる。谷隠が居士の「機」のみを見て「事」を見ていないのは、谷隠が「杖」にとらわれているからだと居士はおもい、その杖を捨てたのだろう。ところが谷隠は杖を捨てることにこめられた居士の意図を受けとれない。それどころか「上上の事とはなにか」とたずねる始末である。「もはやこれまで」とおもいつつも、居士はさらに「杖を拾う」という動作をしてやる。ひどく親切である。

居士が杖を拾うのは、谷隠の「上上の事とはなにか」という問いへの答えである。谷隠は「杖を立てる」という動作に「機」のみを見て「事」を見られなかったが、「杖を捨てる」という動作にもまだ相変わらず「事」を見ることができずにいる。そこで居士はさらに「杖を拾う」という動作を示してやる。ほれ、もう一度だけ、「事」をおこなっているのを見せてやろう、と。

居士にひどく親切にされて、谷隠はかえって混乱したか、「わけがわからん」とギヴアップ。なるほど居士は、杖を立てたり、捨てたり、拾ったり、なんだかジタバタしている。谷隠も「道者」であるから、杖を「立てる」ことのうちに居士の「機」を見ることはできた。だが、つづく杖を「捨てる」「拾う」ことにこめられた意味をさぐろうにも、なにせ「捨てる」と「拾う」とでは反対の動作なもんで、すっかり混乱してしまう。

混乱するのも無理からぬところである。居士の動作にはなんにも意味はこめられていないのだから。居士はただそれら三つの動作を、動作という「事」をあらわすものとしてのみ示しているにすぎない。

谷隠の「わけがわからん」というグチに、居士は「そんなに主人になりたいか」とあきれる。主人になるということについて、入矢先生は「その柄でもないのに立役者になろうと無理をしている」（一七五頁）と注しておられるが、おそらく居士のいう主人とは、そういう一般的な主役のことではなく、動作の意味をさぐる主体になるという意味だろう。わしの三つの動作にあくまでも意味を見いだそうとしておるのか、やれやれ、といったところじゃないだろうか。端的な「事」をながめながら、そこに主観的に意味をもとめようとするとは、カワイソウなやつ。

カワイソウなやつとさげすまれ、さすがに谷隠も精一杯の反撃をこころみる。「ここに一機をそなえたものがおって、槌子をふるうことも、払子を立てることもせず、まともに受け答えもせんようであったら、どういうふうにあつかう」と問う。谷隠のいう「一機をそなえたもの」は、とりあえず居士のことをいっているものとして読んでみよう。

谷隠にとって、居士のはじめの動作に「機」を見ることはできたが、そのあとの動作はまるっきり意味不明で、まるで受け答えをこばんでいるようにしかおもえない。そういう理不尽なやつがあらわれたらどうする、と当てこすりっぽくいう。

「あつかうって、そんなやつどこにおる」と居士。「どこにって、ここにさ」と谷隠は居士をひっつかむ。「そんなやつには、こうしてやればよい」と居士は谷隠の顔にツバをひっかける。谷隠はまたも無言。

居士には一連のやりとりの仔細がよくわかっている。しかし谷隠はなにがなんだかチンプンカンプン。居士はうたう。谷隠ときたら、釣り糸をたれながら、釣れぬ釣れぬとなげいておるが、その水に魚はおらんのだよ。わしの三つの動作のなかに意味をさぐろうとしても、そこには意味などないのさ。

と、こんなふうに読んで納得していると、なんとなく居士にツバをひっかけられそうな気がしてならない。眉ツバな読みをしたとはおもわないが、たしかに話の寸法がしっくり合っていないような感じもある。というのも、谷隠がいう「一機をそなえたもの」とは、居士のことをいっているのではなく、谷隠自身のことをいっているということも十分に考えられるから。ふむ。そっちの方向で、合点がゆくまで、じっくり読みなおしてみよう。

谷隠に「だれだ」と誰何《すいか》され、居士は杖を立てる。それを見て谷隠は「それは上上の機ではあるまいか」という。入矢先生によれば「やや人を小馬鹿にしたような畳みかけであり、その斜に構えた姿勢が目に見えるようである」（二七四頁）らしい。フン、そんなんで上上の機といえるのかな、という高飛車な感じだっていうことだろう。

谷隠は居士が杖を立てたことに対応できず、ひどく独善的に批評しているだけである。ダメだこりゃ、と居士は杖をほうりだす。谷隠は無言。いっぱしの批評家をきどってみたものの、つぎなる批評はでてこない。

居士は「あんたは頭のなかに上上の機が詰まっておるだけで、身をもって上上の事を体得したわけじゃなさそうだな」とさげすむ。上上の機を知ったかぶりしているばかりで、上上の事がちっとも身にしみておらんじゃないか。谷隠は「上上の事ってなんでしょうか」とへコタレる。あらあら、もう馬脚をあらわしおった。とんだ食わせものであったわい。

居士は杖を拾う。ことを荒だてるにもおよぶまい。地べたの杖を拾うことで上上の事を示してやる。今度はどうだ。これでもわからんか、と。

谷隠は「いい加減なやり方だな」と居士に文句をつける。ただ地べたの杖を拾うだけって、そんな大雑把なことでいいのか、と。あっさりへコタレたくせに、旧によって批評的な立場を誇示してみせる。野次馬じゃあるまいし、やりとりの当事者であるという自覚にとぼしすぎる。

居士は「おまえさん、どうしても批評家の立場をとりたいようだな」とゲンナリ。気の毒に、そんなに主人になりたいかね、と居士にあわれみの目で見られ、谷隠は「やけにえらそうだが、わしの境地がわからんもんだから、そんな生意気がほざけるのだ」と逆襲をこころみる。口惜しかったら、この槌子も払子もいらぬ「一機のひと」に見事に応対してみよ、と。とっくに化《ば》けの皮がはがれているのに、まだ化けおおせているつもりのようである。

居士は「はあ? 一機のひとだって? そんなやつどこにおる」とキョロキョロ。目のまえの谷隠など、てんで歯牙《しが》にもかけない。

評論家きどりの谷隠、頭にきたのか、居士にむしゃぶりつく。ほら、ここにいるだろ。わしが目のまえにいるじゃないか。

居士は「ほお、こいつがそうだとでもいうのかい」とケゲンな顔をしてみせる。谷隠を露骨に否定するというよりも、むしろ皮肉たっぷりにバカにしている。こいつ筋金入りのボンクラだわい。

谷隠が「一機のひと」というのは、独立独歩のものにでくわしたらどうするつもりだ、と自己を正当化しようとしている。それに対して居士が「どこにいるんだ」というのは、「あんたはお呼びでない」といっているのである。

「なにを」と谷隠はつかみかかる。威勢だけはよいが、なにせ料簡がなまくらだから、破れかぶれでキリキリ舞いするしか藝がない。しぼんだ風船のように、フラつきながら居士にむしゃぶりつく。

居士は、唾棄《だき》すべきやつだ、とツバを吐きかける。おまえさんはダメだよ、と折紙をつけてやる。谷隠は黙ってしまう。まるっきり手も足もでない。おのれの尺度で独善的になにかをもとめてみたものの、なんにも得られず、お手上げ。勝負あった。カワイソウなやつだ、と居士はさげすむ。ツバをひっかけられてもなにも対応できんのか。恥を知らん。

谷隠はそれなりに勉強家ではあって、オレは禅がわかっているという自負もある。ひとりよがりで自己完結している頭でっかちなのである。ただ唯我独尊をとなえるばかりで汝がいない。いるとしても批判の対象でしかない。上から目線で批評的な態度をとることしかできない。いきおい独善的にならざるをえない。

居士は谷隠にツバをひっかけると、とことんバカにしたような歌をうたう。ときおりこの界隈《かいわい》には、われこそは禅者でござると自称する見るに堪《た》えないヘナチョコがあらわれよる。野放しにもしておけん。不精をせずに、たまには引導をわたしてやらにゃならん。

自己完結しておるもんだから
どこをむいても他者がおらん
どこにも他者がおらんせいか
およそ恥というものを知らん
顔にツバをひっかけられても
自然災害みたいなもんらしく
見事に平然としておるわいな

やれ上上の機がどうだの、一機のひとがこうだのと、はなから狎《な》れあうために禅林をウロつくような手合いは、まったく始末に負えん。ツバでもひっかけて、きつく叱ってやらにゃならん。毒がしばしば薬になるように、荒療治もときには効果があるだろう。

谷隠を見ているると、サルトル描くところの図書館の「独学者」をおもいだす（白井浩司訳『嘔吐』人文書院・五一頁）。

突然、彼が最近参照した書物の著者の名が記憶に浮んだ。ランベール、ラングロワ、ラルバレトリエ、ラステックス、ラヴェルニュ。私は忽然と悟った。独学者の方法がわかったのだ。彼は書物をアルファベット順に読んでいる。

この独学者、図書館の本をアルファベット順に片っぱしから読みすすめている。かれは本に盛られた知見を順々に吸収してゆくが、しょせん図書館に収蔵されているかぎりのものを遺漏《いろう》なく摂取しているだけである。かれの営みは自己において閉じてしまっている。

なるほど独学者はいかなる権威にもとらわれていない。あたかも自立した精神であるかのように見える。が、じつはちっとも自由でない。際限なく知識をたくわえながら、ただ固定されたかたちのまま「ふくらんでゆく」ばかり。そのあり方は、他者の存在の欠如であり、精神の自由の欠乏である。

禅は自由を重んずる。自由は、時々に死に、刻々に生まれるところに存する。自由とは、他者とのまじわりのなかで、自己の殻から不断に脱皮しつづけることである。そういうあり方は、他者との「対話」によってのみ身にそなわる。

本を読むことも一種の対話である。独学者は読書が対話であることを知らない。評論家きどりの谷隠もまた禅が対話であることを知らないのである。

普化といっしょに食事にまねかれたとき、臨済がまたたずねる
――今日のご馳走は昨日のとくらべてどうだ
――普化はやっぱりお膳を蹴っ飛ばす

（「丹霞との問答」中の「臨済録」の言葉）

看経僧《かんきんそう》との問答

1　行儀わるくてなにがわるい

居士がベッドに寝そべってお経を読んでいると、僧がそれを見て「居士どの、お経を読むときは行儀よくなさい」。

居士は片足をはねあげる。

僧は無言。

居士、床上に在《お》いて臥《が》して看経《かんきん》せるに因《よ》りて、僧有って見て曰く、居士、看経には須らく威儀を具すべし。士、一足を翹起《ぎょうき》す。僧、無語。

居士因在床上臥看経、有僧見曰、居士、看経須具威儀。士翹起一足。僧無語。

居士がベッドのうえに寝ころがってお経をひもといている。それを見た僧が「行儀わるいぞ」と注意すると、居士は片足をピンとはねあげる。毎度おなじみ、居士は言葉で語るのではなく動作で示す。僧は無言。この無言、あきれて言葉がでなかったのか、納得して言葉をださなかったのか。

お経をベッドのうえで読んじゃいけないのかなあ。もちろん法事でお坊さんが読経するさい、寝そべって読むことはない。それは公的な場だからである。居士がベッドのうえでお経をひもといていたというのは私的な場面にちがいないから、とがめられるにはあたらないような気もする。じゃあ僧はどうして「行儀よくしろ」といったのだろう。公的な場ではないにせよ、ありがたい経典を寝ころがって読むのは不謹慎だといいたいのだろうか。

お経はたしかに居ずまいを正して読むべきものかもしれない。僧はそうおもっているのだろう。しかし居士にしてみれば、立って読もうが、坐って読もうが、お経を読むことにちがいはない。もし礼儀正しく読むべきであるというなら、からだの姿勢ではなく、こころの態勢として、正しく読むべきである見た目の作法よりも、むしろ心がまえのほうが大事である。で、居士は足をはねあげる。大切なのは、からだのあり方じゃなくて、こころのあり方だよ、と。そのことを表現するために、わざと行儀のわるい姿勢をしてみせたということだろう。

僧はそれを見て、「そういうことなら、それでよろしい」と納得したのかもしれないが、たぶん居士の動作表現の意をくむことができずに絶句したのだろう。ここで僧がなにかしら一言いい、それに居士がなんらかの応接をすれば、さらに問答はつづくところだが、僧はそうしなかった。足をはねあげるという居士の挑発めいたふるまいに面喰らい、僧はポカン。

居士が片足をはねあげたことについて、入矢先生は「その〈威儀〉なるものを砕いて見せたというよりは、龐居士流のもう一つの威儀（作法）を呈示したのである」（二七六頁）とだけ注しておられる。あとは読めばわかるということだろう。そこを枉《ま》げてひとつ、とおねだりしたいところだが、入矢先生はなにもおっしゃらないから、自分で味わってみるよりない。

教科書を勉強するときは、机にむかって、ちゃんと正座して読みなさい、と先生に叱られる。叱られた居士、あろうことか片足をピンとはねあげ、もっと行儀わるくしてみせる。叱られたのを無視するわけじゃないところが愉快である。「そうか、こうか」という感じだろうか。あるいは「それもいいけど、オレはオレだ」ということかもしれない。

子どものころ、行儀のわるさを注意されると、「ふ～んだ」と反発し、さらに行儀わるくしたもんである。ヒネクレてる？　そうかなあ。男の子ってそういうもんでしょ。

僧はダンマリ。うん。こうこられちゃ、たしかに黙るしかないかもしれない。この僧だって、ちょっとまえまではガキだったわけで、苦笑するしかなかったんじゃないかなあ。

もはや洟《はな》をたらしたガキではない居士だが、行儀なんていうものには徹底してとらわれない。のみならず、とらわれないことにも、とらわれない。

いったい行儀よくするって、どうすることだろう。お経をちゃんと読むことと寝そべっているかどうかということは、さしあたり関係ない。読んでいるのは目であり頭である。足を組んでいようが、ピョンとはねあげていようが、そんなのは「かたち」のうえでの行儀わるさでしかない。とはいえ、こんな問答もある（『祖堂集』七二二頁）。


有僧礼拝師。師作起勢。僧云、請和尚不起。師云、未曾坐。不要礼。僧云、某甲未曾礼。師云、何故無礼。

僧有り、師に礼拝す。師、起《た》つ勢を作す。僧云く、請う和尚、起たざれ。師云く、未だ曾て坐せず。礼するを要《ほっ》せず。僧云く、某甲、未だ曾て礼せず。師云く、何故に無礼なる。

ある僧が潙山《いさん》に礼拝する。

潙山は起ちあがるような格好をする。

「和尚、起たないでください」。

「わしはいまだかつて坐ったことはない。礼拝などいらん」。

「それがしはいまだかつて礼拝したことはありません」。

「どうしてそう無礼なんだ」。

僧が潙山に礼拝する。潙山は起ちあがろうとする。僧は機先を制して「わざわざ起たなくてもけっこうです」。潙山としては出鼻をくじかれたような格好である。「わしはいまだかつて坐ったまま礼拝を受けたことはない。起ちあがるまで礼拝は不要だ」「それがしもいまだかつて師が坐っているときに礼拝したことはありません。一度でよいので坐ったままで礼拝を受けてください」「どうしてそんなに無礼なのだ。礼拝は起って受けるものじゃ」と、こんなふうに言葉をおぎなって読めばよくわかる。よくわかるが、いまひとつ行儀がよすぎておもしろくない。

潙山が「いまだかつて坐ったことはないから、礼拝などせんでよい」というのは、「ろくな修行もしとらんから、敬意を払わんでもよろしい」といっているのだろうか。それだと後手にまわったような感じになってしまう。起ちあがろうとした刹那《せつな》に「起たないでもいいです」といわれ、とってつけたように「いや、坐ってなどおらん」というのでは、まるで負け惜しみのように聞こえる。

潙山ほどの禅僧が坐禅をしたことがないなんていうことはありえない。ここでいう「坐」は「起」との対比で考えておこう。「わしは坐ったまま礼を受けたことは、いまだかつてない。それなのに起たなくてよいという。そんな礼を拒否するような礼は、こっちからゴメンこうむる」と潙山はいっているのだろう。

潙山が弱気に言い訳していると受けとったか、僧は調子に乗って「こころのない礼をしたことなど、いまだかつてござらん」と口走る。礼とは起つという「かたち」ではなく、坐ったままの「こころ」である、と。得たりとばかり、潙山は「失敬なやつだ」という。礼はかたちだよ。かたちを無視するのは無礼だよ、と。

礼拝されたら、さわやかに起って答礼する、その「かたち」のなかに自然に「こころ」がこめられて、はじめて礼である。

どうして茶托をもちあげるまえにわからんのだ

（「松山との問答」より）

化縁僧《けえんそう》との問答

1　だれも聴くものなどおらん

居士は洪州《こうしゅう》の市場にザルを売りにゆく。説教している僧を見かけ、一文銭を手にして「布施のこころを裏切らぬ道理を説くことができるかな。もし説けたら、こいつを進ぜよう」。

僧は無言。

「わしに問うてみよ、おまえさんに説いてやろう」。

「布施のこころを裏切らぬ道理とはどういうものでしょうか」。

「だれも聴くものはおらん。さあ、わかったか」。

「わかりません」。

「どこのどいつがわからんのだ」。

居士、一日、洪州《こうしゅう》の市に在《お》いて笊籬《そうり》を売る。一僧の化縁《けえん》するを見て、乃ち一文銭を将《も》って問うて曰く、信施《しんせ》に辜負《こふ》せざる道理、還た道い得るや。道い得ば即ち捨《しゃ》せん。僧、無語。士曰く、汝、我に問え、汝の与《ため》に道わん。僧便ち問う、信施に辜負せざる道理は作麼生《いかん》。士曰く、人の聴くもの少し。又た曰く、会《え》すや。僧曰く、会

居士一日在洪州市売笊籬。見一僧化縁、乃将一文銭問曰、不辜負信施道理、還道得麼。道得即捨。僧無語。士曰、汝問我、与汝道。僧便問、不辜負信施道理作麼生。士曰、少人聴。又曰、会麼。僧曰、

せず。士曰く、是れ誰か会せざる。――不会。士曰、是誰不会。

市場で説教をしている僧を見つけると、居士は一文銭をチラつかせながら「布施のこころを裏切らない道理を説くことができたら、この銭をめぐんでやろう」。僧はなんにもいえない。「なんだ情けないな。わしに問うてみろ。おまえのためにいうて聴かせよう」というと、僧はえらく素直に問うてくる。すると居士は「そんなことを聴くものは、だれもおらん。わかったか」「わかりません」「わからんやつはだれじゃ」。

このやりとりを理解するには、なにはさておき「布施のこころを裏切らない道理」とはなにかということを見定めておかねばならない。そもそものことが、居士には自明であり、僧にはわからない。

布施とは僧への施しである。信者はどんなこころで僧に施しをするのか。ありがたい教えを説いてくれる僧に対する感謝だろう。修行に明け暮れしている僧は、生活に資するものを得ているヒマがない。ふつうのひとがおこなっている営みを、僧はなしえない。そういう僧の求道の暮らしをささえるのが、信者による施しである。

僧がおこなっている修行や説教は、信者のためにおこなっているものでもあり、それを僧がこれからもおこなえるように施しをするのだから、その施しは僧への感謝であるとともに信者みずからのためのおこないでもある。要するに、僧の説教と僧への施しとは、すこぶる特別な関係にある。施しはたんなる僧の説教への対価ではない。ものの売り買いというような俗世間的な関係ではない。

ここにおいて居士が市場にザルを売りにゆくという場面設定が活きてくる。市場でザルを売るというのは、まさに俗世間的な営みである。僧は居士がザルを売っていることを知っていた。それゆえ僧は「布施のこころを裏切らない道理」を「布施に見合った道理」と誤解してしまったのかもしれない。おまけに一文銭をチラつかせながらいわれたもんで、「一文銭に見合った説教をせよ」と受けとってしまい、返答に窮した。

僧のなすべき説教とは、そもそも売りものではない。なんの対価ももとめてはならないものである。そんな自明なこともわかっとらんのか、と居士はいう。僧よ、おまえは説教をしておったではないか。その説教はなんの対価ももとめてはいなかったはずだ。そのことをわかったうえで説教していたんじゃないのか？　布施のこころを裏切らない道理を説いていたのは、おまえ自身ではなかったのか？　もっとも、それを一文銭を見せびからしながらいうところに、居士なりの思惑があったわけではあるが。

こんなふうに読むと、居士はえらく教育的な配慮に富んだひとのように見えてしまう。居士はそんな世間ずれした好々爺《こうこうや》じゃなくて、もっと鼻っ柱がつよいキャラだろう。

「布施のこころをそこなわない布施の道理がいえたら、ご褒美に一文銭をくれてやる」と居士はいう。なにやら犬に「お手をしたら骨をやる」といっているみたいな感じである。かりに僧が答えられたとしても、またその返答に道理があったとしても、布施の精神をそこなっているんじゃないだろうか。

施すべき道理があるから施すのではなく、乞うべき道理があるから乞うのでもない、というのが布施の道理である。にもかかわらず居士は、ご褒美としての喜捨《きしゃ》を申しでる。これは布施の道理に反する。わざとやっているとしかおもえない。

僧は無言。布施をそこなわない道理がなんであるかっていうことを、わかっていてなにもいわないのか、わからないからなにもいえないのか、わからない。布施に道理なんかないので無言だったのか、たんに答えに窮しただけなのか、わからない。

「なんだ情けないな。わしに同じことを問うてみろ」と居士。いわれるままに僧が問うと、居士は「だれも聴いておらん」と肩すかしを食らわす。その道理を聴くものはおらん、と。たとえ布施のこころを裏切らぬ道理を説いたところで、それを耳で聴けるものなどおらんのだが、あんたそれがわかるかね。

「問う」というのは「意味をわかって問う」ということである。しかしながら布施の道理とは、そんなものはないというのが道理である。それを問うというのはナンセンスである。ナンセンスな問いに答えはない。

「わからん」という答えをぶつけたうえで、居士はさらに「わかるか」と問う。僧はもちろん「わからん」と答える。なんにもいっていないのに、わかりようがないではないか、と。この僧の言い分はもっともである。すると居士は、その「わからん」という当人はいったいだれかな、と問い返す。わからんというなら、そのわからんのは何者だ、と。

入矢先生は「少なくとも「わからぬ」と言い得る者でお前はあるということを自覚すれば、その自覚の原点において新たな目が開かれる契機をつかむことができよう、といった示唆が籠められている」(一七八頁)と注しておられるが、ちがうような気がする。居士が「どこのどいつがわからんのかな」というのは、「さて、いったいだれがわかっておるじゃろうか」と反問しているんじゃないだろうか。わかっているものなんて、いないんじゃないの、と。

布施というのは、左手が右手に与えるようなものである。与えるものと受けるものとが「二にして一」

である。そんな仔細が「わかる」ものなどいるはずがない。
布施に下心があってはならない。しかし居士にはご褒美として布施してやろうという下心があるわけで、そこらあたりもなんだか可笑《おか》しい。で、居士が手にもった一文銭は、けっきょくどうなったのだろう？　気になるなあ。「答えられなかったのだから、布施をする道理はない」と布施をしなかったのか、それとも「答えられない問いにちゃんと答えなかったのだから、褒美にくれてやる」と布施をしたのか、どっちだろう。
居士が「わしに問うてみろ、おまえに説いてやる」といい、さらに「だれも聴くものはおらん。わかったか」というのは、「わしの答えのなかに、おまえ以外はおらん」といっているのかもしれない。ところが僧は「わかりません」と他人事《ひとごと》みたいな顔をする。居士は「どこのどいつがわからんのだ」と叱りつける。わしの答えのなかには、おまえ以外のものはおらんのに、と。そんなふうに読んでみたくなるのは、つぎの問答をおもいだしたからである（『祖堂集』五三四頁）。

問、学人乍入叢林、乞和尚指示个入路。師良久。学人礼拝。師云、汝礼拝阿誰。学云、礼拝和尚。師云、汝若会、即是汝礼拝汝、汝若不会、即是礼拝老僧。

問う、学人は乍《たちま》ち叢林に入れば、乞う和尚、个《こ》の入路を指示せんことを。師、良久《りょうきゅう》す。学人、礼拝す。師云く、汝は阿誰《たれ》に礼拝するや。学云く、和尚に礼拝す。師云く、汝若《も》し会《え》せば、即ち是れ汝は汝に礼拝し、汝若し会せざれば、即ち是れ老僧に礼拝す。

「それがし新参者ゆえ、どうか和尚、手がかりをお示しください」。

睡龍《すいりゅう》はしばし沈黙。

修行者は礼拝する。

「だれに礼拝するのか」。

「和尚にです」。

「わかっておるなら、おまえは自分に礼拝することになるし、わかっておらんなら、わしに礼拝することになる」。

礼拝するというのは、だれかに礼拝するしかないんだけど、礼拝の相手を対象化してしまったらなんにもならない。汝の「底」に我を見いだすとき、「そこ」に礼拝が生まれる。

睡龍に「だれに礼拝するのか」とたずねられ、うっかり「和尚にです」と答えてしまった。汝の底に我を見いだすとき、そこに礼拝が生まれるっていうのにねえ。睡龍はすかさず「ちゃんと礼拝できておるなら、わしの底にいる自分に礼拝しておるんだし、ろくに礼拝できておらんなら、たんにわしを礼拝しておるだけじゃ」とピシャリ。

ちなみに「汝の底に我を見る」というのは、こんなイメージだとおもう——我と汝と、おのおの本来の自己であることにおいて、それぞれ絶対の他者である。だが、汝なくして我はなく、我なくして汝はない。汝の底において我を見、我の底において汝を見る。そういう双方向的なあり方において、我は我であり、汝は汝である。そこにおいてはじめて「見るものなくして見る」ところの我と汝との世界が成り立つ。

居士の不断に完成即未完成であるさまを見て、本谿は
——すばらしや、なんにも得るところがない

（「丹霞との問答」中の「臨済録」の言葉）

完成即未完成

落語の道とみつけたり
一九

牧童との問答

1　田んぼをたがやすときだよ

居士が牛飼いの少年にたずねる「この道はどこに通じとるのかな」。

「道も知らないのかい」。

「この牛飼いのガキめ」。

「この畜生め」。

「いま何時《なんどき》かな」。

「鋤《すき》で田んぼをたがやすときさ」。

居士は大笑い。


居士、一日、牧童を見て乃ち問う、路は什麼《いずれ》の処より去《ゆ》くや。童曰く、路も也《ま》た識《し》らず。士曰く、這《こ》の看牛児。童曰く、這の畜生《ちくさん》。士曰く、今日は什麼《なん》の時ぞ。童曰く、田を插《す》く時なり。士、大いに笑う。

居士一日見牧童乃問、路従什麼処去。童曰、路也不識。士曰、這看牛児。童曰、這畜生。士曰、今日什麼時也。童曰、插田時也。士大笑。

ボケがひどくなると「ここはどこ」「いまはいつ」「わしはだれ」と問うことになる。牛飼いの少年にとって、居士はそんなボケ老人に見えたのかもしれない。どこにゆく道かも知らずに歩いている。おまけにいま何時かとたずねる。ひょっとすると「このひと自分がだれかもわからないんじゃないのかな」とおもったのかもしれない。

この牛飼いの少年、あどけない子どものようでもあり、すれっからしの不良のようでもある。この茶番めいたやりとりは、いったいどういう趣向なのだろう。

居士が牛飼いの少年になんの気なしに道をたずねたところ、「おやおや道も知らずに歩いてるのかい」とやられてしまった。「なんだと牛飼いの小僧のぶんざいで」と鼻白む居士。「そっちこそ道も知らない人間のできそこない」と鼻息もあらい少年。

うかうかと道をたずね、「やれやれ」とやられた時点で、すでに居士は一本取られている。かくてはならじと「こいつめ」と迫ったところ「なにを」と返され、さらに一本取られてしまった。

形勢かんばしからずと感じたか、居士はいったん話の流れを変えるべく、「ところで、いま何時かな」とたずねる。入矢先生は「それに対する牧童の答えかたに応じて止《とど》めの一剳《いっさつ》を与えるつもりだったのである」（二八〇頁）と注しておられるが、はたしてそんな旗色だろうか。ズルズルとやられちゃいそうなもんで、必死に形勢を挽回しようとしたんじゃないかなあ。

それに対する牛飼いの少年の「鋤で田んぼをたがやすときさ」という答えはおもしろい。額《ひたい》に汗してはたらいてもいない世捨てびとが、どうせ時を知ったところで無用の知識だろ、という揶揄《やゆ》がふくまれているような感じもあることはある。でも、そんなふうに読むと、少年の返事のおもしろさが台無しになる。

「このガキめ」「この畜生め」といった応酬をケロリと忘れてしまったかのように、少年は「ぼちぼち田んぼをたがやすころだよ」と答える。この答えが、居士の意表をついた。一瞬にして場の空気が変わった。アッケラカンと答えられて、居士は拍子ぬけしてしまった。「止めの一劄を与える」どころか、逆にグサリとやられてしまった。なんの気負いもない、のびのびとした日常性の豊かさに、すっかり打ちのめされてしまった。居士は「いや、参った」と苦笑。

百戦錬磨の居士も、あどけない子どもの一言で木っ端微塵になってしまったとしたら、いったい禅の修行とはなんなのだろう。子どもにもどることだったりして。

この牛飼いの少年、幼稚なのか、曲者《くせもの》なのか、よくわからない。だが居士は、そこにこだわらないで「やられた」と降参する。そこが素敵だとおもう。

坐禅専一にこころがけ、いっぱし悟ったような気になっていたのに、子どもの無邪気な一言に肺腑《はいふ》をえぐられ、目が覚める。これまでの修行は骨折り損だったのだろうか。そんなことはない。無学な牛飼いの少年の一言を手本とすることができるのも修行のたまものである。

のびのびとした日常性の豊かさにむきあうといえば、こんな問答もある（『祖堂集』四七〇頁）。

師問僧、外辺是什摩声。学人云、雨滴声。師云、衆生迷己逐物。学人云、和尚如何。師云、泊不迷己。後有人問、和尚与摩道、意作摩生。師云、出身猶可易、脱体道還難。

師、僧に問う、外辺《そと》は是れ什摩《なん》の声《おと》ぞ。学人云く、雨滴《あめ》の声。師云く、衆生は己に迷うて物を逐《お》う。学人云く、和尚は如何。師云く、泊《ほと》んど己に迷わざらんとす。後に有る人問う、和尚与摩《よも》に道《い》う、意は作摩生《いかん》。師云く、出身は猶お易《やす》かるべきも、脱体《だったい》に道うは還《ま》た難し。

鏡清《きょうしょう》が僧にたずねる「外の音はなんだ」。

「雨だれの音です」。

「和尚はどうです」。

「衆生《しゅじょう》ってやつは本末をとりちがえ、自己を見うしなって外のものを追いかけおる」。

「ギリギリのところで自己を見うしなわずにすんだ」。

「ギリギリのところで自己を見うしなわずにすんだって、どういうことですか」。

「解脱《げだつ》するのはやさしいが、そっくりそのまま語ることはむつかしい」。

「外の音は」と問われ、「雨だれの音」と素直に答える。「雨だれの音にとらわれとる」と叱る。なにを叱っているのだろうか。

新米の僧が、「外の音はなんだ」と問われて「雨だれの音です」と答えたのは、自己を対象に押しつけたりせず、あるがままに見ているという意味では、期せずして見事な答えであった。ただし、この僧はただ無邪気に返事をしただけであって、雨だれの音という対象があらわれてくるとき、それに対応して明らかになる自己のあり方を見るものなくして見れているわけじゃない。だから鏡清は叱った。主客の関係の成立における主客未分のものを見よ、と。

ところが僧に「和尚はどうです」と問い返され、鏡清は「あぶないところだった」と背筋がゾッとする。僧は「なにがギリギリでセーフだったんですか」とノンキにいう。鏡清は「万法となって考え、万法となって語るのは、むつかしい」と苦笑。苦笑しつつも、なぜか背筋のゾクゾクはとまらない。

この問答、けっこう有名である。なぜ有名かというと、入矢先生に「雨垂れの音」という論文があるからである（『増補　求道と悦楽　中国の禅と詩』所収・岩波現代文庫）。

鏡清の「衆生は己に迷うて物を逐う」について、入矢先生は「衆生」を自分のことだと理解しておられる。「感慨の言葉「衆生は顚倒して云々」は、当然、鏡清じしんが慄然として身ぶるいしながら発した嘆声なのである。「衆生」とは、みずからをそこに据えて言ったのであり、旧解がこれを相手の僧をさして叱ったものとするのは、全くの見当ちがいである」と（一〇五頁）。ふむ。してみると、わたくしは見当ちがいをしていたっていうことになる。

問題は、鏡清はどの時点で「あぶないところだった」と胸をなでおろしたかということである。僧の「雨だれの音」という返事を聴いて、ハッと気づいたのか、それとも「和尚はどうです」という問いを受けて、ハッと気づいたのか。入矢先生は前者とされるが、わたくしは後者だとおもう。

鏡清が「外の音はなんだ」とたずねると、僧は「雨だれの音」と即物的に答える。鏡清は苦笑い。悟りにとらわれた自分とちがって、駆けだしの雲水ときたら、ありのままに聴きおるわい、と。

「外の音はなんだ」には、もったいぶらないで「雨だれの音」が正解だろう。僧にズバリと答えられた時点において、鏡清はすでに背筋がゾッとすべきであった。外の音がまともに聞こえなくなっている自分に気づいて慄然とすべきであった。悟りにとらわれ、あやうく迷いに呑みこまれるところだった、と。

しかし鏡清はまだピンときていない。「やれやれ衆生ときたら自己がお留守になって、外のものを追いかけよる」と毒づく。すると僧はまたまた率直に「じゃあ和尚さんはどうなんです」とキョトン。

ここにおいて鏡清はさすがに気づいた。やばい、やばい、すんでのことで自分を見うしなうところだった、と胸をなでおろす。「どうなさったんですか」とケゲンな顔をされ、鏡清は正直に述懐する。わしゃあダメになりかけとった、と。

僧の「雨だれの音」は、雨音を対象的に聴いている。主客未分の主がないじゃないか、主はどうした、というのが鏡清の指摘であった。主客未分の音を聴け、と。ところが「和尚はどうです」と僧にたずねられる。主客未分の音を聴いている主はあるんですか、と。主客未分の音を聴くものなくして聴いている主は、あるのか、ないのか。あるといえばウソになる。ないといってもウソになる。あやうく聴くものなくして聴く「自己」をうしなうところだった、と鏡清は冷や汗をかく。

聴くものなくして聴くことは、まだしもやさしい。だが、それをリアルに表現することはむつかしい。「雨だれの音」は端的に「雨だれの音」ではないか。修行の果てに、ありふれた現実をあるがままに受けとれなくなるというのではモトも子もない。「外の音はなんだ」「雨だれの音」という素っ気ない応酬は、俗塵にまみれた衆生にはありふれた日常会話でしかないけれども、悟りにかぶれた禅僧にとっては頂門《ちょうもん》の一針《いっしん》であった。

あおむいた山をおがみたいと
おもってやってきたのに、
うつぶせなのはどうしてですかな
——仰山は払子を立てる

（「仰山との問答」より）

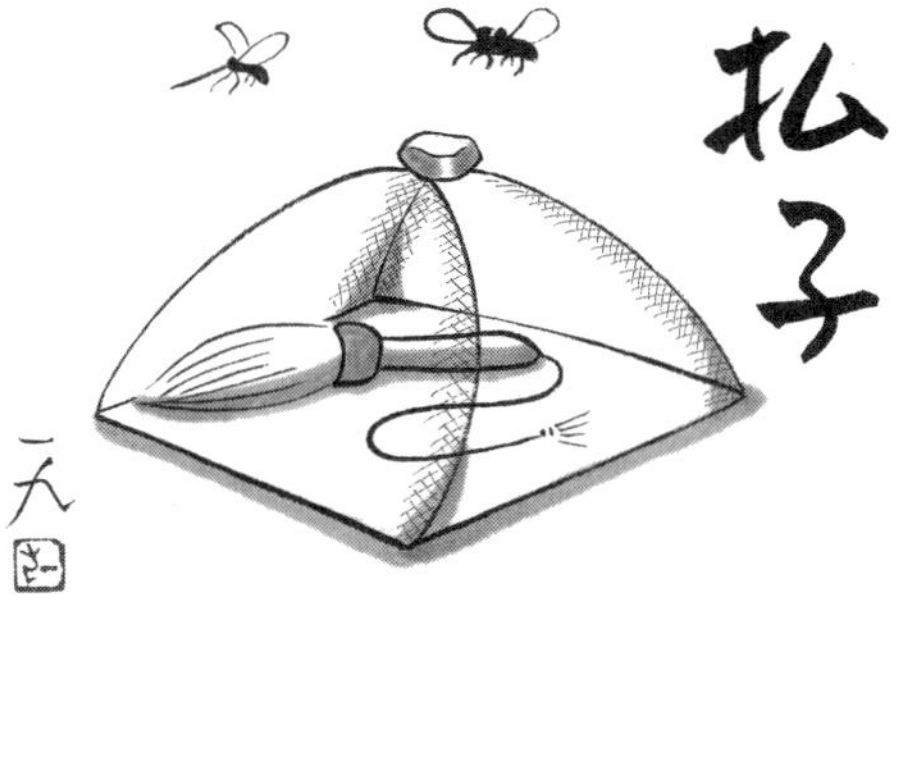

座主《ざす》との問答

1　だれが話して、だれが聴く

居士は市井《しせい》の仏典講座におもむいて学僧による『金剛経』の講釈を聴く。話が「無我無人」の箇所におよんだときに問いかける「先生、すでに無我無人であるならば、いったいだれが講義し、だれが聴講するのでしょうか」。

学僧は答えられない。

「それがし俗人ながら、いささか心得るところがござる」。

「では居士どの、それをご披露いただこうか」。

居士は歌で答える。

自己もなければ他者もなく近いも遠いもありはせん

あちこち塾に通うもよいが真実一路がいちばんじゃ

生まれついてのこの智慧に塵《ちり》のカケラもつきはせぬ

そもそもお経というものはなにからなにまで方便さ

学僧はこの歌を聴くや、歓喜し、感嘆する。

この調子で居士はゆくさきざきの土地で高徳のひとびとと問答をかわしたが、そのつど打てば響くようなハツラツぶりは、まことに水際立っていた。

居士、嘗《かつ》て講肆《こうし》に遊び、金剛経を随喜《ずいき》す。無我無人の処に至り、問いを致して曰く、座主《ざす》、既に無我無人ならば、是れ誰か講じ、誰か聴く。主、対え無し。士曰く、某甲《それがし》、是れ俗人なりと雖も、粗《ほ》ぼ信向を知る。主曰く、祇《た》如《と》えば居士、意は作麼生《いかん》。士、偈《げ》を以て答えて曰く、

我無く復《ま》た人も無し　作麼《いかで》か疎親有らん
君に勧む座を歴《ふ》るを休《や》めよ　直《じき》に真を求むるに似《し》かず
金剛般若の性は　外に一纖塵を絶す
我聞《がもん》并びに信受《しんじゅ》は　総《す》べて是れ假名《けみょう》の陳《の》ぶるのみ

主、偈を聞きて、欣然として仰嘆す。居士の至る所の処、老宿多く往復酬問し、皆な機に随って響きに応ず。格量軌轍《きてつ》の拘《く》るべきものに非ざるなり。

居士嘗遊講肆、随喜金剛経。至無我無人処、致問曰、座主、既無我無人、是誰講、誰聴。主無対。士曰、某甲雖是俗人、粗知信向。主曰、祇如居士、意作麼生。士以偈答曰、

無我復無人　作麼有疎親
勧君休歴座　不似直求真
金剛般若性　外絶一纖塵
我聞并信受　総是假名陳

主聞偈、欣然仰嘆。居士所至之処、老宿多往復酬問、皆随機応響。非格量軌轍之可拘也。

『金剛経』の講義のさい、「無我無人」の箇所にくると、待ってましたとばかり「ハイ」と手をあげ、「すでに無我無人であるなら、だれが講じ、だれが聴くのか」と質問。講師の学僧はヘドモドと口ごもる。「それがし俗人ながら、それなりに解するところがござる」「では、ご披露いただきたい」とうながされた居士、あろうことか歌で応ずる。

自己はなく（無我）、他者もない（無人）。なんで疎遠や親密があろうか。
あちこち遍歴するのはおよしなさい。ひたすら真理をもとめればよい。
生まれながら堅固不壊のこの持ちまえ、汚れることなどありゃしない。
ありがたいお経といったとて、それを言葉でのべてみたものにすぎぬ。

講師の学僧は「へへえ」と恐れ入る——といった道場破りめいた武勇伝が、居士にはいっぱいあったのだろう。エピソードそのものはさほど珍重するに値しないが、居士の「すでに無我無人であるなら、だれが講じ、だれが聴くのか」という問いに対してどう答えたらよいのかということは気になる。というか居士による自問自答である歌について、もうすこしわかりやすく解説する必要があるような気はする。

「無我無人」だが、入矢先生によれば「経の原文では「我相もなく人相もなし」。しかし禅家は略して「無我無人」または「無人無我」として引くのが普通」「人間というものにその本質として具わっていると想定されがちな固定的・実体的なものを「人我」という。「法我」とともに、とらわれた迷妄の考えとして誡められる」（一八四頁）ということらしい。「無我無人」といっても、だれもいないわけではない。ひとっ子ひとりいないなら、講じるものも聴くものもいないのは当たり前ということになる。頭でっかちの学僧ならずともヘドモドして答えられないのはもっともである。

講じるものも、聴くものも、もちろんいる。ただ『金剛経』を学んでいるうちに、自己と他人と、疎遠と親密と、といった区別がなくなり、だれにでもそなわっている仏性（金剛般若の性）がよびさまされてくる。高僧の講話を聴いたり、経典を勉強したりすること、それのみが仏道の修行なわけではない。自己のうちに存する真理にめざめることが大事である。講話や経典はそのことに気づかせるための方便にすぎない。

話の趣旨はそういうことだとしても、居士の「自己はなく（無我）、他者もない（無人）なら、だれが話し、だれが聴くのか」という問いは、うかうかと答えられない剣呑《けんのん》な問いのような気がしてならない。

文字どおり無我無人なら、あなたは話すもの、わたしは聴くもの、といった差別もないのではないか、と居士はいう。ただ音を口からだすだけなら「話す」とはいわないし、ただ音を耳にいれるだけなら「聴く」とはいわない。わかって話さねばならないし、聴いてわからねばならない。で、わかっているのは「だれ」か？　あんたではない。わしでもない。じゃあだれなんだ、と居士はたずねる。

「如是我聞」から「歓喜信受」まで、つまり『金剛経』の始めから終わりまで、方便としての言葉にすぎない。かりそめの方便をネタにして汝と我とで言葉をやりとりしているだけだとしたら、そこにはわかって話す汝もいなければ、聴いてわかる我もいない。まして話す汝と聴く我とのあいだの関係の成立を見るものなくして見ている「無我無人」などいるべくもない。そんなものを講義といえるだろうか。

「無我無人」といっても、現に我と汝という関係はある。話す汝がいて、聴く我がいる。その我と汝という関係の成立を見て「汝は話しており、我は聴いている」とわきまえている我もいる。「無我無人」とだけいって澄ました顔をしているようでは、なんにもわかっちゃいない。

個物は個物に対する個物である。他者に対して自己限定するもの、はたらくものである。そういう個物どうしの相互限定が、すなわち「無我無人」の自己限定である。居士は「自己もなければ他者もなく　近いも遠いもありはせん」「真実一路がいちばんじゃ」とうたう。自己は個物としてはたらきながら、また絶対者でもあるということを自覚せよ、と。

居士は「もし無我無人なら、だれが話し、だれが聴くのか」と問うているが、それは我の底にひそむ絶対の我が聴くのである。

先生、すでに無我無人であるならば、いったいだれが講義し、だれが聴講するのでしょうか
（「座主との問答」より）

無我無人
そもそもお経というものはなにからなにまで方便さ
一九

霊照《りんしょう》との問答

霊照《りんしょう》　龐居士の娘。禅機にすぐれ、丹霞天然との機縁で知られる。

1　いい歳してなにいってんの

居士が坐っているとき霊照《りんしょう》にたずねる「古人に、明明たり百草の頭《はし》、明明たり祖師の意、という言葉がある。わかるか」。

「いい歳してなにいってんの」。

「おまえならどういう」。

「明明たり百草の頭、明明たり祖師の意」。

居士はニッコリ。


居士、一日坐せる次《つ》いで、霊照《りんしょう》に問いて曰く、古人道《い》う、明明たり百草の頭《はし》、明明たり祖師の意、と。如何に会《え》すや。照曰く、老老大大、這箇《しゃこ》の語話を作《な》す。士曰く、你《なんじ》は作麼生《いかん》。照曰く、明明たり百草の頭、明明たり祖師の意。士乃ち笑う。

居士一日坐次、問霊照曰、古人道、明明百草頭、明明祖師意。如何会。照曰、老老大大、作這箇語話。士曰、你作麼生。照曰、明明百草頭、明明祖師意。士乃笑。

居士が娘の霊照にいう。むかしのひとに「明明たり百草の頭、明明たり祖師の意」という言葉があるが、どういう意味かわかるかい、と。そもそも「明明」なんだから、わからないはずはない。霊照としても、「明明」な言葉について、あえて「わかるか」といわれても、「どうしたの」といぶかしまざるをえない。いぶかしい顔をされた居士、なおも「どうおもう」とかさねて問う。すると霊照、古人の言葉とまったく同じ言葉をくりかえす。居士はその答えに満足してほほえむ。

なにをどうコメントしても無駄口にしかなりそうもない。なにか考える手がかりはないだろうか。古人の言葉のうち、「祖師の意」は「祖師西来の意」だとして、「百草の頭」とはなんだろう。ふむ。ひとつ「百草の頭」について妄想してみよう。

ライオンは百獣の王だという。野獣は百種類以上いるだろうが、すべての野獣のなかでライオンがトップだという意味だろう。どういう点でトップなのかというと、いちばん強いくらいの意味だろうか。要するに、生態系の頂点に位置するということである。

じゃあ「百草の頭」とはなにか。いろんな野草のなかのトップの草とはなにか。どういう点でトップなのかというところが肝要である。いちばん強くはびこる雑草？　いちばん有益な薬草？　いちばん背の高い草？　ひとを養うのにいちばんの草といえば、それは稲だろう。稲の実、すなわち米こそ、百草の頭である。

こう妄想してみると、古人の言葉はつぎのような意味になる――百草の頭である稲、その実である米がひとの「からだ」を養っていることが明らかであるように、ダルマが伝えた祖師禅がわれわれの「こころ」を養っているのも明らかである。世の中にこれくらい「明明」たることはない。

農民にとって、百草の頭がなんであるかは明らかなことである。禅者にとって、禅の教えがわれわれを養っていることも明らかなことである。すでに明明たることであるから、霊照としても、これ以上の明らかなものいいを知らない。いきおい同じ言葉をくりかえさざるをえない。別の言葉をいえば、それは明らかさにおいて、かならず劣るものになる。

妄想をたくましゅうして読めばこんな感じになるだろうか。仕合わせなことに、わたくしにも年ごろの娘がいる。娘をイメージしながら読みなおしてみよう。

居士が「古人の文句に、ありありと草の葉っぱのさきっちょに、ありありと禅のこころが生きている、とあるよね」というと、娘の霊照は「あらあら年甲斐もなく、なに寝言をいいだすやら」と鼻で笑う。年ごろの娘に軽くあしらわれるオヤジ。その切なさ、じつに身につまされる。親父としては、ちょいと娘に相手になってほしかっただけなんだけど、娘のほうはそんなふうには受けとってくれない。もうウザイわねえ、となる。

古人の言葉におもいを新たにするということが、きっと居士にはあったのだろう。歳をとるとはそういうことである。道ばたのタンポポかなにかを見て、そこはかとなく感ずるところがあったりするのである。であうところの草木虫魚すべてに禅のこころはある、と。

ひとりで感慨にふけっておればよいものを、娘がこの詩句をどう理解するか、どうしても知りたくなってしまった。ところが霊照は「なにをいまさら」とプイと横をむく。「まあ、そういわず、おまえならどういう」と親父にせがまれ、霊照は「ありありと草の葉っぱのさきっちょに、ありありと禅のこころが生きてるんじゃないの」とオウム返しに答える。

この霊照の答え方について、入矢先生は「これは同語反復なのではない。古人の語を奪って彼女自身の言葉としたのである」「彼女が提示したこの語は、完全に彼女のものとなっており、「古人」はもはや捨象され終っている」と絶賛したうえで、それにひきかえ居士のほうは「感動の表明と押し売りであった。それは依然として「古人」の語であり、居士自身の肉声に転置せしめられてはいなかった」（一九四頁）と酷評しておられる。

年端《とし は》もゆかぬ娘にやりこめられ、父親のメンツは丸つぶれ。ただでさえキモイだのクサイだのと邪慳《じゃけん》にされているっていうのに、さらに小馬鹿にされたんじゃ、オヤジの立つ瀬はない。

霊照は「文字どおりなんじゃないかしら」と居士の期待をさらりと流す。見るものすべてのなかに禅はあるんだけど、新しく見るたびにいちいち感動してたんじゃ忙しくてやってらんないじゃない、と。それもそうだと居士はほほえむ。これを鼻っ柱のつよい娘にコテンパンにやられ、親父は苦笑してごまかしかなかった、と読むことはないとおもう。霊照が「そうなんじゃないの」というのは、面倒くさい親父に対する最高の共感なんじゃないだろうか。

古人の言葉にいままで気づいていなかったものを発見して「おお」と感動している親父もよいが、「はじめっからそうでしょ」と受け流す娘もよい。ほほえましい父娘関係である。

2　ちゃんと助けてあげたわよ

居士がザルを売りにゆくとき、橋のなかばを過ぎたところでスッテンコロリンと転ぶ。それを見た霊照、親父のそばに駆け寄ると、いっしょにスッテンコロリンと転ぶ。

「おまえ、なにやってんだ」。

「お父さんが転んだから、助けてあげようとおもって」。

「うまい具合にだれも見ておらんかったようじゃ」。

居士、漉籬《ろくり》を売るに因り、橋を下って喫撲《けつまず》く。霊照見て、亦た爺《ちち》の辺《そば》に去《ゆ》いて倒る。士曰く、汝、什麼《なに》を作《な》す。照曰く、爺の地に倒るるを見て、某甲《それがし》相扶《たす》く。士曰く、頼是《さいわ》いに人の見る無し。

居士因売漉籬、下橋喫撲。霊照見、亦去爺辺倒。士曰、汝作什麼。照曰、見爺倒地、某甲相扶。士曰、頼是無人見。

解釈するうえでの問題は、霊照が転んだのは「わざと」なのかということである。居士を助けようとして霊照もウッカリ転んでしまったとすれば、それもまたカワイイとはおもうけれども、ふつうに考えれば、霊照はわざと転んだというふうにしか読めない。したがって問題は、霊照は「なぜ」わざと転んだのかということである。

もし霊照が転ばなかったら、歳のせいで足もとがおぼつかなくなった居士に問題があることになる。霊照もまた転ぶことによって、居士のせいではなく、橋に問題があることになる。転びやすい橋なのである——というふうに味気《あじけ》なく読むひとはいないだろう。居士ひとりが転ぶと、居士だけがぶざまなすがたをさらしたことになる。霊照はその事態をふせごうとした、つまり助けてあげようとした、と読むほうが自然である。

ひとが転んだからといって、「助けてあげよう」と自分もいっしょに転ぶというのは、わけがわらない。でも、子どもの世界ではよくあることじゃないかなあ。転んでしまったとき、友だちもいっしょに転んで、「ほら、ボクも転んだよ」といってくれたら、なんだか救われたような気持ちになるんじゃないだろうか。

親父が転んだのを見て、霊照もいっしょに転んでやる。そして「ほら、お父さんも自分で起ちあがって。あたしも自分で起ちあがるから」といってやる。これってたしかに助けることになるだろう。

世間の常識でいえば、助け起こすのがふつうである。いい歳をしたオトナがふたりそろって転ぶというのは、はたから見れば滑稽である。ふと我に返り、居士は恥ずかしくなる。あたりを見まわして「だれも見ておらんでよかった」とつぶやく。霊照の優しさは、居士には伝わらなかったのだろうか？　とんでもない。娘がつきあってくれて、親父はうれしかった。

ラストの「だれも見ておらんでよかった」が鍵である。照れ隠しなんじゃないかなあ。じつは居士さん、わざと転んだんだとおもう。霊照の気をひきたくて、というか娘とじゃれたくて、わざと転んだにちがいない（と年ごろの娘をもつオヤジとしては、ほとんど確信している）。娘がいっしょに転んでくれて、親父はハッピーだった。

これは希望的な観測でしかないが、霊照もまた霊照で、日ごろむっつりしているオヤジの娘の気をひこうという精一杯のこころを察して、つきあってやったんじゃないだろうか。カワイイとこあるじゃん、と。

親父が転んだのを見て娘もいっしょに転んだことについて、入矢先生は「霊照が父の側に身を倒したのも、まさに父を助けんがための捨身の慈悲行だったわけである」（一九六頁）と注しておられる。それはそうなんだけど、そんな大袈裟なことじゃないとおもう。この霊照のとっさのふるまいを「捨身の慈悲行」

とよんだりすると、まるで信仰にもとづく自己犠牲みたいな感じで、せっかくの親子のじゃれあいが台無しになりかねない。

橋のなかばを過ぎたところで
スッテンコロリンと転ぶ。
それを見た霊照、親父のそばに駆け寄ると、
いっしょにスッテンコロリンと転ぶ。
――おまえ、なにやってんだ
――お父さんが転んだから、助けてあげようとおもって

（「霊照との問答」より）

居士の入寂《にゅうじゃく》

1　こいつめ、すばしっこいな

いよいよご臨終というとき、居士が霊照にいう「太陽の高さを見て、正午になったら知らせてくれ」。

霊照がすぐさま報告する「もうお日さまは高いし、それに日蝕よ」。

居士が戸口から外をのぞいているスキに、霊照は父のいた場所にゆくと、合掌して結跏《けっか》趺坐《ふざ》したまま逝く。

居士は笑って「うちの娘ときたら、すばしこいな」。

そこで死ぬのを七日だけのばす。

州の長官である于頔《うてき》が見舞いにくる。

居士は「一切の存在するものを空《くう》とし、一切の存在せぬものを有《う》としてはならん。ま、ひたすら機嫌よく暮らしなされ。あらゆるものは影や響きのようなもんじゃ」というと長官の膝を枕にして示寂《じじゃく》する。

遺言によって荼毘《だび》に附し、遺灰は河に流す。

僧俗ともに哀悼し、禅門の龐居士こそはビナヤの維摩《ゆいま》居士であると語りあう。

詩偈三百余首が世に伝えられている。

居士、将《まさ》に入滅せんとし、霊照に謂いて曰く、日の早晩――居士将入滅、謂霊照曰、視日早を視て、午《ひる》に及べば以て報ぜよ。照、遽《にわ》かに報ずらく、日已《すで》に中せり、而《しか》も蝕《しょく》する有るなり。士、戸を出でて観る次いで、照即ち父の座に登り、合掌して坐亡《ざぼう》す。士笑って曰く、我が女《むすめ》、鋒捷《ほうしょう》なり。是《ここ》に于《お》いて更に七日を延ばす。州牧の于頔《うてき》、疾《やまい》を問う。士、之に謂いて曰く、但だ願わくは諸もろの所有《しょう》を空じ、慎みて諸の所無《しょむ》を実とすること勿《な》かれ。好《よ》く世間に住せよ。皆な影と響きの如し。言い訖《おわ》りて、公の膝を枕にして化《け》す。遺命により焚《や》いて江に棄つ。緇白《しはく》傷《かな》しみ悼《いた》み、禅門の龐居士は即ち毘耶《びや》の浄名《じょうみょう》なりと謂う。詩偈三百余篇有って世に伝わる。

晩、及午以報。照遽報、日已中矣、而有蝕也。士出戸観次、照即登父座、合掌坐亡。士笑曰、我女鋒捷矣。于是更延七日。州牧于頔問疾。士謂之曰、但願空諸所有、慎勿実諸所無。好住世間。皆如影響。言訖、枕于公膝而化。遺命焚棄江。緇白傷悼、謂禅門龐居士即毘耶浄名矣。有詩偈三百余篇伝於世。

当時から居士の人気は高かったとおぼしく、その示寂にかんしては、さまざまの不思議なことが伝えられている。ちょうど日蝕になったとか、霊照がかわりに逝き、そのため居士は死ぬのを一週間おくらせたとか、ありえないことが起こる。もちろん伝説のたぐいであって、真偽をあげつらうのは野暮である。霊照との逸話、いかにもフィクションの観がある。なんの根拠もない憶測がわいてくる。霊照は龐居士のホントの娘だったのかなあ。孤児だった霊照をひきとり、手塩にかけて育てたのではないかしらん、などと勘ぐりたくなる。

妄想はさておき、いまわの際《きわ》、居士は「正午になったら知らせろ」という。逝くタイミングをもとめたのだろう。その一瞬のスキをついて、霊照が一足さきに「坐亡」する。霊照にだしぬかれ、居士は置いてけぼりになる。霊照さん、さっきはスッテンコロリンと見事に転んだかとおもったら、今度はさっさと逝ってみせる。まったく俊敏きわまりない。

あらためて仕切りなおし、いよいよ末期《まつご》がちかづく。居士は「一切の存在を空とし、一切の非存在を有とするな」とマジメに説教したかとおもうと、「ま、むつかしいことはさておき、とにかく機嫌よく暮らしなはれ。どうせ浮き世は夢幻なんじゃから」とノンキなことをいって、息をひきとる。

娘と父との遷化《せんげ》、それぞれシンプルでよい。霊照はシンプルにして切れがある。居士はシンプルにして無理がない。

龐婆の回向《えこう》

1　とっくに回向はすんだわい

龐婆さんが鹿門寺におもむき僧に食事を供する。受けつけの僧が回向の趣旨をたずねる。婆さんは櫛《くし》をとり、髷《まげ》のうしろに挿《さ》して「回向はすんだ」。そして去ってゆく。

　龐婆、鹿門寺《ろくもんじ》に入りて斎《さい》を作《な》す。維那《いのう》、疏意回向《そいえこう》を請う。婆、梳子《くし》を拈《と》って、鬢後《びんご》に挿《さ》して曰く、回向し了《おわ》れり。便ち出で去る。

龐婆入鹿門寺作斎。維那請疏意回向。婆拈梳子、挿向鬢後曰、回向了也。便出去。

　この龐婆さん、おそらくは居士の妻であろう。してみると龐婆さんは亡くなった亭主の法要におとずれたということになる。その法要はすこぶる簡素であった。簡素にせよと居士が生前にいいのこしていたのだろう。そうであるとすれば、これは居士の死に対する考えを反映している。死ということも日常茶飯事のひとつにすぎない、と。

　そういえば語録の巻頭に置かれた「龐居士語録詩頌序」に居士の妻についての記述がある。霊照に一足さきに逝かれ、その七日のちに居士が亡くなったあとのことについて、こんなふうにしるされている（四頁）。

遺命焚棄江湖、乃備陳儀事、如法荼毘。旋遣使人報諸妻子。妻聞之曰、這愚痴女与無知老漢、不報而去。是可忍也。因往告子、見斸畬曰、龐公与霊照去也。子釈鋤応之曰、嗄。良久亦立而亡去。母曰、愚子痴一何甚也。亦以焚化。衆皆奇之。未幾其妻乃徧詣郷閭、告別帰隠。自後沈迹敻然、莫有知其所帰者。

焚《や》いて江湖に棄てよと遺命あり、乃ち備《つぶ》さに儀事を陳《の》べ、法の如くに荼毘《だび》す。旋《つ》いで使人を遣《や》りて諸《これ》を妻子に報ず。妻之を聞きて曰く、這の愚痴の女《むすめ》と無知の老漢と、報ぜずして去けり。是れ忍ぶ可けんや。因りて往きて子に告げんに、畬《よ》を斸《けず》るを見て曰く、龐公、霊照と去けり。子、鋤《すき》を釈《す》てて之に応えて曰く、嗄《さ》。良久《しばらく》して亦立ちて亡《ゆ》去く。母曰く、愚子痴《おろ》かなること一に何ぞ甚だしきや。亦以て焚化す。衆皆之を奇とす。未だ幾ばくならずして其の妻乃ち徧《あま》ねく郷閭《きょうりょ》に詣《いた》り、別れを告げて帰隠す。自後《のち》迹を沈《ひそ》むること敻然《けいねん》、其の帰る所を知る者莫し。

「むくろは焼いて灰にし、川や湖に捨てよ」という遺言により、于頔《うてき》はとどこおりなく葬儀をおこなうと、いわれたとおり荼毘《だび》に附す。そして妻子のもとに使いをやって知らせる。

妻はそれを伝えられると「あのバカ娘とアホ亭主ときたら、ことわりもなしに逝っちまったよ。イヤんなっちゃうわ」。畑を掘り起こしていた息子に「父ちゃんと霊照とが死んじまったよ」と告げる。すると息子は鋤《すき》をポイと捨てて「ゲッ」といい、立ったまま息絶える。母は「このドラ息子のバカっぷりときたら」というと、これを焼いて灰にする。世間はおったまげる。

妻女はすぐさま村をめぐって別れの挨拶をすませると、すがたを消す。その消息は杳《よう》として知れない。

亭主の龐居士と娘の霊照とがふたりとも亡くなったことを告げると、息子までが立ったまま亡くなる。娘は「坐」亡、せがれは「立」亡。なんともはや、そろいもそろって超俗の逝きぶりである。

家族をいっぺんになくしたのち、妻の行方は知れなくなった。ところが行方知れずになっていた龐婆さん、ひょっこり寺をおとずれ、故人の供養をしようとする。

入矢先生によれば、回向とは「その供養の功徳を自分または他者（死者をも含む）の福に転ずること」であり、受けつけの僧が回向の趣旨をたずねたのは「それを聞いた上で「疏」を書き、斎のときの法要で読み上げる」（二〇七頁）という事務的な段取りがあるということのようである。だれの回向であるかがハッキリしないと、僧としても斎を受けることができない。僧という身分が死者の供養の機関になっているというお役所仕事的な事情があるらしい。

龐婆さんが櫛《くし》を髻《まげ》のうしろに挿《さ》すのは、入矢先生によれば「慈悲を施す者も施される者もない」のであって「ただ梳子が頭上で「回らし向け」変えられただけのサラリとした無縁の回向であった」（二〇八頁）ということのようである。そういう高尚な機微があるのかもしれないが、ことがらの流れをながめるに、もうちょっとシンプルに考えておいてもよさそうである。

龐婆さんが僧に食事を供する。僧がその趣旨をたずねる。これがすでによけいなことである。回向の趣旨を問うなんて、勉強したいという学生にその理由をたずねるようなものだろう。もっと根本的なことをいえば、回向に理由があってはならないという仔細があるのかもしれない。

婆さんは「うるさい」と櫛を髻のうしろに挿す。そして「回向はすんだ」といい、さっさと帰ってゆく。けっきょく回向はしたのだろうか？　くだくだしく趣旨の説明をもとめられ、ヘソをまげて帰ってしまったんじゃないかなあ。

寺の事務的な手続きにとらわれた僧の愚かさと、やるべきことをすませて帰ってゆく婆さんの挙措のいさぎよささと、ふたりのコントラストが鮮やかである。

ところで、この龐婆さんがそうであるように、禅の語録にでてくる婆さんは、たいてい一筋縄でゆかない。なにせ人生経験がちがうから、そんじょそこらの禅坊主では歯が立たない。まさに老婆は一日にして成らず。たとえば『臨済録』にはこんな腕ききの婆さんがでてくる（二〇六頁）。

往鳳林。路逢一婆。婆問、甚処去。師云、鳳林去。婆云、恰値鳳林不在。師云、甚処去。婆便行。師乃喚婆。婆回頭。師便行。

鳳林《ほうりん》に往く。路に一婆に逢う。婆問う、甚《いず》れの処にか去く。師云く、鳳林に去く。婆云く、恰《あたか》も鳳林の不在なるに値《あ》う。師云く、甚れの処にか去く。婆便ち行く。師乃ち婆と喚《よ》ぶ。婆、頭《こうべ》を回《めぐ》らす。師便ち行く。

鳳林をたずねてゆく。

路すがら老婆とでくわす。

「どこにゆきなさる」。

「鳳林まで」。

「ちょうど鳳林は留守ですわい」。

「どこにゆかれた」。

老婆はさっさと歩きだす。

臨済は「婆さん」とよびかける。

老婆はふりむく。

臨済は去ってゆく。


この婆さん、のべつ鳳林和尚のもとにゆき、そこで修行のまねごとをしている。坐禅をしてみたり、提唱を聴いたりするうちに、いつのまにか禅のベテランになっている。門前の婆さん、ならわぬ禅をわきまえる、といった風情《ふぜい》。

「どちらへ」「鳳林へ」「あいにく留守じゃよ」「どこにゆかれた」。婆さんは臨済の問いを無視してスタスタ。「知らんがな。あたしゃ鳳林のお守《も》りじゃないわい」といったところだろうか。

この婆さんのしわざ、けっきょく親切な情報提供だったのだろうか。ゆきずりの情報提供であれば、これで話はおわっているわけである。でも、おそらく婆さんにとって鳳林が留守かどうかなんてことはどうでもよかったのであって、たぶん臨済をからかっている。食えない婆さんなのである。

「おい、婆さん」と臨済は去ってゆく婆さんの背中ごしによびかける。負けん気の強そうな婆さんのやり方を、ホンモノの親切だったのかどうかためしてみた。すると婆さん、「してやったり」とほくそ笑んでいたもんだから、ウカツにもふりむいてしまった。やっぱり親切心じゃなかった。よびかけられるかもしれんという色気があったもんで、ひょいとふりむいて馬脚をあらわしてしまった。

臨済は、ふりむいた婆さんを無視してスタスタ。とりあえず婆さんの負けだろう。ウッカリふりむいてしまった時点で、万事休す。

もちろん婆さんに文句のいえた義理はないんだけど、この臨済のやり方、いささか殺風景じゃないかなあ。その仕打ちは、婆さんの「知らんがな」スタスタに対する、たわいもない仕返しのようにも見える。われらが龐居士なら、もうちょっと可愛くやってくれそうな気がするんだけどなあ。

と、みぎのように読んでおくしかないとはおもいつつも、この期《ご》におよんでなお妄想がおさえきれない。有終の美をかざるべく、正しくなさそうな妄想をつづってみよう。

「どちらへ」「鳳林まで」「鳳林は留守だよ」「どちらへ」ここで老婆は歩きだすが、その背に臨済はよびかける。なんとよびかけたのか？

入矢先生は「師は「ばあさん！」と呼んだ」（二〇六頁）と訳しておられる。しかし原文の「師乃喚婆」は「師乃ち婆と喚ぶ」とも「師乃ち婆を喚ぶ」とも読める。もし「婆を喚ぶ」と読むならば、臨済が婆さんになんとよびかけたのかは、わからない。

臨済はひょっとすると「鳳林さん」とよびかけたんじゃないだろうか。その言葉に婆さんはふりむく。婆さんが鳳林であったのか、それとも鳳林のふりをしたのか、いずれにせよ婆さんと鳳林とはひとしい境地にある。臨済はそのようにみなしたうえで、「鳳林さん」とよびかけ、婆さんがふりむくと、ああ、鳳林にであえたわい、と自足して帰ってゆく。とりのこされた婆さん、きょとんと立ちつくす。

禅問答は思考の対象となりうるか

なりうる、とおもっている。おもっていればこそ、身のほど知らずにも、わたくしは禅者が考えていた（だろうとわたくしが考えている）ことを、わたくしの流儀で論じてみた。

わたくしの流儀とは、おもいっきり「妄想する」というやり方である。しょっぱなから正解をもとめて「ああでもない、こうでもない」と悩んでばかりいると、答えをかぎつける感覚が身につかない。妄想をたくましゅうして読みこみ、ガツンとまちがえれば、「これはダメなんだ」というハッキリした感覚が得られる。まちがいの経験をこなしてこそ、たまにでくわす正解っぽいものをとらえられるようになる。

これはわたくしの漫然たる楽観である。人間これくらいの楽観をもたなければ、なんにも仕事はできない。

ここまでおつきあいくださった読者は、もうウンザリしておられるだろうが、この場をかりてもう一度だけ盛大に妄想してみよう（『祖堂集』七二四頁）。

潙山提物問仰山、正与麼時作麼生。仰山云、和尚還見麼。潙山不肯、却教仰山問、正与麼時作麼生。師云、正与麼時亦無作麼生。師却云、与麼道亦不得。従此而休。隔数年後、仰山有語、挙似師云、切忌勃素著。師聞云、停囚長智。

> 潙山《いさん》、物を提《さ》げて仰山《きょうざん》に問う、正《まさ》に与摩《よも》なる時は作摩生《いかん》。仰山云く、和尚還《は》た見るや。潙山、肯《うけが》わず、却って仰山をして問わしむ、正に与摩なる時は作摩生、と。師云く、正に与摩なる時は亦た作摩生無し。師却って云く、与摩に道うも亦た得ず。此れ従《よ》りして休《や》む。数年を隔てし後、仰山に語有り、師に挙似《こじ》して云く、切に勃素著《ぼっそぢゃく》なるを忌《い》む。師聞きて云く、停囚して智を長ぜしむ。

> 潙山が物をとりあげて仰山にたずねる「ズバリこうであるときはどうだ」。
> 「いったい和尚は見えるのですか」。
> 潙山はみとめず、逆に「ズバリこうであるときはどうだ」と仰山に問わせる。
> 潙山は「ズバリこうであるとき、どうだはない」といい、さらに「こんなふうにいうのもダメだ」という。
> 　ここで問答は打ち切り。
> 　数年のち、仰山はおもうところあり、潙山にいう「不躾なのは禁物ですね」。
> 「悪党をながいこと拘留したもんで、とんだ悪知恵をつけさせてしもうたわい」。

潙山霊祐《いさんれいゆう》とその弟子の仰山慧寂《きょうざんえじゃく》との問答であるが、読めば読むほどチンプンカンプンである。とりあえず、ふたつの謎が目につく。

まずひとつめの謎。潙山はどんな「物」をもって仰山に問うたのか。具体的な物の名はでてこない。なぜでてこないのだろう。どんな物であってもべつに問答全体の趣旨に影響しないという判断なのだろうか。どんな物であっても、とにかく物でありさえすれば話は通じるのだろうか。たとえ話は通じるとしても、現実の行動としてはなにかを提示しなければならない。なぜなら言説空間と現実空間の出来事とは異なるから。

言説空間では一般的な話ができる。けれども現実空間ではなにかしら特殊な話にならざるをえない。もしドクロや白骨を手にもって問いを発したら、話はひどく不気味なものになる。はたまた箸とか茶碗とかだったら、なにか食べること、たとえば「生きるためには食わねばならん」といった話になる。なにを手にもっていたとしても、発した問いはそのものによって特殊な問いになってしまう。なにか具体的な「物」を示したとたん、問答全体のありようが変貌する。したがって「どんな物であっても問答全体の趣旨には影響しない」という判断は成り立たない。

潙山はどんな「物」を提示したのかということと関連するのが、もうひとつの謎である。「ズバリこうであるときはどうだ」という潙山の問いそのものが、すでに特殊性をふくんでいる。特殊性をふくんだ問いが呈されているにもかかわらず、その問い方はひどく一般的である。このズレはいったいなんなのか。

ここらで「まちがえる」ことを覚悟でおもいっきり妄想をたくましくすべき段取りとなる。

潙山はホントに「物」を提示したのかなあ。潙山の手のなかは、じつはカラッポだったたっていうことはないだろうか。

ふたつの謎をいっぺんに解消するためには、たぶん「潙山はなんにも手にもっていなかった」と考えることが必要である。潙山はなにか手にもっているふりをして問いを発したのである。ふむ。この妄想、けっこうイイ線いってそうである。この線で考えてゆくと、ふたつの謎も解けるかもしれない。

潙山の問いに対して、仰山は「いったい和尚は見えるのですか」と問い返す。仰山には潙山の手にもっている「物」が見えなかったのである。それもそのはず、潙山はなにも手にもっていないのだから。しかし潙山は仰山のこの平凡な問い返しを受けつけない。そして意外なふるまいにでる。驚くべし、同じ問いを自分にむかって発せよ、と仰山にうながす。この潙山の突飛なやり方がなにを意図しているのかという大きな問題があるけれども、ちょっと脇に置いておいて、そのまえに解決しておかなきゃならない小さな問題がある。

潙山は「ズバリこうであるときはどうだ」と問えという。あれれ？「物を提げて」はどうなっちゃったの？　潙山は、はたして仰山に「自分が問うたのと同じことをせよ」ともとめたのかなあ。ここでさっきの妄想が効いてくる。

もし潙山がなにか「物」を手にもって問いを発したのであれば、仰山はその物を受けとって、同じ問いを発しただろう。また「物」はなんでもよいというのであれば、なにか適当な物を手にとって、同じ問いを発しただろう。ところが問答には、仰山がとった行動についてはまったく書かれていない。ふつうは「省略されているけど、仰山はいわれたとおりに問うたのだろう」と考えるんだろうねえ。でも、あに図《はか》らんや、この「省略されているけど」というのが、この問答のミソなのである。

仰山は、潙山がやったとおり、物をもっているふりをしながら「ズバリこうであるときはどうだ」と問うたんじゃないだろうか。で、それに対して潙山は「ズバリこうであるとき、どうだはない」そして「こんなふうにいうのもダメだ」と答える。このふたつが、はたして潙山の模範解答なのだろうか？　これをどう解するかが、この問答を考えるうえでの山場である。

そもそも模範解答というものは、ふたつもあるものなのか。ひょっとして最初の答えだけが潙山の模範解答であって、二番目の答えは答えではなく、自分のだした答えに対する自己批判だったりして。

ここらでさっき脇に置いておいた「同じ問いを自分にむかって発せよというやり方がそもそもなにを意図しているのか」という大きな問題を考えてみよう。

潙山ほどの禅者が問うからには、「仏法とはなにか」とか「悟りとはなにか」とか、そういった切実な問題について問うているはずだが、そのことはハッキリとは書かれていない。なにぶん禅問答だからいろいろはぶいちゃうのである。

仏法とはこの世の真理を説いたものだろう。だから「この世でいちばん大切なこととはなにか」といったことがテーマであったにちがいない。潙山は「この世でいちばん大切なことがまさにこれであるとき、さあ、おまえはどうする」と、なんにも手にもたず、なにかもっているふりをして、問うたわけである。なにかしら物を手にもって、「これ」がいちばん大切な物であると示しつつ「さあ、どうする」と問うのではなく、手になんにももたず、いわば「無」を手にもって、「さあ、どうする」と問うた。いちばん大切なものが「無」であるとき、さあ、どうする？　いちばん大切な「物」なんてないんだけど、さあ、どうする？

潙山の模範解答は「どうするもこうするもない」そして「これであるということもできない」であった。ふむふむ。あとのほうの答えは、どうやら自己批判ではなく、やっぱり第二の模範解答だったようである。

仰山だが、その当座は潙山の問いをさっぱり理解できず、模範解答もまるで理解できなかった。だから問答は中断してしまった。けれども仰山はずっと考えつづけていたのだろう。数年たって、仰山には腑に落ちるところがあった。

最後の仰山のセリフ「切に勃素著なるを忌む」は、正直にいうと、よくわからない。でも「勃素」は「勃塑《ぼっそ》」といっしょで「唐突、不躾」という意味らしいから、潙山の問いのだし方、そして模範解答のだし方がよろしくなかった、そうすべきではなかった、といっているんだとおもう。

もっとも、これは師を批判しているわけじゃなくて、師が若いころの自分にむけてくれた情熱をなつかしんでいるようなニュアンスをおぼえる。あのような「いきなり」の問いを、まだ未熟なそれがしに容赦なくぶつけてくるなんて、お師匠さんもあのころは若かったですねえといった感じ。潙山はこれを聞いて、仰山をいたずらに長く自分のもとにとどめておいたことを後悔し、もっと早くに独立させるべきだったと反省する。

「まちがえる」ことを覚悟で、妄想をおもいっきり炸裂させてみた。バカ丸出しだったろうか。だったらゴメンナサイ。

潙山は手ぶらで「ズバリこうであるときはどうだ」と問うたという妄想、けっこうイケているとはおもうが、まちがっている公算大である。しかし、あえて大胆にまちがって読んでみたからこそ、この問答を「おもしろがれた」という個人的な事情もある。まちがっていようがなんだろうが、潙山は手ぶらで問うたという「おもしろがるための妄想」が浮かぶかどうか、それが（わたくしにとっては）肝腎なことである。

こういう妄想まみれの読み方は、およそアカデミックな研究にはなりえない。でもなあ、禅問答についての「まっとう」な読み方なんてそもそも存在するのかねえ。

さて、すでに何度も書いたことだが、龐居士の語録を味わいたければ、なにはさておきつぎの一冊を座右にそなえていただきたい。

入矢義高訳注『龐居士語録』禅の語録7（筑摩書房）

ながらく絶版であったが、ようやく再版された。いささか値は張るけれども、掛け値なしの名著である。懐具合がさびしければ、古本屋をさがすなどして、是が非でも手に入れてほしい。そして拙著で足らしをしてから、じっくりチャレンジしていただきたい。

いきなり入矢先生の『龐居士語録』をひもとくのは、たぶんキツイとおもう。入矢先生は禅僧をして畏敬せしむるほどの碩学である。だから愚にもつかないことはおっしゃらない。譬えていえば、「雪道を歩くときは滑らぬように気をつけなさい」とだけおっしゃる。「こんなふうに歩けば滑らないよ」などといらん世話を焼いたりはなさらない。その「用心なさいよ」というささやきは、俗人の耳にはとどかない。当然、俗人は滑って転ぶ。

そこへゆくと、この本はちがう。わたくしはみずからド派手に滑って転んでみせている。そして尻をさすりながら「ほら、ここ滑るよ」と注意をうながしている。読者は立ちどまって「ふむ、そこ危ないんだ」とうなづくことができる。

だからまず拙著をひもとくことをおすすめしたいが、そのさい「居士さん、ホントにそんなことといってるの?」と眉にツバをつけながら読んでいただきたい。そして「こう書いてあるけど、こう読んだほうがいいんじゃないかな」とわたくしの解釈にイチャモンをつけながら読んでほしい。そうやって自分なりに味わいなおすことによって、はじめて龐居士の語録はあなたの座右の書になる。

かえりみれば、おりにふれて龐居士の語録をひもとき、「いやあ、おもしろいなあ」とひとり悦に入《い》っていたのが運のつき。いつのまにか退路は絶たれていた。ふと気づけば、かたわらに龐居士がたたずんでいるではないか。一八の春、カッコいいと憧れたひとが、こちらを見つめていた。

いまの気分としては、「やっと宿題を片づけた」というよりも、「いらんことをやっちまったかなあ」という感じかなあ。

若いころからずっと「キミの書くものは、話はおもしろいが、論証がいい加減だ」と批判されつづけてきた。わたくしは反論しない。そのとおりだから。おもしろい話をおもいついたら、論証するヒマもあらばこそ、すぐに書きたくなってしまう。書いたうえで、わたくしは言い訳する。知は力なりというけど、無知もまた力である、と。

凡愚なりに「おもしろいなあ」と膝を打ったとき、尊敬する哲学者にちょくちょく卑見を呈してみた。たいていは鼻で笑われてオシマイだったけど、ときに「キミは妙なことを考えるね」とホメてもらったり、「こんなふうには読めはしないかな」とヒントをいただいたりした。栗原靖《おさむ》先生、清水明先生、おふたりが相手をしてくださったことに、こころから御礼をもうしあげる。

とりわけ栗原先生には、弘前大学に着任このかた、公私ともに筆舌につくしがたき誘掖《ゆうえき》をかたじけのうした。先生が退休されてからも旧によって甘えに甘えつづけた。私情を露わにすることには忸怩《じくじ》たるものがあるけれども、故栗原靖先生にこの本をささげることをおゆるしいただきたい。

一冊の本をつくるというのは、だれかへの便りをしたためることである。わたくしの書いたものを気に入ってくれるひととであえれば、わたくしの営みはむくわれる。東方書店の大橋隆一さんと川崎道雄さんとにであえたことで、この本は日の目を見ることができた。あつくお礼もうしあげる。

この本が、韃靼《だったん》海峡をわたってゆく蝶々のように、もうひとりの読者のこころにとどくことを祈りつつ、ここに筆を擱く。

山田史生しるす

津軽にて

ここまでおつきあいくださった読者は、
もうウンザリしておられるだろうが、
この場をかりてもう一度だけ盛大に妄想してみよう
（「禅問答は思考の対象となりうるか」より）

妄想に
付き合わ
されて
その後に
のこる
ウンザリ
きえる
ウンザリ
一九

主要参考文献

入矢義高訳注『龐居士語録』禅の語録7・筑摩書房　一九七三年
秋月龍珉訳註『趙州録』禅の語録11・筑摩書房　一九七二年
入矢義高訳註『臨済録』岩波文庫　一九八九年
入矢・溝口・末木・伊藤訳註『碧巌録』上中下・岩波文庫　一九九二年
中国仏教典籍選刊『祖堂集』上下・中華書局　二〇〇七年
織田得能『仏教大辞典』大蔵出版　一九五四年
中村・福永・田村・今野・末木『岩波仏教辞典』岩波書店　二〇〇二年
『新版禅語大辞典』大修館書店　一九八五年
入矢義高・古賀英彦『禅語辞典』思文閣出版　一九九一年

著者紹介

山田史生（やまだ　ふみお）

1959年、福井県生まれ。東北大学文学部卒業。同大学大学院修了。博士（文学）。現在、弘前大学教育学部教授。著書に『物語として読む全訳論語・決定版』（トランスビュー）、『渾沌への視座　哲学としての華厳仏教』（春秋社）、『日曜日に読む「荘子」』『下から目線で読む「孫子」』（以上、ちくま新書）、『受験生のための一夜漬け漢文教室』『孔子はこう考えた』（以上、ちくまプリマー新書）、『門無き門より入れ　精読「無門関」』（大蔵出版）、『中国古典「名言200」』（三笠書房）、『脱世間のすすめ　漢文に学ぶもう少し楽に生きるヒント』（祥伝社）、『もしも老子に出会ったら』『絶望しそうになったら道元を読め！『正法眼蔵』の「現成公案」だけを読む』『はじめての「禅問答」　自分を打ち破るために読め！』（以上、光文社新書）、『人生の処方箋　禅とキリスト教』『禅問答一〇〇撰』（以上、東京堂出版）など。

龐居《ほうこ》士《じ》の語《ご》録《ろく》　さあこい！禅問答《ぜんもんどう》

二〇一九年四月一〇日　初版第一刷発行

著　者●山田史生
発行者●山田真史
発行所●株式会社東方書店
東京都千代田区神田神保町一―三　〒一〇一―〇〇五一
電話〇三―三二九四―一〇〇一
営業電話〇三―三九三七―〇三〇〇
組版・印刷・製本●株式会社　ディグ
装　幀●EBranch　冨澤崇

定価はカバーに表示してあります

ISBN978-4-497-21902-2　C0015

言句集

「あ」「い」「う」…の中では出現順。〈　〉内は問答の相手。

【あ】

阿師《あし》が力を得し句、是《こ》れ誰か知るを得るや　〈百霊 1〉

是箇《あら》ゆる眼目、人の口を免れ得るや　〈百霊 4〉

情《あき》らかに知んぬ、情らかに知んぬ　〈百霊 4〉

是箇《あら》ゆる言語は、今も古《いにしえ》も人の避け得るもの少し。只《た》だ翁《おう》の如きは避け得るや　〈普済 2〉

阿師は只《た》だ鑿頭《さくとう》の方を見て、錐頭《すいとう》の利を見ず　〈長髭 1〉

阿兄《あけい》は什麼《なん》の為にか却《かえ》って道《い》い得るや　〈松山 1〉

阿兄茶を喫するに、什麼《なん》の為にか客に揖《ゆう》せざる　〈松山 1〉

阿師道《い》え、渠《かれ》は未だ箇《こ》の什麼《なん》の有るを知らざる　〈松山 2〉

頭有って尾無きは人の憎しみを得る　〈松山 5〉

阿師の眼、能《よ》く大なり　〈本谿 3〉

情《あき》らかに知る、久しく参ずれば事慢ずることを　〈則川 1〉

恰《あたか》も師と相似たり　〈則川 1〉

怪しむこと莫《なか》れ、適来《せきらい》容易に借問《しゃくもん》せるを　〈則川 2〉

阿師は只《た》だ主有るを知るのみにして、客有るを知らず　〈則川 3〉

錯《あやま》る莫《なか》れ　〈洛浦 1〉

恰《あたか》も是《しか》り　〈石林 1〉・〈仰山 1〉

憐れむべし強《し》いて主宰を作《な》すこと　〈谷隠 1〉

【い】

一種の没絃琴《もつげんきん》、惟《た》だ師のみ弾じ得て妙なり　〈馬祖 2〉

一乗中、還《は》た這箇《しゃこ》の事《じ》を著《つ》け得るや　〈薬山 1〉

一を拈《と》って一を放つは、未《いま》だ好手と為さず　〈薬山 1〉

一を拈って一を放つ、的《まさ》に是れ好手　〈薬山 1〉

恁麼《いんも》にして禅客と称するは、閻羅《えんら》老子も未だ你《なんじ》を放《ゆる》さず　〈薬山 2〉

一二三　〈斉峰 3〉

恁麼《いんも》なれば則ち天然の口を瘂却《あきゃく》せり　〈丹霞 2〉

道《い》い得るも道い得ざるも倶《とも》に未だ免れず。汝且《しば》らく道え、未だ箇《こ》の什麼《なに》をか免れざる　〈百霊 2〉

道えば即ち過ち有り　〈百霊 3〉

寧《いず》くんぞ知らん、一文銭にも直《あたい》せずとは　〈普済 1〉

一文銭にも直せずと雖《いえど》も、他《そ》を欠くこと又た争《いか》でか得ん　〈普済 1〉

什麼《いずれ》の処にか去来す　〈普済 2〉

未だ石頭に見《まみ》えざれば、道い得ざるを妨げず　〈松山 2〉

争《いか》でか道わざることを得ん　〈松山 5〉

謂《い》うべし記性無しと　〈本谿 3〉

一辞をも措《お》かず　〈本谿 3〉

一句子《いっくす》をも消《つい》やさず　〈大毓 1〉

一足を垂下す　〈則川 3〉

作麼生《いか》なるか是れ上上の事《じ》　〈谷隠 1〉

一機の人有り、槌《つち》を拈《と》り払《ほつ》を竪《た》つるを要《ほっ》せず、亦た対答言辞を用いず　〈谷隠 1〉

一足を翹起《ぎょうき》す　〈看経僧 1〉

【う】

饑《う》えては食を択《えら》ばず　〈丹霞 3〉

魚を覓《もと》むるに処無く君の愁《うれ》うるを笑う　〈谷隠 1〉

【え】

焰水は魚無く底鈎を下《くだ》す　〈谷隠 1〉

回向《えこう》し了《おわ》れり　〈龐婆 1〉

【お】

翁《おう》の甘んぜざることを怕《おそ》る　〈斉峰 2〉

畏るべし峻硬なること、問著《もんぢゃく》するを得ず　〈斉峰 3〉

大いに一箇の烏紗巾《うしゃきん》に似たり　〈丹霞 5〉

各《おの》おの請《こ》うらくは自ら検《けみ》せば好《よ》し　〈長髭 1〉

翁の年老ゆるを念《おも》う　〈本谿 1〉

言句集

【か】

却《かえ》って些子《いささか》の慈悲心も無し　〈丹霞 5〉

却って一箇の老師僧に似たり　〈丹霞 5〉

与麼《か》くする莫《なか》れ、与麼くする莫れ　〈丹霞 7〉

外物《がいぶつ》無し　〈丹霞 7〉

帰去来《かえりなんいざ》、帰去来　〈普済 1〉

伊《かれ》の甘んずるを待って始めて得《よ》し　〈長髭 1〉

恁麼《か》くのごとく説話するは、某甲《それがし》は即ち得《よ》きも、外人之を聞かば、要且《ようか》つ好《よ》からず　〈長髭 1〉

是《か》くの如くなりと雖然《いえど》も、壮力猶お存す　〈松山 3〉

却って此間《すかん》に来たって、強いて主宰を作《な》す　〈松山 4〉

与麼《か》くなるや、与麼くならざるや　〈本谿 2〉

看路、看路　〈本谿 2〉

眼裏に一物をも著《つ》け得ず　〈本谿 3〉

他《かれ》の事に関わるに非ず　〈大毓 1〉

元来言《ごんく》句を惜しむ　〈石林 2〉

看経《かんきん》には須《すべか》らく威儀を具すべし　〈看経僧 1〉

我聞并《がもんなら》びに信受《しんじゅ》は　総《す》べて是れ假名《けみょう》の陳《の》ぶるのみ　〈座主 1〉

格 量軌轍《かくりょうきてつ》の拘《くく》るべきものに非ざるなり　〈座主 1〉

【き】

奇特《きとく》更に此れ無し　〈百霊 2〉

来たりし時は杖有り、去る時は無し　〈本谿 2〉

奇特なり、一《いつ》も得る所無し　〈本谿 2〉

旧日の事は東道西説すべからず　〈本谿 3〉

君に勧む座を歴《ふ》るを休《や》めよ　直《じき》に真を求むるに似《し》かず　〈座主 1〉

【く】

苦中の苦、未だ是れ此の一句ならず　〈斉峰 2〉

苦哉《くさい》、苦哉　〈長髭 1〉

口有れども道《い》い得ず　〈石林 3〉

【こ】

居士は石頭を見ずと道うこと得てんや　〈薬山 1〉

好箇《こうこ》の一乗の問宗、今日失却せり　〈薬山 1〉

好雪《こうせつ》、片片《へんぺん》別処に落ちず　〈薬山 2〉

箇《こ》の俗人、頻頻《ひんぴん》として院に入り、箇の什麼《なに》をか討《もと》むる　〈斉峰 1〉

是れ当陽《とうよう》に道《い》えること莫《な》きや　〈斉峰 1〉

這の賊、今日一場の敗闕《はいけつ》　〈斉峰 2〉

是れ我れの拙なるか、是れ公の巧みなるか　〈斉峰 2〉

此《ここ》より峰頂に去《ゆ》くに幾里有りや　〈斉峰 3〉

是れ什麼《いずれ》の処にか去き来たる　〈斉峰 3〉

好箇《こうこ》の問訊《もんじん》、問い人に著《ちゃく》せず　〈斉峰 4〉

好来《こうらい》、好来　〈斉峰 4〉

居士在りや　〈丹霞 1・3〉

這《こ》の回《たび》師に見《あ》うこと前に似ず　〈丹霞 2〉

是の眼何ぞ窄《せま》からん。是の身何ぞ安《お》かん　〈丹霞 4〉

這の老翁、出出入入して、甚《なん》の了《おわ》る期《とき》か有らん　〈丹霞 5〉

這の漢《おとこ》を引き得て、這の田地《ところ》に到る　〈丹霞 5〉

吽吽《こうこう》　〈丹霞 8〉

這の賊敗れたり　〈丹霞 8〉

今人道い、古人道う。居士は作麼生《いか》に道う　〈百霊 3〉

試みに手を下し看《み》よ　〈百霊 3〉

這の風顚漢、自ら過《あやま》つ、誰をしてか点検せしめん　〈普済 2〉

巧を弄して拙を成せり　〈普済 4〉

居士は只だ錐頭《すいとう》の利を見て、鑿頭《さくとう》の方を見ず　〈長髭 1〉

是れ伊《かれ》は時中に更に安楽なるも、只《た》だ是れ未だ有ることを知らず　〈松山 2〉

這の老漢、前言は後語に付《あ》わず　〈松山 3〉

黄葉は即ち去り、青葉は即ち留む　〈松山 4〉

黄青に落ちざるは又た作麼生《いかん》　〈松山 4〉

箇の什麼《なに》をか見るや　〈松山 5〉

這の漢、甚麼《なん》の奇特か有る　〈本谿 3〉
心を生じて施《せ》を受くるは、浄名《じょうみょう》早《つと》に訶《か》す。此の一機を去ること、居士還《は》た甘んずるや　〈大毓 1〉
居士も也《ま》た一向《ひたすら》に言説することを得ざれ　〈大毓 2〉
是れ我に勝《まさ》れるにあらず、祇《た》だ汝の箇の幞頭《ぼくとう》を欠くのみ　〈則川 1〉
是れ老僧にあらずんば、洎《ほと》んど公の話に答うるならん　〈則川 2〉
這の礼儀無き老漢、我が一一明眼の人に挙向《ここう》するを待て　〈則川 2〉
是れ仰《あお》ぐや、是れ覆《うつむ》くや　〈仰山 1〉
是れ上上の機なること莫《な》きや　〈谷隠 1〉
這れ便ち是《そ》れなること莫きや。驀面《まくめん》に便ち唾《つばき》す　〈谷隠 1〉
是れ誰か会《え》せざる　〈化縁僧 1〉
這の看牛児　〈牧童 1〉
這の畜生《ちくさん》　〈牧童 1〉
今日は什麼《なん》の時ぞ　〈牧童 1〉
金剛般若の性《しょう》は　外に一繊塵を絶す　〈座主 1〉

【さ】

比来《さきほど》你《なんじ》を拆《くじ》くこと一下　〈丹霞 2〉
昨日の相見《しょうけん》、今日に何似《いずれ》ぞ　〈丹霞 4〉
更に一句を道取せば、便ち此の話《わ》の円《まど》かなるを得ん　〈丹霞 4〉
更に坐すること少時《しばらく》せよ、猶《な》お第二句の在る有り　〈丹霞 6〉
更に諱《い》み得ず　〈丹霞 8〉
向《さき》に道理を作《な》すことを得ざれと道《い》えり　〈普済 3〉
罪過《ざいか》、罪過　〈本谿 1〉
幸《さいわ》自いに円成《えんじょう》せり、徒《いたず》らに目視を労す　〈本谿 2〉
三両歩にして却回《きゃうい》す　〈則川 3〉
向《さき》に道《い》うは偶爾《ぐうじ》なり　〈石林 1〉
作家《さっけ》、作家　〈石林 2〉
頼是《さいわ》いに人の見る無し　〈霊照 2〉

【し】

神通《じんづう》并びに妙用《みょうゆう》　水を運び也《ま》た柴を搬ぶ　〈石頭 2〉

這裏《しゃり》に水無く、亦《ま》た舟無し、什麼《なん》の筋骨をか説かん　〈馬祖 3〉

四五六　〈斉峰 3〉

神を少《か》いて作麼《そも》　〈斉峰 4〉

赤土《しゃくど》に牛嬭《ごねい》を塗る　〈丹霞 1〉

七に因《よ》って一を見、一を見て七を忘る　〈丹霞 6〉

這裏《しゃり》に向《お》いて語を著《つ》くること得《よ》きや　〈丹霞 6〉

灼然《しゃくねん》として是れ辨じ出《い》ださず　〈丹霞 7〉

師の公案を捉《とら》え未だ著せざるも、後回《こうかい》は終《つい》に恁麼《か》くならず　〈丹霞 8〉

師は錯《あやま》って人を許す　〈百霊 2〉

師の見解《けんげ》の如きは、人を驚かすと謂うべし　〈普済 3〉

粥飯底《じゅくはんてい》の僧、一《ひとえ》に点検するに任《まか》す　〈普済 3〉

主人公を触《おか》さずして師の答話せんことを請う　〈長髭 1〉

灼然《しゃくねん》、灼然　〈松山 1〉

手中なるは是れ箇《こ》の什麼《なん》ぞや　〈松山 3〉

手中の杖子《つえ》を放《はな》却して、一問を致し将《も》ち来たれ　〈松山 3〉

是《しか》り、是り　〈松山 4〉

是《しか》らず、翁は今日《は》還た道い及ばず　〈松山 5〉

這箇《しゃこ》の老子、就中《なかんづく》話る処無し　〈松山 5〉

食、口辺に到って、人に奪却せらる　〈大毓 1〉

自由自在と謂うべし　〈則川 3〉

這箇《しゃこ》の問訊《もんじん》、覚えず他《かれ》の便宜に落つ　〈石林 2〉

信施に辜負《こふ》せざる道理、還《は》た道い得るや。道い得ば即ち捨《しゃ》せん　〈化縁僧 1〉

【す】

便ち与《か》麼くのごときは、也《ま》た還《かえ》って辨じ出ださず　〈丹霞 7〉

須《すべか》らく与《か》麼くすべし、須らく与麼くすべし　〈丹霞 7〉

須是《すべか》らく恁麼くのごとくにして始めて絶朕《ぜっちん》の説たるに得《よ》し　〈本谿 3〉

須是らく恁麼くのごとくして始めて得し　〈石林 3〉

既に無我無人ならば、是れ誰か講じ、誰か聴く　〈座主 1〉

【せ】

適来《せきらい》は巧を弄して拙を成せり　〈馬祖 2〉

是《ぜ》、是　〈薬山 1〉

昔時《せきじ》の気息、争《いか》でか忘れ得ん　〈丹霞 5〉

昔日居士南嶽にて力を得し句、還《は》た曾《かつ》て人に挙向《ここう》せるや　〈百霊 1〉

石頭の一宗、師の処に到って氷《こおり》と消え瓦と解《くだ》けたり　〈普済 1〉

切に道理を作して主持することを得ざれ　〈普済 3〉

適来《せきらい》の這の僧、還た棒を喫するや　〈長髭 1〉

青黄に落ちざる、就中《なかんづく》道い難し　〈松山 4〉

【そ】

某甲《それがし》、祇管《ひたすら》日に升合を求むるも、還《は》た著《つ》け得るやを知らず　〈薬山 1〉

草賊大敗、草賊大敗　〈斉峰 1〉

蒼天《そうてん》、蒼天　〈丹霞 3〉

某甲は眼窄《せま》し、何処《いずく》にか身を安《お》かん　〈丹霞 4〉

賊人物、終《つい》に敢えて収拾せず　〈丹霞 8〉

蒼天中に更に怨苦《えんく》有り　〈松山 3〉

即今《そっこん》の事は作麽生《いかん》　〈本谿 3〉

某甲は尚《な》お未だ他《かれ》に見《あ》わず。作麽生《いかで》か他の著実の処を知らん　〈大毓 2〉

〈則川《そくせん》の老耄《ろうもう》、啻《ただ》に龐公のみならず　〈則川 1〉

某甲に箇の借問《しゃくもん》有り、居士、言句《ごんく》を惜しむ莫《なか》れ　〈石林 2〉

草草なることを得ず　〈谷隠 1〉

【た】

誰か恁《か》麽く道《い》うや　〈斉峰 1〉

丹霞在りや　〈丹霞 1〉

只だ恁麽《かく》なるのみか、更に別に有るか　〈丹霞 2〉

惟《た》だ瘂《あ》を患《わずら》うのみならず、更兼《さら》に聾《ろう》をも患う　〈丹霞 2〉

祇如《たと》えば宗眼《しゅうげん》は、還《かえ》って龐公を著《お》き得るや　〈丹霞 4〉

誰か是れ便宜に落つる者ぞ　〈丹霞 7〉

直是《たと》い妙徳空生なるも、也《ま》た讃嘆し及ばず　〈百霊 1〉

誰か恁《か》麽くならざる、誰か恁麽くならざる　〈百霊 2〉

但だ如今《にょこん》のみに非ず、古人も亦た此の語有り　〈普済 2〉

但《ただ》に一生両生を隔《へだ》つるのみならず　〈普済 3〉

多知の老翁、与《とも》に相見《しょうけん》する莫《なか》れ　〈普済 4〉
祇《た》だ此の一問、人を気急殺す　〈普済 4〉
祇《た》だ人人尽《ことごと》く有るが為に、所以《ゆえ》に道い得ず　〈松山 1〉
互いに賓主と為ること也た大いに難し　〈松山 4〉
誰か恁麼くならざる　〈松山 4〉
大衆、你《なんじ》の落機の処を放《ゆる》す　〈松山 4〉
大老翁、人の長短を見る　〈本豁 1〉
大老翁は人の是非を説くべからず　〈本豁 1〉
達磨《だるま》西来せるに、第一句は作麼生《いかん》が道えるや　〈本豁 3〉
誰か記得せん　〈本豁 3〉
誰か伊《かれ》を辨じ得ん　〈本豁 3〉
祇《た》だ此の見知こそは、也《ま》た討《もと》むる処無し　〈大毓 2〉
只だ方丈に端坐するを知るのみにして、僧の到り参ずるを覚らず
〈則川 3〉
丹霞の機に落ちずして、試みに一句子《いっくす》を道え　〈石林 1〉
丹霞は瘂《あ》を患い、龐公は聾《ろう》を患う　〈石林 1〉
只だ上上の機を知るのみにして、上上の事を覚らず　〈谷隠 1〉
田を插《す》く時なり　〈牧童 1〉
但だ願わくは諸《もろ》もろの所有《しょう》を空じ、慎みて諸もろの所無《しょむ》を実とすること勿《な》かれ
〈入寂 1〉

【ち】

智有る人の前に説かば、他《か》の多少の光彩を添えん　〈本豁 3〉
仲夏は毒熱、孟冬は薄寒　〈洛浦 1〉
爺《ちち》の地に倒るるを見て、某甲《それがし》相扶《たす》く　〈霊照 2〉

【つ】

痛痒を識らざる漢《おとこ》、打ち得るも也《ま》た益無し　〈丹霞 8〉
強き中《うち》に弱きを得るは即ち有るも、弱き中に強きを得るは即ち無し
〈松山 5〉
唾《つばき》せられて如今《いま》は見《あ》うも亦《ま》た羞《は》ず　〈谷隠 1〉

【て】

天を動かし、地を動かす　〈丹霞 5〉

【と】

頭頭取捨に非ず　処処張乖《ちょうかい》没《な》し　〈石頭 2〉

堂堂と道《い》うを得ず　〈斉峰 4〉

妬忌《とき》の老翁、好悪を識らず　〈丹霞 8〉

年老いて棒を喫し得ず　〈丹霞 8〉

道理を作《な》さざること、却って道理を作すを成せり　〈普済 3〉

独坐独語、過《とが》は阿誰《たれ》にか在る　〈普済 4〉

道取せば好し　〈松山 4〉

道著するを得ず　〈松山 5〉

髑髏を穿《うが》ち過ぎ去れり　〈本谿 3〉

当時善現《ぜんげん》、豈《あ》に作家《さっけ》ならずや　〈大毓 1〉

問い有りて答うるは、蓋《げだ》し是れ尋常なり　〈則川 2〉

【な】

汝が一口に西江の水を吸い尽くすを待って、即ち汝に道わん　〈馬祖 1〉

何ぞ七と道わざる　〈斉峰 3〉

你《なんじ》の瘂《あ》は本分に繇《よ》るに、我れを累《るい》して亦た瘂ならしむ　〈丹霞 2〉

就中《なかんづく》這の一句、人の道い得るもの無し　〈丹霞 4〉

汝は出で、我は入る。未だ事有らず　〈丹霞 5〉

猶《な》お昔時の気息の在る有り　〈丹霞 5〉

猶お是れ抛身の勢なり。作麽《いか》生なるか是れ嚬呻《ひんしん》の勢　〈丹霞 6〉

猶お棒を少《か》く　〈丹霞 8〉

猶お是れ生を隔つるなり　〈普済 3〉

何ぞ更に揖するを須《もち》いん　〈松山 1〉

何ぞ未だ槖子《たくす》を挙げざる時を会取《えしゅ》せざる　〈松山 1〉

你、什麽《いずれ》の処に向かって口を下す　〈大梅 1〉

猶お阿師の重ねて挙《こ》するを得たり　〈則川 1〉

何ぞ寒き時に寒しと道い、熱き時に熱しと道わざる　〈洛浦 1〉

汝に二十棒を放《ゆる》す　〈洛浦 1〉

你也《ま》た解《よ》く無語なり　〈石林 3〉

汝、我に問え、汝の与《ため》に道わん　〈化縁僧 1〉

【に】

日用の事は別無し　唯《た》だ吾《わ》れ自ら偶《たま》たま諧《かな》うのみ　〈石頭 2〉

如法に昨日の事を挙げ来たって、箇の宗眼《しゅうげん》と作《な》せ　〈丹霞 4〉

二彼《にひ》空手即ち休《や》む　〈丹霞 8〉

人人《にんにん》尽《ことごと》く分《ぶん》有るに、什麼《なん》の為にか道い得ざる　〈松山 1〉

二彼時を同じくす、又た幾許《いくばく》をか争わん　〈則川 1〉

【は】

万法と侶《とも》たらざる者、是れ甚麼人《なんぴと》ぞや　〈石頭 1〉・〈馬祖 1〉

背後底聻《ていに》　〈斉峰 1〉

背向《はいこう》無し。老翁が先を争わんと要《ほっ》するのみ　〈斉峰 2〉

多《はなは》だしくは好《よ》からず　〈斉峰 2〉

馬大師の著実《ちゃくじつ》に人の為にせる処は、還《は》た吾が師に分付せるや　〈大毓 2〉

還た初めて石頭に見《まみ》えし時の道理を記得するや　〈則川 1〉

【ひ】

一《ひとえ》に添取するに任《まか》す　〈斉峰 3〉

人の声価を減ずることを妨げず　〈丹霞 2〉

一に少年の俗人に似たり　〈丹霞 5〉

人を驚かすの句、争《いか》でか怕《おどろ》かざるを得ん　〈普済 3〉

日正に盛りにして、目を挙ぐることをも為し難し　〈本谿 3〉

久しく大梅を嚮《あお》ぐも、未審《いぶかし》、梅子熟せるや　〈大梅 1〉

百雑砕《ひゃくざつさい》　〈大梅 1〉

一向《ひたすら》に言説せば、師又た宗を失わん　〈大毓 2〉

久しく仰山を嚮《した》いしに、到り来たれば甚麼《なん》の為にか却って覆《うつむ》くや　〈仰山 1〉

人無しと雖然《いえど》も、也《ま》た露柱の証明せんことを要《もと》めん　〈仰山 1〉

人の聴くもの少し　〈化縁僧 1〉

日の早晩を視て、午《ひる》に及べば以て報ぜよ　〈入寂 1〉

日已《すで》に中せり、而《しか》も蝕する有るなり　〈入寂 1〉

【ふ】

不昧《ふまい》本来人、請う師、高く眼《まなこ》を著《つ》けんことを　〈馬祖 2〉

【へ】

平交、平交　〈斉峰 2〉

便宜を得る者は少し　〈丹霞 7〉

【ほ】

龐老在りや　〈丹霞 3〉

棒は無事の人を打たず　〈百霊 4〉

龐翁の挙《こ》するを得ずとも、灼然《しゃくねん》として此《か》くの如し　〈普済 1〉

母胎に在る時、一則の語有るを憶《おも》う　〈普済 3〉

龐公を識るや　〈長髭 1〉

龐公は鮮健、且《しば》らく阿師に勝《まさ》れり　〈則川 1〉

法界《ほっかい》は身を容《い》れず、師還《は》た我を見るや　〈則川 2〉

龐公は年老ゆ　〈洛浦 1〉

龐翁を識得し了《おわ》れり　〈石林 3〉

【ま】

也《ま》た草草なることを得ざれ　〈薬山 2〉

正《まさ》に与《か》麼くなる時、什麼《なに》を作すにか堪《た》えん　〈丹霞 7〉

也た接引の機関無し　〈丹霞 8〉

見《まみ》えし後は作麼生《いかん》　〈松山 2〉

也た恁《か》麼く道うことを解《よ》くす　〈松山 4〉

直是《まさ》に口を開き得ざる、実と謂うべきなり　〈大毓 2〉

也た太《はなは》だ無端　〈石林 3〉

【み】

水の筋骨無くして能《よ》く萬斛の舟に勝《た》うるが如き、此の理は如何　〈馬祖 3〉

皆な影と響きの如し　〈入寂 1〉

【む】

無言にし去るべからざるなり　〈松山 1〉

【め】

眼には見れども盲《もう》の如く、口には説けども瘂《あ》の如し　〈薬山 2〉

目を以て之を瞬《またた》く　〈百霊 2〉

明明たり百草の頭、明明たり祖師の意　〈霊照 1〉

【も】

若《も》し日用の事を問わるれば、即ち口を開くの処無し　〈石頭 2〉

若し棒の手に在る有らば、打ちて倦《う》むこと解《あた》わざらん　〈斉峰 2〉

門を閉ずると門を開くと、巻くと舒《の》ぶると、相較《たが》うこと幾許《いくばく》ぞや　〈普済 4〉

若し是れ松山にあらずんば、幾《ほと》んど箇の老翁に惑乱せらるること一上《いちじょう》ならん　〈松山 1〉

若し龐公に非ずんば、又た争《いか》でか伊《かれ》を識らん　〈松山 2〉

若し両向三向を作さば、師《は》還た口を開き得るや　〈大毓 2〉

若し諸方に到らば、一に挙似《こじ》するに任《まか》す　〈仰山 1〉

【や】

住《や》め得たり　〈斉峰 3〉

【よ】

善《よ》く道路を為せ　〈百霊 1〉

好《よ》く世間に住せよ　〈入寂 1〉

【ろ】

老僧は住持すること事繁《じはん》なり　〈薬山 1〉

老翁若し甘んぜざれば、斉峰は箇の什麼《なに》をか作《な》すに堪《た》えん　〈斉峰 2〉

老僧は年邁《た》けて、伊《それ》を闕《か》きては一歩も得ず　〈松山 3〉

聾《ろう》を患《わずら》って作麼《そも》　〈洛浦 1〉

路は什麼《いずれ》の処より去《ゆ》くや　〈牧童 1〉

路も也《ま》た識《し》らず　〈牧童 1〉

老老大大、這箇《しゃこ》の語話を作《な》す　〈霊照 1〉

【わ】

我れ師如《よ》りも強《まさ》ること一歩なり　〈斉峰 2〉

纔《わず》かに七と道わば、便ち八有り　〈斉峰 3〉

我に恁麼《かか》る時の龐公の主人翁を還《かえ》し来たれ　〈斉峰 4〉

我は你の眼裏に在り　〈丹霞 4〉

吾が師は人の怕《おそ》るるを得　〈丹霞 8〉

我に一掌を還《かえ》し来たれ　〈百霊 3〉

我が与《ため》に免れ看よ　〈百霊 4〉

我に核子《たね》を還《かえ》し来たれ　〈大梅 1〉

我は是れ主なり　〈則川 3〉

我が口を瘂却《あきゃく》し、汝が眼を塞却《そくきゃく》す　〈洛浦 1〉

我が与《ため》に落ちず看《み》よ　〈石林 1〉

我《が》無く復《ま》た人も無し　作麼《いかで》か疎親有らん　〈座主 1〉

我が女《むすめ》、鋒捷《ほうしょう》なり　〈入寂 1〉